한국연구재단 학술명저번역총서 동양편 341

요시쓰네 이야기
義経記

한국연구재단 학술명저번역총서
동양편 341

요시쓰네 이야기義経記

초판 1쇄 인쇄 2025년 10월 2일
초판 1쇄 발행 2025년 10월 20일

역 주 자 박연정 박은희
펴 낸 이 이대현

편 집 이태곤 권분옥 임애정 강윤경
디 자 인 안혜진 최선주 김다윤
기획/마케팅 박태훈

펴 낸 곳 도서출판 역락
주 소 서울시 서초구 동광로46길 6-6 문창빌딩 2층(우06589)
전 화 02-3409-2055(대표), 2058(영업), 2060(편집) FAX 02-3409-2059
이 메 일 youkrack@hanmail.net
홈페이지 www.youkrackbooks.com
등 록 1999년 4월 19일 제303-2002-000014호

ISBN 979-11-7396-105-2 94830
ISBN 979-11-6742-443-3 94080(세트)

이 저서는 2021년 대한민국 교육부와 한국연구재단의 지원을 받아 수행된 연구임 (NRF-2021S1A5A7079869)

한국연구재단 학술명저번역총서 동양편 341

요시쓰네 이야기

義経記

박연정 박은희 역주

역락

차례

제1권

제2권

제3권

제4권

제5권

제6권

제7권

제8권

일러두기

1. 『요시쓰네 이야기(義経記)』의 작품 원제는 『기케이키(義経記)』로 '요시쓰네(義経)라는 인물에 대한 기록'이라는 의미를 가지고 있습니다. 그러나 중심인물 '요시쓰네'라는 인물의 역사성을 살리고, 정사(正史)의 기록성보다는 대중에게 회자되며 그들의 스토리텔링으로 기록된 서사 작품이라는 의미를 살려 작품명을 '요시쓰네 이야기'로 번역하였습니다.

2. 본 작품은 일본의 역사적인 사실과 대중의 스토리텔링이 교차하는 지점에서 탄생된 고전 문학 작품으로, 그 시대의 문학적, 역사적 배경을 다각적으로 반영하고 있습니다. 본 번역서는 원문의 서사 구조와 문체를 최대한 살리면서 그와 동시에 현대 한국 독자들이 이해할 수 있도록 번역하는 것을 목표로 삼아 원문의 시적 표현과 은유, 고유한 문학적 장치를 그대로 유지하기 위해 원문의 의미를 최대한 살리면서 의역을 최소화하였습니다.

3. 일본 고유의 인명, 지명, 그리고 특정 용어들은 국립국어원에서 제정한 로마자 표기법을 따라 음차 표기했으나 일부 한자의 영향이 뚜렷한 관직명, 지명 등은 한글로 음차하여 표기하였습니다.

4. 다수의 역사적 인물과 지명, 그 유래 및 고유한 풍습 등이 배경을 이루고 있으므로 각 페이지의 하단에 주를 설치하여 설명하였습니다.

5. 일본의 연호는 해당 연호의 원년을 음차하여 표기한 후 서기 기준으로 환산하여 괄호를 설치하여 표기하였습니다. 예를 들어, 헤이지(平治) 원년은 서기 1159년에 해당하므로 '헤이지(平治) 원년(1159)'로 병기하였습니다.

6. 문장 속에는 다수의 시적 표현이 포함되어 있으며 그 문학적 풍취를 살리고 원문의 시적 리듬과 문체를 최대한 보존하기 위해 시가의 음수와 운율을 일치화하면서 한국어로 되살리기 위해 노력하였습니다.

7. 본 번역서는 일본어 저본의 특성을 최대한 반영하여 번역하였으나 일부 문맥의 누락, 결손이 있는 경우 독자의 이해를 돕기 위해 다른 판본을 참고하여 보충하였으며 그 경우 주를 달아 설명하였습니다.

8. 본 번역서는 일본 고전문학 원문의 문학적 가치와 역사적 맥락을 최대한 살리기 위해 노력하였습니다만, 한국어로 옮기는 과정에서 가독성에 중점을 둔 문맥이 있는 바 그런 경우에는 최대한 주석을 달아 설명하였습니다.

제1권

요시토모(義朝), 서울로 퇴각하다[1]

옛날로 거슬러 올라가보면 장수 다무라(田村),[2] 도시히토(利仁),[3] 마사카도(将門),[4] 스미토모(純友),[5] 호쇼(保昌),[6] 라이코(頼光), 그리고 한나라의 번쾌(樊噲),[7] 장량(張良)[8]이 무용에 뛰어나다고 하지만 그 이름만 들었을 뿐 눈으로 직접 보지는 못했다. 눈앞에서 세상에 무예를 펼쳐 보이며 만사에 사람들

---

1 본문의 소제목은 '~관한 일(~の事)'로 통일되어 있으며 이 단락은 '요시토모 퇴각에 관한 일'로 번역되나, 가독성을 위해 뒷부분 '~관한 일'을 제외하고 서술형 또는 명사로 표현하였으며 이후 소제목도 동일한 기준으로 번역하였다.

2 사카노우에노 다무라마로(坂上田村麻呂, ?~?). 헤이안(平安) 시대 공경(公卿)이자 무관이다. 간무(桓武) 천황을 보필한 충신으로 두 번에 걸쳐 정이대장군(征夷大将軍)을 역임하여 공을 세웠다. 구스코 변(薬子の変) 때 대납언(大納言)으로 승진하여 정변을 진압하였다. 일본에서는 무예의 신, 액막이 신으로 추앙받고 있다.

3 후지와라노 도시히토(藤原利仁, ?~?). 헤이안 시대 중기 무장이다. 후지와라 북가(藤原北家) 우오나(魚名)의 6세손으로 섭관가(摂関家)를 모시며 지방 수령과 진수부 장군(鎮守府将軍) 등을 역임했다. 그 무용담에 관한 전설이 다수 전래된다.

4 다이라노 마사카도(平将門, ?~940). 헤이안 시대 중기 무장이다. 히타지(常陸), 시모쓰케(下野), 고즈케(上野)를 평정하여 자신을 신황(新皇)이라 칭하고 시모후사(下総)에 왕궁을 쌓고 문무백관을 임명했다. 조정에서는 정이대장군을 파견했지만 군대가 도착하기 전에 다이라노 사다모리(平貞盛)에 의해 죽임을 당했다.

5 후지와라노 스미토모(藤原純友, ?~941). 헤이안 중기 해적이다. 세토나이카이(瀬戸内海) 해적과 결탁하여 반란을 일으켰으나 실패하고 죽임을 당했다.

6 후지와라노 야스마사(藤原保昌, 958~1036). 헤이안 시대 중기 관리로서 정사위하(正四位下). 야마토(大和), 셋쓰(摂津) 수령을 역임했다. 무용에 뛰어나 도적 하카마다레(袴垂)를 잡은 설화로 유명하다. 가인(歌人) 이즈미시키부(和泉式部)의 남편이다.

7 번쾌(樊噲, ?~기원전 189년). 중국 전한 초기 무장이다. 사천군 패현(沛縣) 사람으로 항우와 비교 될 만큼 괴력의 소유자로 이름이 높다. 유방의 거병 이후 유방을 따라 무장이 되어 선봉에 서서 수많은 공을 세웠다. 유방이 즉위한 뒤 좌승상, 상국이 되었으며 그 후 여러 반란을 평정하였다.

8 장량(張良, ?~기원전 189). 한나라의 재상으로 항우에게 세력이 밀리던 유방을 도와 그가 함양을 돌파하게 하고 홍문의 연에서 유방의 목숨을 구하는 등 많은 공을 세웠다.

의 이목을 놀라게 한 이는 시모쓰케(下野)[9] 지방 좌마두(左馬頭) 요시토모(義朝)[10]의 막내아들, 구로 요시쓰네(九郎義経)[11]로 일본에 둘도 없는 명장군이다.[12]

부친인 요시토모는 헤이지(平治) 원년(1159) 12월 27일 위문독(衛門督) 후지와라노 노부요리(藤原信頼)[13]에게 가담하여 서울에서 난을 일으켰으나 패배하였다. 선조 대대로 데리고 있던 부하를 모두 잃고 겨우 20여 기만이 관동 지방으로 후퇴했다. 자녀 가운데 성인은 데리고 가고 어린 아이들은 서울에 남겨 둔 채 후퇴했다. 동행한 이는 적자인 가마쿠라(鎌倉) 아쿠겐타

---

9 율령제 편성하의 지방행정 중 하나로 동산도(東山道)에 속하며 현재의 도치기 현(栃木県)에 해당된다.

10 미나모토노 요시토모(源義朝, 1123~1160). 헤이안 말기 무장이다. 미나모토노 다메요시(源為義)의 장남으로 사가미(相模)에 살면서 동국(東国) 지방에 세력을 가지고 있었다. 호겐 난에는 다이라노 기요모리(平清盛)와 손을 잡고 고시라카와(後白河) 천황 편에 섰다. 아버지를 비롯한 겐지(源氏) 일족을 참수한 공으로 좌마권두(左馬権頭)에 임명되었다. 이후 신제이(信西)와 결탁한 기요모리의 위세에 불만을 품고 헤이지(平治) 난을 일으켰지만 패배하고 암살되었다.

11 미나모토노 요시쓰네(源義経, 1159~1189). 요시토모의 아들이자 요리토모의 이복동생으로 이 저서의 주인공이다. 아명은 우시와카(牛若), 샤나오(遮那王)이다. 구라마(鞍馬)에서 불도를 닦다가 무쓰(陸奥) 지역의 후지와라노 히데히라(藤原秀衡)에게 몸을 의탁하였다. 1180년 요리토모(頼朝) 거병에 가담하였으며 요시나카(義仲)를 물리치고 헤이케(平家)에게 승리를 거두는 등 실전 지휘를 담당하여 큰 공을 세웠다. 요리토모와 사이가 틀어진 뒤 숙부인 유키이에(行家)와 결탁하여 반란을 꾀하다가 실패하고 히데히라에게 다시 몸을 의탁하였다. 히데히라 사후, 그의 아들인 야스히라(泰衡)에게 습격을 당한 뒤 자살로 생을 마감했다.

12 원전에는 단락이 나뉘어 있지 않으나 문장의 가독성을 위해 단락을 나누었으며 이후 동일한 방식으로 진행하였다.

13 후지와라노 노부요리(藤原信頼, 1133~1159). 헤이안 후기 귀족으로 무능했지만 고시라카와 천황의 총애를 얻어 정삼위 우위문독의 자리까지 올랐다. 1159년 신제이를 제거하고자 미나모토노 요시토모와 결탁하여 모반을 일으켰지만 실패하여 참수되었다.

(悪源太) 요시히라(義平)[14]와 차남 중궁대부진(中宮大夫進) 도모나가(朝長)[15] 16세, 삼남 병위좌(兵衛佐) 요리토모(頼朝)[16]로 당시 12세였다.

북쪽 지역의 세력을 모아오라며 적자 요시히라를 에치젠(越前) 포구로 내려 보냈으나 일이 잘 되지 않았는지 요시히라는 오미(近江) 지역 이시야마지(石山寺)에 잠복했다. 이 소식을 들은 헤이케(平家)는 세노오(瀬尾)[17]와 난바(難波)[18]를 보내어 이를 생포하고 서울로 끌고 와 로쿠조가와라(六条河原)에

---

14 미나모토노 요시히라(源義平, 1141~1160). 헤이안 말기 무사이다. 요시토모의 첫째 아들로 가마쿠라 아쿠겐타(鎌倉悪源太)라 불렸다. 1155년 숙부인 미나모토노 요시카타(源義賢)와의 싸움에서 승리하여 무사로서 이름을 날렸다. 헤이지 난에는 셋쓰(摂津)에서 기요모리의 귀경을 기다렸다가 급습하자고 제안했지만 받아들여지지 않았다. 아버지가 오와리(尾張)에서 전사하자 서울로 돌아와 기요모리를 죽이려 했으나 붙잡혀 로쿠조가와라(六条河原)에서 처형되었다.

15 미나모토노 도모나가(源朝長, 1144~1160). 요시토모의 차남. 헤이지 난에 패전하여 아버지와 형, 동생들과 함께 동국으로 향하던 도중 히에이잔(比叡山) 승병들의 공격을 받아 다리에 화살을 맞았다. 걸을 수 없게 되자 아오바카(青墓)에서 자살하였다. 일설에 부친에게 죽임을 당했다고도 한다.

16 미나모토노 요리토모(源頼朝, 1147~1199). 가마쿠라 초대 장군으로 요시토모의 삼남이다. 헤이지 난 때 이즈(伊豆)로 유배되었으나 1180년 모치히토오(以仁王)의 명을 받아 헤이케 토벌을 위해 거병하였다. 동국 무사들을 규합하여 헤이케를 평정하였다. 가마쿠라에 막부를 두고 정이대장군으로서 명실상부한 무가정치 시대를 열었다.

17 세노오노 가네야스(妹尾兼康, 1123~1183). 헤이안 말기 헤이케 쪽 장수로서 통칭은 다로(太郎)이다. 일찍이 헤이케 무사로 활약하여 『호겐모노가타리(保元物語)』, 『헤이지모노가타리(平治物語)』, 『헤이케모노가타리(平家物語)』에 그 이름이 보인다. 구리카라(倶利伽羅) 전투에 참전하여 미나모토노 요시나카에 대항하여 싸웠지만 포로가 되었다. 요시나카는 그를 일당천의 병사라고 상찬했다고 한다.

18 난바노 지로로 되어 있는 판본도 있다. 난바노 지로 쓰네토오(難波二郎経遠, ?~?)는 비젠(備前) 지방의 호족 난바노 쓰네노부(難波経信)의 차남으로 헤이케의 유력한 가신이다. 세노오노 가네야스와 더불어 기요모리의 심복으로 유명하다. 섭정 습격 사건(殿下乗合), 시시가타니(鹿ヶ谷) 사건 등에서 기요모리의 측근으로 활약했다.

서 참수했다. 차남인 도모나가도 센조쿠(千賊)[19] 절벽에서 승병 오야노 주키(大矢注記)가 쏜 화살에 왼쪽 무릎을 맞고 미노(美濃) 지방의 아오하카(青墓)라는 곳에서 유명을 달리하였다.

그 밖에도 배다른 아이들이 많이 있었다. 오와리(尾張) 지방 아쓰타(熱田) 대궁사(大宮司)의 딸이 낳은 아이가 하나 있었는데 도토미(遠江) 가바(蒲)라는 곳에서 성인이 되었기에 가바 도련님[20]이라 불렸다. 나중에 미카와(三河) 수령(受領)이 되었다. 구조인(九条院)[21]의 하녀 도키와(常磐)[22]도 세 명의 아들을 낳았다. 이마와카(今若)[23] 일곱 살, 오토와카(乙若)[24] 다섯 살, 우시와카(牛若)는 이제 막 태어났다. 기요모리(清盛)[25]는 아이들을 붙잡아 목을 벨 것이라 공언하였다.

---

19 원문에는 한자가 없으나 판본 비교 등을 통해 한자를 병기할 수 있는 곳은 한자를 넣었다

20 미나모토노 노리요리(源範頼, ?~?). 헤이안 말기 무장으로 요시토모의 여섯 번째 아들이다. 요리토모의 명령으로 요시쓰네와 함께 헤이케 토벌을 위해 주요 전투에서 고군분투하였다. 1193년 8월 요리토모의 의심을 사고 가마쿠라에서 쫓겨나 이즈로 낙향, 죽임을 당했다.

21 고노에(近衛) 천황의 중궁 후지와라노 데이시(藤原呈子, 1133~1176)를 말한다.

22 도키와(常盤, ?~?). 미나모토노 요시토모의 후실로 고노에(近衛) 천황의 황후 구조인의 하녀이다. 자녀로는 이마와카(今若), 오토와카(乙若), 우시와카(牛若)를 두었다. 헤이지 난에 남편이 죽자 야마토(大和)에 숨었지만 노모와 아이들을 구하기 위해 기요모리의 여인이 되었다. 후에 이치조 나가나리(一条長成)의 부인이 되었다.

23 아노노 젠세이(阿野全成, ?~1203). 요시토모의 아들로 요시쓰네의 동복형이다. 아명은 이마와카. 헤이지 난이 끝난 뒤 다이고지(醍醐寺)에 들어가 젠세이라는 이름을 받았고 요리토모 거병에 호응하여 합류하였다. 1203년 모반 혐의로 붙잡혀 죽임을 당했다.

24 기엔(義円, 1151~1181). 요시토모의 아들로 요시쓰네의 동복형이다. 아명은 오토와카. 요리토모 거병에 동참하였으며 1181년 스노마타(墨俣) 전투에서 전사했다.

25 다이라노 기요모리(平清盛, 1118~1181). 헤이안 말기 무장으로 다다모리(忠盛)의 장남이다. 호겐 난에는 미나모토노 요시토모와 함께 고시라카와 천황 편에 섰으며 헤이지 난에는 요시토모를 몰아내어 겐지 일족을 정계에서 몰아내었다. 송나라와의 무역을 통해 부를 축적했으며 딸 도쿠시(徳子)가 입궐하여 안토쿠(安徳) 천황을 낳음으로써 천황의 외조부가 되어 권력의 정점에 올랐다. 그러나 귀족들의 반감으로 반헤이케 세력이 결집, 전국 각지에

도키와(常磐), 서울로 퇴각하다

에이랴쿠(永曆) 원년(1160) 정월 17일 새벽, 도키와는 세 명의 아이를 데리고 야마토(大和) 지방 우다 군(宇陀郡) 기시노오카(岸岡)에 사는 친척의 지인을 의지해 찾아갔다. 그러나 시국이 시국인 만큼 그곳에 몸을 의탁할 수 없어 가까운 다이토지라는 절에 몸을 숨겼다. 도키와는 야마모모마치(楊梅町)에 계신 어머니 세키야(関屋)가 로쿠하라(六波羅)[26]에 불려가 고문을 받았다는 소식을 듣고는 슬퍼했다. 어머니의 목숨을 살리려면 세 아이의 목숨이 달아날 것이고 아이들을 살리려면 늙은 어머니를 죽게 놔둘 수밖에 없었다. 어찌 자식을 위해 부모를 버릴 수 있겠는가? 부모에게 효도하는 자는 천지신명도 소원을 들어주신다고 하였으니 아이를 위한 일도 될 것이라 여기며 세 아이를 데리고 울면서 서울로 돌아갔다.

이 소식이 로쿠하라에 전해지자 기요모리는 병위(兵衛) 아쿠시치(悪七) 가게키요(景清)[27]와 겐모쓰 다로(監物太郎) 요리카타(頼方)[28]에게 명령하여 아이들과 함께 로쿠하라로 데리고 오게 하였다. 불고문 물고문으로 고통을 주겠다던 기요모리의 분노는 도키와를 보자마자 누그러졌다. 도키와로 말할

서 반란이 일어나게 되었다. 반헤이케 기운이 무르익는 와중에 기요모리는 병사하였다.

26 기요모리의 저택이 있는 곳을 지칭한다.

27 다이라노 가게키요(平景清, ?~?). 헤이안 후기 무사로 다다키요(忠清)의 아들이다. 숙부인 다이니치보 노닌(大日坊能忍)을 죽여 아쿠시치(悪七) 병위라 불렸다. 야시마(屋島) 전투를 비롯하여 많은 전투에서 헤이케 장수로 활약했다. 헤이케 멸망 후 요리토모에게 투항하였고 단식하여 죽음을 맞이했다.

28 겐모쓰 요리카타(監物頼方, ?~1184). 헤이안 후기 무사로서 흔히 다로(太郎)라 불렸으며 요리카타(頼賢)라고도 한다. 다이라노 도모모리(平知盛)의 가신으로 활의 명수로 유명하다. 이치노타니(一ノ谷) 전투에 패한 뒤 도모모리를 보호하며 도망치다가 전사했다.

것 같으면 일본 제일의 미녀였다. 구조인은 연회를 좋아하여 서울에서 용모가 빼어난 여자를 천 명 불러 모았고, 그 중에서 백 명, 그 백 명 중에서 열 명, 그리고 그 열 명 중에서 단 한 명을 골랐는데 그 한 명의 미녀가 바로 도키와였다.

기요모리는 도키와가 자신의 뜻을 따라준다면 나중에 아이들이 자라나 자신의 후손에게 어떠한 적이 될지라도 세 아이를 살려주려고 마음먹었다. 요리카타와 가게키요에게 명하여 시치조(七条) 스자쿠(朱雀)에 있는 처소에 머물도록 하였다. 요리타카는 당번과 비번을 정하여 이들을 경호했다.

기요모리는 도키와 처소에 계속 편지를 보냈지만 도키와는 들여다보지 않았다. 그러나 아이들을 구하기 위해 마침내 기요모리의 뜻을 따랐으니 그 덕분에 아이들은 모두 성인으로 자라날 수 있었다.

이마와카는 여덟 살이 된 해 봄부터 관음사(観音寺)[29]로 보내 공부를 시키니 열여덟 살에 수계(受戒)하여 젠지노키미(禅師君)라 불렸다. 나중에는 스루가(駿河) 지방 후지산(富士山) 기슭 아노지(阿野寺)라는 절에서 불법을 전파했는데 아쿠젠지(悪禅師) 님이라 불렸다.

오토와카는 하치조(八条)에 살았는데 스님이지만 의뭉스럽고 무서운 사람이었다. 가모(賀茂), 가스가(春日), 이나리(稲荷), 기온(祇園) 제례 때마다 헤이케 습격을 도모했다. 훗날 기노쿠니(紀伊国)에 있는 숙부 신구주로(新宮十郎) 요시모리(義盛)[30]가 반란을 일으켰을 때 그의 편에 섰다가 동해도(東海道) 스

---

29 고유명사의 경우, 우리나라에도 통용되는 표현은 음역하지 않고 한국어로 음차하여 표기하였다.

30 미나모토노 요시모리(源義盛, ?~1186). 헤이안 말기 무장으로 다메요시의 아들이다. 호겐 난 때 아버지가 죽은 뒤 구마노(熊野)에 숨어 있다가 1180년 미나모토노 요리마사(源頼政)와 함

노마타(墨俣)에서 전사했다.

우시와카는 네 살까지 어머니 품에 있었지만 다른 집 아이들보다 품행이 뛰어났기에 기요모리는 늘 마음에 걸려하며 말했다.

“적의 아이를 같은 집에서 키우면 나중에 어찌 되겠느냐?”

결국 도키와는 서울에서 동쪽 야마시나(山科)라는 곳에 조상 대대로 겐지를 모시던 자가 세상을 피해 은둔하고 있었는데 그곳으로 우시와카를 보내 일곱 살까지 지내도록 했다.

우시와카(牛若), 구라마(鞍馬)[31]에 입성하다

도키와는 아이들이 성장함에 따라 걱정이 늘어났다. 성인식을 치르고 어엿한 무사가 되는 것도 걱정스럽고 그렇다고 처음부터 누군가의 부하가 되는 것도 당치 않다고 생각했다. 경험이 없으니 높은 신분의 사람들과 어울릴 수도 없기에 그저 스님으로 만들어 죽은 남편의 명복이나 빌게 할 생각이었다. 남편의 기도를 맡고 있는 구라마 별당(別当)[32] 도코보(東光坊) 아사

께 궐기하여 헤이케와 싸웠다. 이 때 이름을 유키이에(行家)로 개명하였다. 헤이케가 멸망한 뒤 요리토모와 대립하던 요시쓰네에게 협력했으며 요리토모에게 쫓겨 이즈미(和泉)에 숨어 있다가 붙잡혀 죽임을 당했다.

31 구라마데라(鞍馬寺)는 교토에 소재하는 절로서 천태종에 속하며 본존은 비사문천왕(毘沙門天王), 천수관세음보살(千手観世音菩薩), 호법마왕존(護法魔王尊)의 삼신일체(三身一体)이다.

32 헤이안 시대부터 에도(江戸) 시대까지 친왕(親王), 섭정(攝政), 대신(大臣)의 집안이나 절 또는 신사 등의 특별 기관에 두었던 장관을 말하며 일본 음으로는 ‘벳토’로 발음하나 한자의 음을 새겨 ‘별당’으로 번역하였다.

리(阿闍梨)[33]에게 사람을 보내 청했다.

"요시토모의 막내아들 우시와카를 아시는지요? 헤이케가 기세등등한 이 시기에 여자의 몸으로 데리고 있는 것이 참으로 힘들어 구라마에 보내고자 합니다. 설령 난폭한 기질이 있더라도 온화한 마음으로 바뀔 것입니다. 글이라도 한 자 읽히고 경이라도 한 자 가르쳐 주십시오."

도코보 아사리가 답장을 보내왔다.

"돌아가신 요시토모 님의 자제분이시라니 기쁘기 그지없습니다."

도코보가 서둘러 마중할 사람을 야마시나(山科)로 보내니 우시와카는 일곱 살 되던 해 2월 초에 구라마로 들어왔다.

그 후 낮에는 종일 스승님 앞에서 경을 읽고 글을 배우고 해가 서쪽으로 기울고 밤이 깊어지면 부처님 앞의 등불이 꺼질 때까지 이를 벗 삼아 밤새도록 책을 읽었다. 새벽이 찾아와도 아침, 저녁 할 것 없이 그저 공부에만 몰두했다.

도코보는 엔랴쿠지(延曆寺)[34]나 미이데라(三井寺)[35]에도 이토록 뛰어난 아이는 없을 거라 여겼다. 학문에 몰두하는 정도나 마음씨, 기량, 용모에 이르기까지 비할 데가 없었다. 료치보(良智坊) 아사리, 가쿠니치보(覚日坊) 율사

---

33 불교 용어로서 산스크리트어 'ācārya'에서 나왔다. 제자를 가르치고 제자의 행위를 바르게 지도하여 그 모범이 될 수 있는 승려를 말한다. 일본 음으로는 '아자리'이나 범용적인 불교 용어로서 우리말 표기인 아사리로 번역하였다.

34 헤이안 시대 초기의 승려 사이초(最澄, 767~822)에 의해 열린 일본 천태종(天台宗) 총본산 사원이다. 본존은 약사여래이며 시가(滋賀) 현 오쓰(大津) 시에 있는 해발 848미터의 히에이잔(比叡山) 전역을 경내로 한다. 온조지(園城寺)를 지칭하는 사문(寺門)에 대비되어 산문(山門)이라 불린다.

35 시가 현 오쓰 시 산허리에 위치하였으며 정식 명칭은 온조지(園城寺)로서 천태사문종의 총본산이다. 헤이안 시대 제5대 천태좌주에 의해 천태 별원(別院)으로 중흥되었다. 산문 엔랴쿠지와 대비되어 사문이라 칭해진다.

(律師)도 우시와카가 스무 살이 될 때까지 이렇게 학문에 정진한다면 도코보의 뒤를 이어 불도의 가르침을 계승하여 다문천(多聞天)[36]의 보배가 될 수 있을 거라 칭송하였다.

이 소식을 들은 도키와는 도코보에게 부탁했다.

"우시와카가 학문에 매진한다 해도 집에 자주 다니다 보면 마음이 거칠어지고 학문도 게을리 하게 될 것입니다. 저를 보고 싶다고 하면 따로 인편을 통해 알려주십시오. 제가 산에 올라가서 만나도록 하겠습니다."

"그런 부탁을 하지 않으셔도 동자승인 우시와카를 본가에 보내는 것은 쉬운 일이 아닙니다."

일 년에 한 번, 이 년에 한 번조차 집에 보내주지 않았다. 이토록 열심히 공부하던 우시와카가 무슨 바람이 불었는지 열다섯 되던 해 가을부터 공부에 쏟던 애정이 의외의 곳으로 향했다. 그 까닭은 집안의 옛 가신이 모반을 권했기 때문이었다.

쇼신보(少進坊)[37]

시조(四条) 무로마치(室町)에 오래된 나한당(羅漢堂)이 있었는데 그곳에 삭발을 한 법사가 있었다. 그는 무시무시한 자의 자손이었으니 요시토모의

36 수미산 북쪽에 있는 호법신으로 사천왕 중 한 명이다. 구라마의 본존은 다문천, 즉 비사문천(毘沙門天)으로 구라마 절의 보배가 될 것이라는 뜻이다.

37 원전에는 쇼몬보(しゃうもん坊)라고 되어 있으나 통칭을 따라 쇼신보(少進坊)로 번역하였다.

유모 아들 가마타노 지로 마사키요(鎌田次郎正清)[38]의 아들이었다. 헤이지 난(平治の乱)[39] 때 열 한 살이었는데 오사다 장사(長田庄司)[40]가 그를 잡아 죽이려 한다는 소문이 나돌았다. 외가 쪽 친한 친척 집에 겨우 숨겨 열아홉의 성인 남자로 키웠으니 그가 바로 가마타노 사부로 마사치카(鎌田三郎正近)[41]였다. 스물 하나 되던 해, 마사치카는 이런 생각을 했다.

'호겐 난(保元の乱)[42] 때 다메요시(為義) 님[43]이 처형되고 헤이지 난 때 요시

---

38 가마타노 마사키요(鎌田正清, 1123~1160). 미나모토노 요시토모의 유모 아들. 요시토모 휘하로 호겐 난, 헤이지 난 전투에 참가했다. 헤이지 난 패배후 요시토모와 함께 오와리(尾張)에 있는 장인을 의지하여 찾아갔으나 요시토모와 함께 암살되었다.

39 1159년에 교토에서 일어난 내란을 말한다. 호겐 난 이후 신제이와 손을 잡고 세력을 확장하던 다이라노 기요모리를 타도하기 위해 미나모토노 요시토모가 후지와라노 노부요리(藤原信頼)와 손을 잡고 거병한 난이다. 난을 일으킨 요시토모, 노부요리는 죽음을 맞이했으며 헤이시(平氏) 무가 정권이 만들어지는 계기가 되었다.

40 오사다노 다다무네(長田忠致, ?~?). 헤이안 후기 무사로서 오와리(尾張) 노마우쓰미 장원(野間内海荘), 스루가(駿河) 오사다 장원(長田荘)의 재지영주이다. 가마타노 마사키요의 장인. 헤이지 난에 패배한 요시토모는 부하 가마타노 마사키요의 장인인 다다무네의 집에 몸을 의탁하였으나 다다무네는 이를 배신하였고 요시토모와 마사키요를 암살하였다.

41 가마타노 마사치카(鎌田正親, ?~1185). 헤이안 후기 무사로서 마사미쓰(政光), 미쓰마사(光政)라고도 한다. 가마타노 마사키요의 차남. 요시쓰네를 모셨고 형인 모리마사(盛政)와 사토 쓰구노부(佐藤継信), 다다노부(忠信) 형제와 함께 요시쓰네 사천왕으로 불린다. 야시마(屋島) 전투에서 쓰구노부와 함께 전사했다.

42 1156년에 교토에서 일어난 내란을 말한다. 황위 계승을 둘러싼 스토쿠(崇徳) 상황과 고시라카와 천황의 갈등, 섭관가 후지와라(藤原) 씨 내부의 분열이 무력충돌로 비화된 사건이다. 스토쿠 상황 쪽에는 후지와라노 요리나가(藤原頼長)와 미나모토노 다메요시(源為義), 다이라노 다다마사(平忠正)가 가담하였고, 고시라카와 천황 쪽에는 후지와라노 다다미치(藤原忠通), 미나모토노 요시토모, 다이라노 기요모리가 가담하였다. 전투는 고시라카와 천황 쪽 승리로 끝났다. 스토쿠 상황은 사누키(讃岐)로 유배되었고 요리나가는 전사하였으며 다메요시와 다다마사 등은 참수되었다. 귀족 세력의 무력함이 드러나고 무사 세력이 급부상하게 되는 계기가 되었다.

43 미나모토노 다메요시(源為義, 1096~1156). 헤이안 말기 무장으로 로쿠조 판관(六条判官)이다.

토모 님이 암살당하신 뒤 겐지(源氏)의 자손이 끊어져 무사 가문의 이름이 묻힌 채 시간이 많이 흘렀구나. 헤이지 난에 아버지께서 기요모리 손에 돌아가시고 이 몸은 출가하여 전국 각지의 절들을 떠돌다 돌아가신 주군과 아버지의 명복을 빌고자 규슈(九州)로 수행을 떠났지. 지쿠젠(筑前) 지방 미카사 군(三笠郡) 다자이후(大宰府)에 있는 안라쿠지(安楽寺)[44]에서 학문을 익히다 고향이 그리워 귀경한 뒤 지금은 시조 불당에서 수행을 하고 있고 법명은 쇼신보지만 시조 스님이라 불리기도 하지.

부처님 전에서 독경할 때에도 헤이케가 번영하는 모습을 보면 분노가 끓어올랐지. 어찌하여 헤이케는 태정대신(太政大臣)의 지위에 오르고 가장 하찮은 이조차 천황을 가까이 모시는 신하가 되었단 말인가! 겐지는 호겐, 헤이지 전투에 모두 죽음을 당하여 성인은 참수되고 어린 아이들은 여기저기 숨어 지금까지 머리를 들지 못하고있는데 말이야. 좋은 운을 가지고 태어났으며 마음도 강건한 겐지가 나타나 궐기하면 좋을텐데. 그 분의 명을 받고 어디로든 달려가 세상을 뒤집어놓고 나의 뜻을 이루고 싶구나…….'

그는 독경하는 틈틈이 전국에 있는 겐지를 일일이 손꼽아 헤아려보았다.

기노쿠니(紀伊国)의 신구주로 유키이에(新宮十郎行家), 가와치노쿠니(河内

숙부 요시쓰나(義綱)의 난을 진압한 공으로 좌위문위에 임명되었다. 그 뒤 서울 수비를 담당, 검비위사가 되었으나 아들 다메토모의 난폭한 행동 때문에 해임되었다. 호겐 난에는 스토쿠 상황 편에 가담하여 큰아들 요시토모와 대립하였으나 결국 패배, 참수되었다.

44 지금의 다자이후덴만구(大宰府天満宮). 스가와라노 미치자네(菅原道真)를 모신 절이다. 미치자네의 유해는 그의 유언에 따라 우차(牛車)를 태우고 가다 소가 멈춘 곳에 묻혔다고 한다. 그 곳에 세운 절이 안라쿠지이다.

国)의 판관(判官) 이시카와 요시가네(石川義兼),[45] 쓰노쿠니(津国)의 다다(多田) 장인(蔵人) 유키쓰나(行綱),[46] 교토의 삼위(三位) 미나모토노 요리마사(源頼政),[47] 교노키미(卿君) 엔신(円済),[48] 오미노쿠니(近江国)의 사사키노 겐조(佐々木源三) 히데요시(秀義),[49] 오와리노쿠니(尾張国)의 가바(蒲) 관자(冠者) 노리요리(範頼), 동산도(東山道)에는 기소(木曽) 관자,[50] 스루가노쿠니(駿河国)의 아노(阿野) 선사(禅師), 이즈노쿠니(伊豆国)의 병위좌 요리토모(頼朝), 히타치노쿠니(常陸国)의 시다노 사부로센조(志田三郎先生) 요시노리(義範),[51] 사타케(佐竹) 별당 마사요

---

45 이시카와 요시카네(石川義兼, ?~?). 헤이안 후기 무사로서 호조 도키마사(北条時政)의 사위이다. 미나모토노 요시이에(源義家)의 증손자이며 가와치(河内) 겐지이다. 1180년 아버지 요시모토(義基)와 함께 미나모토노 요리마사를 따라 거병했다. 저본에는 요시미치(義みち)로 되어 있으나 요시카네가 맞으며 이에 맞추어 표기하였다.

46 다다노 유키쓰나(多田行綱, ?~?). 헤이안 말기 무사로 셋쓰(摂津) 겐지 요리모리(頼盛)의 아들. 셋쓰 다다 장원을 본거지로 한다. 1177년 시시가타니(鹿ヶ谷) 음모에 가담했지만 배신하여 기요모리와 내통하고 몸을 보전했다. 그 후에도 미나모토노 요시나카(源義仲), 요시쓰네에게 충성했다 배신하기를 거듭했다.

47 미나모토노 요리마사(源頼政, 1104~1180). 헤이안 후기 무장이자 가인이다. 호겐 난에는 고시라카와 천황, 헤이지 난에는 다이라노 기요모리에게 가담하여 종삼위가 되었다. 1180년 모치히토오(以仁王) 거병에 가담, 헤이케와 싸우다 전사했다. 와카에 능하며 시신덴(紫宸殿)에 나타난 누에(鵺)라는 괴물을 물리친 이야기로 유명하다.

48 기엔(義円, 1151~1181). 요시쓰네의 동복형으로 주)24 참조.

49 사사키 히데요시(佐々木秀義, 1112~1184). 우다(宇多) 겐지의 자손으로 요시토모를 따라 호겐, 헤이지 난에 참전했다. 1180년에는 요리토모 거병에 참여했다. 1184년 이가(伊賀), 이세(伊勢)에 있던 헤이케 잔당을 진압하다 전사했다.

50 미나모토노 요시나카(源義仲, 1154~1184). 헤이안 말기 무장으로 요시카타(義賢)의 차남이다. 두 살 때 아버지가 죽임을 당한 뒤 기소(木曾)에서 길러졌다. 용맹하고 활을 잘 쏘았다. 1180년 모치히토오의 명을 받아 거병, 1183년 헤이케를 물리치고 수도를 가장 먼저 함락했다. 그러나 요시나카 군의 수탈이 심해 고시라카와 상황의 신임을 잃고 결국 요시쓰네, 노리요리(範頼)가 이끄는 토벌군에 의해 전사했다.

51 미나모토노 요시히로(源義広, ?~1184). 헤이안 말기 무장으로 개명전 이름은 요시노리(義範)이다. 미나모토노 다메요시의 삼남. 미나모토노 요리토모와 대립하여 1183년 아시카가 다

시(昌義),[52] 고즈케노쿠니(上野国)의 도네(利根)와 아가쓰마(吾妻) 등이 있다. 그러나 이들은 멀리 떨어져 있어 기대하기 힘들었다. 서울 가까이 구라마에 요시토모의 막내아들 우시와카가 있었다. 쇼신보는 우시와카를 찾아가 만나보고 마음이 강건하여 적절한 사람이라 여겨지면 그의 편지를 받아들고 이즈로 내려가 요리토모 님의 편에 서서 각 지역의 겐지들을 궐기토록 하여 반란을 일으키자 마음먹었다. 때는 바야흐로 하안거(夏安居)[53] 중이었지만 자신의 절을 내팽개치고 당장 구라마 산으로 올라갔다.

쇼신보는 도코보의 거처에서 서성거리다가 시조 절에서 스님이 왔다는 전갈을 넣었고 머물러도 괜찮다는 답을 받았다. 결국 쇼신보는 도코보 아사리 밑에서 지내게 되었다. 은밀하게 검을 숨기고 나쁜 마음을 먹고 찾아온 줄은 몰랐던 것이다.

어느 날 고요한 밤 사람들이 모두 잠든 후 쇼신보는 우시와카의 거처를 찾아가 귓속말을 했다.

"아무 것도 모르셔서 지금까지 헤이케 타도를 결심하지 않으신 겁니까? 그대는 세이와 천황의 십대 후손, 요시토모 님의 아드님이십니다. 이렇게 말씀드리는 저는 요시토모 님의 유모 아들인 가마타 지로의 아들입니다. 미나모토(源) 가문의 자손들이 전국 각지에 숨어 지내는 것을 안타깝

다쓰나(足利忠綱)와 함께 거병했지만 오야마노 도모마사(小山朝政)의 급습을 받고 패했다. 이후 요시나카를 의지했으나 요시나카가 전사한 뒤 이세로 피했다.

52 사타케노 마사요시(佐竹昌義, ?~?). 헤이안 후기 무사로 세이와(清和) 겐지인 미나모토노 요시미쓰(源義光)의 손자이다. 사타케 씨의 원조이기도 하다. 후지와라 기요히라(藤原清衡)의 딸과 결혼하여 히타치(常陸) 7개군을 지배했다. 통칭은 사타케 관자이다.

53 불교 용어로서 스님이 여름 기간 동안 외출하지 않고 한 곳에 칩거하여 수행하는 것을 이른다.

게 여기시는 마음이 없으신 겁니까?”

그 무렵은 헤이케가 영화를 누리던 시절이었기에 우시와카는 거짓으로 자신을 속이려 한다는 생각에 마음을 터놓지 않았다. 그러나 미나모토 가문 대대로의 역사를 자세하게 들려주니 만나본 적은 없지만 예전에 그런 사람이 있었다고 들었던 기억이 났다.

“그렇다면 같은 장소에서 자주 만나는 것은 좋지 않겠소. 장소를 바꿔서 만나도록 합시다.”

우시와카는 쇼신보를 돌려보냈다.

우시와카, 기부네(貴船)에 참배하다

쇼신보를 만난 뒤부터 우시와카는 학문에 품은 뜻을 송두리째 잊고 밤낮없이 반란을 일으킬 생각에 빠져들었다. 역모를 꾀하려면 무예를 익혀야만 했다. 우선은 민첩한 몸놀림을 배우려했지만 이곳 도코보는 많은 사람들이 모여드는 곳이라 적합하지 않았다. 구라마 산 깊숙한 곳에 승정(僧正) 계곡[54]이라는 곳이 있는데, 그곳에 예전에 어떤 이가 숭배하며 모셨는지 기부네(貴船) 명신(明神)[55]이라는 영험이 유달리 뛰어난 신을 모신 곳이 있

54 교토시 북서부 구라마 산 속에 있는 계곡으로 기부네 신사에 가까우며 산악수행자에게 영험한 공간으로 알려져 있다.

55 교토시 구라마 산에 있는 신사. 헤이안으로 천도되기 이전부터 있었던 오래된 신사로 물을 다스리는 신 다카오카미(高龗) 신을 모신다.

었다. 옛날에는 득도한 고승도 이곳에서 수행을 하여 금강령(金剛鈴)[56] 소리가 끊이지 않았고 신관도 있었기에 신에게 올리는 무악(舞樂)의 북소리도 쉴 틈 없이 울려 퍼지는 신령한 곳이었다. 그러나 말세가 되어 부처님의 빛나는 위엄도 신의 영험한 힘도 쇠퇴해버리고 오랫동안 황폐한 채로 있었으니 오로지 도깨비의 은닉처가 되어 석양이 기울어지면 귀신들이 나타나 울부짖었다. 찾아오는 사람들에게 귀신이 들러붙어 괴롭히니 참배하는 사람도 그 종적을 감추었다.

하지만 우시와카는 그런 장소가 있다는 소문을 듣고 낮에는 학문을 하는 척하다가 밤이 되면 평소 생사를 같이하자 맹세했던 승려들에게도 알리지 않은 채 도코보가 호신용으로 하사한 시키타에(敷妙)라는 갑옷[57]을 입고 황금으로 된 큰 칼을 차고 홀로 기부네 명신에게 찾아가 참배하며 기원하였다. 우시와카는 합장하며 기도했다.

"나무 대자대비의 명신, 하치만(八幡)[58] 대보살이여. 겐지를 보살펴주시옵소서. 이 숙원이 진실로 이루어진다면 옥보전(玉寶殿)을 조성하고 수천만 보에 이르는 영지를 기진(寄進)하겠나이다."

염불이 끝나자 신사 정면에서 서남쪽을 향해 일어섰다. 이윽고 우시와카는 사방에 서 있는 초목을 헤이케 무리에 빗대어 두 그루의 거목 중 하나를 기요모리(清盛), 또 다른 하나를 시게모리(重盛)라 이름 붙이고 큰 칼을

---

56 밀교 법구(法具)의 하나로서 악기의 일종. 손잡이 끝에 방울을 달아 불보살의 주의를 환기하고 환희를 불러일으키는 도구로서 금강반(金剛盤)에 올려놓는다.

57 약식 갑옷인 하라마키(腹卷)로서 오요로이(大鎧)에 비해 가볍고 간편하여 도보용으로 사용한다. 허리 아래를 방어하는 구사즈리(草摺)도 여러 개로 나뉘어 있어 움직이기 편하다.

58 하치만궁(八幡宮)의 신으로서 예부터 황실의 조신(祖神)이자 겐지(源氏)의 씨신(氏神)으로 추앙되었고 이후 무가(武家)의 수호신이 되었다.

빼어들고 마구 베어낸 후 품속에서 깃초(毬杖)[59]의 공처럼 생긴 물건을 두 개 꺼내들고 나무 가지에 걸어놓고는 하나는 시게모리의 목, 하나는 기요모리의 목이라며 효수하였다. 곧이어 동이 터오자 몰래 승방으로 돌아가 이불을 뒤집어쓰고 잠들었으니 그 어느 누구도 눈치채지 못했다.

그러나 평소 우시와카의 시중을 들던 이즈미(和泉)라는 법사가 이를 이상하게 여기고 주의 깊게 살펴보았다. 그러던 어느 날 한밤중에 그림자처럼 따라붙어 우시와카의 뒤를 밟았고 풀숲 그늘에 몸을 숨긴 채 그의 행동을 지켜보았다. 이즈미는 서둘러 구라마로 돌아와 도코보 아사리에게 이 사실을 알렸다. 크게 놀란 도코보 아사리는 료치보(良智坊) 아사리에게 이 사실을 알리고 절의 모든 이들에게 명령했다.

"우시와카의 머리를 밀어라!"

그 소식을 들은 료치보 아사리는 간청했다.

"어린 사람의 머리를 미는 것은 그 저간의 사정에 따라 다를 것입니다. 용모가 뛰어나신 분을 당장 불문에 들이는 것이 가혹하게 여겨집니다. 내년 봄에 머리를 밀게 하시지요."

"안타깝게 생각하는 것도 당연하지만 우시와카 님이 이토록 마음이 흐트러져 계신다면 우리를 위해서도 스스로를 위해서도 좋지 않습니다."

도코보는 즉시 머리를 밀라고 다시 명령을 내렸다. 우시와카는 외쳤다.

"그 누구든 내게 다가와 머리를 밀려하는 자는 찔러 해치우겠다!"

칼자루를 부여잡고 있으니 그 누구도 쉽사리 다가갈 수 없었다.

이런 상황을 보고 가쿠니치보(覚日坊) 율사가 의견을 말했다.

---

59 정월의 아동용 놀이로서 색실이 장식된 긴 자루 채로 목제로 된 공을 치는 공놀이.

"이곳은 여러 사람이 모이는 곳이기에 소란스러우니 우시와카 님도 학문에 집중을 할 수 없을 겁니다. 제가 있는 곳은 외진 곳이라 고요한 마음으로 학문에 집중할 수 있을 겁니다."

도코보도 자못 안됐다는 생각이 들었는지 그 뜻에 따라 우시와카를 가쿠니치보에게 위탁하였다. 우시와카는 이름을 바꾸었으니 '샤나오(遮那王)'[60]라 불렸다. 그 이후로는 기부네 참배를 그만두었지만 날마다 다문천(多聞天)을 모신 본당에 들어가 오로지 역모의 기도만 올렸다.

기치지(吉次)의 오슈(奥州)[61] 이야기

이렇듯 한 해가 저물어가니 샤나오는 방년 16세가 되었다. 정월 말에서 2월 초순 즈음의 일이었다. 샤나오는 다문천 앞에 참배하며 예불을 드리고 있었는데 마침 그 자리에 서울 산조(三条)의 큰 부자가 있었다. 이름은 기치지 노부타카(吉次信高)라 하는데 매년 오슈로 내려가 금을 사들이는 상인이었다. 평소 구라마를 신봉하였기에 그 역시 다문천 앞에 참배하여 염불을 외고 있다가 어린 샤나오를 발견하고 중얼거렸다.

"참으로 광채가 나는 어린 스님이시구나. 대체 어떤 이의 자제분이실까? 지체 높은 분이시라면 옆에 모시고 있는 승려들이 많을 텐데, 이따금 뵐 때마다 그저 홀로 계시니 정말 괴이하구나. 이곳 구라마 산에 요시토모

---

60 이후 우시와카의 표기는 샤나오로 통일한다.

61 미치노쿠니(陸奥国)의 다른 명칭으로 현재의 후쿠시마(福島), 미야기(宮城), 이와테(岩手), 아오모리(青森) 및 아키타(秋田) 현의 일부에 해당된다.

님의 자제분이 계시다는데 정말일까? 히데히라(秀衡)[62]도 "구라마라는 산사에 요시토모 님의 아드님이 계신다던데. 다자이후(太宰府) 다이니(大弐)[63] 기요모리는 일본 66개국을 손 안에 넣겠다고 늘 말한다지.[64] 아아, 겐지의 귀공자 중 한 분을 이곳 오슈로 모셔 오고 싶구나. 이와이(磐井) 군에 도읍을 정하고 내 두 아들로 하여금 두 지역의 수령으로 삼고 나는 오이노스케(大炊介)[65]가 되어 살아있는 동안 겐지의 도련님을 주군으로 모시며 두려울 것 없는 독수리처럼 호령하고 싶구나."라고 했었는데……."

기치지는 샤나오를 납치하여 히데히라에게 데리고 가면 포상으로 돈을 벌 수 있겠다는 생각에 앞으로 나아가 여쭈었다.

"서울의 어느 댁 자제분이신지요? 저도 서울에 사는 자입니다만 금 장사로 매년 오슈로 내려갑니다. 혹여 그쪽에 아는 분이 계시는지요?"

"나는 벽촌에 산다네."

샤나오는 그렇게 대답할 뿐이었지만 내심 '금 장사 한다는 기치지라는

---

62 후지와라노 히데히라(藤原秀衡, ?~1187). 헤이안 시대 말기에서 가마쿠라 초기 미치노쿠니(陸奥国)의 호족인 모토히라(基衡)의 아들이다. 부친의 뒤를 이어 오슈 지방에 세력을 확장하여 오슈 후지와라 가문의 최전성기를 이루어냈다. 1170년 그 지역의 군정을 담당하는 진수부장군(鎮守府将軍)으로 임명되었으며 헤이케 멸망 후에도 요리토모와 대립하는 요시쓰네를 숨겨주었다. 죽음을 앞두고 아들들에게 요시쓰네를 주군으로 섬겨 요리토모를 공략하라는 유언을 남겼다고 전해진다.

63 다자이후(大宰府) 차관(次官) 세 명 중 최상위의 지위를 말한다.

64 저본의 경우 기요모리 관련 문장의 의미가 난해하다. 『요시쓰네모노가타리(義経物語)』의 경우 "기요모리가 일본 66개국 중에서 64개국을 손에 넣고 이제 나머지 2개국을 손에 넣고자 한다. 겐지의 귀공자 한 분을 모시고 이와이(磐井) 군에 도읍을 정하여 내 두 아들로 하여금 두 지역의 수령으로 삼고(중략)"로 되어 있어 의미가 훨씬 잘 통한다.

65 모든 지역에서 올라온 쌀과 잡곡을 수납하고 각 관청에 분배하는 일을 하는 관청의 차관을 말한다.

작자가 바로 이 자구나. 오슈의 사정을 잘 알겠군. 이 자에게 물어봐야겠다.'라는 생각에 질문을 던졌다.

"미치노쿠니(陸奥国)라는 곳은 그 크기가 어떻게 되나?"

"무척 큰 지역이옵니다. 히타치노쿠니(常陸国)와 미치노쿠니의 경계는 기쿠타(菊田) 관문이라 하며, 데와(出羽)와 미치노쿠니의 경계는 이나무(伊奈) 관문이라고 합니다. 그 안에는 54군(郡)이 있습니다."

"겐지와 헤이케의 싸움이 일어나면 그 중에 쓸모 있을 자가 어느 정도 되겠느냐?"

"오슈의 사정은 구석구석 제가 잘 압니다."

서두를 던진 후 기치지는 말을 계속 이어갔다.

"옛날 두 지역의 대장군을 오카노 대부(大夫)[66]라고 했습죠. 그에게는 아들이 하나 있었습니다. 아베(安部) 권수(権守)[67]인데 그에겐 아들이 여럿 있었습니다. 적자 구리야가와(厨川) 사다토(貞任),[68] 차남 도리노우미(鳥海) 사부로 무네토(宗任),[69] 이에토(家任), 모리토(盛任), 시게토(重任)에 이어 막내인 여섯째

---

66 생몰 연대 및 계보가 알려져 있지 않은 인물이다.

67 아베노 요리토키(安倍頼時, ?~1057). 헤이안 중기 오슈 호족이다. 세력이 강성하여 고로모가와(衣川)에 관문을 설치하고 조세를 내지 않는 등 조정의 명을 따르지 않았다. 조정에서 파견한 미나모토노 요리요시에 의해 일시적으로 진압되었으나 1056년 아들인 사다토 체포 사건을 계기로 다시 전투를 재개했다. 이듬해 고로모가와 전투에서 화살에 맞아 전사했다.

68 아베노 사다토(安倍貞任, 1019~1062). 헤이안 중기 무장으로 기골이 장대하며 아베 가문과 교토 조정 사이의 전투에서 선전하였다. 이후 조토몬인(上東門院)의 쾌유를 기원하는 대사면으로 그 죄가 사면되었으나 1062년 9월 17일 구리야가와 전투에서 전사하였다.

69 아베노 무네토(安倍宗任, ?~?). 헤이안 중기 무장으로 요리토키의 아들이자 사다토의 동생으로 통칭 도리노우미노 사부로(鳥海三郎)라 한다. 전구년 역(前九年の役)에 형제들과 함께 미나모토노 요리요시와 싸웠다. 구리야가와 전투에서 형 사다토가 전사하자 동생들과 함께 투항하였다. 이듬해 교토로 연행되어 이요(伊予)로 유배되었으나 고향으로 도망치려는 낌

가 사카이(境) 관자(冠者) 료조(良增)인데 연무를 흩뿌리고 안개를 피워 올리며 적이 우세할 때는 깊은 물 속, 바다 속에 몇날 며칠 동안 몸을 숨기는 기예가 있는 자입니다. 이들 형제는 키가 커서 당나라 사람을 넘을 정도였답니다. 사다토의 키가 아홉 척 다섯 치, 동생인 무네토는 여덟 척 다섯 치로 여덟 척이 되지 않는 이가 없답니다. 그 중에서도 막내 료조는 열 척 세 치에 이른답니다.

그 부친이 살아있을 때는 천황이나 상황의 하명을 두려워하며 매년 서울에 올라가 역린을 건드리지 않으려고 했으나, 부친이 죽은 후에는 천황의 교지도 받들지 않고 어쩌다 상황의 하명이 있을 때에도 북륙도(北陸道)[70] 7개국을 통과할 비용을 대주면 올라가겠다고 아뢰었습니다. 그 일이 성사될 듯하였으나 공경(公卿) 회의 때 "이는 천황의 명령을 어기는 것이니 겐페이(源平)의 대장을 보내 토벌하십시오"라고 진상하자 미나모토노 요리요시(源頼義)[71]가 명령을 받들어 11만기의 군병을 이끌고 아베 가문 토벌을 위해 미치노쿠니로 내려갔습지요.

스루가노쿠니(駿河国)에 사는 다카하시(高橋) 대장대부(大蔵大夫)[72]를 선봉에 내세운 요리요시는 시모쓰케노쿠니(下野国) 이모우토라는 곳에 도착했

새가 있어 1067년 다자이후로 유배되었다. 후에 스님이 되었다.

70 와카사(若狭), 에치젠(越前), 가가(加賀), 노토(能登), 엣추(越中), 에치고(越後), 사도(佐渡)의 일곱 지역을 말한다.

71 미나모토노 요리요시(源頼義, 988~1075). 헤이안 중기의 무장으로 요리노부(頼信)의 장자이다. 아베 가문의 반란을 진압하기 위해 미치노쿠니 수령으로 부임하였고 진수부 장군을 겸하며 임기가 끝난 후에도 전투를 지속하였다. 이후 아베 가문을 항복시키고 난을 평정하였으며 그 공로로 정사위하 이요(伊予) 수령이 되었다.

72 대장대부(大蔵大夫)는 대삼대부(大三大夫)의 오기(誤記)이며 스루가노쿠니 다카하시에 사는 무사 미쓰토(光任)를 지칭한다.

답니다. 그 소식을 들은 사다토는 구리야가와의 성을 떠나 아즈카시에(阿津賀志)의 나카야마(中山)를 등지고 아다치(安達) 군[73]에 요새를 구축한 후 유키가타(行方) 들판으로 달려가 적군을 기다렸답니다.

대장대부를 앞세운 5백여 기가 시라카와(白川) 관문을 넘어 유키가타 들판에 도착하여 사다토를 공격하였습죠. 그 날의 전투에서 아베는 처참하게 패배하였고 아사카노누마(安積沼)로 퇴각하여 다테(伊達) 군 아즈카시에의 나카야마에 숨어들어 갔습니다. 겐지는 시노부노사토(信夫里), 스루카미카와(摺上川)의 강변에 있는 하야야시로라는 곳에 진을 치고 이후 7년간 밤낮으로 교전을 하며 지냈답니다.

그러는 사이 겐지의 세력 11만기도 모두 전사하였으니 요리요시는 이대로는 안되겠다는 생각에 상경한 후 입궐하여 아뢰었지요.

"소인은 그 뜻을 이루지 못하겠나이다."

"자네가 못 이루겠다면 대신할 자를 내려 보내 서둘러 물리치게."

거듭 칙명이 내려지니 서둘러 로쿠조 호리카와(堀川) 저택으로 돌아가 열세 살인 아들을 입궐시켰답니다.

"네 이름이 무엇이더냐?"

"용의 해, 용의 날, 용의 시각에 태어났습니다. 이름을 겐타(源太)라 하옵니다."

"성인이 되지 않은 자를 전투의 대장으로 임명하는 사례는 없다. 성인식을 치르도록 하라."

명령에 따라 고토나이 노리아키라(後藤内則明)[74]가 그 시중을 들어 하치

---

73 지금의 후쿠시마현(福島県), 이전의 미치노쿠니의 군(郡) 이름이다.

74 후지와라노 도시히토(藤原利仁)의 후예로 시모쓰케노쿠니(下野国)의 무사로서 용맹을 떨쳤

만궁에서 성인식을 올리니 그 이름을 하치만타로 요시이에(八幡太郎義家)[75]라 하였답니다. 그 당시 천황께서 하사한 갑옷이 바로 '겐타의 배내옷'이라 일컬어지는 것이지요.

이번에는 지치부(秩父) 주로 시게쿠니(十郎重国)[76]가 선봉에 서서 오슈로 내려가 아즈카시에 성을 공략했지만 또 다시 겐지가 패배했답니다. 상황이 좋지 않다는 판단에 급히 서울로 사자를 보내 이 사실을 알리자 연호가 나빠서 그러하다며 고헤이(康平)로 연호를 바꾸어 같은 해 4월 21일, 아즈카시에 성을 함락하게 됩니다. 시카라자루에 도착하여 이나무 관문을 치고 넘어가 모가미(最上) 군으로 들어갔습죠. 겐지는 계속해서 공격을 이어갔기에 상대는 오카라 고개를 넘어 센포쿠(仙北) 군 가나자와(金沢) 성으로 퇴각해 들어가게 됩니다.

그곳에서 한 두 해 동안 전투를 이어갔지만 가마쿠라(鎌倉) 곤고로 가게마사(権五郎景政),[77] 평대부(平大夫) 미우라노 다메쓰기(三浦為継),[78] 대부(大夫) 오

다. 미쓰토와 함께 미나모토노 요리요시가 아끼는 일곱 무사 중 하나로 알려져 있다.

75 미나모노토 요시이에(源義家, 1039~1106). 헤이안 시대 후기 무장으로 미나모토노 요리요시의 장남이다. 아베 가문과의 전투에서 활약하였다. 후에 미치노쿠니 수령 겸 진수부 장군이 되었으며 동국에 겐지의 기반을 구축하였다. 향년 68세로 별세하였으며 하치만타로(八幡太郎)라 불리었다.

76 지치부 다케쓰나(秩父武綱, ?~?). 하타케야마(畠山) 씨의 시조로 지치부 별당 다케모토(武基)의 아들이다.

77 다이라노 가게마사(平景政, ?~1069). 헤이안 시대 무장으로 흔히 곤고로라 불렸다. 부친 대부터 가마쿠라를 다스렸기에 가마쿠라 성으로 알려졌다. 16세의 나이로 전투에 참가하여 오른쪽 눈에 부상을 입었지만 무사로서 활약하였고 그 일화가 『오슈 후삼년기(奥州後三年記)』에 기록되어 있다.

78 미우라노 다메쓰기는 미우라 씨의 시조인 미우라노 다메미치(三浦為通)의 아들로 『오슈 후삼년기』에 그 활약상이 묘사되어 있다. 다이라노 가게마사가 화살을 맞았을 때 그것을 뽑

쿠라노 미쓰토(大蔵光任)가 목숨을 버리며 공격을 하자 가나자와 성도 함락되었고 아베 일족은 시로키야마(白木山)[79]를 거쳐 고로모가와(衣川) 성에 숨어들어갔답니다. 다메쓰기, 가게마사가 다시 공격을 거듭했습죠.

고헤이 3년(1060) 6월 21일, 결국 사다토는 큰 부상을 입은 채 치자색 옷을 입고 이와데 들판에서 죽임을 당했답니다. 동생인 무네토는 항복을 했고 사카이 관자는 고토나이(後藤内)에게 생포되어 그 자리에서 참수를 당했습니다.

요시이에는 말을 달려 서울로 올라가 궐에서 천황을 알현하고 후대에까지 그 이름을 떨쳤답니다. 당시에 오슈에 함께 갔던 미쓰우(三つぅ) 소장(少将)[80]의 11대 후손, 담해공(淡海公) 후지와라노 후히토(藤原不比等)[81]의 후예인 후지와라노 기요히라(藤原清衡)[82]라는 자가 그 지역의 경호를 위해 부득

으려고 얼굴에 발을 가져다 대었다가 무례하다는 항의에 사죄하고 무릎을 꿇고 화살을 뽑았다는 일화가 유명하다.

79 이와테(岩手) 현 와가(和賀) 군에서 아키타(秋田) 현 히라카(平鹿) 군을 잇는 산.

80 계보 미상의 인물이다.

81 후지와라노 후히토(藤原不比等, 658~720). 나라(奈良) 시대의 고관으로서 후지와라노 가마타리(鎌足)의 차남이자 고메이(光明) 황후의 부친이다. 몬무(文武) 천황 4년(700)에 『대보율(大宝律)』(6권)과 『대보령(大宝令)』(11권) 편찬에 착수하여 이듬 해 완성하였다. 그 해 정삼위 대납언(大納言)이 되었고 그 후 정이위 우대신(右大臣)의 직위에 이르렀다. 태정대신(太政大臣)직을 고사했으나 사후 태정대신, 정일위에 추대, 문충공(文忠公)이라는 호를 하사받았으며 이후 담해공(淡海公)으로 칭해졌다. 그의 네 명의 아들은 후지와라 씨 네 가문의 시조가 되었다.

82 후지와라노 기요히라(藤原清衡, 1056~1128). 헤이안 말기의 호족으로 부친인 쓰네키요(経清)가 전사한 후 모친이 재가한 기요하라노 다케노리(清原武則) 밑에서 양육되었다. 미나모토노 요시이에와 함께 전투에 승리한 기요히라는 미치노쿠니 여섯 개 군을 관할하였다. 1091년 관백 가문과 비호관계를 맺었으며 부를 누리며 교토의 문화를 향유하는 등 영화를 자랑했다.

이 남게 되었는데 와타리(亘理) 군에 있었기에 와타리의 기요히라라고 했습죠. 그가 두 지역을 장악했으며 무사집단 열네 무리, 그 밖의 무사 50만 기, 그의 아들 히데히라를 섬기는 무사 18만 기가 있습니다. 히데히라야말로 겐지와 헤이케의 싸움이 벌어지면 한 편이 되어줄 자이옵니다."

샤나오(遮那王), 구라마를 하산하다

기치지의 말을 들은 샤나오는 예전부터 들었던 소문과 한 치도 다름이 없자 결심했다.

'과연 듣던 대로 힘이 있는 자구나! 아아, 내려가야겠다. 만약 내 뜻대로 된다면 18만 기 중 10만을 그 지역에 주둔시키고 8만을 이끌고 관동으로 나가자. 관동 8개국은 아버지가 다스리던 곳으로 겐지에게 뜻이 있는 지역이다. 이 지역을 필두로 12만 병사를 불러 모아 20만 기를 만들어 10만을 이즈에 계시는 요리토모(頼朝) 형님에게 바치고 나머지 10만을 요시나카(義仲) 님에게 보내야겠다. 나는 에치고(越後)로 넘어가 우카와(鵜川), 사하시(佐橋), 가나즈(金津), 오쿠야마(奥山)에서 세력을 불러 모으고 엣추(越中), 노토(能登), 가가(加賀), 에치젠(越前)의 군병을 모아 10만 기를 만들겠다. 이들과 아라치(愛発) 나카야마(中山)를 넘어 니시오미(西近江)로 가서 오쓰(大津) 마을에 도착하여 관동에서 오는 20만 병사를 기다릴 것이다. 이들과 오사카(逢坂) 관문을 넘어 서울로 올라가 10만을 섭정 관백의 거처로 향하게 하여 겐지가 수수방관하지 않음을 아뢸 것이다. 그래도 여전히 헤이케가 서울에서 득세하고 겐지의 뜻이 허망하게 된다면 이름을 후대에 남기고 설령 내 시

체가 궁궐에 나뒹군다 해도 아무런 미련이 없다.'

열여섯 살 소년의 생각이라고 여겨지지 않을 만큼 무시무시했다. 이윽고 샤나오는 기치지에게 신분을 밝히겠다고 마음먹었다.

"자네니까 알려주겠네. 다른 사람들에게 말해서는 안 되네. 내가 바로 좌마두(左馬頭) 요시토모 님의 아들이라네. 히데히라에게 말을 전해주었으면 하는데. 언제쯤이면 편지를 가지고 올 수 있겠는가?"

기치지는 방석에서 내려앉더니 머리를 조아리며 말했다.

"히데히라는 전부터 도련님에 대해 말씀하셨습니다. 편지보다 직접 내려가시는 편이 좋습니다. 머무를 곳이나 내려갈 준비는 소인이 하도록 하겠습니다."

샤나오는 답장을 기다리는 것도 초조하니 기치지를 데리고 함께 내려가려고 마음먹었다.

"언제 내려가겠느냐?"

"내일은 길일이니 여느 때처럼 출발하는 의식[83]을 하고자 합니다."

"그렇다면 아와타구치(粟田口)[84] 주젠지(十善寺) 앞에서 기다리겠다."

기치지는 알겠다고 답하고 돌아갔다.

샤나오는 도코보의 거처로 돌아와서 몰래 떠날 마음의 준비를 하였다. 일곱 살 되던 봄 무렵에 들어와 열여섯 지금에 이르기까지 아침에는 번뇌의 안개를 없애고 저녁에는 밤하늘의 별을 바라보며 아침저녁으로 익숙한

---

83 출발 전에 길일을 택하여 집을 나서서 가까운 곳으로 옮기는 의식을 말한다. 보통 다음날 출발하게 된다.

84 동해도 야마시나(山科)에서 교토(京都)로 들어가는 입구에 해당한다. 예부터 교통의 요충지로 발달했다.

곳인데 스승님과도 오늘을 마지막으로 헤어져야 한다고 생각하니 참으려 해도 눈물이 앞을 가렸다.

그렇지만 마음을 약하게 먹어서는 안 되기에 조안(承安) 4년(1174) 2월 2일 새벽, 구라마 산을 내려갔다. 떠날 때 복장은 하얀 고소데(小袖)[85] 위아래 한 벌에 능직 비단 옷을 겹쳐 입고 하리마(播磨) 산 쪽빛 가타비라(帷子)[86]를 그 위에 걸쳤다. 소매 폭이 넓은 하얀 능직 히타타레(直垂)[87]를 입고 시키타에(敷妙)라는 약식 갑옷을 그 안에 껴입고 감색 비단으로 손잡이와 칼집을 싼 호신용 단도와 황금으로 만든 큰 칼을 찼다. 옅은 화장을 하고 가늘게 눈썹을 그린 후 상투를 높게 틀어 묶고 홀로 출발 준비를 하였다. 자신이 떠난 후에도 다른 이가 이 절을 찾아와 방 앞을 지나갈 때마다 샤나오란 사람이 여기 살았음을 기억하고 사후공양을 해주었으면 하는 생각에 한죽(漢竹)으로 만든 피리를 꺼내어 한 시간 정도 불었다. 그 피리소리를 추억거리로 남겨둔 채 울면서 구라마를 떠났다.

그 날 시조 쇼신보가 있는 곳으로 가서 오슈로 내려간다는 이야기를 전했다. 쇼신보는 자신도 함께 하고 싶다며 따라나서려 했다.

"그대는 서울에 머물러 헤이케의 말로를 보고 알려주시오."

쇼신보는 서울에 남았다.

샤나오는 아와타구치로 향했다. 쇼신보도 그곳까지 배웅하겠다며 따라

---

85 현재 기모노의 원형이다. 소매통이 넓은 오소데(大袖)안에 속옷처럼 입었는데 후에는 겉옷으로 사용하게 되었다.

86 안감을 덧대지 않은 옷을 말한다.

87 남성용 평상복으로 소매 끝을 묶는 끈이 달려 있고 문장(紋章)이 없으며 옷자락은 하의 속에 넣어 입었다.

나섰다. 주젠지 앞에서 기치지를 기다리고 있자니 밤이 이슥한 시각에 서울을 떠난 기치지가 아와타구치에 도착했다. 각종 보물을 실은 이십 여 기의 말을 앞세운 멋진 여행 행렬이었다. 기치지는 군데군데 감물을 들이고 문양을 찍은 히타타레를 입고 가을 털가죽으로 만든 무카바키(行縢)[88]를 덮고 검은 빛을 띤 갈색 말에 뿔로 가장자리를 장식한 안장 위에 타고 있었다.

아직 어린 샤나오를 위해서는 황색에 흰 빛이 도는 말 위에 검은 옻칠을 한 뒤 금박을 입힌 안장을 얹고 큰 반점이 있는 무카바키로 그 위를 덮어서 왔다.

"약속한 바는 어찌 되었느냐?"

샤나오의 물음에 기치지는 서둘러 말에서 내려와 준비해둔 말을 끌고 와 샤나오를 태웠다. 샤나오는 좋은 인연을 만났다며 몹시도 기쁘게 생각하며 기치지를 불러 말했다.

"이보게, 내가 말의 복근이 끊어질 정도로 내달려 하인들이 좇아오지 못하더라도 자네는 괘념치 말게나. 내달리며 내려갈 것일세. 내가 구라마에 없다는 사실을 알게 되면 서울을 뒤질 것이 틀림없고, 서울에 없다는 사실을 스님들이 알게 되면 동해도로 좇아 올 것이네. 스리하리(摺針) 산을 넘지 못하고 잡혀서 절로 돌아가자고 하면 그 뜻을 따르지 않는 것도 인의예지에 벗어나는 것이지. 서울은 적들의 소굴이니 아시가라(足柄) 산을 넘을 때까지가 중요하네. 관동은 겐지에게 뜻이 있는 지역이니 말로 잘 구슬리면 숙소마다 말을 빌려 내려갈 수 있을 것일세. 시라카와(白川) 관문만 넘으

---

88 원정이나 여행, 사냥을 나갈 때 덮는 천, 모피류를 지칭한다. 중세시대 무사는 말을 타고 원정을 떠날 때 사슴 가죽으로 만든 허리부터 발끝까지 덮는 긴 천을 필수품으로 사용하였다.

면 히데히라가 다스리는 곳이니 비가 오든 바람이 불든 상관없지."

기치지는 전율을 느꼈다. 윤기나는 털을 가진 말 한 마리조차 갖지 못했고 명예를 중시하는 부하 한 명조차 없으면서 지금 적진으로 들어가 그 마을에서 말을 빼앗아 내려가겠다고 하는 기백이 무서울 정도였다.

명령에 따라 서둘러 내려가니 마쓰자카(松坂)를 넘어 니시노미야(西宮) 강가를 지나 오사카(逢坂) 관문을 넘어 오쓰(大津) 해변을 지났다. 이윽고 세타(勢多)의 가라하시(唐橋)를 건너 가가미(鏡) 숙소에 도착했다. 주인은 기치지가 평소 알던 사람으로 많은 유녀들을 불러 성대하게 일행을 대접했다.

제2권

가가미(鏡) 숙소 기치지(吉次) 방에 도적이 침입하다

숙소가 서울에서 가까운 곳이라 사람들 눈이 조심스러워 기치지는 유녀들보다 한참 아랫자리에 샤나오를 앉혀놓고 마음속으로는 몹시도 황송하게 생각했다. 두세 번 술잔이 돌고난 뒤 주인은 기치지의 소매를 끌어당기며 물었다.

"그대는 늘 일 년에 한 번, 이 년에 한 번은 이 길을 지나다녔지만 이토록 아름다운 사내아이를 데리고 온 것은 처음이구려. 당신에게 이 아이는 피붙이요, 아니면 생판 남이요?"

"피붙이는 아니지만 그렇다고 생판 남도 아닙니다."

주인은 눈물을 뚝뚝 흘리며 말했다.

"참으로 슬픈 일이라오. 무엇 하러 이리 오래 살아 여태껏 가늠도 못할 슬픈 일을 당해야 하는지, 내게는 옛 일이 그저 방금 전 일처럼 여겨진다오. 이 분의 생김새나 움직이는 모습이 돌아가신 좌마두 요시토모(義朝) 님의 차남 도모나가(朝長) 님을 꼭 빼닮았구려. 혹시라도 말로 잘 구슬려 데리고 온 것은 아닌가요? 호겐(保元), 헤이지(平治) 이후 지금까지 겐지의 자손은 여기 저기 은거하고 있습니다만, 만약 어른이 되어 거사를 일으키는 일이 있다면 잘 말씀드려 이리로 모시고 오십시오. 낮말은 새가 듣고 밤말은 쥐가 듣는다고 합니다. 낭중치추라더니 정말 그렇지 않소?"

"그렇게 대단한 자는 아닙니다. 제게 친분이 있을 뿐입니다."

"뭐라 말하든 상관없소."

주인은 일어나더니 샤나오의 손을 잡고 손수 윗자리에 앉혔다. 이윽고 밤이 깊어지자 샤나오를 자신의 방으로 모셨다. 기치지도 술에 취해 잠들었고 샤나오도 잠자리에 들었다.

그 날 밤 한 밤중에 가가미 숙소에 큰 소동이 있었다. 그 해는 기근이 심하여 데와노쿠니(出羽国)[1]에 소문이 자자한 도적의 우두머리 유리노 다로(由利太郎)라는 자가 에치고(越後) 지방에 이름을 날리던 구비키(頸城) 군의 후지사와(藤沢) 입도(入道)[2]를 회유하여 시나노(信濃) 지역으로 건너가 사쿠(佐久) 권수의 아들 사쿠노 다로(太郎), 도토미노쿠니(遠江国) 가마노 요이치(蒲與一), 스루가노쿠니(駿河国) 오키쓰노 주로(興津十郎), 고즈케노쿠니(上野国) 도요오키노 겐파치(豊岡源八) 등 소문이 자자한 도적들 스물다섯 명을 비롯하여 그 수하 총 일흔 명을 불러 모았다.

"동해도(東海道)는 이미 별 볼일이 없어졌으니 상황이 좀 더 나은 산촌 마을을 습격하자. 시골 부자들을 협박해서 부하들에게 맛있는 술도 먹이며 서울로 올라가 여름이 지나 가을바람이 불어오기 시작하면 북쪽 지방을 건너 고향으로 돌아오도록 하자."

이런 연유로 도적들은 산촌 마을 온갖 숙소를 습격하며 서울로 올라가던 중이었다.

그날 밤 마침 기치지의 숙소 옆집에 묵게 되었고 유리노 다로는 후지사와 입도에게 물었다.

"서울에서도 유명한 기치지라는 금 상인이 오슈(奥州)로 내려간다고 보물을 가득 싣고 오늘 밤 옆집에 묵는다고 합니다. 어찌 할까요?"

"순풍에 돛을 단 격이란 이걸 두고 하는 말일세. 쳐들어가서 그 녀석의

---

1 동산도(東山道)에 속하는 지역으로서 현재의 야마가타 현(山形県)과 아키타 현(秋田県)에 해당한다.

2 속세에 머물며 불문에 들어간 위계 삼위(三位) 이상인 사람을 말한다.

장사밑천을 빼앗아 부하들 술값으로 나누어주고 여기를 뜸세.”

곧바로 쳐들어갈 준비를 했는데 뛰어난 아시가루(足軽)[3] 대여섯 명에게 약식 갑옷을 입히고 기름을 끼얹은 횃불 대여섯 개에 불을 붙여 하늘 높이 들게 하니 밖은 어두운데 집안은 대낮처럼 밝았다. 유리노 다로, 후지사와 입도가 대장이 되어 여덟 명을 데리고 길을 나섰다. 유리노 다로는 삼마로 짠 평상복 윗옷에 연녹색 띠를 엮은 갑옷을 입고 오리에보시(折烏帽子)[4]에 끈을 달아매고 석 자 다섯 치의 큰 칼을 찼다. 후지사와 입도는 갈색 윗옷에 검은 가죽 띠를 엮은 갑옷을 입고 모자모양 투구의 끈을 묶어 썼다. 검은 옻칠을 한 칼을 곰 가죽 칼집에 넣어 허리춤에 차고, 긴 칼을 지팡이 삼아 짚으며 한 밤중에 습격하였다. 우선 하인들 방으로 쳐들어갔지만 아무도 없었다. 가운데 방을 부수고 안을 들여다보았지만 거기에도 아무도 없었다. 이건 대체 어찌된 일이냐며 깊숙이 휘장 안으로 들어가 장지문 대여섯 칸을 칼로 베어 쓰러트렸다.

기치지는 그 소리에 놀라 벌떡 일어났는데 앞에는 사천왕 같은 자들이 서 있었다. 자신의 재산을 노리며 들어온 도적이라는 사실은 모른 채 겐지의 자손을 모시고 오슈에 내려간다는 소문이 헤이케에 들어가 병사를 보낸 것이라 착각했다. 그는 허둥지둥 당황하며 포복하여 도망쳤다.

샤나오가 이 모습을 보고 말했다.

“미천한 자들은 정말 믿음직스럽지 않구나. 조금이라도 무사답게 행동한다면 이렇게 어이없는 일은 없을 텐데. 서울을 떠나 올 때부터 한낱 목숨

---

3 발 빠르게 뛰어 다니는 자라는 뜻으로 평소에는 잡역을 담당하나 전시에는 보병이 되어 적을 교란하기도 한다.

4 행동하기 쉽게 여러 겹 접은 모자를 말한다.

일랑 이미 부친에게 바친 것이니 내 주검이 이곳 가가미 숙소에 나뒹굴든 무슨 상관있으랴."

샤나오는 통 넓은 바지에 갑옷을 입고 칼을 옆에 차고 중국 능직으로 짠 고소데(小袖)[5]를 머리에 쓴 뒤 한 칸 크기의 장지문을 쓱 빠져 나갔다. 이윽고 병풍 한 쌍을 접어서 방어용으로 앞에 두고 여덟 명의 도적을 이제나 저제나 기다렸다. 그 순간 "기치지를 잡아라!"라며 도적들이 소리치며 난입했다. 병풍 뒤에 사람이 있을 거라고는 생각지도 못한 채 횃불을 휘두르며 들여다보니 빼어나게 아름다운 아이가 있었다. 나라(奈良), 히에이잔(比叡山)에 소문이 자자한 동자승이 그저께 구라마(鞍馬)를 나왔으니 눈처럼 하얀 피부에 이를 검게 물들이고 옅은 화장을 하고 눈썹을 가늘게 그린 채 옷을 뒤집어쓴 그 모습이 마쓰라사요히메(松浦佐用姫)[6]가 산에서 손수건을 흔들다 돌이 되었나 착각할 정도였다. 흐트러진 머리칼 사이로 보이는 눈썹은 휘파람새 날개 짓에 흐트러졌나 보일 정도였다. 현종 때의 양귀비, 한무제 때의 이부인[7]으로 착각할 정도였다. 도적들은 병풍 뒤에 있는 요시쓰네를 유녀라고 생각하며 병풍을 밀치고 지나가니 샤나오는 생각에 잠겼다.

'없는 사람 취급받아 살아서 무엇 하리오. 훗날 손가락질 받을 것이 슬프군. "요시토모의 아들 샤나오라는 자가 모반을 일으키려고 오슈로 내려가다가 가가미 숙소에서 도적의 습격을 당해 한심스럽게 목숨은 겨우 부

---

5 현재 기모노의 원형. 소매통이 넓은 오소데(大袖)안에 속옷처럼 입었는데 후에는 겉옷으로 사용하게 되었다.

6 히젠(肥前) 마쓰우라(松浦) 군에 살았다는 전설상의 미녀. 오토모노 사데히코(大伴佐鹿比古)의 부인으로 남편이 칙명을 받고 백제로 떠날 때 이별을 아쉬워하며 산위에서 수건을 흔들다 돌이 되었다고 한다.

7 두 사람은 황제의 비로서 미인의 대명사로 여겨진다.

지했다더라. 그 주제에 어이없게도 태정대신의 목숨을 노렸다니."라며 떠들어대는 말을 어찌 들을 수 있겠는가. 아무래도 지금은 도망칠 수가 없겠군.'

샤나오는 칼을 뽑아들고 무리 안으로 들어갔다. 여덟 명은 세 방향으로 흩어졌다.

"이런 괴이한 일이! 연약한 여자인줄 알았는데 뛰어난 무예를 지닌 사람이었군!"

유리노 다로는 샤나오를 보고 칼을 뽑아들었다. 한 번에 끝내려고 큰 칼로 있는 힘껏 내리쳤는데 거구의 체격에 칼 길이가 길어 천장 가장자리에 부딪쳐 움찔하는 순간 샤나오가 작은 칼로 단박에 내리쳤다. 왼쪽 팔을 통째로 내리친 후 이어서 목을 잘라내었다. 동쪽 방향으로 쿵 하고 쓰러지며 유리노 다로는 27년의 삶을 마감했다.[8]

이 장면을 목격한 후지사와 입도는 가만두지 않겠다며 왜장도(倭長刀)[9]를 휘두르며 달려들었다. 샤나오도 후지사와를 향해 달려가 칼을 휘둘렀다. 후지사와는 왜장도 손잡이 끝을 잡고 길게 휙휙 찔러댔다. 샤나오의 칼은 명물이기도 했거니와 칼 솜씨가 뛰어나 왜장도 손잡이 부분을 싹둑 잘라버렸다. 칼을 뽑으려던 후지사와는 당황했고 그 사이에 샤나오의 칼이 얼굴 한 가운데로 들어가 투구 정중앙에서 이마까지 베어내니, 칼 위로 엎드리듯 쓰러지며 41년의 삶을 마감했다.

---

8 문맥을 고려하여 '동쪽 방향으로~' 문장 및 후지사와의 연령을 표기한 부분은 다나카(田中)본을 참고하여 추가하였다.

9 긴 손잡이 끝에 살짝 휜 칼날이 달려 있는 무기로 남북조 전란에 많이 사용되었다. 찌르고 베는 등 다양하게 사용할 수 있어 창보다 유용하게 사용되었다.

기치지는 뒤에 숨에서 이 모습을 지켜보며 생각했다.

'무서운 도련님이시구나. 얼마나 나를 비겁하다 생각하실까.'

기치지는 자신의 방으로 달려가 갑옷을 찾아 입고 상투를 잘라내 머리를 흐트러트리고 칼을 빼들더니 적이 내버린 횃불을 휘두르며 샤나오와 하나가 되어 싸웠다. 적이 도망가면 쫒아가 칼로 베며 뛰어난 자들 대여섯 명의 숨통을 끊어놓았다. 두 명은 부상을 당해 도망갔고 한 명은 놓쳤다. 도적들을 모조리 무찌른 것이다. 날이 밝자 다섯 도적의 머리를 숙소의 동쪽 귀퉁이에 염주처럼 엮어 걸어두고 다음과 같은 글을 써서 팻말을 세웠다.

"소문으로 들어서 알고 있겠지만 똑똑히 두 눈으로 보거라. 데와에 사는 유리노 다로, 에치고에 사는 후지사와 입도, 절도범 두 명을 비롯하여 다섯 명의 목을 자르고 지나간 이를 누구라 생각하느냐? 나는 황금 상인 산조(三条) 기치지와 인연이 있는 자로 이는 열여섯에 올린 첫 공적이다. 서울을 떠나 길을 가는 중에 이런 솜씨를 보여주었으니 자세한 사정을 알고 싶으면 구라마 도코보(東光坊)에게 물어 보거라. 조안(承安) 2년(1172) 2월 4일."

이 팻말을 본 사람들은 겐지 가문에 어울리는 길 떠나는 의식이었다며 혀를 내두르며 무서워했다.

날이 밝자 샤나오 일행은 가가미 숙소를 떠났다. 기치지는 더욱더 샤나오를 성심껏 보필하면서 내려갔다. 오노(小野)[10]의 스리하리(摺針)를 넘어

10 사가 현(滋賀県) 히코네 시(彦根市)의 지명으로 중세시대에는 가마쿠라로 향하는 역참이었으며 상대 시대에는 도코(鳥籠) 역이 있었다.

서 반바(番場),[11] 사메가이(醒井)를 지나니 어느덧 날이 저물어 미노(美濃) 지방의 아오하카(青墓) 숙소에 도착했다. 이곳은 그 옛날 요시토모가 사랑해마지 않았던 쇼쇼(少将)[12]가 살았던 곳이다. 샤나오는 형 중궁대부 도모나가의 무덤을 찾아가 밤늦도록 법화경을 독경하고 날이 밝자 솔도파(卒塔婆)[13]를 만들어 손수 범자를 쓰고 극락왕생을 기원한 후 길을 떠났다. 고야스(児安)[14] 숲을 멀리 바라보며 구제가와(久世川)[15]를 건너고 새벽녘에 스노마타가와(墨俣川)를 지나니 삼일 째 되는 날 오와리 지방 아쓰타 궁(熱田宮)[16]에 도착했다.

샤나오의 성인식

아쓰타의 전(前) 대궁사(大宮司)[17]는 요시토모(義朝)의 장인이며 현재의 대궁사는 처남이었다. 요리토모(頼朝)의 어머니도 아쓰타의 소토노하마라는 곳에 살았다. 샤나오는 이들을 아버지의 추억이라 생각하고 기치지를 통해 방문의 뜻을 전했더니 대궁사는 서둘러 마중할 사람을 보내 이것저것

---

11 사가 현 마이바라 시(米原市)의 지명으로 관문이 있었다.

12 첫째 아들 도모나가를 지칭한다.

13 죽은 사람의 공양·추선을 위하여 위가 탑처럼 뾰족하고 갸름한 나무 판자에 범자나 경문 구절 따위를 적어 묘지에 세우는 것을 말한다.

14 미노쿠니(美濃国)에 있는 고야스(子安) 신사를 말한다.

15 현재의 구이제가와(杭瀬川)를 말한다.

16 나고야 시(名古屋市) 아쓰타 구에 있는 신사로서 구사나기노쓰루기(草薙剣)를 신체(神体)로 삼는 신궁이다. 아쓰타노미야, 아쓰타 신사라고도 한다.

17 신궁(神宮), 신사의 신직(神職)의 장으로서 제사 및 행정사무를 총괄하며 대부분은 세습된다.

살뜰히 보살펴주었다. 이튿날 떠나려고 하자 온갖 말로 만류하며 떠나지 못하게 하여 어쩌다 보니 삼일을 아쓰타에 머물렀다.

샤나오가 기치지에게 말하였다.

"성인식을 올리지 않고 오슈로 내려가는 것도 좋지 않을 것 같네. 에보시(烏帽子)[18]라도 빌려 쓰고 내려가고 싶은데 어떻겠나?"

"어느 쪽이든 생각하신대로 하십시오."

대궁사는 에보시를 준비했고 샤나오의 머리를 빗어 상투를 틀어 올려준 뒤 에보시를 씌워주었다.

"오슈로 내려가면 히데히라(秀衡)가 이름이 무엇이냐고 물을 텐데, 샤나오라고 답하기에는 성인식을 하여 어엿한 남자가 된 보람이 없구나. 이곳에서 새 이름을 정하지 않으면 분명 성인식을 올리라고 할 것이다. 히데히라는 우리 겐지 일족에게 선대 대대로 가신인 자인데 그 손을 빌려 성인식을 올리면 다른 사람의 비난을 받을 것임에 틀림없을 게다. 여기는 아쓰타 대명신 신전이며 요리토모 님의 어머니도 이곳에 계시니 여기서 이름을 정하도록 하자."

샤나오는 심신을 청결하게 하고 근신한 뒤 대명신을 참배했다. 대궁사와 기치지도 함께 했다.

샤나오는 두 사람에게 말했다.

"아버님은 많은 아들을 두셨지. 적자 아쿠겐타(悪源太), 둘째 도모나가(朝長), 셋째 병위좌(兵衛佐), 넷째 가바도노(蒲殿), 다섯째 젠지노키미(禅師の君),

---

18 일본의 전통 모자로 성인식을 한 귀족이나 무가 남성이 썼다. 무명이나 비단, 옻칠한 종이 등으로 만들었다.

여섯 째 교노키미(卿の君), 일곱째 아쿠젠지노키미(悪禅師の君). 나는 여덟 번째 아들로 사마노 하치로(左馬八郎)여야 하나 호겐 전투 때 숙부인 진제이 하치로(鎮西八郎)[19]가 활과 화살로 무명을 떨쳤는데 그 뒤를 잇는 것은 원하는 바가 아니다. 막내가 된들 무슨 지장이 있겠는가. 내 이름은 사마노 구로(左馬九郎)라 하겠네. 실명은 할아버지가 다메요시(為義), 아버지는 요시토모(義朝), 첫째 형님은 요시히라(義平)이니, 요시쓰네(義経)로 하지."

어제까지는 샤나오, 오늘은 구로 요시쓰네라고 이름을 바꾸어 아쓰타를 떠났다. 앞일을 생각하며 나루미(鳴海) 갯벌을 지나고 미카와(三河)의 야쓰하시(八橋)[20]를 건너고, 도토미(遠江)의 하마나(浜名) 다리를 바라보며 길을 갔다. 아리와라노 나리히라(在原業平),[21] 야마카게(山陰) 중장[22]이 풍경을 찬탄했던 명소들로 가득한 곳이었지만 마음에 여유가 있을 때나 그 운치를 느끼는 법이다. 이제껏 스쳐지나온 명소들은 대망을 품은 요시쓰네의 마음을 끌지 못했다. 어느덧 날이 흘러 우쓰(宇津) 산을 지나 스루가(駿河) 우키시

---

19 미나토모노 다메토모(源為朝, 1139~1170)를 말한다. 미나모토노 다메요시(源為義)의 여덟 번째 아들로 궁술이 뛰어났다. 난폭한 성격 때문에 부친 다메요시에 의해 규슈로 추방당했다. 규슈에서 세력을 확장하여 호겐의 난 때 스토쿠 상황 편에 가담했다. 패배하여 이즈로 유배되었으나 다시 공격당하자 자살했다.

20 아이치 현(愛知県) 지류 시(知立市) 동북부의 지명으로 『이세 이야기(伊勢物語)』에 등장하는 곳으로 유명하다.

21 아리와라노 나리히라(在原業平, 825~880). 헤이안 전기 가인(歌人)으로 아보(阿保) 친왕의 다섯째 아들이다. 미모의 황손이며 자유분방한 성격의 소유자로 와카에 뛰어나 육가선(六歌仙) 중 한명으로 손꼽힌다. 반정치적 성격과 연애에 몰두하는 순애보적 이미지를 중심으로 전설화, 허구화되어 『이세 이야기』의 모델이 되었다.

22 후지와라노 야마카게(藤原山蔭, 824~888). 헤이안 전기 공경(公卿)으로 자신이 구해준 거북이가 훗날 아들의 목숨을 구해준 이야기가 『곤자쿠모노가타리슈(今昔物語集)』에 실려 있다.

마가하라(浮島が原)[23]에 도착했다.

아노(阿野) 선사(禪師)[24]를 대면하다

이윽고 요시쓰네는 형님인 아노 선사가 계신 곳에 심부름꾼을 보냈다. 선사는 뛸 듯이 기뻐하며 요시쓰네를 안으로 들게 하고 서로 마주보며 지나온 일들을 이야기하면서 목메어 울었다.

"이 얼마나 놀라운 일이더냐. 헤어졌을 때 두 살 남짓이었는데. 근래 어디에 있었는지조차 알지 못했구나. 이렇게 장성하여 그런 큰일을 도모하다니 얼마나 기쁜지 모르겠다. 나도 함께 떨치고 나가 어떻게든 힘을 합쳐 싸우고 싶지만 공교롭게도 부처님의 가르침을 배우는 승려가 되어 스승님의 암자에 들어와 삼의(三衣)[25]를 걸친 신분이 되었으니, 갑옷과 투구로 무장하고 활과 화살을 지니는 것이 사뭇 저어되어 함께 나서지 못하겠구나. 더구나 누군가는 돌아가신 아버님의 명복을 빌어줘야 하지 않겠느냐. 또한 겐지 가문 사람들을 위한 불공을 드려야하지 않겠느냐? 그렇지만 한 달도 채 함께 있지 못하고 이별해야 하는 것이 너무 슬프구나. 요리토모도 이

---

23 시즈오카 현(静岡県) 동부 지역에 있는 저습지로서 요시쓰네와 요리토모가 첫 대면한 곳으로 유명한 지역이다.

24 아노노 젠세이(阿野全成, ?~1203). 아쿠젠지(悪禅師)라고도 하며 요시쓰네의 동복 형으로 아명은 이마와카라 한다. 저본의 한자는 阿濃로 되어 있으나 阿野로 통일했다.

25 승려가 입는 세 가지 승복을 의미한다. 대의(大衣)인 승가리(僧伽梨), 칠조(七條)인 울다라승(鬱多羅僧), 오조(五條)인 안타회(安陀會)를 말한다.

즈(伊豆)의 호조(北条)에 있지만 이토(伊東)[26] 무리의 경비가 삼엄하니 연락조차 할 수가 없었지. 가까이 있을 뿐 소식조차 없구나. 너도 이번에 가서 만날 수 있을지 모르겠으니 일단 편지를 써놓고 가거라. 내가 그 뜻을 전해주마."

요시쓰네는 편지를 써서 남겨두었고 그 날 이즈 관청에 도착하였다.

이윽고 미시마(三島) 신사에 참배하여 밤새 기도를 올렸다.

"귀의하노니, 미시마 대명신(大明神)이시여, 소토(走湯) 권현(權現),[27] 기치조(吉祥)와 고마카타(駒形) 권현[28]이시여. 바라옵건데 이 요시쓰네를 삼십만기의 대장군으로 삼지 않으신다면 이 산의 서쪽으로 넘어가지 못 하도록 해주십시오."

그 정성을 다하는 모습이 열여섯의 나이가 무색할만큼 서슬퍼랬다.

이윽고 아시가라(足柄) 관문을 넘고 무사시노(武蔵野)의 호리카네(堀兼) 우물[29]을 바라보며 그 옛날 아리와라노 나리히라(在原業平)가 바라보았던 오래된 유적을 떠올리면서 시모쓰케노쿠니(下野国)[30] 쇼타카노(庄高野)라는 곳에 도착했다. 날이 흐르면서 서울은 멀어지고 동국(東国) 지방은 가까워지니 그

26 이토 스케치카(伊東祐親)를 말한다. 헤이안 시대의 무사로서 이토(현재 시즈오카현 이토시)의 호족이다.

27 소토는 이즈(伊豆) 산을 의미하며 권현은 부처의 화신으로서 이즈 지방 신불습합의 신을 말한다.

28 기치조는 이와테(岩手) 현에 있는 성불비사문당(成島毘沙門堂)에 안치되어 있으며 고마가타는 이와테 현 고마가타 신사에서 모시는 신을 말한다.

29 사이타마(埼玉) 현에 있는 오래된 우물로서 『마쿠라노소시(枕草子)』에도 오래된 명소로 알려졌다.

30 동산도(東山道)의 하나로서 현재의 도치기 현(栃木県)에 해당한다.

날 밤 내내 서울이 떠올랐다. 요시쓰네는 숙소의 주인을 불러 물어보았다.

"이 지역의 이름은 무엇인가?"

"시모쓰케노쿠니라는 곳입니다."

"이곳은 장원인가 아닌가?"

"시모쓰케의 장원입니다."

"이 장원의 영주는 누구더냐?"

"소납언(少納言) 입도 신제이(信西)[31]의 부친 쪽 숙부인 미사사기노스케(陵介)의 적자, 미사사기 병위(兵衛)라는 자입니다."

요시쓰네, 미사사기(陵) 숙소에 방화하다

기억을 떠올려보니 요시쓰네가 아홉 살일 때 미사사기 병위가 구라마에 참배를 왔었고 당시 요시쓰네는 도코보의 무릎 위에 앉아있었다.

"아아, 어린 아이의 눈매가 이리 훌륭하다니요. 어느 분의 자제십니까?"

---

31 신제이(信西, 1106~1160). 헤이안 후기의 학자이자 관료로 속명은 후지와라노 미치노리(藤原通憲)이다. 부친은 사네카네(実兼)이며 7세에 다카시나노 쓰네토시(高階経敏)의 양자로 입양되었다. 도바(鳥羽)상황을 모시며 1143년에 소납언으로 발탁되었으나 다음 해 후지와라 성으로 복적한 후 출가하였다. 상황 측근의 중심적인 존재로서 기이(紀伊) 수령의 딸 아사코(朝子)를 부인으로 맞이하였고 그녀가 고시라카와(後白河) 천황 유모가 되었기에 그 위세는 더 높아졌다. 호겐 난 당시 천황 친정을 중심으로 새로운 제도를 발포하였으며 니조(二条) 천황으로 양위되자 상황과 천황의 근신간에 세력다툼이 심화되었다. 1159년, 미나모토노 요시토모(源義朝)와 후지와라노 노부요리(藤原信頼)의 헤이지 난(平治の乱) 거병으로 나라(奈良)로 도망치다 발각되자 자살하였다.

"좌마두 요시토모 님의 자제분이라네."

"역시 후대에 헤이케 가문에 큰 위협이 되겠군요. 이런 분들의 목숨을 구해 일본국에 살아있게 함은 새끼 호랑이를 길러 천리 들판에 풀어놓는 것과 마찬가지이겠지요. 어른이 되면 분명 모반을 일으킬 것입니다. 도련님, 제 이야기를 잘 들어주십시오. 만일 어떤 일을 이루려하실 때는 제가 있는 곳에 찾아와주십시오. 시모쓰케노쿠니의 시모사에라는 곳입니다."

분명 그렇게 말했던 자였으니 머나면 오슈까지 내려가기보다는 우선 미사사기가 있는 곳에 들러야겠다는 생각에 기치지를 불렀다.

"자네는 먼저 떠나 시모쓰케의 무로노야시마(室八島)에서 기다리게. 나는 찾아갈 사람이 있으니 그 다음에 뒤좇아 가겠네."

기치지는 어쩔 수없이 먼저 출발하여 오슈로 내려갔다. 요시쓰네는 미사사기가 있는 곳으로 떠났다.

요시쓰네가 미사사기의 숙소를 방문하여 살펴보았더니 정녕 영화로운 권세를 누리는 듯 대문 안에는 안장을 얹은 말 여러 마리가 매어 있었다. 안쪽을 들여다보니 대기소에는 나이 지긋한 사내와 젊은 청년을 비롯한 오십 여명의 무사가 모여 있었다. 요시쓰네는 말을 걸었다.

"안으로 안내해주시오."

"어느 곳에서 오셨습니까?"

"서울에서 왔소. 이전에 뵈온 적이 있는 사람이라오."

그는 주인 미사사기에게 이 사실을 알렸다.

"어떤 사람이더냐?"

"기품이 넘치는 분이었습니다."

"그렇다면 들어오시라 하게."

안으로 들어온 요시쓰네에게 미사사기는 말을 건넸다.

"누구시길래 저를 찾아오셨습니까?"

"어렸을 때 뵈었었는데 잊으신 것이옵니까? 구라마의 도코보가 있던 곳에서 무슨 일이 있을 때는 찾아오라고 하셔서 이런저런 부탁을 드리러 찾아왔습니다."

미사사기는 고민에 빠졌다.

'이런 말도 안 되는 일이. 성인이 된 아들 녀석들은 모두 상경하여 시게모리(重盛)를 모시고 있는데…… 내가 겐지의 편을 들면 두 아들은 죽임을 당하겠지.'

잠시 고심하다가 말을 꺼냈다.

"잘 알겠습니다. 뜻하신 바는 이해하였습니다. 요시쓰네 님과 형제분들은 헤이지 난(平治の乱) 때 거의 처형당하실 뻔 하셨지요. 그런데 어머님이신 도키와(常磐) 님이 기요모리(清盛)를 섬겨 그 배려로 목숨을 구하셨습니다. 늙은이와 젊은이 그 누가 먼저 세상을 떠날지 모를 일이나 기요모리가 숨을 거둔 연후에 그 뜻을 세우시지요."

요시쓰네는 생각에 잠겼다.

'아아, 이 자는 일본에서 제일 가는 비겁쟁이로구나. 한심스럽기 짝이 없군.'

하지만 달리 방도가 없어 그 날은 묵어가기로 했으나 장차 도움을 받을 수도 없기에 잠시 지체할 필요조차 없었다. 그 날 한밤중에 요시쓰네는 미사사기의 집에 불을 질러 모조리 태워버리고 사라지듯 모습을 감추어버렸다.

이대로 길을 떠나면 시모쓰케(下野)의 요코야마(横山) 들판, 무로노야시마(室の八島), 시라카와(白河)의 세키야마(関山)에서 추적을 당해 곤란해지겠다는 생각에 스미다가와(隅田川) 강변길을 말이 가는대로 몸을 맡겨 떠났다. 재바른 말 덕분에 이틀이 걸려도 힘든 길을 단 하루만에 고즈케(上野)의 이타하나(板鼻)[32]라는 곳에 도착하였다.

이세노 사부로(伊勢三郎),[33] 요시쓰네의 첫 신하가 되다

어느덧 날이 저물었다. 허름한 집들이 늘어서 있었으나 하룻밤 머물만한 곳은 없었다. 그런데 안쪽으로 들어간 곳에 그럴듯한 집 한 채가 보였다. 운치가 느껴지는 곳이었는데 대나무 담장에 노송나무 덧문이 달렸고 연못이 있는데다가 물가에 무리지어 있는 새들의 모습에서도 풍취를 엿볼 수 있었다. 밤이 깊자 요시쓰네는 툇마루로 다가가 말을 건넸다.

"안에 누구 계십니까."

"무슨 일이십니까?"

열두셋 정도되는 하녀가 나와 물었다.

"이 댁에 자네말고 어른은 안 계시나? 계시다면 나오시라 하게. 할 말이 있으니."

---

32 지금의 군마 현(群馬県) 지역에 있는 중산도(中山道)의 역참 마을을 말한다.

33 이세노 요시모리(伊勢義盛, ?~1186). 헤이안 후기의 무사로 요시쓰네 사천왕 가운데 한 명이다. 단노우라(壇ノ浦) 전투 등에서 활약하였으며 요리토모(頼朝)와 틀어진 요시쓰네의 서국 낙향에 수행하였으나 도중에 헤어진다. 이후 스도 쓰네도시(首藤経俊)를 공격하였으나 패배하여 자살하였으며 통칭 이세노 사부로(三郎)라 한다.

하녀는 주인에게 이 사실을 알렸고 잠시 뒤에 열여덟아홉 남짓되는 우아한 여인이 장지문 뒤에서 물었다.

"무슨 일이시옵니까?"

"서울에서 온 과객입니다만 동국의 다코(多胡)라는 곳에 있는 사람을 찾아 내려가던 길이었습니다. 허나 지리에 밝지 않아 길을 잃어버렸고 날이 저물어버렸습니다. 하룻밤 묵어갈 수 있게 해주십시오."

"어렵지 않은 일이옵니다만 바깥양반이 지금 출타중이어서 아마 밤이 깊어지면 돌아올 것 같습니다. 여늬 사람과 달리 세상사를 잘 알지 못하는 이라 무슨 말을 할지 모르겠습니다. 그리 되면 손님께는 더 안 좋을 것 같습니다. 어떻게 해야 할지…… 다른 곳에서 머무시는 것이 좋겠습니다."

"바깥 분께서 돌아오신 뒤에 혹여 여의치 않게 되면 그 때 호랑이가 누워있는 들판으로 나가겠습니다."

여인이 선뜻 마음을 굳히지 못하자 다시 말을 이었다.

"오늘 밤 하루만 어떻게든 묵어가게 해주십시오. '빛깔과 향기조차 아는 이는 알아보네'[34]라고 하지 않았습니까."

요시쓰네는 시종들이 있는 곳으로 슬쩍 들어가 버렸다. 여인은 어쩔 수 없이 안으로 들어가 나이 지긋한 이들에게 어떻게 하면 좋겠느냐고 물어보았다.

"한 줄기 강물을 함께 떠올리는 것조차 전생의 인연인 것을…… 저어할 일이 무엇 있겠습니까. 시종들이 있는 곳은 맞지 않을 듯합니다. 우리

---

34 『고킨와카슈(古今和歌集)』에 실린 기노 도모노리(紀友則)의 노래. 당신 아니고 그 누구에게 보여주려나 매화꽃 빛깔과 향기조차 아는 이는 알아보네(君ならで誰にか見せむ梅の花色をも香をも知る人ぞ知る)

처소 가까이에 있는 손님방에 들이시도록 하시죠."

여러 안주거리를 꺼내와 약주를 권했지만 요시쓰네는 전혀 손을 대지 않았다.

여인이 들어와 말했다.

"바깥 주인은 세상에 보기 드문 뒤틀린 사람이니 결코 그 모습을 보이지 말아주십시오."

이윽고 등롱불을 끄며 다시 한 번 다짐했다.

"미닫이문을 꼭 닫고 주무십시오. 새벽을 알리는 닭울음소리가 들리면 뜻하신 그곳으로 서둘러 길을 떠나십시오."

그녀의 말에 요시쓰네도 수긍하며 생각에 잠겼다.

'도대체 어떤 사내길래 이토록 두려움에 떠는 걸까? 여기 바깥주인보다 더한 미사사기 집에 불을 질러 완전히 태워버리고 여기까지 오지 않았던가. 하물며 여인이 온정을 베풀어 모처럼 하룻밤 머물게 해주었는데 사내가 돌아와 험한 말을 한다면…… 도대체 어디에 쓰려고 지니고 있던 큰 칼이더냐. 지금이야말로 이 칼을 써야할 절호의 기회로구나.'

요시쓰네는 큰 칼을 빼서 무릎 밑에 깔아놓고 옷소매로 얼굴을 덮고 자는 척하며 기다리고 있었다. 닫아달라던 문은 활짝 열어젖혀 놓고 꺼달라던 등롱은 더 높이 심지를 돋아놓은 뒤 밤이 점점 깊어가도록 이제나저제나 기다렸다.

이윽고 자시(子時)[35] 무렵 바깥주인이 돌아와 노송나무 문을 열고 안으로 들어왔다. 그 모습을 보아하니 나이는 스물너댓 정도이고 갈대낙엽 문

---

35 오후 11시에서 오전 1시 사이를 말한다.

양을 박아 넣은 연노랑 빛 윗옷에 연둣빛 띠로 엮은 갑옷을 걸치고 큰 칼을 허리에 차고 큰 창을 지팡이 삼아 쥐고 있었다. 옆에는 그에 뒤지지 않을 만큼 건장한 사내 네댓 명이 돼지 눈 모양 조각을 새긴 큰 도끼, 물결무늬가 있는 긴 몸통의 칼,[36] 억새풀 문양의 장검, 철퇴와 곤봉을 지니고 있었는데 방금 한바탕 소동을 부리고 온 모양새였다. 마치 사천왕처럼 기세등등하게 나타났다. 그 모습을 본 요시쓰네는 생각에 잠겼다.

'그 여인이 두려워함이 당연하겠구나. 저 사내는 정녕 용맹한 이겠군.'

사내는 손님방에 사람이 있다는 사실을 알고 거침없이 섬돌로 올라갔다. 요시쓰네는 큰 눈을 부릅뜨고 큰 칼을 고쳐 잡으며 말했다.

"이리로 오게."

사내는 수상한 놈이라는 생각에 대답도 하지 않았다. 그대로 문을 거칠게 닫더니 잰걸음으로 안쪽으로 들어가 버렸다. 요시쓰네는 분명 여인에게 험한 말을 퍼부을 거라는 생각에 벽에 귀를 대고 들어보았다.

"이봐, 여보, 여보."

잠을 깨우는 소리가 들리더니 한동안 아무 소리도 나지 않았다.

잠시 시간이 흐른 뒤 잠에서 깬 듯한 말투로 답했다.

"왜 그러시는지요?"

"손님방에 자고 있는 이는 누구요?"

"저도 잘 모르는 사람입니다."

"생전 처음 보는 사람을 주인도 없는 집에 누가 머물게 했단 말이오?"

---

36 나기가마(薙鎌)라 하며 길이 7척의 원통형 나무 봉으로 된 긴 몸통 끝에 짧은 직도(直刀)를 직각으로 매단 무기로서 찌르고 베고 칼날로 걸어 넘겨 상대를 넘어트릴 때 사용한다.

몹시 기분 상한 듯이 물었기에 요시쓰네는 드디어 소동이 시작됐구나는 생각에 잠자코 듣고 있었다.

"처음 보는 사람인데 갈 길은 멀고 날은 어두워졌다고 난감해하며 부탁했지만 주인이 계시지 않아 재워줄 수 없다고 말씀드렸습니다. "빛깔과 향기조차 아는 이는 알아보네"라고 읊으셔서 그 말씀에 홀려 오늘밤은 묵어가시게 하였습니다. 어찌되었던 오늘 밤만 재워드린다고 별일 있겠습니까?"

사내는 고개를 끄덕이며 더 이상 타박하지 않았다.

"그대의 외모는 그다지 세련되지 않고 그 마음도 동쪽 지방 사람처럼 고집이 세다고 생각했는데, "빛깔과 향기조차 아는 이는 알아보네"라는 노래의 의미를 이해하고 재워준 것이야말로 잘한 일이구려. 무슨 일이 일어나도 괜찮으니 오늘 밤은 재워줍시다."

'가뭄에 단비 같은 부처님의 가호구나. 밉상스럽게 난리를 피우면 큰일이 벌어질 뻔 했는데…….'

요시쓰네는 생각에 잠겼고 사내는 말을 이었다.

"아무리 생각해도 보통 분이 아닌 것 같소. 짧게는 삼일, 길게는 칠일 전에 큰일을 당한 분이라 생각되오. 저 분이나 나처럼 세상으로부터 버림받은 이가 뜻하지 않은 사건이나 재난을 만나는 일은 늘 있는 법이지. 피곤하실 테니 술 한 잔 대접하고 싶군."

하인에게 온갖 술안주에 술병을 들리고 부인을 앞세워 손님방으로 가서 술을 권하였다. 요시쓰네가 전혀 술을 마시려 하지 않자 사내가 말했다.

"한 잔 드시지요. 몹시도 경계하시는 것 같습니다. 제 비록 겉모습은 보잘 것 없지만 제게 주변을 지킬 수 있도록 허락해주십시오. 거기 아무도 없느냐?"

사천왕같은 남자 대여섯 명이 나타나자 사내가 말했다.

"손님을 모셨으나 경계를 늦추지 않으시는 것 같다. 너희들은 오늘 밤 자지 말고 경호를 철저히 하도록 하여라."

"네, 알겠습니다."

히키메(蟇目) 활[37]을 쏘고 활 현을 울리며 경호했다. 사내도 부하들 거처의 창문을 열고 등대 두 곳에 불을 붙여 밝힌 후 갑옷을 꺼내 옆에 두었다. 이윽고 활 현을 팽팽하게 한 뒤 화살 다발을 풀어두고 칼은 무릎 밑에 두었다. 이웃집 개가 짖어도 바람에 나뭇가지가 흔들려도 "누구냐? 가서 알아 보거라." 분부하며 그 날 밤을 샜다. 요시쓰네는 훌륭하다며 그를 뛰어난 자라 생각했다.

날이 밝자 떠날 채비를 하는데 사내는 이런저런 말로 붙잡았다. 잠시 머무른다는 것이 결국 이삼일 더 머무르게 되었다. 어느 날 사내는 요시쓰네에게 말을 걸었다.

"도련님께서는 서울의 어느 가문 분이십니까? 저는 서울에 아는 사람이 한 명도 없는데 혹시나 들릴 일이 생기면 찾아뵈려 합니다. 그러니 하루 이틀 더 머물러 주십시오. 동산도(東山道)로 향하신다면 우스히(碓氷) 고개까지 함께 하겠습니다. 동해도로 향하신다면 아시가라(足柄)까지 배웅하겠습니다."

서울에 있지 않으니 찾아와도 방법이 없었다. 이 자를 보니 결코 배신

---

37 우는살을 말하며 박나무, 오동나무로 만든 큰 활 또는 화살이다. 적을 위협하거나, 주의를 환기시키기 위하여 쏘는 화살로서 본체에 여러 개의 구멍이 있어 활을 쏘면 큰 소리가 난다.

하지 않을 것 같아 자신이 품은 뜻을 알려주려고 마음먹었다.

"나는 오슈로 내려가는 사람이오. 헤이지 난에 돌아가신 시모쓰케 좌마두의 막내아들 샤나오라 하오. 구라마에서 공부하였는데 지금은 성인식을 올려 사마노 구로(左馬九郎) 요시쓰네라 하지. 오슈에 있는 히데히라를 의지하여 내려가는 중이오. 인연이 있으니 이제 이렇게 그대와 지인이 되었구려."

요시쓰네의 말이 채 끝나기 전에 사내는 그 앞으로 쓱 나아가서 소매를 붙잡더니 흑흑 흐느껴 울었다.

"아, 이토록 놀라운 일이 있다니요! 이야기를 나누지 않고 그대로 돌아가셨다면 어찌 알 수 있었겠습니까? 도련님은 우리들이 선조 대대로 모셔왔던 주군이십니다. 이렇게 말씀드리면 제가 어떤 사람인지 궁금하시겠지요. 제 아버지는 원래는 이세(伊勢) 지방 후타미(二見) 포구 사람입니다. 이세 간라이 요시쓰라(義連)라 불리는 이세 대신궁 신관입니다. 아버지께서는 기요미즈(清水) 절에 들렀다 돌아오던 길에 구조 상인(九条上人)이라는 자와 마주쳤는데 그 자가 말에서 내리는 예를 갖추지 않았답니다. 아버지는 그의 목을 베어 강변에 효수했지요.[38] 그 죄로 고즈케(上野) 지방 나가시마(長島)라는 곳에 유배를 가게 되었고 그곳에서 세월을 보내다 고향을 잊기 위해 부인을 얻었습니다. 어머니가 저를 갖고 7개월 되었을 때 아버지는 사면되지 못한 채 그곳에서 돌아가셨습니다. 그 뒤 어머니는 저를 낳았는데 유복자로 태어났으니 불운한 아이라 말씀하시며 제대로 돌보지 않으셨습니다. 외삼촌이 저를 불쌍히 여겨 성인이 될 때까지 키워주셨습니다. 열세 살에

38 요시쓰라의 유배와 관련된 문장은 다나카본(田中本)을 참고하여 추가하였다.

성인식을 하는데 제 아버지는 어떤 사람이냐고 물었더니 어머니께서 "네 아버지는 이세 후타미 포구 사람이다. 고즈케로 유배를 왔는데 이름은 이세 간라이 요시쓰라라고 한다. 좌마두 님의 총애를 받으셨는데 뜻하지 않은 죄로 이곳에 오셨단다. 너를 가지고 7개월 되던 때에 돌아가셨다"고 말씀하셨습니다. 아버지를 이세 간라이라 부르니 저는 이세 사부로(伊勢三郎)라 부르기로 했습니다. 아버지를 요시쓰라라 하니 제 이름을 요시모리(義盛)라 정했습니다.

근래에는 완전히 헤이케 세상이 되어 겐지는 모두 멸망하였고 어쩌다 살아남았다 하더라도 여기저기에 유폐되어 흩어져 있습니다. 그러니 어디에 살고 계시는지 거처를 알 수 없어 찾아가보지도 못했습니다. 마음속으로 그리던 주인님을 만나게 되니 주종은 삼생[39]의 인연이라고 하지만 이는 하치만(八幡) 대보살의 가호라 여겨집니다."

지금까지 살아온 이야기, 앞으로의 이야기를 서로 기탄없이 나누었다.

아주 잠깐의 인연이었지만 그 때 처음 만난 뒤 한결같은 마음으로 충성스럽게 모시고 오슈까지 동행했다. 지쇼(治承) 4년(1180) 겐페이 전투가 일어난 뒤로는 그림자처럼 요시쓰네를 모셨으며 형 요리토모와 불화가 생겼을 때도 오슈로 함께 내려갔다. 마침내 주군의 무릎에서 전사하여 이름을 후대에 남긴 이세 사부로 요시모리가 이때 머물렀던 집의 주인이었던 것이다.

요시모리는 안으로 들어가 부인에게 말했다.

"어떤 사람인가 했더니 우리 집안 대대로 모시는 주군이셨소. 그러니

39 전생, 현생, 내생을 말한다.

모시고 오슈로 내려가야겠소. 그대는 이곳에서 내년 봄을 기다리시오. 만약 봄까지 올라오지 않으면 그때 다른 남자를 만나시오. 그래도 나를 잊지는 마시오."

"당신과 함께 사는 동안 길을 떠나도 잠시의 헤어짐으로 그리움에 사무쳤는데 만나지 못하고 이별한다면 그 모습을 어찌 잊을 수가 있단 말입니까."

울며 한탄했지만 소용없었다. 용감한 무사의 성정이 그러하듯 단호하게 마음을 끊더니 마침내 요시쓰네를 따라 길을 떠났다.

시모쓰케의 무로노야시마(室の八島)를 거쳐 우쓰노미야(宇都宮) 대명신을 참배하고 시라카와(白河) 관문이 있는 산을 넘어 유키카다(行方) 들판[40]에 다다랐다. 그 옛날 사네카타(実方) 중장[41]이 "아다치(安達) 들판에서 난 참빗살나무로 만든 활, 튕겨보고 어깨에 걸치니 손에 익지 않은 때야 휘어져도 좋지만 손에 익은 뒤에 휘면 슬프다네"라며 읊은 아다치 들판도 지나갔다. 아사카(朝香) 늪의 창포와 "그림자가 보이누나"라 읊어진 아사카(朝香) 산, "입어서 익숙해진 염색 옷"이라 읊어진 시노부(信夫) 마을의 명소들을 바라보며 다테(伊達) 군 아쓰카시(阿津賀志) 중산간을 넘어갔다. 새벽녘에 지나가는 사람들의 소리를 듣고는 이곳이 동국의 명소인지 물어보려고 일행을 쫓아갔더니 먼저 출발한 기치지였다. 상인이 늘상 그러하듯 여기저기서

---

40 이와시로(岩代) 지역에 있는 평야를 말한다.

41 후지와라노 사네카타(藤原実方, 960~998). 헤이안 시대 가인. 좌대신 모로타다(師尹)의 손자. 관습에 구애받지 않는 대담한 행동을 많이 했으며 와카(和歌)와 춤에 뛰어난 재능을 보였다. 후지와라노 유키나리(藤原行成)와 궁중에서 싸움을 벌였고 이치조(一条) 천황의 노여움을 사서 그 벌로 무쓰(陸奥) 수령으로 좌천되었다는 설화가 있다.

시간을 보냈기에 아흐레 먼저 출발했지만 따라붙게 되었다.

기치지는 요시쓰네를 발견하고 뛸 듯이 기뻐했다. 요시쓰네도 기치지를 만나 기뻤다.

"미사사기 쪽은 어찌 되었습니까?"

"믿을만하지 못해 집에 불을 지르고 잿더미로 만든 뒤 이리로 왔네."

기치지는 그 광경이 눈앞에 선하여 무서운 마음이 들었다.

"같이 계신 분은 누구십니까?"

"고즈케 아시가라(足柄) 사람일세."

"지금 함께 가지 않아도 요시쓰네 님께서 히라이즈미(平泉)[42]에 도착하시거든 찾아오게 하시면 됩니다. 혼자 집에서 부인이 울면서 기다릴 것도 마음이 쓰입니다. 큰 일이 일어나면 그 때 함께 하십시오."

기치지가 잘 설득하여 만류하니 요시쓰네는 이세 사부로를 고즈케로 돌려보냈다. 이때부터 지쇼 4년(1180)까지 기다렸으니 오래 시간을 기다린 셈이다.

요시쓰네 일행은 밤낮으로 서둘러 내려갔다. 다케노쿠마(武隈)의 소나무,[43] 아부쿠마(阿武隈) 강과 명소를 지나 미야기노(宮城野)의 들판, 쓰쓰지(榴) 언덕을 지나 지카(千賀) 포구의 시오가마(塩釜) 신사[44]를 참배하였다. 아타카

---

42 이와테 현(岩手県) 남부의 지명으로 오슈 후지와라 3대가 번성한 지역이다.

43 후쿠시마 현 남부 아부쿠마 강가에 있는 큰 소나무 두 그루를 말하며 우타마쿠라(歌枕)로 유명하다.

44 미야기(宮城) 현 마쓰시마 만 남부의 해변을 지카 포구라고 하며 그 서남쪽에 있는 항구가 시오가마이다.

의 소나무, 마가키(籬) 섬을 보고 겐부쓰(見仏) 상인(上人)[45]의 유적인 마쓰시마(松島)를 향해 합장을 한 뒤, 마쓰시마 대명신 앞에 기도를 올리고 아네하(姉歯) 소나무[46]를 구경한 뒤 구리하라(栗原) 절에 도착했다. 기치지는 요시쓰네를 주지 스님의 방에 묵게 하고 자신은 심부름꾼으로 히라이즈미로 내려갔다.

요시쓰네, 히데히라(秀衡)를 대면하다

기치지는 서둘러 히데히라에게 그 뜻을 전했다. 때마침 감기기운으로 식음을 전폐하고 누워있던 히데히라는 적자인 모토요시(元吉) 관자(冠者) 야스히라(泰衡),[47] 차남인 이즈미(泉) 관자 모토히라[48]를 불러 말했다.

"그러고 보니 며칠 전에 흰 비둘기 두 마리가 우리 집에 날아들어오는 꿈을 꾸었다. 겐지 가문의 분이 찾아오실 거라 생각했는데 요시토모 님의 아드님이 오신다니 너무 기쁘구나. 어서 나를 일으켜주어라."

---

45 겐부쓰 상인(見仏上人, ?~?). 가마쿠라 승려로서 마쓰시마 섬 중 하나인 오시마(雄島)에 살았던 고승이다. 법화경 교의를 사람들에게 전수했다고 한다.

46 미야기 현 구리하라(栗原) 시 간나리아네하(金成姉歯)에 있었던 소나무를 말하며 우타마쿠라로 유명하다.

47 후지와라노 야스히라(藤原泰衡, 1155~1189). 헤이안 말기 무장으로 후지와라노 히데히라의 큰아들이다. 히데히라 사후 요리토모의 명을 받아 부친이 섬겼던 요시쓰네를 습격해 공을 세웠지만 결국 요리토모에게 버림받고 도망치다 가와다 지로(河田次郎)에게 살해당했다.

48 원문에는 모토히라라고 되어 있지만 다다히라가 맞다. 후지와라노 다다히라(藤原忠衡, 1167~1189)는 헤이안 말기 무장으로 후지와라노 히데히라의 아들이다. 요시쓰네의 뜻을 따랐다는 이유로 형 야스히라에게 죽임을 당했다.

아들의 어깨에 의지하여 일어나 앉음새를 다듬더니 에보시를 쓰고 겉옷을 갖추어 입었다.

"그 분께서는 젊으시지만 예능과 시가의 유희도 인의예지신(仁義禮智信)도 모두 갖추고 계실 게다. 내 요즘 병약하여 분명 집 안도 보기 흉하게 방치되어 있겠지. 정원의 풀을 모두 베어내거라. 야스히라, 도모히라는 의관을 정제하고 맞이하러 가거라. 너무 눈에 띄지 않게 내부 인원만 데리고 갔다오거라."

긴급히 350여 기의 세력으로 구리하라 절로 달려가 요시쓰네를 알현하였다. 곧이어 요시쓰네는 구리하라 절의 승려 오십 명의 배웅을 받으며 히데히라를 찾아오니 히데히라가 말했다.

"이 먼 곳까지 말을 달려 와주시다니 기쁘기 그지없사옵니다. 저는 무쓰(陸奥), 데와(出羽) 두 지역을 장악하고 있지만 생각대로 잘 되지 않았습니다만 이제는 무엇을 두려워할 일이 있겠습니까?"

그는 야스히라를 불러 명령하였다.

"두 지역 다이묘(大名) 360명을 선발하여 순번대로 출사하여 요시쓰네님을 지키도록 하여라!"

이어서 요시쓰네에게 말했다.

"방문하신 답례로 저의 가신 18만기 가운데 10만기를 두 아들에게 주고 8만기를 당신께 헌상하겠습니다. 이자와(胆沢), 에자시(江刺), 와카이(和賀井) 군[49]에 참새 문양을 날인한 혼모쿠(本牧) 말 천마리, 이치노헤(一戸),[50] 니

---

49 각각 이와테 현에 위치한 군의 명칭이다.

50 이와테 현 북부에 이치노헤마치(一戸町)가 있다.

노헤(二戸), 산노헤(三戸)에 사슴 문양을 날인한 혼모쿠 말 천 마리, 도합 2천 마리를 헌상하겠습니다. 그 가운데 등나무 잎 색깔이 섞인 얼룩말 3백 마리가 있습니다. 이 말들은 무거운 갑옷을 입은 장정이 타고 하루에 백리를 달려도 기수가 요령만 잘 익히면 안장 밑에 땀 한 방울조차 흘리지 않을 정도의 명마이옵니다. 아무튼 이것도 함께 드리겠사옵니다.[51] 당신께는 그렇게 바치겠사온데 기치지가 모시고 오지 않았다면 어떻게 이곳까지 내려오실 수 있었겠습니까? 여봐라, 이 히데히라를 소중히 여기는 자는 기치지에게 답례품을 내리거라."

적자인 야스히라는 염색한 피혁 백 장, 사슴가죽 백 장, 독수리 깃털 백 개, 훌륭한 말 삼백 마리에 은으로 된 안장을 얹어 답례하였다. 차남인 모토히라도 이에 뒤지지 않는 물건을 내주었다. 그 밖의 가신들도 앞다투어 물건을 내놓았다.

그 모습을 본 히데히라는 말했다.

"짐승 가죽도 독수리 깃털도 이제 부족하지 않겠군. 자네가 좋아하는 것이라면."

이윽고 조개를 박아 넣은 당궤 뚜껑에 사금(砂金)을 가득 넣어 주었다. 기치지는 요시쓰네 님을 모신 덕분에 여행길에 목숨을 구했을 뿐 아니라 재화마저 얻는 이런 행운이 찾아온 것이라며, 오로지 비사문천의 은혜라 생각했다. 장사를 하지 않아도 수중에 돈이 그득하니 이제 부족할 것이 없어 서둘러 상경하였다. 요시쓰네는 미치노쿠니(陸奥国)에 머무르게 되었다.

---

51 문맥을 고려하여 '이자와, 에자시~' 부분부터 이 문장까지는 다나카본을 참고하여 추가하였다.

이렇듯 그 해도 저물어가니 요시쓰네는 열일곱이 되었다. 그대로 시간이 흘렀으나 히데히라는 어떤 말도 하지 않았다. 요시쓰네도 어떻게 해야 좋을지 말하지 않았다.

'오히려 서울에 있었다면 학문도 성취하고 보고싶은 것도 마음껏 볼 수 있었을 텐데. 이렇게는 있을 수 없어. 서울로 올라가야겠어.'

요시쓰네는 이런 속마음을 야스히라에게 털어놓은들 호응해주지 않을 거라 생각하였다. 그 누구에게도 알리지 않고 가겠다는 마음에 잠시 외출하는 척하면서 그대로 서울로 올라가 버렸다.

요시쓰네는 이세 사부로의 집에 들러 잠시 휴식을 취했다. 이윽고 동산도를 거쳐 기소(木曽) 관자 요시나카(義仲)를 방문하여 모반의 수순을 의논한 뒤 곧 서울로 길을 떠났다. 서울에서 떨어진 야마시나(山科)에 지인이 있어 그곳에 머무르면서 정세를 살폈다.

요시쓰네, 오니이치(鬼一) 법안(法眼)의 처소를 방문하다

천하의 보물로 대대로 천황가에 비전되는 『육도(六韜)』[52]라는 16권의 서책이 있다. 중국에서도 일본에서도 이 서책을 전승한 사람 가운데 어리석은 자는 단 한 사람도 없었다. 중국에서는 강태공이 이 책을 읽고 8척 벽에 올라 하늘로 날아가는 능력을 가졌다. 장량(張良)[53]은 '단 한 권의 책'이라고

52 강태공이 지었다고 전해지는 서적으로 현행본은 16권이 아니라 60권이다.

53 장량(張良, ?~BC186). 한나라 고조 유방의 공신으로 한신(韓信), 소하(蕭何)와 함께 한나라를 일

이름 붙이며 애독하였고, 3척 대나무에 올라가 하늘을 날아가는 능력을 지니게 되었다. 번쾌(樊噲)[54]는 이를 전수받은 뒤 갑옷과 투구를 걸치고 활과 화살을 쥔 후 적진을 노려본 순간 머리카락이 투구를 뚫고 나오고 수염이 갑옷의 가슴판을 뚫었다. 그런 연유로 "번쾌가 화를 내면 그 수염이 쇠를 뚫는다"는 말이 생기게 되었다.

일본 무사로는 사카노우에노 다무라(坂上田村)[55]가 이 책을 읽고 흉악한 다카마루(高丸)[56]를 생포했다. 또한 후지와라노 도시히토(藤原利仁)[57]도 이 책으로 아카가시라노 시로(赤頭四郎)[58] 장군을 잡았다. 그로부터 오랫동안 이런 인물이 없었으나 시모우사 지방의 주인인 소마노 고지로 마사카도(相馬小次郎将門)[59]가 이를 읽고 스스로의 능력이 월등해져 하늘의 명을 거역하고 멀리 동해도로 내려가 아시가라 산을 넘고 시모우사 지방 소마 군에 도읍

으킨 3걸(三傑)중 한 사람이다. 정치적, 전략적인 지혜를 잘 써서 유방이 천하를 통일할 수 있도록 도왔다.

54 번쾌(樊噲, ?~BC189). 한나라 고조 유방의 공신으로 유방의 거병 뒤 무장으로 용맹을 떨쳐 공을 세웠다. 유방이 즉위한 뒤 좌승상이 되었고 그 뒤 여러 반란을 평정했다.

55 사카노우에노 다무라(坂上田村, 758~822). 헤이안 시대의 귀족으로 무관이며 다무라 마로(麻呂)라고도 한다. 관위는 대납언 정삼위 겸 우근위대장병부경으로서 4대에 이르는 천황을 섬겼으며 충신으로 이름이 높다. 797년 정이대장군이 되었으며 사후에는 천황의 명으로 헤이안 동쪽을 향해 서 있는 채로 관에 넣어 매장하여 '헤이안의 수호신'으로서 칭송되었다. 무사의 신(武神)으로서 신앙의 대상이 되었다.

56 일명 아쿠로오(悪路王). 헤이안 전기 역적이며 사카노우에로 다무라마로에게 퇴치당했다고 전해지는 인물이다.

57 후지와라노 도시히토(藤原利仁, ?~?). 헤이안 중기의 무인으로서 915년 진수부(鎮守府) 장군으로 임명되었다. 전설적인 인물로 『곤자쿠모노가타리슈』에 의하면 "용맹하고 그 무예가 경지에 이른 자"로 사카노우에노 다무라와 함께 아쿠로오를 처벌하였다.

58 아쿠로오와 함께 알려진 에조(蝦夷) 지방의 수령이다.

59 다이라노 마사카도(平将門)를 말한다.

지를 건설하여 "나를 평친왕(平親王)이라 부르거라"라며 예전 가신에게 백관의 관직을 내렸다. 하지만 하늘의 명을 거역하는 자가 이 세상을 지켜내기란 어렵다. 다와라노 도다 히데사토(田原藤太秀郷)[60]가 칙명을 받들어 마사카도 토벌을 위해 동국으로 내려갔다.

마사카도는 이 소식을 듣고 아시가라 고개로 달려가 수만 기를 이끌고 방어하였으나 12년에 이르는 전투에 아군은 거의 전멸해버렸다. 이윽고 마지막에는 『육도』에서 배운 대로 하나의 활에 여덟 개의 화살을 메겨 쏘았더니 여덟 명의 적을 동시에 사살하였다. 그 후로는 완전히 끊어져 오랫동안 이 서적을 읽은 자가 없었다. 그저 헛되이 대대로 왕실 보물 창고에 보관되어 있었다. 그 무렵 이치조(一条) 호리카와(堀川)의 음양사(陰陽師) 법사로 오니이치(鬼一) 법안(法眼)[61]이라 하여 문무(文武) 양쪽에 능통한 자가 있었는데 천황의 기도를 책임지다 이 서적을 하사받아 몰래 감추어 소장하고 있었다. 이런 사실을 알게 된 요시쓰네는 야마시나를 떠나 법안의 처소 근처에 머무르며 살펴보았다. 법안은 서울에 그 거처를 견고하게 지어놓고 있었다.

사방으로 둘러싸 해자를 파서 물을 채웠고 그 주변에 여덟 개의 성루를 쌓아 올렸다. 날이 저물어 신시(申時), 유시(酉時)[62]가 되면 다리를 들어 올리고 아침에는 사시(巳時),[63] 정오까지 문을 열지 않았다. 다른 사람의 말은 전

---

60 후지와라노 히데사토(藤原秀郷, ?~?). 다이라노 마사카도의 난을 평정하고 그 공에 의해 종사위하 진수부 장군에 임명된 무장으로 궁술이 뛰어나며 관련된 전설이 많다.

61 승려의 지위로 법인(法印) 다음의 위치를 말한다.

62 각각 오후 세 시에서 다섯 시사이, 오후 다섯 시에서 일곱 시 사이를 말한다.

63 오전 아홉 시부터 열한 시 사이를 말한다.

혀 듣지 않는 진정 오만방자한 자였다.

요시쓰네가 저택 안으로 들어가 보자 무사 대기소 툇마루에 열일곱여덟 정도 되는 어린 사내가 있었다. 요시쓰네는 부채를 들어 올려 그를 불렀다.

"무슨 일이십니까?"

"자네는 이 저택 사람인가?"

"그러하옵니다."

"법안은 이곳에 계신가?"

"여기 계십니다."

"그럼 자네 주인에게 이렇게 전하게나. 잘 모르는 젊은 사내가 찾아와 뵙고 싶다고 하더라고 똑바로 전하고 오게나."

"잘 알겠습니다. 허나 법안은 교만하시기가 그지없으신 분이셔서 신분이 몹시 높은 귀인이 찾아오셨을 때조차 아드님이나 대리인을 내보내고 스스로 모습을 보이지 않는 유별난 분이신데 하물며 이런 모습으로 찾아오신 젊은 분을 만나러 나오실 리는 없습니다."

"네 이 녀석, 별 희한한 말을 다 하는구나. 주인의 말을 듣기도 전에 그 대답을 먼저 해버리는 건 도대체 무슨 연유냐? 말을 전하고 돌아오거라.'

"말씀하신 것처럼 들어주실 리는 없겠지만 그렇게 여쭤보겠습니다."

어린 사내는 집 안으로 들어가 주인 앞에 무릎을 꿇고 말했다.

"이런 일이 있었습니다. 대문에 열일곱여덟 정도 되는 젊은 사내 하나가 서성이고 있었는데 "법안은 있는가?"라고 물어서 "계십니다"라고 하자 뵈어야겠다고 합니다.

"서울 안에서는 이 법안을 깔보고 그렇게 말하는 자가 있을 리 없을 텐데…… 심부름으로 온 것인지 아니면 그 자 스스로 그러는 것인지 소상히 듣고 오너라."

"그의 모습을 보아하니 주인을 모시고 있는 사람으로 보이지는 않았습니다. 또한 지체 높으신 분일까 하고 살펴보면 짧은 평상복에 오리에보시를 써서 평범한 젊은이처럼 보였습니다. 이를 검게 물들이고 눈썹을 그렸는데 멋진 갑옷에 황금으로 된 큰 칼을 차고 있었습니다. 그 기세는 누구도 상대할 수 없는 분 같아 보였습니다. 아아, 그 분은 겐지의 대장군이심이 분명합니다. 요즘 모반을 일으키려한다는 소문을 들었습니다. 주인님의 명성이 자자하기에 지지를 부탁드리려 방문하셨을 것 같습니다. 대면을 하실 때도 그 사람이 무례하게 말했다고 해서 거칠게 답변하시면 가지고 있는 큰 칼등으로 한 대 내려칠 수도 있습니다."

하인의 말을 듣고 법안은 대답했다.

"보통 인물은 아니겠구나. 그럼 나가서 만나보자."

법안은 생견으로 된 옷에 붉은 빛 끈으로 엮은 갑옷을 두르고 튼튼한 골풀 짚신을 신고 삼베 두건을 귀 위까지 덮어쓴 뒤 큰 창을 짚으며 객실의 툇마루를 쿵쿵 울리며 다가가서 잠시 노려보다가 소리쳤다.

"도대체 이 법안을 만나려는 자는 무사더냐 일반인이더냐!"

요시쓰네는 스르륵 문 옆에서 나와 툇마루 위로 올라섰다.

"저올시다."

법안은 툇마루 아래 땅바닥에 무릎을 꿇고 두려워할 것이라 생각했는데 의외로 자신의 바로 앞에 거리낌 없이 앉아버린 그 모습에 놀랐다.

"자네던가. 이 법안에게 할 말이 있다던 이가."

"그렇소이다."

"무슨 말을 하고 싶은가? 활 하나, 화살 하나라도 달라는 부탁인가?"

"아니 스님, 그 정도의 일로 여기까지 찾아왔겠소. 스님은 중국의 목왕(穆王),[64] 우리나라의 마사카도가 전승했다는 육도병법이라는 서적을 천황께 받아 몰래 소장하고 계신다던데 사실이오? 그 서적은 개인이 사유해서는 안 되는 것이라오. 스님이 가지고 있다 해도 보지 않았다면 그 가르침을 전수할 제자도 없겠지. 무리를 해서라도 내게 그 서적을 보여주시게. 하루만에 읽고 당신이 모르는 게 있다면 내 가르쳐 주도록 하지."

이 말을 들은 법안은 분노에 이를 갈며 답했다.

"대체 누가 이토록 난폭한 자를 무슨 요량으로 집안으로 들였느냐!"

그 말을 듣고 요시쓰네는 생각에 잠겼다.

'꼴 보기 싫은 녀석이군. 내가 그토록 원했던 육도는 안 보여주려 하겠는걸. 더구나 험한 말을 퍼부어대다니 예상 밖이군. 내 무엇 하러 지니고 있던 큰 칼이던가. 녀석을 베어줘야겠어.'

그러다 이내 다시 생각을 고쳤다.

'아니, 잠시만. 육도를 한 글자도 보지 않았다고 해도 법안은 스승이지. 나 요시쓰네는 그의 제자인 셈이야. 사제의 도리를 등지고 법안을 베어내려하면 견뢰지신(堅牢地神)[65]의 분노가 두려운 법이지. 법안을 살려야 육도병법이 어디 있는지를 알 수 있을 게야.'

---

64 목왕(穆王, 생몰년미상). BC 10세기 경 주(周)나라의 제5대 왕으로 소왕의 아들이다. 견융 토벌의 실패로 제후의 이탈이 시작되었고 이 때부터 주나라의 덕이 쇠퇴하였다. 법제 정비, 영토 확장으로 국력이 확충되었다는 견해도 있다.

65 대지를 받들고 굳게 지키는 신으로 붉은 살색의 몸에 왼손에는 아름다운 꽃을 심은 화분을 받들고 있다고 한다.

법안을 살려주었기에 베어졌을 목이 다시 붙어버린 형국이었다. 그 뒤 요시쓰네는 남몰래 법안의 집에서 밤낮으로 시간을 보냈다. 어디에서 밥을 얻어먹는 것 같지도 않은데 야위거나 기력이 쇠하지 않았으며 사계절에 맞춰 아름다운 옷으로 갈아입었다. 사람들은 도대체 무엇을 하는 것인지 이상하게 생각했다. 밤에는 시조(四条) 법사 쇼신보(少進坊)를 찾아갔다.

법안의 집에는 고주노마에(幸壽前)라는 여자가 있었다. 신분은 낮았지만 인정이 많은 사람으로 늘 요시쓰네를 염려하며 찾아오니 자연스럽게 친해졌다. 요시쓰네는 이야기를 나누다가 물어보았다.

"대체 법안은 무엇이라 말하더냐?"

"아무 말씀도 없었습니다."

요시쓰네가 계속 질문을 하자 마지못해 답하였다.

"전부터 있거든 있게 두고 없으면 없는 대로 놔두어, 그 남자에게는 아무 말도 하지 말거라 하셨습니다."

"이 요시쓰네에게 마음을 허락하지 않으셨군. 그런데 법안에게는 자식이 몇 있는가?"

"아들 둘과 딸 셋입니다."

"아들 둘은 집에 있는가?"

"하야토라는 곳에서 돌팔매 패거리의 대장을 하고 있습니다."

"딸 셋은 어디에 있느냐?"

"결혼해서 여기저기서 살고 있습니다. 사위들은 모두 지체 있는 집안의 분이랍니다."

"사위는 누구더냐?"

"첫째 딸은 다이라 재상 노부나리(信業) 경,[66] 또 한분은 도리카이(鳥飼) 중장[67]에게 시집을 가셨습니다."

"뭐라고? 법안 주제에 신분이 높은 사위를 얻다니 과분하구나. 법안은 상식을 뛰어넘는 바보짓을 하는 자니 혹여 다른 사람에게 뺨을 얻어 맡게 될 경우 사위들이 그의 편이 되어 집안의 치욕을 씻고자 하지는 않을 걸세. 지체가 높은 사위들보다 나처럼 오갈 곳 없는 용맹한 자를 사위로 얻는다면 그의 설욕을 해줄 수 있을 걸세. 자네 주인에게 가서 그리 전하게나."

고주노마에는 잠시 귀기울여 듣다가 입을 열었다.

"그렇게 말씀 드렸다가는 설령 여자라 하더라도 목을 잘라버리실 분입니다."

"자네와 이렇게 친해진 것도 전세의 깊은 인연이니 숨겨서 무얼 하겠나. 다른 사람에게는 말하지 말게. 나는 좌마두의 아들, 미나모토노 요시쓰네라는 자일세. 육도병법을 얻고자 하여 법안을 탐탁하게 여기지는 않지만 이곳에 머물고 있는 걸세. 그 책이 있는 곳을 알려주게."

"어찌 제가 알겠습니까? 그 책은 법안이 몹시도 아끼는 보물입니다."

"그렇다면 어찌 해야 하나……."

"그럼 편지를 써서 주십시오. 법안이 애지중지 아끼는 미혼의 따님이 계시는데 제가 잘 말씀드려 답장을 받아오겠습니다. 남녀 사이가 그렇듯 일단 아가씨와 남녀의 연을 맺으신다면 어찌해서든 그 책을 보시게 되시지 않겠습니까."

---

66 다이라노 노부나리(平信業, 1138~1182). 헤이안 말기 귀족으로 고시라카와(後白河) 상황의 최측근이다. 지쇼(治承) 3년(1179) 정변 때 기요모리에 의해 해임되었다가 이듬해 복직되었다.

67 후지와라노 고레자네(藤原伊実, ?~?). 태정대신(太政大臣) 고레미치(伊通)의 아들이다.

요시쓰네는 신분이 낮은 이들 중에도 이렇게 사려 깊은 자가 있구나 감탄하며 편지를 써서 건네주었다. 고주노마에는 아가씨에게 편지를 전하고 회유하여 답장을 받아왔다. 답장을 받아든 요시쓰네는 그 길로 법안에게 가지 않고 그저 아가씨 계신 곳에만 머물러 있었다.

이 사실을 모르는 법안은 기뻐했다.

'이렇게 좋은 일이 있나. 눈에도 보이지 않고 목소리도 들리지 않는 곳으로 사라져버렸으면 좋겠다고 생각했는데, 진짜 사라지다니 참으로 기쁘군.'

마침내 요시쓰네는 아가씨에게 말했다.

"다른 사람의 눈을 피해 만나는 것만큼 괴로운 일은 없소. 언제까지 이렇게 있을 수는 없으니 아버님께 우리 사이를 말합시다."

아가씨가 요시쓰네의 소매를 붙잡고 울며 만류하자 말을 이었다.

"나는 육도라는 서책에만 관심이 있소. 그렇다면 책을 보여줄 수 있겠소?"

아가씨는 내일 이 사실이 알려져 아버지에게 죽임을 당해도 어쩔 수 없다는 각오로 고주노마에를 데리고 법안의 보물 창고에 들어갔다. 쌓여 있는 보물 중에서 철판으로 두른 당궤 안에 들어있는 육도병법 1권을 꺼내 요시쓰네에게 주었다.

요시쓰네는 기뻐하며 서책을 펼쳐봤다. 낮에는 이를 옮겨 적고 밤에는 외웠다. 7월 상순 경에 읽기 시작하여 11월 10일 즈음 16권 모두 한 자도 남김없이 익히게 되었다. 그 전에는 세상의 눈을 피했지만 읽고 난 뒤에는 이곳저곳에 모습을 비추며 공공연하게 행동하니 마침내 법안도 눈치를 챘다.

"그런데 왜 그 남자가 내 딸의 처소에 있는 것이냐?"

어떤 자가 답했다.

"아가씨 처소에 계시는 분은 좌마두 님의 아드님이시랍니다."

법안은 크게 화를 내다가 잠시 생각에 잠겼다.

'세상에 버려진 겐지를 사위로 맞았다고 로쿠하라(六波羅)에 소문이라도 나면 무슨 좋은 일이 있을까? 이번 생에 사위가 되었지만 전생에 원수였던 게 분명하군. 없애 버려야겠어. 하지만 사위도 자식이니 자식을 헤치는 것은 오역죄를 범하는 것이 될 텐데…… 그렇지만 성이 다른 타인이지. 그 녀석을 베고 헤이케를 알현하여 상을 받자. 기량으로는 내가 감당할 수 없으니 마음이 강건하고 무기를 잘 다루는 실력 있는 자가 누가 없을까? 그 둘을 대결시켜 요시쓰네를 죽였으면 좋겠는데…….'

법안이 기회를 노리는 무렵 기타시라카와(北白河)[68]에 세상에 소문이 자자한 용맹한 사내가 있었다. 법안의 제부이자 제자로 단카이보(湛海坊)[69]라는 자였다. 그가 있는 곳으로 사람을 보냈더니 얼마 지나지 않아 찾아왔다. 법안은 그를 넓은 방에 안내하여 융숭하게 대접하며 말했다.

"자네를 부른 건 다른 일 때문이 아닐세. 작년 봄부터 내 집에 사연이 있는 듯한 젊은이가 와서 있다네. 듣자하니 좌마두의 아들이라고 하더군. 살려두어서는 안 될 것 같은데 자네 말고는 부탁할 사람이 없다네. 저녁 무렵 고조(五条) 덴진(天神)[70]으로 가보게. 그 자를 잘 회유해서 그리로 보낼 테

---

68 교토의 동부에 위치하는 지역이다.

69 헤이안 후기 전설상의 검객으로 오니이치 법안의 제자이다. 오니이치 법안이 요시쓰네를 죽이기 위해 자객으로 보냈지만 거꾸로 요시쓰네에게 죽임을 당했다고 한다.

70 교토 시모교 구(下京区)에 있는 신사로서 병을 퇴치하는 의약의 신으로 신뢰받는다.

니 목을 쳐서 내게 보여주게나. 그렇게만 된다면 오륙년 동안 그토록 원했던 육도병법을 자네에게 줌세."

"알겠습니다. 열 일을 제쳐놓고 가보도록 하겠습니다. 그나저나 어떤 사람입니까?"

"아직 미숙한 젊은일세. 열일곱, 여덟은 되었을까. 좋은 갑옷에 황금을 두른 칼을 차고 있지. 상상할 수도 없을 만큼 좋은 칼을 지녔다네. 방심하면 안 되네."

"뭐, 그 정도 사내가 분에 넘치는 칼을 차고 있다고 한들 별 볼일 있겠습니까. 한 칼이면 충분합니다."

단카이보는 확신에 차 말하며 법안의 집을 나섰다.

법안은 잘 회유했다는 생각에 기뻐하며 평소에는 이름조차 듣기 싫던 요시쓰네에게 만나고 싶다는 연통을 넣었다. 요시쓰네는 내키지 않았지만 가지 않으면 두려워한다고 여길까봐 곧 들리겠다며 하인을 돌려보냈다.

하인이 소식을 전하자 법안은 흡족한 표정을 지으며 평소 손님을 맞이하는 방으로 요시쓰네를 안내하게 했다. 고귀하게 보이기 위해 비단 옷에 가사를 걸치고 서쪽 벽을 따라 아미타불상의 걸개그림을 장식했다. 책상에는 법화경 일부를 두고 1권의 끈을 풀어 "묘법연화경"이라고 아주 근엄한 목소리로 독경을 하였다.

요시쓰네는 툇마루로 올라가 문을 열고는 거리낌 없이 쑥 들어갔다.

"이리로 오시지요."

법안은 한 쪽 무릎을 세우며 말했고 요시쓰네는 가까이에 바싹 다가가 앉았다. 법안이 입을 열었다.

"지난봄부터 저희 집에 계시다는 것을 알고 있었는데 어떤 분이 방랑하시는 걸까 궁금했는데 송구스럽게도 좌마두 님의 자제라니 황송합니다. 저처럼 보잘 것 없는 미천한 중에게 부모자식의 연이 생겼다 들었습니다. 정녕 믿을 수 없는 일이지만 진정 이곳에 계시겠다면 모든 것을 그대에게 맡기겠습니다. 그런데 기타시라카와에 단카이라는 녀석이 있습니다. 어찌 된 연유인지 저에게 적의를 품고 있어서 어떻게든 없애버리고 싶습니다. 오늘 밤 고조 덴진에 참배를 간다고 하던데 도련님께서도 참배를 가서 칼로 베어 그 머리를 가지고 온다면 이번 생에 가장 명예로운 일이 될 것입니다."

요시쓰네는 사람의 마음이란 정말 헤아릴 수 없는 것이라 의심스러웠지만 알겠다는 대답을 했다.

"제게 그럴 만한 기량은 없지만 어찌 되었든 가보도록 하겠습니다. 무슨 일이야 있겠습니까. 그녀석도 아마 돌팔매질을 하거나 발 빠른 부하가 있겠지요. 제가 먼저 덴진에 참배하고 돌아오는 길에 나무 밑이나 집 뒤편에 숨어 기다리고 있으면 그 자는 아무 것도 모른 채 지나갈 것입니다. 제가 일부러 소리를 지르며 쫓아가면 태풍에 나뭇잎이 떨어지듯 할 것입니다.[71] 그 녀석 목을 베어 칼끝에 매달고 오는 일은 바람이 먼지를 날리는 것만큼 쉬운 일이지요."

요시쓰네는 거침없이 답했다. 법안은 이미 사람을 보내어 매복시켜 두었기에 아무리 대비해봐야 살아서 돌아올 수 없을 거라는 생각에 요시쓰네의 말이 참으로 어리석게 느껴졌다.

---

71 서술의 생략이 보이며 앞뒤 문맥이 이어지지 않아 '나무 밑이나~ 할 것입니다'의 문장은 다나카본을 참고하여 문장을 추가, 수정하였다.

“그럼, 이만 돌아가겠소.”

요시쓰네는 저택을 나와서 바로 덴진으로 가려고 했으나 법안의 딸에 대한 마음이 깊었기에 그리로 향했다.

“이제 덴진으로 갈 것이오.”

“무슨 일로 가십니까?”

“장인께서 단카이를 베라고 말씀하셨소.”

요시쓰네의 이야기가 끝나기도 전에 아가씨는 하염없이 눈물을 흘리며 생각에 잠겼다.

‘아아, 이전부터 아버지의 마음을 알았는데 오늘이 요시쓰네 님의 마지막 날이겠구나. 이 사실을 알리면 아버지에게 불효가 될 것이오, 알리지 않으면 언약한 말들이 모두 거짓이 되어 약속을 저버린 부부의 원한이 다음 생까지 이어지겠지.’

아가씨는 곰곰이 생각에 잠겼다. 부모와의 인연은 이번 생으로 끝나지만 남편은 다음 생까지의 언약이고 요시쓰네와 헤어져서는 한시도 살 수 없을 것 같았다. 괴롭고 고통스러워하다 부모의 명을 어기고 요시쓰네에게 이 사실을 알렸다. 옷소매에 얼굴을 묻고 울음을 참지 못하며 말했다.

“그저 지금 당장 어디론가 피하십시오. 어제 낮에 단카이를 불러 술을 대접하며 수상쩍은 말을 하셨습니다. 아버지가 “아직 미숙한 젊은일세”라고 말씀하시니 단카이는 “한 칼이면 충분합니다”고 말했는데, 지금 생각해보면 당신에 대한 이야기인 듯합니다. 이리 말씀 드리면 제 마음을 의심하실 수 있겠지만 충신불사이군(忠臣不事二君), 열녀불경이부(烈女不更二夫)라 하였으니 말씀드리는 것입니다.”

“처음부터 그 말을 모두 믿은 것은 아니라오. 모르는 길은 헤맬 수도 있지만 이렇게 알게 된 마당에 어찌 그 녀석 칼에 당하겠소? 어서 다녀오리다."

요시쓰네는 이렇게 답한 후 길을 나섰다.

때는 12월 27일 해질 무렵이었다. 요시쓰네는 하얀 색 고소데(小袖)에 남색 문양이 들어간 옷을 겹쳐 입고 명주실로 짠 통이 넓은 하카마(袴) 위에 능직으로 짠 히타타레(直垂)를[72] 입었다. 큰 칼을 옆에 차고 다녀오겠다며 집을 나서니 아가씨는 이것이 마지막 이별일지도 모른다며 슬픔에 잠겼다. 그가 떠난 문 앞에 쓰러진 채 하염없이 울었다.

요시쓰네는 덴진에게 무릎을 꿇고 기도하였다.

"나무 대자대비하신 덴진 님이여. 이곳은 중생들에게 은혜를 내린다는 신령스러운 곳입니다. 이곳에 귀의한 자들은 한없는 복덕을 받으며 참배하는 자들은 모두 소원을 성취합니다. 이곳에 신사가 있으니 이름하여 덴진이라 합니다. 바라옵건데 요시쓰네가 단카이를 확실하게 벨 수 있도록 해 주십시오."

기도를 마치고 일어서서 남쪽을 향해 네댓 단[73] 걸어가자 큰 나무가 한 그루 있었다. 아래쪽 살짝 어두운 부분에 구멍이 있었는데 대여섯 명은 들어갈 수 있는 크기였다.

'아아, 안성맞춤인 곳이구나. 이곳에 숨어서 기다렸다 칼로 베어버리자.'

요시쓰네는 칼을 빼들고 기다리고 있는데 마침내 단카이가 나타났다.

---

72 고소데는 통소매의 평상복이며 하카마는 주름잡힌 하의, 히타타레는 예복의 일종으로 소매 끝을 묶는 끈이 달려 있고 문장(紋章)이 없으며 옷자락은 하카마 안에 넣어 입는다.

73 사오십 미터의 길이에 해당한다.

갑옷을 입은 건장해 보이는 자 대여섯 명이 단카이를 앞서거니 뒤서거니 걷고 있었다. 단카이는 알아주는 돌팔매 대장이었기에 눈에 띄는 차림새였다. 갈색 히타타레에 흰색, 노란 색, 청색 삼색 실로 엮은 갑옷을 입고 붉은 구리로 장식된 큰 칼을 차고 있었다. 가죽으로 된 칼집에는 팔각형으로 깎아 만든 박나무 손잡이가 달린 한 척 세 치나 되는 칼이 꽂혀 있었다. 왜장도 칼은 꺼내들고 지팡이처럼 짚고 있었다. 법사였지만 자주 머리를 밀지 않아 손에 잡힐 만큼 길게 자라 있었는데 그 위에 두건을 썼다. 끝을 잘라낸 두건 사이로 머리카락이 한 움큼 빠져나와 하늘을 향해 뻗어 있었으니 그 모습은 마치 씨름꾼처럼 보였고 도깨비처럼도 보였다.

몸을 굽혀 그 모습을 살펴보니 단카이의 목에는 보호장구도 없어서 칼로 베기 쉬울 듯했다. 자신을 해치려는 자가 기다리고 있다는 사실도 모른 채 단카이는 의기양양하게 요시쓰네가 있는 덴진 쪽을 바라보며 기도를 올렸다.

"대자대비 덴진이시여, 바라옵건데 그 평판 높은 사내가 이 단카이 손에 쓰러지게 해주시옵소서."

이 모습을 보며 요시쓰네는 생각했다.

'아무리 용맹한 자라 해도 자신이 지금 죽을 거란 사실은 모르는군. 당장 베어버려야겠어.'

그러다가 이내 마음을 고쳐먹었다.

'잠시만, 내가 모시는 덴진을 대자대비라며 기원을 올리는 것이 마음에 걸리는구나. 내게는 이곳이 소원성취의 길이지만 저 녀석에게는 참배의 길이지. 아직 기도도 다 올리지 못한 자를 베어서 신전을 피로 물들이는 것도 신께는 꺼림칙한 일이지. 어쩔 수 없군. 돌아가는 길에 처리해야겠어.'

눈앞의 적을 가만히 지나가게 하고 이제나저제나 참배가 끝나기를 기다렸다. 그 시간은 셋쓰노쿠니(摂津国) 스미요시(住吉)의 소나무가 뿌리를 내리고 나서 자라기까지 천년을 기다리는 것보다 더 길게만 느껴졌다.

단카이는 덴진에 참배했지만 인기척도 없으니 승려를 찾아가 태연한 척 물어보았다.

"이렇게 생긴 젊은이가 참배를 왔습니까?"

"그 사람은 벌써 돌아갔습니다."

단카이는 분에 차 부하들에게 말했다.

"빨리 왔다면 놓치지 않았을 텐데. 분명 법안의 집에 있을 것이야. 자, 어서 가서 공격해서 베어버리자!"

"지당하신 말씀이십니다."

부하 일곱과 함께 덴진을 떠났다.

요시쓰네는 드디어 다가왔다는 생각에 벌떡 일어나 기다리고 있었다. 간격이 두 단[74] 정도로 좁혀졌을 때 단카이의 제자, 선사(禅師)라 불리는 법사가 말했다.

"그 자는 좌마두 요시토모의 아들로 구라마에 있었던 우시와카, 성인식을 올리고는 구로 요시쓰네라 합니다. 법안의 따님과 가까워졌는데 남자를 만나게 되면 여자의 마음은 두려움도 없어지는 법이지요. 행여라도 이 사실을 엿듣고 남자에게 알려줬다면 이런 나무그늘에 숨어 기다릴 겁니다. 그러니 주변에 눈을 떼지 마십시오."

"쉿, 조용히 하거라."

---

74 한 단은 11미터 정도의 거리에 해당한다.

단카이는 명령하며 말을 이었다.

“한 번 요시쓰네 이름을 불러봐야겠군. 용맹한 자라면 결코 숨지는 않겠지. 겁쟁이라면 우리 모습을 보고 도저히 앞으로 나오지는 못할 걸세.”

요시쓰네는 속으로 생각했다.

‘아아, 그냥 나가기보다는 “게 있느냐”라고 소리치면 “여기 있다”라고 대답하며 나가줘야겠군.’

단카이가 우뚝 서서 밉살스러운 목소리로 외쳤다.

“이마데가와(今出河) 근방에서 왔다, 세상에 버려진 겐지 게 있느냐!”

그 말이 채 끝나기도 전에 요시쓰네는 어두컴컴한 곳에서 큰 칼을 번쩍 치켜들고 “와앗”하며 튀어나와 공격했다.

“단카이가 맞느냐? 내가 바로 요시쓰네다!”

방금 전까지도 이렇게 공격하자 저렇게 공격하자 하던 부하들은 막상 공격을 받자 사방팔방으로 도망쳐버렸다. 단카이도 함께 두 단 정도 도망치다가 마음을 바꾸었다.

‘죽든 살든 무사에게 겁쟁이라는 수치가 웬 말인가.’

왜장도를 고쳐쥐고 휘두르며 맞서 싸웠다. 요시쓰네는 작은 칼을 치켜들고 달려나와 격렬하게 칼날을 맞부딪쳤다. 본래 그 기량이 뛰어났기에 다가가 몰아세우니 궁지에 몰린 단카이는 도저히 상대가 되지 않았다. 단카이는 왜장도를 고쳐 잡고 무턱대고 휘둘렀으나 공포심에 질렸다. 요시쓰네는 그 순간을 놓치지 않고 칼자루를 내리쳤다. 칼이 툭 떨어지자 요시쓰네는 작은 칼을 치켜들고 달려 들어가 가로로 정확히 베어내니 칼끝이 목덜미에 닿았다고 느낀 순간, 단카이의 목은 털썩 떨어져버렸다. 쿵하고 넘어지며 서른여덟의 생을 마감하였다. 술을 좋아한다는 성성(猩猩)[75]이는 술통에 갇힌다고 하는데 나쁜 짓을 즐겨하는 단카이는 변변찮은 사람과 엮여 함께 도모한 일도 헛되이 되니 모든 것이 꿈이 되어버렸던 것이다.

부하 다섯은 그 상황을 보고 그토록 용맹했던 단카이조차 이런 꼴을 당했으니 하물며 자신들은 도저히 상대가 되지 않는다고 느꼈는지 산산이 흩어져 달아나버렸다. 그 모습을 본 요시쓰네는 꾸짖었다.

"꼴사납구나. 단 한명도 놓치지 않을 것이다. 단카이와 함께 나섰을 때는 함께 행동하겠다 한 것 아니더냐. 비겁하구나. 돌아와 승부를 겨누거라."

그들은 더 빠르게 도망쳤다. 요시쓰네는 이쪽으로 좇아가 푹 찌르고 저쪽으로 좇아가 슥 베어내니 나란히 두 명이 쓰러져 죽었다. 남은 자들은 사방으로 도망쳐버렸다.

요시쓰네는 세 명의 목을 잘라 덴진 신사 앞 삼나무 아래에 놓고 염불을 외웠다. 목을 버리고 갈지 가지고 갈지 잠시 궁리하다가 법안이 반드시 목을 베어 보여달라 했기에 가지고가서 간담을 서늘하게 해주겠다고 생각했다. 세 개의 목을 칼 끝에 줄줄이 꿰어들고 돌아갔다.

법안의 집에 도착해 보니 문은 닫고 해자의 다리는 들어 올려놓았기에 지금 요시쓰네가 왔다고 문을 두드려도 전혀 열어줄 것 같지 않았다. 이쯤이야 뛰어 올라가 들어가겠다는 생각에 열 자[76]되는 해자와 팔 척 높이의 토담을 목표로 에잇하고 소리치며 뛰어 올랐다. 열 자 해자를 뛰어넘고 팔

---

75 중국에 전하는 상상 속의 동물로 사람과 비슷하나 몸은 원숭이처럼 생겼으며 술을 좋아한다고 함.

76 약 3미터에 달하는 길이에 해당한다.

척 토담을 날아올라 넘어간 것이다. 흡사 새가 나뭇가지 끝으로 날아가는 모습 같았다.

집안으로 들어가 보니 숙직 당번인 자, 비번인 자 모두 찰싹 달라붙어 잠들어 있었다. 가만히 툇마루에 올라가 보니 법안은 등불을 희미하게 켜 놓고 법화경 2권을 반 정도 읽고 있었는데 이윽고 천정을 올려다보다 이 세상의 무상함을 떠올리며 혼잣말을 중얼거렸다.

"육도병법을 읽으려다 한 글자도 보지 못하고 지금쯤 단카이 손에 걸려 죽임을 당했겠군. 나무아무타불."

요시쓰네는 얼마나 가증스러운지 쫓아가 큰 칼등으로 때려눕혀버리고 싶다는 생각도 들었으나 부인이 슬퍼할 것이 애처로워서 법안의 목숨은 살려주었다.

그대로 방안에 들어가려다가 무사가 몰래 엿듣기나 한다는 오해를 살까 다시 목을 들고 문 밖으로 나갔다. 문 옆 꽃이 피어 있는 나무 그늘이 어둑어둑한 곳에 서서 외쳤다.

"게 누구 있느냐?"

"누구시오?"

"요시쓰네요. 이 문을 여시오."

그 말을 전해들은 법안은 말했다.

"단카이를 기다리고 있는데 그 자가 오다니 분명 좋은 일은 아니겠구나. 문을 열고 들어오게 하라."

그 말에 하인들은 문을 열고 현수교를 내리며 소란스러웠다.

모두 분주히 돌아다니는 사이에 어디로 들어왔는지 토담 안쪽으로 목 세 개를 들고 요시쓰네가 나타났다. 하인이 놀라 쳐다보는 사이에 그는 불쑥 툇마루에 올라 안으로 들어갔다.

"제 능력에는 미치지 못 하는 어려운 일이었습니다만 반드시 목을 가져와 보여달라는 말씀에 단카이의 목을 가지고 왔습니다."

번쩍 치켜들고서는 에잇하며 목을 던지자 법안의 무릎 위로 털썩 떨어졌다. 법안은 불쾌했지만 인사치레를 해야할 것 같았는지 아무렇지 않은 척 했지만 턱없이 괴로워하는 모습이었다.

"기쁜 일이군요."

내뱉듯이 말을 남기고 빠른 걸음으로 안쪽으로 도망쳐 들어가버렸다.

요시쓰네는 이곳에 머무르려는 마음도 있었지만 부인에게 작별인사를 고하고 야마시나로 길을 떠났다. 단념할 수 없는 이별의 슬픔에 눈물이 옷소매를 적셨다.

법안의 딸은 요시쓰네가 떠난 뒤 엎드려 울며 슬퍼했지만 아무 소용이 없었다. 잊으려 해도 잊히지 않았고 어쩌다 설핏 잠들면 꿈속에 나타났고 다시 눈뜨면 그 모습이 눈앞에 아물거리니 상심은 더욱 깊어져 그 마음을 위로할 도리가 없었다. 겨울도 다 끝나갈 무렵 수많은 상념이 거듭 쌓였던 탓이리라. 사람들은 원령(怨霊) 때문이라 말했으나 기도도 효험이 없고 약도 듣지 않고 뜸도 소용이 없으니 열 여섯이라는 나이에 결국 한탄으로 죽음에 이르렀다.

법안은 거듭 수심에 잠겼다. 어떤 세상이든 원없이 살게 해주겠다며 애지중지 키워온 딸과도 이별을 했다. 의지했던 제자도 칼에 쓰러졌다. 어쩌면 우두머리가 될 수도 있는 요시쓰네와도 사이가 틀어져버렸다. 이것도 저것도 이만저만한 비탄이 아니었고 후회가 끊이지 않았다. 무릇 이 헛된 세상에 사람은 무슨 일이 있더라도 인정이 있어야만 하는 법이다.

제3권

구마노(熊野) 별당의 난폭한 행동

요시쓰네의 부하 중에는 혼자서 천 명을 상대할 수 있는 용맹한 이가 있었다. 그 속명(俗名)을 밝혀보자면, 아메노코야메노미코토(天児屋根命)[1]의 자손이며 중관백(中関白) 미치타카(道隆)[2]의 후예, 구마노(熊野)의 별당(別当)[3] 벤쇼의 적자인 서탑(西塔)의 무사시보(武蔵坊) 벤케이(弁慶)[4]라 했다. 그가 탄생한 유래는 다음과 같다. 이위 대납언(二位大納言)이라는 사람은 아들이 많았는데 모두 부모를 앞서 세상을 떠나고 말았다. 그 후 나이가 들어 따님을 얻었는데 천하제일의 절세미인이었기에 당상관들이 앞을 다투어 청혼하였으나 결코 허락하지 않다가 우대신 모로나가(師長)[5]가 일념으로 청했기에

---

1 아메노이와토(天岩戸) 신화에 등장하는 신으로서 나카토미(中臣)씨, 즉 후지와라(藤原) 씨의 조상신이다. 가스가다이샤(春日大社), 히라오카(枚岡) 신사 등에서 섬기고 있다.

2 후지와라노 미치타카(藤原道隆, 953~995). 헤이안 중기 귀족으로 중관백이라 칭했다. 섭관 가네이에(兼家)의 적자로서 권력을 장악한 부친의 힘으로 이례적인 승진을 거듭하였다. 990년 부친으로부터 관백을 물려받았으며 딸 데이시(定子)는 이치조(一条) 천황의 중궁이 되어 영화를 누렸다. 그러나 병으로 아들에게 관백 자리를 물려주지 못한 채 사망하였다. 고상하고 기품 있는 용모를 지닌 것으로 유명하며 『마쿠라노소시(枕草子)』에 그 모습이 잘 묘사되어 있다.

3 친왕(親王), 섭정, 대신의 집안이나 절, 신사 등의 특별 기관에 두었던 장관으로서 실질적인 주지를 말한다.

4 벤케이(弁慶, ?~1189). 헤이안 말기, 가마쿠라 초기의 승려. 무사시보라 하며 요시쓰네의 부하로서 유명하다. 『헤이케모노가타리(平家物語)』 등을 비롯한 다수의 작품에 호걸로서 영웅적으로 묘사되어 있으나 그 실존에 대한 부분은 명확하지 않다. 그 생애는 여러 가지 전설과 신앙이 결부되어 있으며 충신으로서의 모습은 이 작품의 중요한 소재가 되고 있다.

5 후지와라노 모로나가(藤原師長, 1138~1192). 후지와라노 요리나가(藤原頼長)의 둘째 아들로 연좌죄로 도사(土佐) 지방으로 좌천되었으나 복귀하여 태정대신에 올랐다. 그 후 다이라노 기요모리에게 추방당하여 오와리(尾張)에서 출가하였다. 묘온인(妙音院) 태정대신으로 불렸으며 음악적 재능이 뛰어나 악보곡집을 편찬하기도 했다.

결혼을 승낙했다. 하지만 금년은 액년(厄年)이었고 동쪽은 괜찮았기에 이듬 해 봄으로 약속하였다. 아가씨가 열다섯 되던 해 여름 무렵, 어떤 소원이 있었는지 고조(五条) 덴진(天神)에 참배하여 밤새 근행을 하였는데 갑자기 동남쪽에서 바람이 불어오더니 아가씨의 몸에 닿았다고 생각하는 순간 정신착란의 병에 걸려버렸던 것이다. 대납언도 모로나가도 구마노 권현을 믿고 있었기에 한결같이 기원을 올렸다.

"이 병에서 구원해주십시오. 그리하면 내년 봄에는 감사 참배를 드리러 오는 동안 각 오지샤(王子社)[6]마다 숙원성취의 감사 참배를 드리겠습니다."

이윽고 병은 완치되었고 다음 해 봄에 숙원성취의 감사 참배를 올리기 위해 참배길에 올랐다. 모로나가와 대납언을 필두로 순례자 백 명을 동행하여 구마노 세 신사의 참배를 무사히 끝내가고 있었다.

모로나가 일행이 본궁(本宮) 증성전(証誠殿)에서 밤새 근행을 하는데 별당 벤쇼도 그곳으로 왔다. 밤이 깊었는데 본존 쪽에서 술렁술렁 떠드는 소리가 났다. 아가씨는 무슨 일인지 살펴보았는데 벤쇼가 들어왔다는 것이다. 벤쇼는 희미한 등불 아래서 아가씨의 모습을 보았다. 그는 신심이 깊은 수행자였지만 마음이 동요되어 아직 참회의 법요도 끝나지 않았는데 서둘러 산을 내려가 부하를 불러 물었다.

"아가씨는 어떤 사람이더냐?"

"이위 대납언 님의 따님이시며 우대신 님의 정실부인이십니다."

---

6 구마노 신사의 섭사(摂社)는 아흔아홉 오지(九十九王子)라 하여 교토에서 구마노까지의 참배길에 아흔아홉 개가 분사되어 있다.

"그 결혼약속은 아직 이루어지지 않았을 게다. 아직 합궁 전이라고 들었다. 일전에 그대들이 내 마음도 확인하고 충성심도 보여줄 수 있도록 구마노(熊野)에 뭔가 소동이라도 일어났으면 좋겠다고 말했었지. 지금이 바로 그 때라네. 채비를 하고 적당한 곳에서 함께 온 자들을 물리친 후에 아가씨를 빼앗아 오게. 내 사람으로 삼아야겠으니."

"그렇게 하시면 불법(仏法)과 왕법을 거스르는 것이 되지 않겠습니까?"

"그건 겁쟁이들이나 하는 말일세. 이 일을 도모하면 대납언과 모로나가가 상황의 처소로 달려가 읍소하고 대납언을 대장으로 삼아 서울에 있는 병사들을 이끌고 이리로 오겠지. 그 정도는 이미 생각해둔 일이야. 신궁(新宮) 구마노에는 적들이 결코 발을 들여놓지 못할 걸세."

별당이 아무리 말려도 툭하면 스님들이 들고 일어나는 것이 이곳의 오래된 악습이었다. 하물며 별당이 이를 부추기니 스님들은 병사를 모아서 들고일어났다. 저마다 갑옷을 갖추어 입고 앞을 다투어 몰려들었다. 아가씨가 일행을 기다리고 있을 때 함성을 지르며 일제히 달려들었다. 부끄러움을 모르는 사무라이들이 모두 도망치니 그보다 아랫사람인 집사와 하인, 가마꾼까지도 가마를 버리고 도망쳤다. 스님들은 아가씨가 탄 가마를 메고 와 별당에게 바쳤다. 별당의 처소는 많은 사람들이 모여 염불과 독경을 하는 곳이라 서울 사람이 있을지 모른다는 생각에 아가씨를 절의 종무소(宗務所)에 모시고는 자신도 아침저녁으로 함께 있었다. 혹시나 서울에서 반격이 있을까 경비를 엄중하게 하였다.

아가씨의 하인들은 자신들이 처리할 수 없는 사안이라는 판단에 서울로 올라가 사정을 전했다. 모로나가는 크게 화를 내며 상황(上皇)의 처소를 찾아가 읍소했다. 마침내 모로나가와 대납언을 대장군으로 하라는 명령이 내려졌다. 이즈미(和泉), 가와치(河内), 이가(伊賀), 이세(伊勢) 사람을 불러모아 7천여 기의 군사는 구마노 별당을 쫓아내고 다른 사람을 별당으로 임명하라는 상황의 뜻을 받들어 구마노로 쳐들어왔다. 스님들은 하나가 되어 조정에서 보낸 군사들을 막았다. 병사들은 이길 수 없다고 생각했는지, 기리베노오지(切目の王子)[7]에 진을 치고 조정에 파발마를 보냈다. 조정은 회의를 한 뒤 기리베노오지에 파발마를 보냈다.

"전투가 지지부진한 것은 다 이유가 있다. 지금 이 일로 인해 구마노 산이 파멸된다면 우리나라에 큰 재앙이 아닐 수 없다. 재상 다이라노 노부나리(平信業)의 따님이 미인이기에 입궐시키기로 정하였는데, 노부나리 경의 따님을 모로나가에게 주기만 한다면 분노는 사그라질 것이다. 또 구마노 별당 정도라면 이위 대납언의 사위로서 손색이 없을 것이다. 나이가 좀 많을 뿐이지. 아메노코야메노미코토의 자손이며 중관백 미치타카의 자손이니 지장이 있을 리 있겠는가."

모로나가는 조정의 뜻이라 어찌 할 수 없기에 귀경하였다. 이위 대납언은 혼자 분노할 수도 없어 함께 상경하였다. 이렇게 구마노와 서울이 모두 진정되었지만 병사들은 입만 열었다 하면 자신들이 한 일은 천황이나 상황의 명령에 따른 것이 아니라며 자만하여 더욱더 세상을 무시하게 되었다.

한편 아가씨는 별당의 부인이 되어 함께 살았으니 세월이 흘러 별당은 환갑, 부인은 열아홉이 되었을 때 아이를 가지게 되었다.

'이 나이에 아이를 가지다니 기쁘기 그지없구나. 남자라면 불법을 잇게

---

7 기이노쿠니(紀伊国) 히타카(日高) 군의 오지샤(王子社)로서 구마노에 있는 오지샤 중 가장 명성이 높다. 한자는 '切部'로 쓰기도 한다.

해서 구마노를 물려주어야겠어.'

별당은 산실을 훌륭하게 꾸며 아이가 태어나길 기다렸는데 열 달이 지나도 소식이 없다가 18개월 만에야 세상에 태어났다.

벤케이(弁慶), 출생하다

별당은 아이가 때를 넘겨 태어나니 기이하게 여기며 산실에 사람을 보냈다. 어떻게 생긴 아이냐고 물었더니, 두세 살 정도 되어 보이는 크기에 머리카락은 어깨를 덮을 정도로 길게 자랐으며 어금니와 앞니도 유별나게 커서 입 안 가득 나 있다고 전했다.

"그렇다면 귀신임에 틀림없구나. 그 녀석을 살려두었다가는 반드시 불법의 적이 될 게야. 거적에 말아 물속에 던지든지 깊은 산 속 나무에 묶어 찔러 죽이든지 하거라."

부인은 이 말을 듣고 울며 한탄했다.

"그렇게 여기시는 것도 당연하지만 부모 자식의 인연은 이번 생만의 인연이 아니라고 들었는데, 어찌 바로 죽이신단 말입니까."

별당의 여동생은 야마노이(山の井) 삼위(三位)라는 자의 부인이었는데 오빠를 찾아와 아이의 이상한 모습에 대해 물었다.

"사람이 아이를 가지면 아홉 달에서 열 달만에 태어나는 법이거늘 그 녀석은 18개월 만에 태어났으니 살려두었다가는 부모의 원수가 될 것이다. 살려둘 수 없지."

"뱃속에 오래 있다 태어난 아이가 부모에게 좋지 않다니요? 중국 황석

(黃石)의 아이[8]는 잉태한지 이백 년, 다케우치(武内) 대신[9]은 뱃속에서 80년을 보내다 흰머리가 생긴 뒤 태어났습니다. 나이는 280세, 키는 작으며 피부는 까매서 세상 사람들과 닮지 않았습니다. 그럼에도 불구하고 하치만(八幡) 대보살의 사자이자 현인신(現人神)[10]으로 사당에 모셔져 있습니다. 부디 뜻을 굽히어 저에게 주십시오. 서울로 데리고 올라가 성품이 좋으면 성인식을 올려 남편의 뒤를 잇게 하겠습니다. 만약 성품이 좋지 않다면 법사로 만들어 불경이라도 한 권 읽히면 승려의 몸으로 죄를 짓는 것보다 나을 겁니다."

그렇다면 뜻대로 하라고 여동생에게 맡겼다. 여동생은 산실에 가서 아이를 목욕시키고 오니와카(鬼若)라 이름 지은 후 51일이 지나자 서울로 데리고 올라가 유모를 붙여서 금지옥엽으로 키웠다.

오니와카가 다섯 살이 되자 그 모습은 열 두세 살 아이만 했다. 여섯 살이 되던 해 천연두를 앓아 피부는 더욱 검어졌으며, 머리카락은 태어났을 때 그대로 어깨 밑으로 자라지 않았다. 그 머리로는 상투를 틀기도 힘들 것 같아 스님으로 키우고자 히에이잔(比叡山) 학두(学頭)[11]인 서탑(西塔) 사쿠라모토(桜本) 승정에게 올려 보내 부탁했다.

---

8 황석은 장량에게 병법을 가르쳐주었다는 인물이다. 다만 어머니 뱃속에 오래 잉태되었다 출생했다는 내용은 노자와 관련된 이야기이다. 어머니 태내에 오래 머물러 머리가 백발인 채로 태어났기 때문에 노자라는 이름이 붙여졌다는 이야기가 당시 유포되어 있음을 동시대 사료를 통해 확인할 수 있다.

9 다케우치 쓰쿠네(武内宿禰, ?~?). 게이코(景行) 천황에서 닌토쿠(仁德)천황에 이르기까지 5대 천황을 모셨다고 전해지는 전설상의 충신이다.

10 사람의 모습으로 이승에 나타난 신을 말한다.

11 승려 직명의 하나로서 법식과 예의, 학문에 능통한 장로를 말한다.

"야마노이 삼위 님의 양자인데 공부를 가르치기 위해 맡기고자 합니다. 용모나 풍채는 창피할 정도지만, 머리는 좋으니 글이라도 한 자 읽혀주십시오. 마음에 꼬여 있는 결점을 고쳐주시고 어떻게든 길을 만들어주십시오."

오니와카는 사쿠라모토에게 학문을 배우다 남다른 열정을 가지게 되었고 시간이 흐르면서 뛰어난 재능을 보였다. 승려들도 입을 모아 칭찬했다.

"용모가 나쁘든 말든 학문이 중요하지."

이렇게 학문에만 전심을 쏟았으면 좋았을 것을 힘이 세지고 기골이 장대해지자 동자승이나 젊은 승려를 꾀어 사람들이 다니지 않는 깊은 산 속에 들어가 완력 겨루기나 팔씨름, 씨름 같은 것만 일삼았다. 이 사실을 알게 된 스님들은 승정에게 끊임없이 하소연했다.

"불량배가 될 거면 혼자 될 것이지, 공부하는 사람들까지 꼬셔내어 엉망으로 만들다니 괘씸합니다."

오니와카는 하소연하는 스님들을 자신의 적으로 생각하여 승방으로 쳐들어가서 덧문과 여닫이문을 엉망으로 부수었는데 그의 악행도 폭행도 진정시킬 자가 아무도 없었다. 그 까닭은 아버지는 구마노 별당이요, 양부는 삼위 님이시고 조부는 이위 대납언이요, 스승은 히에이잔 삼천방(三千坊)[12]의 학두였기에 손을 댔다가는 좋을 일이 없기 때문이었다. 그저 하고 싶은 대로 난동을 부리게 놔두었다. 그러니 상대만 바뀔 뿐 오니와카는 전

12 천태종의 교의로서 범부가 일상생활에서 갖는 미혹된 한 생각 속에는 삼 천의 법계, 즉 우주의 모든 사상이 갖추어져 있다는 일념삼천(一念三千)에서 다수의 승려는 삼천 승려, 승방이 많음은 삼천방이라 표현한다.

혀 변하지 않았고 싸움은 끊이지 않았다. 주먹을 쥐고 사람을 째려보았기 때문에 사람들은 길에서 오니와카를 마주치지 않으려 했다. 어쩌다 우연히 마주친 자가 길을 피하면 그 자리에서는 잠자코 지나가게 해주고는 나중에 만났을 때 붙잡아서 물었다.

"그건 그렇고, 지난번에 길에서 만났을 때 피해간 것은 무슨 원한이 있어 그리 한 것이냐?"

무서워서 무릎을 덜덜 떨고 있는 사람의 팔을 비틀고 가슴팍을 밀치며 괴롭혔다. 스님들은 회의를 열었다. 아무리 승정의 동자승이지만 히에이잔의 골칫거리라며 스님 삼백 명이 상황의 처소로 찾아가 어명으로 쫒아달라고 읍소했다. 그토록 행패를 부리는 자를 어서 내쫓아내라는 상황의 명이 떨어지니 스님들은 기뻐하며 산으로 돌아갔다. 그런데 이 때 조정 회의에서 옛 일기가 거론되었는데 그곳에 다음과 같은 글이 있었다.

"61년 째 되는 해에 히에이잔에 이처럼 이상한 자가 나타나면 조정에 도움이 될 것이다. 설령 상황의 명이라고 하더라도 이를 진압한다면 한 달 안에 천하의 내로라하는 절 쉰 네 곳이 폐허가 될 것이다."

올해가 61년 째 되는 해라 그냥 두라는 천황의 명령이 내려졌다. 스님들은 분노하였다.

"오니와카 하나 때문에 삼천 스님의 뜻을 저버리다니 유감스럽다. 그렇다면 산노(山王) 신여(神輿)[13]를 받들고 강력히 항의하고자 한다."

이에 조정은 산노샤(山王社)에 장원을 기진하였고 스님들도 분노를 가라

---

13 히에이잔 동쪽 기슭에 있는 산노샤(山王社)의 신여로서 스님들의 요구를 관철시키기 위해 신여를 메고 시위하는 것을 말한다.

앉혔다. 이 일은 오니와카에게는 알리지 말자고 했는데 어떤 바보가 이야기를 전했는지 결국 오니와카도 알게 되었다. 그것 참 유감이라며 오니와카는 더욱더 기세등등하여 난폭해졌으니 승정도 포기하고 말했다.

"있으면 있는가 보다, 없으면 없는가 보다 여기거라."

승정도 더 이상 관여하지 않았다.

벤케이, 산문을 나가다

승정의 말을 전해들은 오니와카는 의지했던 스승마저 그러하니 더 이상 히에이잔에 있을 수 없다고 생각했다. 어느 누구의 눈에도 띄지 않는 곳으로 가려고 길을 나섰지만 이 상태로는 어디를 가든 히에이잔의 오니와카라는 사실을 눈치 챌 것 같았다. 학문에 부족함이 없었으니 어엿한 법사가 되겠다는 결심에 면도칼과 의복을 준비하여 미마사카(美作)[14] 치부경(治部卿)[15]의 욕실로 달려가 대야에 물을 떠서 직접 머리를 감고 이쪽저쪽 머리를 밀었다. 대야 물에 그 모습을 비춰보니 머리모양은 둥글게 보였다. 이 정도로는 안 되겠다는 생각에 계명(戒名)을 그럴싸하게 붙여보려 고심하다가 옛날에 히에이잔에서 악행을 일삼았던 서탑의 무사시보(武蔵坊)가 떠올랐다. 스물 하나 될 때부터 험한 일에 손을 댔으나 61세로 생을 마감할 때 단좌

14 오카야마(岡山) 현 북부의 옛 명칭이다.

15 주기(注記)라고 기재되어 있는 판본도 있다. 주기는 사원에서 제목을 읊어가며 그 내용을 필기하는 서기 역할의 승려를 말한다.

합장(端坐合掌)으로 왕생(往生)했다고 한다.

'그를 따라 내 이름이 불린다면 분명 강자가 되겠지. 나도 서탑의 무사시보라 해야겠어. 아버지는 벤쇼이고 스승님은 간케이니 내 진짜 이름은 벤쇼의 '벤'과 간케이의 '케이'를 따서 벤케이라고 해야겠어.'

어제까지의 오니와카는 오늘부터는 무사시보 벤케이가 된 것이다. 히에이잔을 나와 오하라(小原) 별소(別所)라는 곳에 산법사(山法師)[16]가 살았던 승방이 있었다. 누구 하나 붙잡는 이 없었지만 그 승방에서 한동안 제법 그럴싸하게 기거했다. 하지만 어렸을 때조차 용모가 추하고 마음도 흉포했기에 그 어느 누구도 대접해주지 않았고 하물며 찾아오는 사람도 없었기에 얼마 안 있어 전국을 수행한다며 승방을 나와 길을 떠났다. 우선 셋쓰(摂津) 지방의 가와지리(河尻)까지 내려가서 나니와가타(難波潟)[17]를 바라본 후, 효고(兵庫)의 섬을 지나 아카시(明石) 포구에서 배를 타고 아와(阿波) 지역에 도착해 야케야마(焼山), 쓰루가미네(鶴ヶ峰)에 배례한 후 사누키(讃岐)의 시도(志度) 도장(道場),[18] 이요(伊予)의 스고데라(菅生寺),[19] 도사(土佐)의 하타(幡多)까지 순례하였다. 이윽고 정월도 말일이 되어가자 다시 아와 지역으로 돌아갔다.

---

16 히에이잔 엔랴쿠지의 승려를 말한다.

17 지금의 오사카(大阪)만을 지칭한다.

18 사누키의 시도사(志度寺)로서 진언종파의 수행 도장으로 이름이 높았다.

19 에히메(愛媛) 현에 있는 진언종 사찰을 말한다.

쇼샤잔(書写山) 방화

벤케이는 아와 지역에서 하리마(播磨)로 건너간 후 쇼샤잔[20]에 참배하였다. 쇼쿠(性空) 상인(上人)[21]의 초상을 배례한 후 곧 돌아가려 했지만 이왕에 왔으니 하안거(夏安居)를 해보려는 생각도 들었다. 이곳 하안거는 온 나라의 수행자로 가득 찼는데 모두 전념을 다해 근행하였다. 이곳 사찰의 스님들은 학두(学頭)[22]의 승방에 모이고 타지에서 온 수행자는 기원소(祈願所)에 있게 된다. 하안거를 하는 승려는 허공장(虛空藏) 보살[23]을 모신 사당에서 근행하게 된다. 일반인 수행자는 담당하는 이에게 청해야만 학두의 승방에 들어갈 수 있었는데 벤케이는 조금도 주저하지 않고 학두의 승방에 밀고 들어가 더 할 나위 없는 밉상스러운 태도로 문지방에 우뚝 서서 한동안 학두가 있는 곳을 노려보았다. 학두가 이 광경을 보고 물었다.

"어제 그제 이곳에서 본 기억이 없는데 어디에서 오신 수행자시던가?"

"히에이잔 사람입니다."

"히에이잔 어디에서?"

"사쿠라모토(桜本)입니다."

---

20 쇼샤잔은 히메지(姫路) 시 서북에 있는 산으로 엔교지(円教寺)가 있어 수행의 장소로 알려져 있다.

21 쇼쿠 상인(性空上人, ?~1007). 헤이안 중기의 승려로 쇼샤잔 엔교지(円教寺)를 건립하였다. 상인은 지덕을 갖춘 고승, 대사를 일컫는 명칭이다.

22 학도(学道)의 두령(頭領)이라는 의미로 사찰과 신사에서 학문과 관련된 일을 통괄하는 승려를 말한다. 예전에는 엔랴쿠지(延曆寺), 온조지(園城寺)에 각각 한 명을 임명하였으나 이후 히에이잔 삼탑(三塔)에 각각 두게 되었다.

23 허공과 같이 무한히 크고 넓은 지혜와 자비로 중생의 여러 바람을 이루어 준다고 하는 보살을 말한다.

“승정의 제자인가?”

“그렇습니다.”

“속명은?”

벤케이는 거드름을 피우며 답했다.

“아메노코야네노미코토의 자손, 중관백 미치타카의 후예로 구마노 별당의 아들입니다.”

벤케이는 하안거 동안 일념을 다해 수행하였고 근행도 꾸준하게 임했다. 그런 모습을 승려들은 칭찬했다.

“첫 느낌과 지금 모습은 많이 달라. 그러니 사람들은 시간이 흘러봐야 아는 것이지. 온화한 사람 아닌가.”

이렇듯 여름도 지나고 가을 초입에 이르자 벤케이는 다른 지방으로 수행을 떠나려는 생각은 있었지만 쇼샤잔의 추억을 아쉬워하며 그대로 머물러 있었다. 그러나 이대로 있을 수는 없어서 7월 하순에 학두에게 작별을 고하려는 생각에 바깥으로 나오니 동자승과 승려들이 술잔치를 벌이고 있었다. 벤케이는 그곳에 들어가야 쓸모없다는 생각에 지나치려는데 새롭게 장지문으로 둘러쳐놓은 곳이 보였다. 이곳에서 낮잠이나 자려는 생각에 들어가 털썩 누워 잠들었다. 당시 쇼샤잔에는 상대를 불문하고 싸움을 걸어대는 사내가 있었으니 시나노보(信濃坊) 가이엔(戒円)이라고 했다. 그가 벤케이의 자는 모습을 보고 생각에 잠겼다.

‘수많은 수행자를 보았지만 저 녀석만큼 함부로 말하는 밉상스러운 녀석은 없지. 창피를 줘서 절에서 쫓아내버려야겠어.’

그는 벼루의 먹을 갈아 벤케이의 얼굴에 글을 썼다. 한쪽에는 ‘나막신’ 한쪽에는 ‘쇼샤 법사의 나막신으로 신는다’라고 쓰고 가운데에는 이렇게 썼다.

"벤케이는 나막신처럼 생긴 얼굴이라 밟아도 일어나지 않는다."

이윽고 승려들 이삼십 명을 불러 모아 벽을 두드리며 일제히 소리 높여 웃게 하니 벤케이는 못 들어올 곳에 들어왔다는 생각에 서둘러 옷소매를 당겨 옷매무새를 고치며 일어나 승려들 속으로 들어갔다. 승려들은 그런 벤케이의 모습을 보고 눈짓 몸짓을 주고받으며 웃어 재꼈다. 사람들은 견딜 수 없을 만큼 재미있다며 웃었지만 벤케이는 이유를 알 수 없어서 전혀 재미있지 않았다. 하지만 다른 이들이 모두 웃는데 웃지 않으면 외골수처럼 보일 것 같아 자신도 함께 배를 잡고 웃었다. 그렇지만 방안의 낌새가 아무래도 냉랭하게 느껴져서 자신의 일이라는 생각에 무릎 위 주먹을 불끈 쥐며 소리쳤다.

"무엇이 그리 웃기더냐!"

학두가 이 모습을 보고 '아이쿠, 기분을 상하게 했구나. 분명 이 절에 큰일이 일어날 것이야.'라는 생각에 제지했다.

"아무 일도 아니라네. 스님과 관련된 일이 아니거늘. 다른 일 때문에 웃는 것이네. 설마 무슨 일이 있겠는가?"

그 말에 벤케이는 자리에서 떨치고 일어나 다지마(但馬) 아사리의 승방까지 한 마장 정도의 거리를 걸었다. 그곳도 수행자가 모이는 장소였는데 가는 도중에 스치는 사람은 모두 벤케이를 보고 웃는 것이었다. 이상하다는 생각에 얼굴을 물에 비춰보았더니 글이 쓰여 있었다.

'역시 그랬군. 이토록 수치를 입었는데 잠시라도 머물러 봐야 무슨 소용 있겠는가. 어디로든 떠나자.'

그러다가 다시 마음을 고쳐먹었다.

'나 하나 때문에 히에이잔의 명성에 흠집이 나는 것은 유감이지. 모조리 심하게 욕을 퍼부어주고 혹여 나무라는 자가 있으면 따끔한 맛을 보여줘서 내가 받은 치욕을 갚아주고 떠나야겠군.'

벤케이는 승방을 돌아다니며 사람들에게 심한 욕을 퍼부었다. 이 사실을 들은 학두는 말했다.

"아무래도 쇼샤잔의 법사들이 맞아떨어져나갈 것 같구나. 이 일을 회의에 넘겨 승려 중에 그릇된 행동을 한 자가 있다면 그를 잡아서 벤케이에게 넘겨줘야겠다. 큰 일이 일어나는 걸 막아야지."

학두는 승려를 소집하여 강당에서 회의를 시작하였다. 하지만 벤케이는 모습을 드러내지 않았다. 학두가 벤케이에게 심부름꾼을 보내고 큰 스님도 심부름꾼을 보냈지만 나타나지 않았다. 거듭된 심부름꾼에도 나타나지 않던 벤케이는 동쪽 언덕 위에서 상황을 살펴보았다. 그러다 뒤를 돌아보았더니 22, 3세 정도의 법사가 검은 의복 아래에 나선 문양의 약식 갑옷을 입고 나타난 것이었다. 벤케이는 생각에 잠겼다.

'어떻게 된 일이지? 평화롭게 협의를 하자더니 이 녀석의 옷차림이 의심쩍은데? 은밀히 들은 바로는 승려들이 소동을 일으키면 처벌을 요청하고, 수행자들이 나쁜 짓을 저지르면 승려들에게 넘겨서 제재를 가한다고 하던데, 이렇게 많은 승려들에게 포위되어서는 일이 잘 안 풀리겠군. 그렇다면 나도 옷을 차려 입어야겠어.'

학두의 승방으로 달려 들어가 어떻게 된 일이냐며 묻는 사람들에게 대답조차 없이 어떤 이의 허락도 받지 않고 앞뒤 가리지 않으며 저장소로 뛰어 들어가 당궤 하나를 끄집어냈다. 갈색 예복에 검은 실로 꿰맨 약식 갑옷을 꺼내 입고 90일간 밀지 않은 머리 위에 건과 투구를 쓰고 주목나무를 깎아 만든 봉에 팔각으로 각을 세우고 손잡이를 한 자 정도 크기로 둥글게 만든 무기를 지팡이 삼아 굽 높은 나막신을 신고 법당 앞에 나타났다. 승려들이 그 모습을 보고 서로 말했다.

"저자는 누구지?"

"저자가 바로 그 유명한 수행자야."

"참으로 수상쩍은 차림이군. 이리로 부르는 게 좋을까 아님 그냥 놔두는 게 좋을까?"

"그냥 놔둬도 불러도 다 좋지 않을 것 같은데."

"그럼 모르는 척 해야겠군."

이 모습을 본 벤케이는 자신에게 어떻게 된 일이냐며 물어볼 거라 생각했는데 승려들이 시선을 피하는 사실이 이해되지 않았다. 좋건 나쁘건 자신에 대한 외부의 평판을 듣는 것은 중요한 일이었기에 물어보려 하였다. 강당으로 다가가 자세히 살펴보니 노승, 동자승이 섞여 3백 명 정도 되는 이가 죽 늘어 앉아 있었다. 툇마루 위에는 중급, 하급 승려가 한 명도 빠짐없이 모여 있었다. 입추의 여지없이 온 절 사람들이 와글와글 모여들어 그 수가 천 명에 이르렀다.

벤케이는 실례한다는 말 한 마디도 없이 나막신을 신은 채 그 무리 속에 들어가 사람들의 어깨와 무릎을 밟고 넘으며 지나갔다. "아아", "으윽"이라는 소리라도 내면 한바탕 소동이 일어날 것이 분명했기에 모두 어깨를 피하며 보내주었다. 계단 근처까지 다가가자 승려들이 벗어놓은 신발이 빼곡히 놓여있었다. 벤케이는 신발을 벗어놓으려다가 그렇게 하면 난리를 피하려는 것처럼 느껴져 신발을 신은 채 덜그럭거리는 소리를 내며 계단을 올라갔다. 승려들은 그 모습을 보고 아무 말도 하지 않는다면 수치요, 훈계를 한다면 소동이 일어날 것이니 결국 그 자리에 있는 것이 곤란하여 모두 옆문 쪽으로 몸을 숨겨 버리고 말았다. 벤케이는 나막신을 신은 채 문지방 옆을 이리저리 걸어 다녔고 학두가 이를 나무랐다.

"꼴 보기 사납구나. 모름지기 이곳 쇼샤잔은 쇼쿠 상인이 건립하신 사찰이다. 높으신 분도 계시는데다 어린 동자승도 있는데 그 옆을 나막신을 신고 돌아다니다니 당치도 않다!"

벤케이는 몸을 획 돌리며 말했다.

"학두 님이 말씀하시는 바는 지당합습죠. 이처럼 툇마루 위에서 나막신을 신고 있는 것조차 예의에 어긋난다고 꾸짖을 정도의 승려들이 도대체 무슨 과실이 있기에 이 수행자의 얼굴을 나막신으로 만든단 말이오!"

일리 있는 대답에 승려들은 단 한마디 말도 하지 못했다.

그대로 내버려뒀더라면 학두의 중재로 어떻게든 달래서 나가게 했을 텐데, 이 난리를 일으킨 가이엔이 끼어들었다.

"수행자의 우스꽝스러운 얼굴이라니!"

자리를 고쳐 앉고 어깨를 으쓱대며 다시 말을 이었다.

"이곳 승려들은 너무 비위를 잘 맞춰주지. 너그럽게 대하지 않아야할 수행자들에게 호의적인 표정을 짓더니 지금 와서는 후회한단 말이야. 내가 어디 한 번 따끔한 맛을 보여줄까."

그 자리에서 벌떡 일어나니 사람들은 소동이 시작되었다며 소란스러워졌다. 벤케이도 자리에서 일어나 그 모습을 바라보며 생각했다.

'흥미롭군. 저 녀석은 그 누구하고든 분별없이 싸움을 할 멍청이로군. 놈의 팔이 빠질지 이 벤케이의 정수리가 깨질지 어디 한 번 겨뤄볼까. 그러고 보니 저 녀석이 내 얼굴에 장난질을 한 놈이군.'

벤케이는 문지방 위에 버티고 서서 봉을 고쳐 잡고 기다렸다.

"꼴 보기 싫군. 저런 중은 잡아서 툇마루 밑으로 끌어내어 목뼈를 밟아 부러뜨려 버리자."

그 자리에 있던 가이엔의 제자 대여섯 명이 벤케이의 모습을 보고 긴 소매를 묶어 어깨에 걸친 뒤 소리를 지르며 달려들었다. 벤케이는 영차하며 일어섰다. 이윽고 봉을 고쳐 잡고 옆으로 후려쳐 달려들던 승려들을 한꺼번에 모두 툇마루 밑으로 떨어트렸다.

이를 본 가이엔이 벌떡 일어나 주위를 살펴보았지만 무기로 삼을 만한 몽둥이조차 없었다. 저 밑을 보니 수행자가 넣은 것인지 긴 난로에 상수리나무 토막이 타고 있었다. 그 나무를 집어 난로에 비벼 불꽃을 털어낸 후 각오는 되었느냐 소리치며 달려들었다. 벤케이는 화가 나서 가이엔의 몽둥이를 막아냈다. 불꽃이 팍하고 튀었다. 실패했다고 생각한 가이엔은 다시 달려들어 몽둥이를 내리쳤다. 벤케이는 다시 정확히 막아냈다. 이윽고 가이엔이 뒤로 물러서는 틈을 타 왼쪽 팔을 뻗어 상대 갑옷의 앞부분을 부여잡아 끌어당긴 뒤 오른 팔로 넓적다리를 움켜쥐고 눈높이보다 높게 둥둥 매달고 강당 정원 쪽으로 데리고 갔다.

지켜보던 승려들이 말했다.

"수행자님, 용서해 주세요. 그 자는 원래 술버릇이 나쁩니다."

"꼴사납게들 난리를 치는구나. 평소 약속했던 바이다. 수행자가 술 취해 부리는 난동은 스님들이 진정시키고, 스님들이 술 취해 부리는 난동은 수행자가 제압한다고 들었으니 죽이지는 않을 것이다."

한 바퀴 돌린 뒤 영차 하고 높이가 일장 일척[24]이나 되는 강당 처마 위

---

24 3.3미터에 달한다.

로 던졌다. 가이엔은 잠깐도 견디지 못하고 데굴데굴 굴러 떨어져 돌로 된 낙수 통에 떨어졌다. 벤케이는 다시 붙잡아서 뼈를 부러뜨리고 힘줄을 끊어놓겠다며 발로 밟으니 가이엔은 왼쪽 팔이 부러지고 오른쪽 늑골이 두 대나 부러졌다. 기가 막히다는 말 외에 달리 표현할 바가 없었다.

가이엔이 들고 있던 불 몽둥이는 버리지 않고 강당 위로 던지니 처마 사이에 콕 박혔고 때마침 계곡에서 시작된 바람이 처마로 불어오니 강당은 불타오르기 시작했다. 아홉 칸의 강당, 일곱 칸의 복도, 다보탑, 문수당(文殊堂), 오중탑이 있는 쪽으로 바람이 불었다. 한 채도 남김없이 쇼쿠 상인의 사당을 비롯하여 절의 모든 건물 쉰 네 채가 불타버렸다. 벤케이는 이 모습을 보고 현세에 불법을 해치는 원흉이 될 만한 죄를 저질러 버렸으니 이제 와서 수많은 승방을 남겨놓은들 무슨 소용이 있겠느냐 생각했다. 서쪽 언덕으로 내려가 횃불에 불을 지피고 다닥다닥 붙어있는 승방에 불을 붙였다. 계곡에서 봉우리 쪽으로 불이 번졌다. 산을 잘라 절벽에 만든 승방이었기에 어찌 하나라도 남겠는가. 주춧돌만 남았으니 21일 사시(巳時) 경 무사시보 벤케이는 쇼샤잔을 나와 서울로 향했다.

밤새도록 걸으니 22일 아침 무렵 서울에 도착했다. 그 날 서울은 호우에 강한 바람이 불어 사람들이 돌아다니기 힘든 날이었다. 벤케이는 노란 평상복에 빨간 하의를 입고 있었다. 어떻게 올라간 것인지, 밤이 깊어 고요해진 뒤 상황 처소의 담 위에 올라가 횃불을 들었다. 이윽고 일부러 큰 목소리로 "와!!" 하고 외치며 동쪽으로 달리기 시작했다가 되돌아 와서는 문 위에 서서 무시무시한 목소리로 외쳤다.

"아아, 한탄스럽다. 무슨 연유인지 쇼쿠 상인 당신께서 몸소 세우신 쇼샤잔이 어제 아침 승려와 수행자 사이에서 벌어진 말다툼 때문에 건물과

탑 쉰 네 채, 승방 삼백 채가 눈 깜짝 할 사이에 불타버렸다."

이렇게 말하고 연기처럼 사라져버렸다. 상황의 거처에서는 이 소식을 듣고 어떠한 이유로 쇼샤잔이 불탔는지 파발을 보내 알아보게 했다. 정말로 불탔다면 학두를 비롯해 승려들 모두 내쫓으라는 명이 내려졌다. 검비위사청의 하급관리가 가서 확인을 했더니 한 동도 남지 않고 전부 불타 버렸다.

학두는 사정을 말하기 위해 서울로 급히 올라가 상황의 거처로 찾아가 변명을 했다. 이에 죄가 있는 자의 이름을 말하라는 명이 내렸다.

"수행자는 벤케이이며 승려는 가이엔입니다."

학두가 아뢰는 말을 들은 공경(公卿)과 당상관들이 말했다.

"히에이잔에 있던 오니와카일 것이다. 히에이잔에 큰 일이 벌어지기 전에 난동을 진정시키는 것이 중요하지. 가이엔의 잘못임이 분명하다. 가이엔을 불러라. 가이엔이야말로 불법과 왕법의 적이다. 녀석을 붙잡아 엄히 심문하라."

세쓰 지방 호족인 고야노노 다로(昆陽野太郎)[25]는 명을 받고 백 기를 끌고 달려가 가이엔을 붙잡아 상경하여 상황의 거처로 끌고 왔다.

"너 혼자만의 계략이더냐, 아니면 가담한 자가 있느냐?"

심문이 엄중하여 도저히 살아 돌아갈 수 없을 것이라 생각한 가이엔은 평소 미워했던 승려들을 연루시키고자 함께 가담한 승려라며 열 한 명의 이름을 자백하였다.

고야노노 다로가 즉시 이들을 체포하러 출발하려 하는데 미리 이 소식을 접한 열 한 명이 자진해서 출두했다. 가이엔의 자백으로 죄가 명백했기

---

25 고야노(昆陽野)는 세쓰 지방 가와베(河辺) 군의 지역 이름이다.

에 열 한 명은 그대로 구금되었다. 변명도 하지 못한 채 가이엔은 마침내 죽임을 당했다. 죽기 직전에 가이엔은 자기 혼자만의 잘못은 아니라며 남은 이들도 죽이지 않으면 원령이 될 것이라고 말했다. 가이엔의 말이 아니더라도 처형될 것이었기에 목을 베라는 명령에 열 한 명도 모두 참수되었다. 서울에 있던 벤케이는 이 소식을 들었다.

"이토록 기분 좋은 일이 있다니. 가만히 있으면서 마음먹은 대로 적을 물리친 적이 없었지. 참으로 이 벤케이의 악행은 조정의 득이 되는구나."

벤케이는 더욱 더 행패를 부리게 되었다.

벤케이, 서울에서 다른 이의 칼을 탈취하다

벤케이는 생각에 잠겼다.

'진정한 보물은 천 개를 갖추어 가져야 하는데. 오슈(奥州)의 히데히라(秀衡)는 명마 천 필, 갑옷 천 량, 마쓰우라(松浦)의 대부[26]는 화살통 천 개와 활 천 개를 갖추어 보물로 삼고 있거늘 나는 돈이 없어 살 수 없구나. 그렇다면 밤에 서울을 어슬렁거리다가 사람들이 차고 있던 칼 천 개를 빼앗아 보물로 삼아야겠다.'

이윽고 사람들의 칼을 빼앗으며 돌아다녔다. 어느덧 시간이 흐르자 요즘 도성에 키가 한 장(丈)[27]이 넘는 덴구(天狗)[28] 법사가 돌아다니면서 사람들

---

26 히젠(肥前) 마쓰우라(松浦) 군을 중심으로 활약하던 지방 호족의 우두머리이다.

27 3미터의 길이에 해당한다.

28 깊은 산 속에 산다는 상상의 괴물. 신통력이 있으며 붉은 얼굴, 긴 코, 날개와 부채를 가지고 있다.

의 칼을 빼앗는다는 소문이 돌았다.

이렇게 한 해가 저물고 이듬해 오월 말, 유월 초까지 수많은 칼을 빼앗아 히구치가라스마루(樋口烏丸)에 있는 법당 천정에 놓아두었다. 세어보니 999개였다. 6월 17일 벤케이는 고조 덴진을 찾아가 밤이 되자 기도를 올리고 서원했다.

“오늘 기도의 덕으로 좋은 칼이 벤케이를 찾아올 수 있도록 비나이다.”

밤이 깊어지자 덴진을 나와 남쪽을 향해 걷다가 인가 담벼락에 서성거리며 덴진에 참배하는 사람들 중에 좋은 칼을 찬 사람이 없나 살펴보았다. 새벽녘이 되어 호리카와(堀河) 길을 따라 내려가고 있었는데 운치 있는 피리소리가 들려왔다.

‘피리소리가 좋구나. 한 밤중에 참배가려는 사람이 부는 걸 거야. 법사이려나, 일반 남정네려나. 아아, 좋은 칼을 차고 있다면 빼앗아야지.’

피리소리를 듣고 그 소리를 따라 다가가 살펴보았더니 젊은 사내가 하얀 평상복에 가슴팍이 하얀 갑옷을 입고 황금으로 장식한 상상도 할 수 없을만큼 멋진 칼을 차고 있었다.

‘아아, 훌륭한 칼이구나. 어떻게 해서든 빼앗고 싶군.’

칼을 본 벤케이는 이런 생각을 하며 때를 기다렸다. 그가 요시쓰네라는 엄청난 분이라는 사실을 벤케이가 어찌 알았겠는가? 요시쓰네는 신분을 숨기고 있던 처지라 방심하지 않고 주위를 살피고 있었다. 푸조나무 밑을 보니 이상한 차림을 한 스님이 큰 칼을 옆에 차고 서 있는 모습이 보였다.

‘보통 사람이 아니군. 요새 서울에서 사람들의 칼을 빼앗는 자가 있다는데, 저 자겠구나.’

요시쓰네는 이런 생각을 하며 조금도 물러서지 않고 앞으로 걸어 나갔다. 벤케이도 물러서지 않았다.

'지금까지 꽤 용맹한 자들의 칼도 빼앗았는데, 이 정도로 야리야리한 사내라면 칼을 달라는 내 목소리와 모습만으로도 두려워 금방 칼을 내밀 것이야. 만약 달라고 했는데 주지 않으면 엎어트리고 빼앗아오자.'

마음의 준비를 한 벤케이는 앞으로 나아가 말했다.

"이제 막 사방이 조용해지기에 적이 언제쯤 나타날까 기다리고 있었는데, 지체 높으신 분이 무장을 하고 지나가는 것이야말로 수상합니다. 쉽게는 지나가지 못할 것입니다. 지나가고 싶으면 그 칼을 주고 지나가십시오."

요시쓰네는 벤케이의 말을 듣고 답했다.

"자네 같은 어리석은 자가 있다는 소문은 들었네. 쉽게 내줄 수는 없지. 가지고 싶다면 덤벼보게."

"그렇다면 덤벼보겠소."

벤케이는 큰 칼을 뽑아들고 달려들었다. 요시쓰네도 작은 칼을 뽑고 담벼락 밑으로 달려갔다. 벤케이는 귀신이라고 한들 자신에게 적수가 될 수가 없다며 의기양양하게 칼을 내리쳤다. 요치쓰네는 용감한 녀석이라 생각하며 번개처럼 왼쪽 옆구리 쪽으로 쓱하고 피하니 벤케이는 뒤로 젖혔던 칼을 휘두르다 담장에 칼끝이 꽂혀버렸다. 빼내려고 하는 사이에 요시쓰네가 달려와 오른쪽 발로 벤케이의 가슴을 강하게 밟으니 벤케이의 칼은 툭하고 떨어졌다. 요시쓰네는 그 칼을 잡고 영차 하는 소리와 함께 구척이나 되는 담벼락에 가볍게 올라갔다. 가슴을 심하게 밟힌 벤케이는 귀신에게 칼을 빼앗긴 느낌이 들어 어이가 없어 멍하니 서있었다.

"앞으로 이런 나쁜 짓은 하지마라. 너 같은 바보가 있다는 소문은 일찍이 들었다. 칼도 가져가고 싶지만 그렇게 하면 칼을 빼앗고 싶어 싸웠다고 생각할까봐 돌려주겠다."

요시쓰네는 벤케이의 칼을 담벼락에 대고 밟아서 휘게 만든 뒤 던져 주었다. 벤케이는 칼을 집어 원래대로 펴고 괴로운 듯 요시쓰네를 쏘아보았다.

"뜻하지 않게 그대에게 당했구료. 이 근처 사람으로 보이는데 오늘 밤은 실패했지만 앞으로는 방심하지 않을 것이오."

중얼거린 뒤 그 자리를 떠났다. 요시쓰네는 그 모습을 보고 아무래도 히에이잔 법사일 것이라 짐작했다.

"히에이잔 법사에 어울리지 않는 기량이군."

요시쓰네의 말에 벤케이는 대답도 하지 않았다. 어찌되었든 담장에서 내려오기만 하면 베어버리겠다는 생각에 기다리고 있다가 요시쓰네가 담 위에서 훌쩍 뛰어내리자 칼을 들고 달려들었다. 요시쓰네는 구척이나 되는 담 위에서 뛰어내렸다가 아직 아래로 삼척 정도 남아 있는 지점에서 그대로 공중으로 날아올라 또 다시 담 위로 올라갔다. 중국의 목왕(穆王)[29]은 육도병법[30]을 읽고 팔 척의 벽을 날아올라 하늘로 올라갔기에 이를 두고 그 옛날 불가사의라고 이야기한다. 말세라고는 하지만 구로 요시쓰네는 육도병법을 읽고 구척의 담을 뛰어내리다 공중에서 다시 날아올랐던 것이다. 벤케이는 오늘 밤 목적한 바를 이루지 못하고 허망하게 돌아갔다.

---

29 목왕(穆王, 생몰년미상). BC 10세기 경 주(周)나라의 제5대 왕. 소왕의 아들. 견융 토벌의 실패로 제후의 이반을 초래, 이 때부터 주나라의 덕이 쇠퇴하였다 한다. 법제 정비, 영토 확장으로, 국력이 확충되었다는 견해도 있다.

30 강태공이 지었다고 전해지는 서적으로 중국의 대표적인 병법서이다.

벤케이, 요시쓰네와 군신의 계약을 맺다

6월 18일이 되었다. 기요미즈(清水) 관음은 지위고하를 막론하고 모든 이가 참배하는 곳이기에 벤케이는 아무래도 어젯밤 그 사내가 오늘 밤에 기요미즈에 있을 것이니 만나봐야겠다는 심산에 찾아나섰다. 잠시 동안 기요미즈 문 앞에서 서성거리며 기다렸는데 아무리 기다려도 나타나지 않았다. 오늘 밤도 이렇게 허무하게 돌아가려나 하는 그 순간, 여느 때처럼 밤이 깊은 기요미즈 언덕 근처에서 또 다시 피리소리가 들려왔다.

'아아 아름다운 피리소리네. 저 소리를 기다렸어. 이곳 관음은 사카노우에노 다무라마로(坂上田村麻呂)[31]가 세우신 부처님이시지. "내 33번 몸을 바꾸어 중생의 기원을 들어줄 수 없다면 기원정사(祇園精舍)[32]의 승려 속에 섞여 영원히 올바른 깨달음을 얻지 못하리라."고 맹세하시며 "깨달음의 경지에 도달한 자에게는 복덕(福德)을 내리리라."고 맹세하신 부처님이시지. 하지만 나 벤케이는 그런 복 따위는 필요 없어. 그저 그 사내가 지녔던 칼을 가질 수 있게 해주시길.'

이렇듯 기원을 드리며 문 앞에서 기다렸다. 요시쓰네는 문득 이상한 기분이 들어 언덕 위를 올려보자 그 법사가 어제와는 다르게 갑옷을 입고 큰

31 사카노우에노 다무라마로(坂上田村麻呂, ?~?). 헤이안 시대 공경이자 무관이다. 간무(桓武) 천황을 보필한 충신으로 두 번에 걸쳐 정이대장군(征夷大将軍)을 역임했다. 구스코 변(薬子の変) 때에는 대납언으로 승진, 정변을 진압하였다. 지금도 무예의 신, 액막이 신으로 추앙받고 있다.

32 기수급고독원(祇樹給孤獨園)정사의 약어로서 인도 마갈타국의 기타태자(祇陀太子) 소유의 동산을 수달장자(須達長者, 給孤獨長者)가 구입하여 석가에게 보시한데서 비롯되었다는 승원(僧園)이다.

칼을 차고 긴 칼을 지팡이 삼아 기다리고 있는 것이었다.

'수상한 놈이군. 오늘 밤에도 또 이곳에 있다니.'

요시쓰네는 조금도 뒤로 물러서지 않고 문을 향해 언덕을 올라가자 벤케이가 말했다.

"지금 오시는 분은 어젯밤 덴진에서 만났던 그 분이신가?"

"그랬던가?"

"헌데 가지고 계신 칼을 줄 수는 없겠소?"

"거듭 말하나 그냥은 못 주지. 갖고 싶으면 와서 가져가게."

"허세는 여전하구만."

벤케이는 긴 칼을 휘두르며 언덕 위에서 곧장 뛰어내려와 함성을 지르며 달려들었다. 요시쓰네도 칼을 뽑아들고 맞서며 허공을 가로질러 큰 칼을 내두르는 벤케이의 팔위로 훌쩍 뛰어넘었다. 벤케이는 상대의 솜씨를 알게 되자 아얏 놀라며 간담이 서늘해졌다.

'어떻든 내가 감당할 수 없는 사람이군.'

"밤새 이렇게 놀고는 싶으나 관음께 빌어야할 소원이 있어서."

요시쓰네가 이렇게 말을 남기고 사라져버리자 벤케이는 혼자 중얼거렸다.

"마치 손에 쥐었던 물건을 잃어버린 기분이 드는군."

요시쓰네도 생각에 잠겼다.

'여하튼 용맹한 놈이야. 아아, 동틀 때까지 있으면 좋겠구나. 그 녀석이 가지고 있는 칼과 큰 칼을 쳐서 떨어트리고 약간의 부상을 입혀 생포해야겠어. 나 홀로 가는 길이 적적하니 평생 부하로 삼아줘야겠군.'

벤케이는 요시쓰네의 속셈도 모르고 그의 칼에만 마음을 빼앗겨 뒤를 쫓아갔다. 기요미즈 정면으로 가서 불당 안을 둘러보니 사람들의 독경 소리는 제각각이었지만 유달리 안쪽 중앙 격자문 바로 옆에서 법화경 제1권 첫 부분을 고귀하게 읽고 있는 목소리가 들렸다.

'아아, 이상하군. 이 독경 소리는 아까 그 사내가 "밉상스러운 놈이군"이라고 했던 그 목소리와 똑같아. 다가가서 봐야겠어.'

손에 든 긴 칼을 앞에 있는 벽 가로목 위에 올려놓고 허리에 찬 칼만 지닌 채 많은 사람이 앉아있는 사이를 "불당에서 일하는 사람이오. 지나가게 해주오"라며 사람들 어깨를 누르며 개의치 않고 지나갔다. 이윽고 요시쓰네가 독경하는 뒤에 양발을 벌리고 힘차게 버티고 섰다. 사람들은 등불에 비친 모습을 보고 모두 두려움에 떨었다.

"아이고, 무서워라. 법사님의 키가 이토록 크다니."

요시쓰네가 뒤를 돌아보자 그곳에 벤케이가 덮칠 듯 서 있었다. 어떻게 이곳까지 알고 찾아왔는지, 요시쓰네는 벤케이를 알아보았지만 벤케이는 아직 알아채지 못했다. 조금 전까지 남자 차림새였던 요시쓰네는 지금은 여자 옷차림으로 장옷을 뒤집어 쓰고 있었다. 벤케이는 고민에 빠졌다. 하지만 무리를 해서라도 밀어붙여야겠다는 생각에 칼집 자루로 겨드랑이 밑을 세게 찌르며 말했다.

"동자승이더냐, 궁녀더냐. 나도 참배를 하러 왔으니 저쪽으로 비켜라."

그러나 대답도 없었다. 벤케이는 '보통 사람이 아니군. 그렇다면 바로 그 자겠구나'하며 더욱 더 강하게 찔렀다. 바로 그 때 요시쓰네가 말했다.

"이상한 녀석이구나. 너 같은 비렁뱅이는 나무 밑이나 초가집 아래에서 기원을 드려도 부처님의 방편으로 중생을 구제하기에 그 기도를 들어주실 것이다. 지체 높은 분들이 계신 곳에서 난폭하게 이 무슨 짓이냐, 물러섰거라!"

"인정머리 없이도 말을 하는군. 어젯밤부터 서로 알게 된 보람도 없구나. 내 그쪽으로 가지."

말을 끝마치기도 전에 벤케이는 다다미 두 장을 훌쩍 뛰어넘었다.

"이렇게 밀어닥치니 무례하구나."

요시쓰네는 벤케이를 나무랐다.

이윽고 벤케이는 요시쓰네가 가지고 있던 경전을 빼앗아 쫙 펼쳐들고 말했다.

"아아, 훌륭한 경전이군. 이건 당신 경전이요, 다른 사람 경전이요?"

하지만 요시쓰네는 대답조차 하지 않았다.

"당신도 읽으시게나. 나도 읽어볼 테니."

벤케이는 서탑에서 평판이 높은 독경자였다. 요시쓰네는 구라마(鞍馬)의 동자승으로서 독경을 배웠기에 벤케이의 갑(甲)의 목소리, 요시쓰네의 을(乙)의 목소리가 교차[33]하며 제2권의 반 정도를 독송하였다.

참배객들의 혼잡한 웅성거림도 일순간 조용해졌고 수행자들의 방울소리도 멈추었으며 모두 독경소리에 빠져들었다. 잠시 동안 세상은 적막하게 가라앉았고 그 존엄함은 상상치 못할 정도였다. 잠시 그 자리에 있다가 요시쓰네가 말했다.

"아는 사람이 있어 만나고 돌아가겠으니 다음에 봄세."

"지금 눈앞에 있을 때조차 감당하지 못하는 사람을 어느 세월에 기다릴 수 있겠소. 나갑시다."

---

33 독경할 때 갑을의 두 가지 음이 있으며 그 순서에 따라 독경하는 것을 말한다.

벤케이는 요시쓰네의 손을 잡아끌어 남쪽 문으로 데리고 가며 다시 말했다.

"사실 가지고 있는 칼이 탐나니 그걸 내게 주시오."

"이건 선조 대대로 내려오는 칼이라 불가하네."

"그렇다면 이리 오시오. 무예를 겨뤄서 그 승부에 따라 칼을 받아올 테니."

"그럼 가서 상대해주지."

요시쓰네의 말에 벤케이는 즉시 칼을 뽑아들었다. 요시쓰네도 칼을 뽑아들고 격렬하게 부딪혔다. 이 광경을 본 사람들은 말했다.

"이게 어찌 된 일인가. 법사님이 이토록 좁은 곳에서 더구나 동자승과 난리를 치는 건 무슨 일인지. 그 칼을 거두시오!"

벤케이는 귓등으로도 듣지 않고 맞서 싸웠다. 요시쓰네도 뒤집어썼던 장옷을 벗어 던지니 평상복에 갑옷을 갖춰 입고 있었다. 사람들은 그 모습에 눈을 크게 뜨며 말했다.

"이 자도 보통 사람은 아니구나!"

여자와 비구니와 아이들은 당황하여 난리가 났고 툇마루에서 떨어지는 사람이 있는가 하면 법당의 문을 닫고 못 들어가게 막으려는 자도 있었다. 큰 소동이 일어났다.

이윽고 두 사람은 기요미즈데라의 무대[34]로 훌쩍 뛰어 내려가 싸웠다.

---

34 기요미즈데라는 교토의 대표적인 사찰로서 관음의 성지로 알려져 있다. 본당 건물의 앞부분이 산의 경사면에 돌출되어 있어 기요미즈 무대라고도 한다. 결단을 내릴 때 "기요미즈 무대에서 떨어질 각오로"라는 표현을 쓰는데 실제로 『성취원일기(成就院日記)』에 의하면 1694년에서 1864년까지 기요미즈 부대에서 뛰어내린 기록이 235건 있다.

앞으로 나아갔다 뒤로 물러서면서 칼싸움을 하는 동안 처음에는 사람들도 두려워하며 다가가지 못했지만 나중에는 그 흥미로운 광경에 마치 승려의 독경 행렬이라도 구경하는 것처럼 뒤를 따라다니며 서로 말했다.

"동자승이 이길까, 법사님이 이길까?"

"아니, 동자승이 우세하지. 법사님은 적수가 안 되는 걸. 벌써 약해진 것 같아."

그 말을 들은 벤케이는 불안해졌다.

'벌써 내가 질 것처럼 보인다는 건가.'

요시쓰네도 과감히 칼을 휘둘렀고 벤케이도 힘껏 맞서 싸웠다. 그러다 벤케이의 칼끝이 벗어나니 요시쓰네가 달려들어 벤케이의 왼쪽 겨드랑이 밑을 칼끝으로 찔렀다. 벤케이가 주춤하는 순간, 요시쓰네는 칼등으로 무참히 내리쳤다. 벤케이의 머리를 동쪽으로 향해 쓰러뜨리고 그 위에 걸터앉아 누르며 요시쓰네가 말했다.

"이제 항복하겠느냐, 안 하겠느냐?"

"이것도 전세의 인연이겠지. 그렇다면 그에 따라야하지 않겠소."

요시쓰네는 벤케이의 갑옷을 빼앗아 겹쳐 입고 두 개의 칼을 손에 쥐고 벤케이를 앞세워 밤사이에 야마시나(山科)로 데리고 돌아갔다. 상처를 치료해주고 그 후 서울로 데리고 돌아와 두 사람은 함께 헤이케(平家)를 노렸다.

그 때 부하로 삼은 이후 다른 마음을 전혀 품지 않았고 몸에 붙어 다니는 그림자처럼 수행하였으며 겐지가 헤이케를 3년간 공격할 때에도 거듭 무공을 세웠다. 오슈 고로모가와(衣川)에서의 마지막 전투까지 함께 하였으며 마침내 전장에서 숨을 거둔 무사시보 벤케이가 바로 이 스님이었다.

어느덧 서울에서는 구로 요시쓰네가 무사시보라는 용사를 부하로 삼아 헤이케를 노린다는 소문이 나기 시작했다. 요시쓰네가 있는 곳은 시조(四条) 상인(上人) 쇼신보(少進坊)의 거처라는 말을 사람들이 로쿠하라(六波羅)에 전했기에 많은 군사가 밀려 들어와 상인을 체포했다. 그 때 요시쓰네도 그곳에 있었으나 군사들의 손에 잡히지 않았으며 이후 행방을 감추었다.

요시쓰네는 이 사실이 새어나가지 않았다면 모를까 알려졌으니 이제 오슈로 내려가자며 서울을 떠났다. 동산도(東山道)[35]에 다다르자 기소(木曾) 요시나카(義仲)가 있는 곳에 들러 이야기했다.

"서울에서의 거주가 여의치 않아 오슈로 내려갑니다. 이렇듯 당신이 계시니 만사 든든합니다. 동쪽, 북쪽 지방의 군병을 모아주십시오. 저도 오슈에서 뜻을 합하여 하루 빨리 헤이케 멸망의 소원을 이루고 싶습니다. 이곳은 이즈에 가까우니 늘상 요리토모 님에게도 연락을 해주십시오."

기소를 떠나 고즈케 지방의 이세 사부로(伊勢三郎)가 있는 곳까지 가서 그곳에서 그와 함께 히라이즈미(平泉)[36]로 내려갔다.

요리토모의 모반

지쇼(治承) 4년(1180) 8월 17일에 요리토모가 모반을 일으켜 이즈미의 판관 가네타카(兼隆)[37]를 밤에 습격하였고 같은 달 19일에 사가미(相模) 지방

---

35 예전 칠도(七道)의 하나로 지금의 시가(滋賀) 현에서 중부 지방의 산간부, 관동 지방의 북부를 거쳐 오슈 지방에 이르는 지역을 말한다.

36 이와테 현(岩手県) 남부의 지명으로 오슈 후지와라 3대가 번성한 지역이다.

37 다이라노 가네타카(平兼隆, ?~1180) 헤이안 후기 무장으로 야마키 가네타카(山木兼隆)라고도

의 고바야카와(小早川) 전투에서 패배하여 도이(土肥)의 스기야마(杉山)에 몸을 숨겼다. 오바노 사부로(大庭三郎),[38] 마타노노 고로(俣野五郎)[39]가 그곳을 공격하였다. 요리토모는 26일 새벽녘에 이즈 지방 마나즈르가사키(真鶴が崎)에서 배에 올라타 미우라(三浦)를 향해 나아갔으나 때마침 서쪽 바람이 심하게 불어 미우라 곶에 배를 대지 못하고 28일 저녁 무렵 아와(安房) 지방의 스노사키(洲崎)라는 곳에 도착하였다. 다키노쿠치(滝口) 대명신[40] 앞에서 밤샘기도가 있다고 하여 밤새 기도를 올렸다. 밤이 깊어 피로감에 잠시 몽롱한 사이에 대명신이 나타나신 듯 신전의 문을 아름다운 손이 밀어 열더니 한 수의 와카(和歌)를 읊으셨다.

미나모토와 같은 원천을 가진 이와시미즈(岩清水)[41]
그 물 뿜어 올리네 높은 구름 위까지

요리토모는 눈이 번쩍 떠져서 대명신을 향해 세 번 절한 후 아뢰었다.

한다. 다이라노 도키타다(平時忠) 밑에서 활약하였다.

38 오바노 사부로(大庭三郎, ?~1180) 헤이안 후기 무장으로 가게치카(景親)라고도 한다. 헤이지 난 이후 헤이케의 충실한 가신으로 요리토모가 거병하자 헤이케의 무사를 이끌고 이를 물리쳤으나 이후 전투에 패배하여 항복한 뒤 처형되었다.

39 마타노노 고로(俣野五郎, ?~1183). 헤이안 후기 무사로서 가게히사(景久)라고도 한다. 6척이 넘는 거구로서 가게치카와 함께 전투에 참여했으며 기소 요시나카와의 전투에서 패배하여 자살하였다.

40 스노사키 신사를 의미하는 것인지 명확하지 않다. 다키노쿠치는 스노사키에서 동쪽으로 3리 정도 떨어진 곳에 있다.

41 이와시미즈 하치만과 같은 흐름을 가진 겐지(源氏)의 수호신이라는 의미를 갖는다.

미나모토와 같은 원천이시네 이와시미즈
그 물 올려 주십시오 높은 구름 위까지

날이 밝자 스노사키를 떠나 반도(板東), 반사이(板西)를 지나 마노타치(真野館)를 넘어 고미나토(小湊)를 지나고 나코(那古)[42]의 관음을 배례한 후 스즈메지마(雀島)의 대명신 앞에서 관례대로 미카구라(御神楽)[43]를 봉납한 후 9월 3일에 료지마(猟島)에 도착하였다.

이세 가토지(伊勢加藤次)[44]가 요리토모에게 아뢰었다.

"슬픈 일입니다. 호겐(保元) 난에 다메요시(為義)가 참수되고 헤이지(平治) 난에 요시토모(義朝)가 전사한 뒤 겐지의 자손은 제대로 기를 펴지 못하고 무가의 명예도 땅에 떨어져 묻힌 채 세월을 보냈습니다. 어쩌다 겐지가 거병을 했는데 불운한 왕자[45]에게 가담하여 세상에 나아갈 기회를 잃은 것이야말로 안타깝습니다."

"너무 그렇게 마음을 약하게 먹지 말게나. 하치만 대보살이 어찌 우리들을 버리시겠나."

---

42 나코 마을에 있는 진언종의 사찰이다.

43 신을 모시기 위해 연주하는 무악(舞楽)을 말한다.

44 가토 가게가즈(加藤景員, ?~?). 헤이안 말기 무장으로 가토 가게미치(加藤景道)의 아들이다. 1180년 요리토모 거병에 아들 미쓰카즈(光員), 가게가도(景廉)와 함께 참전했지만 이시바시야마(石橋山) 전투에서 패하여 출가했다. 이후에도 요리토모 밑에서 일했다.

45 모치히토오(以仁王, 1151~1180)를 가리킨다. 모치히토오는 고시라카와(後白河) 천황의 세 번째 아들로 재능과 인망이 있었지만 어머니가 섭관가 출신이 아니어서 친왕이 되지 못했다. 1180년 미나모토노 요리마사(源頼政)와 함께 헤이케 타도를 위해 거병을 기획했으나 계획이 누설되어 실패하였다. 고후쿠지(興福寺)를 의지하여 나라(奈良)로 가는 도중 우지(宇治)에서 화살에 맞아 사망했다.

충고하는 요리토모의 모습이 참으로 믿음직스러웠다.

그러는 동안 미우라(三浦) 지방의 와다노 고타로(和田小太郎),[46] 사와라노 주로(佐原十郎)[47]가 구리하마(久里浜) 포구에서 작은 배를 타고 주요 병력 삼백여 명과 함께 료지마(猟島)로 와서 겐지에 가세했다. 또한 아와(阿波) 지역 주민인 마루타로(丸太郎)와 안자이 대부(案西大夫)[48] 두 사람이 대장이 되어 오백여 기를 이끌고 달려와 겐지에 가세했다. 덕분에 겐지는 팔백여 기가 되어 더욱더 세력이 커졌다. 겐지군은 채찍질 하고 말 달려 나아가며 아와(安房)와 가즈사(上総) 경계에 있는 쓰쿠시우미(造海)의 끝부분을 지나 가즈사 지방의 사누키노에다(讃岐の枝) 해변을 지나, 이소가사키(磯が崎)를 지나고 시노베(篠部)를 건너 가와지리(川尻)에 도착하였다. 가즈사 호족인 이호(伊北), 이난(伊南), 조호쿠(庁北), 조난(庁南), 우사(武射), 야마노베(山辺), 아이카(畔蒜) 강 상류 세력, 도합 일천여 기가 스에카와(周淮川)라는 곳으로 달려가 겐지군에 가담했다. 그렇지만 스케노하치로(介の八郎) 히로쓰네(広常)[49]는 아직

---

46 와다노 요시모리(和田義盛, 1147~1213). 가마쿠라 초기 무장으로 1180년 요리토모가 거병할 때 숙부인 미우라 요시즈미(三浦義澄)와 함께 참전했으며 헤이케 토벌, 오슈 후지와라 정벌 등에도 활약하였다. 이후 가마쿠라 막부의 중신으로 활약하였으나 1213년 호조(北条) 씨 배척사건에 가담한 아들과 조카에 대한 호조 요시토키(北条義時)의 처벌에 분개하여 거병하였다가 죽음을 맞이했다.

47 사와라노 요시쓰라(佐原義連, ?~?). 가마쿠라 초기 무장으로 사가미(相模) 출신이다. 요시아키라(義明)의 아들로 요리토모에게 높은 평가를 받았으며 중용되었다. 1184년 히요도리고에(鵯越)를 가장 먼저 내려간 이야기로 유명하다. 이즈미(和泉)의 슈고(守護)로 임명되었다.

48 안자이 가게마스(安西景益, ?~?). 가마쿠라 초기 무장으로 아와(安房) 마루노미쿠리야(丸御厨)를 본거지로 한다. 1180년 무사들을 모아 요리토모를 도왔으며 1184년 미나모토노 노리요리(源範頼)의 헤이케 토벌군에도 가담했다.

49 가즈사노스케 히로쓰네(上総介広常, ?~1183). 헤이안 말기 무장으로 지바(千葉) 중북부 최대 세력을 자랑했다. 호겐, 헤이지 난에는 미나모토노 요시토모(源義朝) 편에 섰다. 1180년 이

보이지 않았다. 히로쓰네는 은밀하게 말했다.

"무릇 요리토모 님께서 아와, 가즈사로 건너가 두 지역의 군병을 모으셨는데, 아직 내게 전갈이 없다는 사실을 이해할 수 없다. 오늘 하루 기다려보고 그래도 말씀이 없다면 지바, 가사이(葛西) 일족을 소집하여 기소토 해변으로 달려가 겐지를 치고자 한다."

"히로쓰네 님을 만나 뵙고 싶습니다."

때마침 심부름꾼인 도구로 모리나가(藤九郎盛長)[50]가 갈색 평상복에 검은 가죽 띠로 엮은 갑옷을 입고 독수리 검은 깃털이 달린 화살을 메고 칡을 감은 활을 들고 히로쓰네 앞으로 나아왔다. 요리토모의 심부름꾼이 왔다는 소식에 히로쓰네는 너무나 기쁜 나머지 서둘러 나가 요리토모의 교서를 받아들었다. 부하들을 내놓으라는 명령이라고 생각했는데 그것이 아니었다.

"아직까지 히로쓰네가 우물쭈물 거리며 달려오지 않다니 괘씸하다."

히로쓰네는 편지를 읽고 감탄했다.

"아아, 요리토모 님의 글씨구나. 훌륭한 처사이다."

교서를 집어 지바노스케 쓰네타네(千葉介常胤)[51]에게 보냈다.

시바시야마(石橋山) 패전 후 아와 지방으로 도망온 요리토모의 요구에 처음에는 불응하였으나 마침내 2만여 기를 끌고 가세하였다. 1183년 겨울 모반의 혐의로 주살되었다. 그러나 무혐의가 밝혀져 동생은 죽음을 면했다.

50 아다치 도쿠로 모리나가(安達藤九郎盛長)로서 요리토모의 신하로 가마쿠라 막부에 깊이 관련된 인물로 여겨진다.

51 지바노스케 쓰네타네(千葉常胤, 1118~1201). 가마쿠라 막부 초창기 중신으로 1180년 요리토모의 소집에 응하여 삼백여기의 군사를 이끌고 참전하였다. 같은 해 10월 후지가와(富士川) 전투에서 승리한 요리토모가 헤이케를 쫓아 상경하려고 하였지만, 쓰네타네는 가마쿠라를 본거지로 하여 우선 관동을 평정하라고 진언하였다. 이후 가즈사 슈고가 되어 중신으

이윽고 가사이, 도요타(豊田), 우라카미 일족이 히로쓰네 집으로 달려와 히로쓰네와 쓰네타네를 대장군으로 하여 삼천여 기가 가이호쓰(開発) 해변으로 달려가 겐지에 가담했다. 요리토모는 사만여 기가 되어 가즈사 숙소에 도착하였다. 이렇게 세력을 모으는 동안 시간이 흘렀다.

이즈(伊豆)의 여덟 개 지역은 원래 겐지에 호의를 가지고 있는 지역이었기에 앞다투어 달려왔다. 히타치(常陸)는 시라토(宍戸), 나메카타(行方), 시다(志田), 도조(東条), 사타케(佐竹) 별당 히데요시(秀義),[52] 다케치노헤이무샤노타로(高市平武者太郎), 시보치 미치쓰나(新発意道綱), 고즈케(上野)는 오고노 다로(大胡太郎), 야마카미(山上) 좌위문 노부타카(信高), 그리고 무사시(武蔵)는 가와고에노타로 시게요리(河越太郎重頼),[53] 고타로 시게후사(小太郎重房),[54] 사부로 시게요시(三郎重義), 무사단으로는 단(丹), 요코야마(横山), 이노마타(猪俣)가 달려왔다. 하타케야마(畑山), 이나게(稲毛)는 아직 도착하지 않았다. 지치부(秩父) 장사(庄司), 오야마다(小山田) 별당은 서울에 있어 오지 않았다. 사가미(相模) 지역에서는 혼마(本間), 시부야(渋谷)가 달려왔다. 오바(大葉), 마타노(俣野),

---

로 중용되었다.

52 사타케노 히데요시(佐竹秀義, 1151~1226). 가마쿠라 전기 무장으로 히타치노스케(常陸介). 아버지 다카요시(隆義)가 교토에서 헤이케 편에 섰기 때문에 1180년 요리토모에게 공격을 당했다. 1182년 아버지 사후 입장을 바꾸어 겐지 편에 섰으며 1189년 오슈 정벌에 자진해서 함께 했다.

53 가와고에노 시게요리(河越重頼, ?~1185). 헤이안 말기 무장으로 무사시 가와고에소(河越荘)를 본거지로 한다. 1180년 요리토모 거병 때 요리토모 편인 미우라 요시아키(三浦義明)를 공격하지만, 곧 요리토모에게 복속, 요시나카 토벌, 이치노타니(一ノ谷) 전투에 공을 세웠다. 딸이 요시쓰네의 부인이라는 이유로 요리토모에 의해 살해되었다.

54 가와고에노 시게후사(河越重房, ?~?). 가와고에노 시게요리의 장남으로 3대 장군 사네도모(実朝)가 암살되어 4대 장군을 교토에서 가마쿠라로 맞이할 때 구조 요리쓰네(九条頼経)를 수행했다.

야마노우치(山内)는 오지 않았다. 지쇼 4년(1180) 9월 11일 무사시(武蔵)와 시모쓰케(下野) 경계에 있는 마쓰도(松戸) 쇼이치카와(庄市川)라는 곳에 도착하였다. 총 세력은 팔만 구천 기에 이르렀다.

한편 관동에는 이름난 강이 하나 있었다. 이 강의 수원은 고즈케 지방의 도네쇼(利根庄) 후지와라(藤原)라는 곳으로 상류가 멀었다. 하류는 자이고(在五) 중장[55]이 스미다(隅田) 강이라 이름지었다. 바다의 조류가 강 입구까지 밀려들어왔으며 상류에 비가 내리기라도 하면 홍수가 나서 강가를 휩쓸며 흘러갔다. 그 광경은 마치 바다를 보는 것과 같았다. 요리토모 군사들은 물에 막혀 다섯 날을 체류하였다. 한편 스미다 강나루 두 곳에 진을 치고 망루를 쌓고 망루 기둥에 말을 묶어두고 이들을 기다리는 세력이 있었다.

요리토모는 이 광경을 보고 이들의 목을 베라고 명령했는데 상대는 망루 기둥을 잘라내어 뗏목으로 삼아 이치가와(市河)로 왔다. 그리고 가사이 병위에게 부탁하여 요리토모를 만나고 싶다는 뜻을 전했지만 요리토모는 이를 허락하지 않았다. 그는 거듭 부탁을 했다. 요리토모는 이세 가토지에게 말했다.

"분명 내 목숨을 노릴 것이다. 이세 가토지, 방심하지 말거라."

이 말에 에도노 다로(江戸太郎)[56]의 안색이 변했다. 이세 가토지는 요리토모 앞에 무릎을 꿇고 에도노 다로의 딱한 사정을 말씀드렸다.

---

55 아리와라노 나리히라(在原業平, 825~880). 헤이안 전기 가인으로 아보(阿保) 친왕의 5남이다. 미모의 황손이며 자유분방한 성격의 소유자로 와카에 뛰어나 육가선(六歌仙) 중 한명으로 손꼽힌다. 반정치적 성격과 연애에 몰두하는 순애보적 이미지를 중심으로 전설화, 허구화되어 『이세 이야기』의 모델이 되었다.

56 에도 시게나가(江戸重長, ?~?). 헤이안 시대 말기에서 가마쿠라 시대 초기의 무사로서 무사시에도(武蔵江戸) 씨의 2대 당주이다.

"가까이 있으면서 어찌 방관하겠습니까. 제가 중재를 하겠습니다."

요리토모는 에도노 다로에게 이야기했다.

"자네는 관동 팔주 제일의 갑부라 들었네. 요리토모의 대군이 근래 이삼일 홍수에 갇히어 강을 건너지 못하고 나루터에서 발이 묶여 있으니 통나무로 뗏목을 만들어 내 군사를 무사시 지방 오지(王子) 고이타하시(小板橋)에 도착할 수 있도록 하게."

"설령 제 목을 가져간다고 하더라도 어찌 그런 대군을 건너게 할 수 있겠습니까?"

에도노 다로가 답을 하자 쓰네타네는 이세 가토지를 불러 말했다.

"우리가 에도노 다로를 돕자!"

두 사람이 소유하고 있는 이마이(今井), 구리카와(栗川), 가메나시(亀無), 우시마(牛島)로부터 어부들의 낚시 배 수만 척을 끌어 모아 에도노 다로에게 협력하였다. 에도노 다로는 때마침 자신이 소유하고 있는 배가 관서지방에서 출발하여 이시하마(今橋)에 들어오자 수천 척의 배를 부수어 나루터에 삼일 만에 뜬 다리를 만들었다. 요리토모는 훌륭하다며 칭찬했다. 이리하여 후토히(太日),[57] 스미다를 넘어 고이타하시에 도착하였다.

요시쓰네, 요리토모의 모반 소식에 오슈를 나오다

오슈까지 소식이 퍼지니 요리토모의 동생 구로 요시쓰네는 모토요시

57 지금의 에도 강 하류에 해당한다.

(元吉) 관자 야스히라(泰衡)를 불러 히데히라(秀衡)에게 다음과 같은 말을 전하게 하였다.

"요리토모 님이 모반을 일으켜 관동 8개국을 정복하고 헤이케를 공격하기 위해 서울로 올라오고 있다고 들었네. 내가 이렇게 가만히 있을 수는 없지. 쫓아가서 한 무리의 대장군을 맡고 싶다고 해야겠소."

히데히라가 답했다.

"요시쓰네 님께서 지금까지 그런 결심을 하지 않은 것이 오히려 이상한 일이지요."

히데히라는 이즈미(泉) 관자[58]를 불렀다.

"관동에 병사들이 궐기하여 겐지 도련님이 출정하신다. 무쓰, 데와 양국의 군사를 불러 모아라."

"군사를 모아 천기, 만기를 끌고 가고 싶지만 사태가 늘어지면 상황이 나빠진다네."

요시쓰네는 만류하며 서둘러 출발했다. 시간이 없었기에 히데히라는 우선 급한 대로 삼백여 기를 모았다.

요시쓰네의 부하로는 서탑의 무사시보 벤케이, 온조지(園城寺) 법사로 요시쓰네를 찾아온 히타치보(常陸坊), 이세노 사부로, 사토 사부로 쓰기노부(佐藤三郎継信)[59]와 시로 다다노부(四郎忠信)[60]를 필두로 삼백여 기는 말의 복근

---

58 히데히라의 둘째 아들 다다히라(忠衡)를 말한다.

59 사토 쓰기노부(佐藤継信, 1158~1185). 헤이안 시대 말기 무장, 요시쓰네의 유모 아들이자 가신으로 요시쓰네 사천왕 가운데 한 명이다. 아버지는 사토 모토하루(佐藤元治)이며 후지와라씨의 가신이다. 야시마(八島) 전투에서 헤이케 장수 노리쓰네(教経)가 쏜 화살로부터 요시쓰네를 지켰으며 자신은 화살을 정통으로 맞고 전사했다.

60 사토 다다노부(佐藤忠信, 1161~1186). 헤이안 시대 말기 무장, 요시쓰네 사천왕 가운데 한 명

이 끊어지고 정강이가 부서질 정도로 전속력으로 달리고 달렸다.

아쓰카시(阿津賀志)의 나카야마(中山)를 지나고 아다치(安達)의 오오키(大城)를 지나 유키가타(行方) 들판과 시라카와(白河) 관문을 통과하자 요시쓰네는 이세 사부로를 불러 말했다.

"따라오는 군사가 듬성듬성 보이는구나."

"말발굽이 부서지기도 하고 너무 달려 정강이를 다치기도 하여 오는 도중에 조금 낙오하였습니다. 남아 있는 것은 백오십 기 정도 됩니다."

"설령 백 기가 열 기가 되더라도 말을 달려라. 뒤를 돌아보지 마라."

요시쓰네는 이렇게 말하고 말발굽 소리를 높이며 달려 나갔다. 기즈가와(喜連川)를 넘어 사케하시(下橋) 숙소에 도착하여 말을 쉬게 하고 기누가와(鬼怒川)를 건너 우쓰노미야(宇都宮) 대명신을 참배하고 그 유명한 무로노 야시마(室の八島)를 바라보며 무사시 지방 아다치(足立) 군, 고카와구치(小川口)에 도착하였다. 요시쓰네 군은 85기가 되었다. 이타하시(板橋)에 도착하여 요리토모의 거취를 물으니 그저께 이곳을 떠났다고 하였다. 다시 말을 달려 무사시 마을 여섯 신사의 관청에 도착하여 요리토모를 찾았지만 그저께 이곳을 지나 사가미(相模) 지방 히라쓰카(平塚)로 갔다고 답했다. 다시 히라쓰카를 찾아가 물었지만 하야아시가라(早足柄)를 넘으셨다고 했다. 걱정스러워진 요시쓰네는 더욱 말을 서둘러 아시가라 산을 넘고 하코네(箱根) 언덕을 내려가 이즈 관아에 도착하여 요리토모가 있는 곳을 찾았다.

"어제 이곳을 떠났셨고 스루가(駿河) 지방 센본노마쓰하라(千本の松原),

이며 쓰기노부의 동생이다. 요리토모가 보낸 자객이 습격했을 때 이에 맞서 적극 항전을 했으며 이후 요시쓰네와 함께 요시노(吉野)에 잠복했으며, 위기에 처하자 자신이 요시쓰네라고 자처하며 싸우기도 했다. 교토에 잠입했다가 발각되어 자결하였다.

우키시마가하라(浮島が原)[61]에 계십니다."

그 말을 듣고 멀지 않다는 생각에 부지런히 말을 달렸다.

61 시즈오카(静岡) 현 동부 아시타카야마(愛鷹山) 남쪽 기슭의 다코노우라(田子ノ浦) 포구를 따라 있는 저습지를 말한다.

제4권

요리토모, 요시쓰네를 대면하다

요시쓰네는 우키시마가하라(浮島が原)에 도착해 요리토모 진영에서 세 마장 정도 떨어진 곳에 진을 치고 잠시 휴식을 취했다. 요리토모가 이를 보고 호리노 야타로(堀野弥太郎)를 불러 말했다.

"저기 흰 깃발[1]과 표식을 달고 제대로 무장을 갖춘 무사 오육십 기가 보이는데 누구인지 확실하지 않구나. 시나노(信濃) 사람들은 요시나카(義仲)[2]를 추종하며 그 곳에 머물러 있고, 가이(甲斐) 일족들은 2진에 있다. 어떤 사람들인지 아명과 실명을 물어보고 오너라."

사자로 지명된 야타로는 일족 부하들을 이끌고 가서 무리들과 떨어져 혼자 앞으로 나아가 말했다.

"흰 깃발과 표식을 달고 있는 당신들은 누구십니까? 아명과 실명을 분명히 듣고 오라는 요리토모 님의 명령이 있었습니다."

이들 중에 스물네댓 살 되어 보이며 흰 얼굴에 수염이 짙은 빼어난 남성이 있었다. 빨간 비단 평상복에 갑옷을 입었는데, 아랫단으로 갈수록 짙어지는 보라색 실로 엮어 장식용 쇠붙이를 붙인 갑옷이었다. 꼭대기에는 흰 별모양을 달고 딱정벌레 뿔 모양이 장식되어 있는 투구를 깊이 눌러 쓰고 있었다. 칼집과 손잡이가 금으로 된 칼을 차고 어깨에 멘 화살통에는 흑

---

1 흰 깃발은 겐지(源氏)의 표식으로 쓰였다.

2 미나모토노 요시나카(源義仲, 1154~1184). 헤이안 말기 무장으로 요시카타(義賢)의 차남이다. 두 살 때 아버지가 죽임을 당한 뒤 기소(木曾)에서 길러졌다. 용맹하고 활을 잘 쏘았다. 1180년 모치히토오의 명을 받아 거병, 1183년 헤이케를 물리치고 수도를 가장 먼저 함락했다. 그러나 요시나카 군의 수탈이 심해 고시라카와(後白河) 상황의 신임을 잃고 결국 요시쓰네, 노리요리가 이끄는 토벌군에 의해 전사했다.

백이 선명한 독수리 털로 만든 화살이 가득했다. 그리고 등나무를 감은 활을 쥐고 있었다. 검고 튼실하고 듬직한 말은 갈기와 꼬리털이 풍성했으며 금으로 장식한 안장이 얹혀 있었다. 그는 풍성한 수술로 장식한 고삐를 당기며 천천히 앞으로 나오며 말했다.

"요리토모 님도 아실 겁니다. 아명은 우시와카(牛若)라 하며 구라마(鞍馬)에서 잠시 머물렀다가 최근에는 오슈(奥州)로 내려가 있습니다. 요리토모 님께서 모반을 일으키셨다는 소식을 듣고 주야를 달려 왔습니다. 부디 알현할 수 있게 해 주십시오."

야타로는 겐지의 자손일 거라는 생각에 황급히 말에서 내렸다. 요시쓰네는 유모 아들인 사토노 사부로(佐藤三郎)로 하여금 인사토록 했다. 야타로는 한 마장 정도 말을 타지 않은 채 돌아갔다.

야타로는 요리토모 앞으로 나아가 전후 사정을 아뢰었다. 요리토모는 좋은 일이건 나쁜 일이건 야단법석을 떨지 않은 성격이지만 이번에는 유달리 기뻐하며 말했다.

"그렇다면 이리로 모시고 오게나. 만나고 싶군."

야타로는 지체 없이 달려가 요시쓰네에게 이 말씀을 전했다. 요시쓰네도 크게 기뻐하며 서둘러 찾아갔다. 사토노 사부로와 사토노 시로(佐藤四郎), 이세노 사부로(伊勢三郎) 세 명만 데리고 갔다.

요리토모 진영은 180장으로 된 큰 막으로 둘러싸여 있었으며 그 안에는 8개국의 크고 작은 영주들이 모여 있었다. 이들은 각기 가죽으로 된 깔개 위에 앉아 있었는데 그 중에 다다미 한 장이 있어 요리토모의 자리인 듯 보였지만 다른 무장들을 의식해서인지 그도 가죽 깔개 위에 앉아 있었다.

요시쓰네는 투구를 벗어 어린 하인에게 주고 활을 고쳐 잡고 장막 옆에 앉아 대기했다. 요리토모는 방석에서 다다미로 옮겨가 앉으며 말했다.

"이리로, 이리로 오시오."

요리토모의 명에 요시쓰네는 잠시 사양하다 그 방석에 앉았다. 요시쓰네를 찬찬히 보다가 요리토모는 금세 눈물에 목이 메었다. 요리토모의 진의를 알 수는 없지만 요시쓰네도 함께 눈물을 흘렸다. 서로 마음이 풀릴 때까지 울고 난 뒤 요리토모는 눈물을 닦으며 말했다.

"아버님이 돌아가신 뒤 그대 소식을 듣지 못했소. 어렸을 때 본 기억밖에 없구려. 나는 이케노아마고젠(池尼御前)[3]의 간청 덕분에 사형을 면하고 유배를 떠나 이즈(伊豆) 유배지에서 이토(伊東), 호조(北条)의 경호를 받으며 자유롭지 못한 세월을 보냈소. 그대가 오슈로 내려갔다는 소식은 어렴풋이 듣기는 했지만 연락조차 할 수 없는 처지였는데, 형제가 있다는 사실을 잊지 않고 이렇게 서둘러 달려온 것이야말로 말로 표현할 수 없을 정도로 기쁘게 생각하오.

이것을 보시오. 이렇게 큰일을 일으키려 하오. 관동 8개국 사람들을 비롯하여 많은 이들이 있기는 하지만 모두 타인이라 일신상의 중대사를 결정할 때 의논할만한 이가 없다오. 모두 헤이케를 따랐던 자들이라 나의 약점을 매의 눈으로 지켜보고 있을 거라 생각하니 밤낮으로 적을 물리칠 궁리만 하고 있소. 또 어떨 때는 헤이케를 치러 올라가려 생각하다가도 몸이 하나라 내가 끌고 올라가면 관동 지역이 걱정이 되고, 대신할 장수를 올려

3 이케노젠니(池禅尼, ?~?). 이케노아마(池の尼)라고도 한다. 다이라노 기요모리(平清盛)의 계모로 헤이지 난(平治の乱) 후 어린 요리토모의 목숨을 구해달라고 기요모리에게 부탁하여 구명에 성공했으나, 훗날 헤이케 멸망의 주역을 살린 셈이 되었다.

보내려 해도 믿을만한 형제도 없었다오. 다른 장수를 올려 보내려 해도 헤이케와 한 통속이 되어 오히려 관동으로 쳐들어올 수 있기 때문에 그럴 수도 없었소. 이제 그대를 기다려 만났으니 돌아가신 아버님이 살아 돌아오신 것 같은 느낌이 드오.

우리들의 선조이신 하치만(八幡) 님[4]께서는 후삼년 전란(後三年の役)[5]에서 무노 성[6]을 공격하셨는데 많은 병사들이 죽어 열세가 되었소. 구리야(厨)강 하류로 내려가셔서 신전에 예물을 올리고 왕성(王城)을 향해 절을 올리셨소. "나무 하치만 대보살님, 부디 우리들에 대한 가호의 마음을 변치마시고 이번 곤경에서 구해주시어 목숨을 부지하여 우리들의 뜻을 이루도록 도와주소서"라고 기도하셨소. 참으로 하치만 대보살의 감응이 있었는지, 도성 궁궐에 있던 하치만 님의 동생인 형부소포(刑部少輔) 요시미치(義光)[7]가 갑자기 내려오셨다오. 오슈가 걱정이 된다며 이백여 기를 데리고 말이오.

---

4 미나모노토 요시이에(源義家, 1039~1106). 헤이안 시대 후기의 무장이다. 미나모토노 요리요시(源頼義)의 장남으로 아베(安倍) 가문과의 전투에서 활약하였다. 후에 미치노쿠니(陸奥)의 수령 겸 진수부(鎮守府) 장군이 되었으며 동국(東国)에 겐지의 기반을 구축하였다. 향년 68세로 별세하였으며 하치만타로(八幡太郎)라 불리었다.

5 헤이안 후기 동북지방에서 일어난 전란(1083~1087). 전구년 전란(前九年の役)에서 동북지방을 제패한 기요하라 다케노리(清原武則)의 아들 다케사다(武貞) 사후 아들들 사이에 분쟁이 생겼으며, 이 무렵 무쓰(陸奥) 수령으로 온 미나모토노 요시이에가 기요히라(清衡)의 편을 들면서 히라이즈미(平泉)를 중심으로 한 후지와라씨 삼대(清衡·基衡·秀衡) 영화의 기초를 만들게 되었다. 요시이에도 이 전투를 통해 동국 무사단을 조직 동원하여 동국에서의 겐지 세력기반을 구축하는 계기가 되었다.

6 정확한 위치 및 지명이 불명확한 곳이다.

7 미나모토노 요시미쓰(源義光, 1045~1127). 헤이안 시대 후기의 무장이다. 미나모토노 요리요시의 셋째 아들이며 궁술에 뛰어났다. 후삼년 전란에 관직을 버리고 형 요시이에를 도와 무공을 세웠다. 형부승, 좌위문위를 역임했으며 히타치(常陸) 사타케(佐竹)에 세력을 만들어 본거지로 삼았다.

도중에 합류한 군사들까지 삼천여 기가 구리야 강 하류에 달려와 하치만 님과 하나가 되어 마침내 오슈를 제압하셨지. 그 때의 하치만 님의 마음도 당신을 기다려 맞이한 지금의 내 심정에 어찌 비할 수 있겠소. 오늘부터 그대와 나는 물과 물고기처럼 하나가 되어 선조의 치욕을 설욕하고 망혼의 울분을 풀지 않겠소? 마음을 함께 한다면 더할 나위 없겠구려."

요리토모는 말을 잇지 못하며 눈물을 흘렸다.

요시쓰네는 아무런 대답없이 눈물로 옷소매를 적실 뿐이었다. 이를 지켜보던 영주들도 마음속으로는 함께 할 것이라 생각하며 모두 눈물을 흘렸다. 잠시 뒤 요시쓰네가 답했다.

"말씀하신대로 어렸을 때 뵈었을지도 모르지요. 형님이 유배지로 떠나신 뒤 야마시나(山科)에서 지내던 저는 구라마로 들어가 열여섯이 될 때까지 그럭저럭 학문을 배웠고 그 후 서울에 머물렀습니다. 그런데 헤이케가 몰래 저를 죽이려고 이런저런 방법을 강구한다는 소식을 듣고 오슈로 내려가 히데히라(秀衡)를 의지하였습니다. 형님이 모반을 일으킨다는 소식을 듣고 모든 것을 팽개치고 달려왔습니다. 지금 이렇게 형님 얼굴을 보니 돌아가신 아버님을 만난 것 같습니다. 목숨은 돌아가신 아버님께 바쳤고 이 몸은 형님께 바친 이상 어찌 형님의 말씀에 따르지 않겠습니까? 기꺼이 명령을 받들겠습니다."

더 이상 말을 잇지 못하고 눈물을 흘리니 그 모습이 애처로웠다. 요리토모는 요시쓰네를 대장군으로 삼아 헤이케를 칠 군사를 이끌게 하였다.

요리토모, 헤이케 공격을 위해 상경하다

요시쓰네는 주에이(寿永) 3년(1184) 서울에 당도하여 헤이케를 쫓아내고 이치노타니(一ノ谷),[8] 야시마(八島),[9] 단노우라(壇ノ浦)[10] 전투를 거치며 선봉에 서서 오로지 충성을 다하여 분골쇄신 공격하였고 마침내 헤이케를 멸망시켰다. 적군의 대장군인 전(前) 내대신 무네모리(宗盛)[11] 부자를 생포하였고, 삼십 명의 포로를 붙잡아 천황과 상황[12]을 알현했다. 같은 해에 검비위사 오위위(五位尉)가 되었다. 요시쓰네는 무네모리 부자를 데리고 고시고에(腰越)[13]에 도착하였다.

---

8 1184년 후쿠하라(福原) 및 스마(須磨)에서 이루어진 전투를 말한다. 이 전투에서 요시쓰네는 천연 요새에 있던 헤이케군을 공격하기 위해 소수 정예부대를 이끌고 절벽강하를 시도하였고 상대방의 허를 찌르며 대승을 거두었다.

9 1185년 다카마쓰(高松) 시 북쪽의 낮은 산 지역에서 이루어진 전투를 말한다. 요시쓰네는 배 다섯 척에 약간의 정예부대를 싣고 폭풍을 뚫고 적진을 향해 전진하여 방심하고 있던 헤이케를 급습, 대승을 거두었다.

10 1185년 현재의 야마구치 현(山口県) 시모노세키 해협의 동쪽 입구 북안(北岸)인 단노우라에서 이루어진 전투로서 헤이케가 멸망에 이르게 된 마지막 전투이다. 초반에는 단노우라의 급한 조류를 이용하여 총력을 기하는 헤이케의 전력이 압도적으로 우세했다. 그러나 요시쓰네는 배를 젓는 수부를 죽이지 않는다는 불문율을 깨고 수부 공격을 명령하여 승리 토대의 전기를 마련하였다. 이후 조류의 흐름도 겐지에게 유리하게 작용하여 결국 대승을 거두었다.

11 다이라노 무네모리(平宗盛, 1147~1185) 헤이안 시대 말기 헤이케의 무장이자 귀족으로서 다이라노 기요모리(平清盛)의 셋째 아들이다. 모친은 다이라노 도키코(平時子)이며 안도쿠(安徳) 천황의 모친인 겐레이몬인(建礼門院)과는 동복 오누이이다. 기요모리 사후 헤이케를 이끌었다. 정치가로서의 역량이 부족했으며 1183년 요시나카 군이 서울로 입성하기 전에 천황과 일가를 이끌고 규슈로 도망쳤다. 1185년 마지막 전투인 단노우라 전투에서 생포되었고 부자 모두 결국 효수되었다.

12 고토바(後鳥羽) 천황과 고시라카와(後白河) 상황을 말한다.

13 가나가와(神奈川) 현 가마쿠라 시 동쪽 지역으로 역참이 있었던 곳으로 추정된다.

가지와라(梶原)[14]는 요리토모 앞에 나아가 말했다.

"구로 판관 요시쓰네가 무네모리 부자를 이끌고 고시고에에 왔습니다. 요리토모 님께서는 어떻게 하실 생각이십니까? 요시쓰네가 조정에 야심을 가지고 있는 듯합니다. 그 연유는 이러합니다. 이치노타니 전투 때 쇼노 사부로 다카이에(庄三郎高家)[15]가 시게히라(重衡)[16]를 생포하여 노리요리(範頼)[17]에게 넘겼는데, 요시쓰네가 크게 화를 내며 "노리요리 님은 중책을 맡은 분이 아닌데, 내게 넘겨주었어야지. 괘씸한 짓을 했구나"라고 하면서 다카이에의 목을 베려 했습니다. 제가 중재하여 다카이에를 도이노 지로(土肥次郎)[18] 손에 넘겨주고서야 겨우 진정했다고 합니다. 게다가 "헤이케를 궤멸

---

14 가지와라노 가게토키(梶原景時, 1140~1200). 가마쿠라 초기 무장으로 이시바시야마(石橋山) 전투에서는 헤이케 편에 가담했으나 미나모토노 요리토모에게 동조하면서 그를 위기에서 구해주었다. 그 후 요리토모에게 중용되었다. 요시나카 토벌 등에 참전하였고 단노우라 전투를 둘러싸고는 요시쓰네와 대립하였다. 요리토모 사망 후 요리이에(頼家)를 지지하였으나 다른 이들의 탄압을 받고 실각, 일족을 이끌고 관동지방으로 향하는 도중에 공격을 받고 살해당하였다.

15 쇼노 다카이에(庄高家, ?~?) 헤히안 시대 말기에서 가마쿠라 시대 초기의 무사로서 이치노타니 전투에서 헤이케의 대장 다이라노 시게히라(平重衡)를 생포하였다고 기록되었다.

16 다이라노 시게히라(平重衡, 1157~1185). 다이라노 기요모리의 다섯째 아들로서 관위는 종삼위에 이어 정삼위에 이르렀으며 삼위중장이라고 불렸다. 다이라 가문의 대장으로서 각지의 전투에 임했으며 남도 토벌 시 도다이지(東大寺)와 고후쿠지(興福寺)를 불태웠다. 다이라 가문 멸망 후 남도 승려들의 요구로 인도, 참수되었다.

17 미나모토노 노리요리(源範頼, ?~1193). 헤이안 말, 가마쿠라 초기 무장으로 요리토모의 이복 동생이다. 요리토모 거병 소식에 바로 합류하였으며 이복동생 요시쓰네와 함께 전투에 참전, 승리를 거두었다. 헤이케 궤멸 후 노리요리는 규슈에 남아 전후 처리를 한 뒤 귀경하였으며, 요리토모와 대립하여 몰락한 요시쓰네와는 대조적으로 항상 요리토모에게 복종하여 충성을 맹세했다. 그러나 소가(曽我) 형제 보복 사건 대처 방법에 의심을 사 결국 유폐되어 죽음을 맞이했다.

18 도이노 사네쓰네(土肥実平, ?~?). 헤이안 말, 가마쿠라 초기의 무장으로 다이라노 다카모치(平高望)의 후예이다. 1180년 요리토모 거병에 참가하였으며 이시바시야마에서 패전한 후

하고 나면 오사카(逢坂) 관문 서쪽은 내게 주시겠지. 하늘에 두 개의 태양이 없고 땅에 두 명의 왕은 없다지만, 앞으로 두 명의 장군이 있을지도 모르지."라고 말했다고 합니다.

워낙 무용에 뛰어난 분이라 한 번도 경험해 보지 못한 해전에서도 바람과 파도의 위협을 두려워하지 않고 갑판 위를 이리저리 뛰어다니는 모습은 마치 새와 같았습니다. 이치노타니 전투에서도 성곽은 무적의 철옹성이었고 적은 십만 여기, 아군은 육만 오천 기였습니다. 소수의 군사가 있는 성을 다수의 군사가 공격할 때 승리를 거두는 법인데, 성에는 다수의 군사가 있고, 아군에는 지리를 아는 이도 군사도 적으니 손쉽게 함락시킬 수 없을 것이라 여겨졌었죠. 그런데 그것을 히요도리고에(鵯越)[19]라고 하는, 새들조차 날아다니기 어려운 절벽을 약간의 군사만으로 습격해 내려가 헤이케를 멸망시켰으니 범부의 행동이라고는 할 수 없습니다.

이번 야시마 전투도 그렇습니다. 큰 파도가 일어 배들이 전혀 다니지 못할 정도였는데 겨우 다섯 척의 배에 오십 기를 태우고 무작정 진격하여 거침없이 야시마 성을 공격하여 헤이케 수만 기를 내쫓았습니다. 단노우라 전투의 마지막 추격에서도 전혀 약한 모습을 보이지 않았으니 국내외를 망론하고 요시쓰네와 같은 대장군은 없을 거라고 동국, 서국 무사들이 칭송해마지 않습니다. 요시쓰네도 야심이 있는 자라 모든 이에게 정을 베풀고 말단에 있는 하급무사에게도 관심을 가지니 무사들도 "아아, 우리의

요리토모를 도망치게 하여 재기할 기반을 만들어주었다. 이후 요리토모에게 중용되었으며 여러 전투에 가담하였다. 헤이케가 단노우라 전투에서 괴멸하자 포로가 된 다이라노 무네모리(平宗盛)를 교토로 호송하였다.

19 효고(兵庫) 후쿠하라(福原)에서 하리마 국(播磨国)으로 통하는 산길을 말한다.

주군이 되실만한 분이시다. 이 분을 위해 목숨을 바치는 일은 조금도 아깝지 않지"라며 한마음으로 존경하며 따르고 있습니다. 상황이 이러한데 아무런 고민 없이 요시쓰네를 가마쿠라에 들이시는 것은 왠지 염려스럽습니다. 좋은 운을 타고나셨기에 요리토모 님 당대에야 별일이 없겠지만 자손 대에는 어찌 될까요. 아니면 지금이라도 당장 어찌 될는지도……."

그 말을 들은 요리토모가 답했다.

"가지와라가 하는 말이 거짓은 아니겠지만 한 쪽 말만 듣고 판단하는 것은 치정(治政)에 오점을 남기는 일이지. 요시쓰네가 도착하였으니 내일 이리로 나오게 하라. 가지와라와 대질심문토록 하겠다."

이 이야기를 들은 영주들은 이러쿵저러쿵 말하였다.

"요시쓰네가 원래 잘못을 할 사람이 아닌데 그 말대로라면 가지와라가 참언을 한 것 같소. 역로(逆櫓)를 붙이는 것을 두고 요시쓰네와 말다툼[20]을 하여 악감정이 남아 있는데다가 두 사람이 단노우라 전투에서 선진(先陣)을 차지하기 위해 경쟁하여 아군끼리 활을 겨누었다고 하던데, 결국 어찌 될지……."

요시쓰네를 불러 대질시키겠다는 이야기를 들은 가지와라는 억울함에 아마나와(甘縄)[21] 숙소로 돌아와 거짓말을 하지 않았다는 기청문(起請文)[22]을 써서 올렸다. 요리토모는 이렇게까지 반대하는데 싶은 마음에 무네모리만

---

20 역로 논쟁. 야시마 전투에서 가지와라는 배의 앞뒤에 노를 붙여 배를 자유자재로 움직일 수 있도록 하자고 주장했으나, 요시쓰네는 도망칠 것을 생각하여 배의 선미에 노를 붙이는 것을 비겁하다고 주장하여 서로 설전을 벌였다.

21 가마쿠라의 지명으로 가마쿠라대불이 있는 곳 동남쪽을 말한다.

22 선언이나 서약 따위를 할 때 사용하는 문서를 말한다. 신불에게 맹세하는 뜻을 표시한 것으로 제문(祭文), 고문(告文), 신문(神文), 서사(誓詞), 서지(誓紙), 서서(誓書) 등이 있다.

가마쿠라로 들이고 요시쓰네는 고시고에에 머무르게 하였다.

"선조의 치욕을 씻고 망혼의 울분을 달래드리려고 한 것은 나의 진실된 마음이었으며 형님의 뜻을 따르고자 몸을 아끼지 않고 열심히 노력했거늘. 필시 은상을 받을 것이라 생각했는데 대면조차 할 수 없다니 지금까지의 충절의 보람이 없구나. 아아, 이것은 가지와라 녀석의 참언 때문임이 틀림없다. 깨끗하게 서국에서 목을 쳐버렸어야 할 녀석인데 어설픈 동정에 살려두어 적으로 만든 것이 유감스럽구나."

요시쓰네는 후회했지만 소용이 없었다.

한편 가마쿠라에서는 요리토모가 가와고에 다로(河越太郎)[23]를 불러 명하였다.

"요시쓰네가 상황의 총애를 등에 업고 세상을 어지럽히려고 은밀히 계획하는 것 같소. 서국 무사들이 요시쓰네에 합세하기 전에 고시고에로 달려가 그를 치시오."

"설령 무슨 일이 있어도 주군의 명을 거역할 수 없는 것이 마땅하지만, 알고 계시듯이 제 딸이 요시쓰네의 아내이니 저로서는 불쌍하게만 여겨집니다. 부디 다른 이에게 명령을 내려 주십시오."

가와고에는 말을 마치고 일어섰다. 지당한 말이었기에 요리토모 또한 거듭 명하지 않았다. 이윽고 하타케야마(畠山)[24]를 불렀다.

---

23 가와고에노 시게요리(河越重頼, ?~1185). 헤이안 말기 무장으로 무사시 가와고에소(河越荘)를 본거지로 한다. 1180년 요리토모 거병 때 요리토모 편인 미우라 요시아키(三浦義明)를 공격하지만, 곧 요리토모에게 복속, 요시나카 토벌, 이치노타니 전투에 공을 세웠다. 딸이 요시쓰네의 부인이라는 이유로 요리토모에 의해 살해되었다.

24 하타케야마노 시게타다(畠山茂忠, 1164~1205). 헤이안 시대 말기에서 가마쿠라 시대 초기의 무장으로 가마쿠라 막부의 유력한 가신이었다. 요리토모를 섬겼으며 지쇼, 주에이 난에

"가와고에에게 명령을 내렸지만 혈연관계 때문에 할 수 없다고 하네. 그렇다고 세상을 어지럽히려는 요시쓰네를 그냥 둘 수도 없지 않나. 그대가 가도록 하게. 그대가 앞장서면 잘 될 것이야. 그렇게만 해준다면 이즈(伊豆)와 스루가(駿河) 두 지방을 내주겠네."

하타케야마는 무슨 일이든 솔직하게 말하는 사람이었다.

"말씀은 거역하기 어렵지만, 하지만 대보살의 맹세에도 "다른 지역보다 우리 지역, 타인보다 자신의 친척을 지켜라"는 말씀이 있다고 들었습니다. 어찌 타인과 친밀함을 비교할 수 있겠습니까? 가지와라는 그저 한 때의 편리를 위해 부리는 자이오니 그 참언에 이러시면 아니 되옵니다. 그 동안의 충절이나 형제애로 본다면, 설령 원한이 있다고 하더라도 요시쓰네에게 규슈(九州)라도 내어주시고, 직접 대면하시어 제게 주시겠다는 이즈, 스루가 지방을 포상으로 내리시고, 교토 슈고(守護)[25]로 임명하시어 서국 경비를 담당하게 하시면 이보다 더 안전할 수 없을 것입니다."

하타케야마는 아무런 거리낌 없이 말하고는 자리에서 일어났다.

그 말이 일리가 있다고 생각했는지 요리토모도 다시 명을 내리지 않았다. 고시고에에 있는 요시쓰네는 이런 대화가 오고갔음을 듣고 딴 마음이 없다는 맹세를 쓴 기청문을 여러 장 써서 요리토모에게 보냈다. 그러나 여전히 받아들이지 않으니 거듭 탄원서를 올렸다.

활약하였고 지식과 용기를 겸비한 무장으로서 선두에 섰으며 막부 창립 공신으로서 중용되었다. 요리토모 사후에는 실권을 잡은 호조 도키마사(北条時政)에 의해 모반의 혐의로 멸문지화를 당했다.

25 가마쿠라 막부 시대의 직명으로 미나모토노 요리토모가 칙허를 받아 각 지방마다의 유력한 신하를 임명하여 설치하였다. 군사, 경찰권을 중심으로 각 지방의 치안, 경비를 담당하였다.

고시고에(腰越)에서 올리는 탄원서

미나모토노 요시쓰네 삼가 말씀 올리는 바는 요리토모 님의 대리인으로 발탁되어 헤이케 토벌의 명을 받은 사자로서 적을 토벌하고 대대손손 물려받은 무사의 기질로 조상의 치욕을 씻어냈습니다. 그 충의는 상을 받아 마땅하겠으나 뜻밖의 가혹한 모략으로 크나큰 훈공이 묵살되어버렸습니다. 저지른 죄도 없이 벌을 받는 형국이라 저는 하염없이 피눈물만 흘릴 뿐이옵니다.

곰곰이 그 경위를 생각해보니 좋은 약은 입에 쓰고 충언은 귀에 거슬린다는 옛말이 생각납니다. 그 말처럼 모략하는 말의 진위를 살펴보지 않고 가마쿠라에도 들이지 않으시기에 품은 뜻을 말씀드리지도 못하고 헛되이 시간만 흘려보내고 있습니다. 상황이 이럴진대 요리토모 님을 뵙지 못한다면 피를 나눈 형제의 인연이 다하고 전생의 인연이 허무하게 끊어지지 않겠습니까? 이 또한 전생의 업일지니 서글프기 그지없습니다. 이 일은 돌아가신 아버님이 환생하시지 않는 한 그 누가 이 나약한 서글픔을 풀어줄 수 있겠습니까? 그 어떤 이가 애처롭게 봐주겠습니까? 푸념처럼 들릴지라도 새삼 말씀드리고자 합니다. 이 요시쓰네는 신체발부를 부모에게 받고 얼마 지나지 않아 아버님이 타계하시고 고아가 되니 어머님 품에 안겨 야마토(大和) 지방 우다 군(宇陀郡)으로 간 이후 한날한시도 마음 편하게 살지 못했습니다. 쓸모없이 그저 목숨을 부지할 뿐 교토 왕래조차 어려워져 여러 곳을 떠돌며 이곳저곳에 몸을 숨기고 변두리와 벽촌을 거처로 삼아 그 곳 사람들과 백성들 도움으로 살아왔습니다.

그런데 행운이 갑자기 찾아와 헤이케 일족을 토벌하기 위해 상경하였고 우선 기소 요시나카를 무찌른 후에 헤이케를 섬멸하기 위해 어떨 때는 험준하게 솟아오른 바위산으로 말을 달렸고 적을 무찌르기 위해 이 한 목숨은 돌보지도 않았으며, 또 어떨 때는 끝없이 펼쳐진 바다에서 풍랑이 넘실대는 위험을 극복하며 바닷속에 몸이 가라앉아도 한탄하지 않았고 이 내 몸이 고래의 먹이가 된다한들 괘념치 않았습니다. 그 뿐만이 아니라 갑옷과 투구를 베개 삼아 잠을 청하고 활을 쏘며 살아온 그 본심은 오로지 돌아가신 아버님의 원한을 풀어드리려는 예전부터의 숙원이었을 뿐 다른 뜻은 없었습니다.

더구나 이 요시쓰네가 오위위(五位尉)에 임명된 것은 겐지 가문의 명예이며 희대의 중요한 직책이니 이보다 더 기쁜 일이 어디 있겠습니까? 하지만 지금의 슬픔은 깊으며 한탄은 절절할 뿐입니다. 신불의 도움없이 어찌 저의 탄원을 들어주실 수 있겠습니까. 이런 연유로 모든 절과 신사의 부적[26] 뒷면에 야심을 품지 않았다고 적어서 일본국의 크고 작은 신사의 모든 신과 명계의 부처님께 그 내용을 올리고 수많은 기청문을 써올렸으나 여전히 용서해주시지 않았습니다.

우리나라는 신의 나라입니다. 신은 예가 아닌 것을 받지 않으십니다. 원하는 바는 다름이 아닙니다. 그저 오로지 당신의 관대한 자비를 바라옵니다. 적절한 때를 살펴 요리토모 님께 전해질 수 있도록 남몰래 배려해서 과실이 없다고 잘 말씀해주시면 사면이 내려질 것입니다. 선을 베풀면 그 경사는 가문에 미치고 훗날 자손에게 영화가 이어질 것이며 저 역시 그 동

---

26 원문에는 우왕법인(牛王宝印)으로 표기되었으며 구마노(熊野) 신사 등에서 쓰이는 부적으로서 뒷면에 기원을 쓴 후 태우며 발원을 한다.

안의 걱정을 떨쳐버리고 평생의 안위를 얻게 될 것입니다. 말로는 다 표현하지 못하겠습니다. 온전히 생략하는 바입니다. 요시쓰네가 황공하게 삼가 아뢰옵니다.

겐랴쿠(元暦) 2년(1185) 6월 5일 미나모토노 요시쓰네

이나바(因幡) 수령[27] 님께 올립니다

탄원서의 내용을 듣고 요리토모를 비롯한 어전의 시녀들에 이르기까지 모두 눈물을 흘렸다. 그런 연유로 요시쓰네를 잠시 내버려두었다.

그렇게 여름도 지나고 가을도 중순이 되었다. 요시쓰네는 교토로 올라갔고 조정의 평판도 좋아 교토의 슈고(守護)로는 요시쓰네에 버금가는 자가 없다는 분위기로 흘러가니 요시쓰네 역시 만사 분부를 받들 따름이었다. 이윽고 가을도 지나고 겨울 초순이 되었는데 가지와라의 분노는 잦아들지 않았고 끊임없이 참언을 올리니 요리토모는 다시 의혹을 품게 되었다.

---

27 오에노 히로모토(大江広元, 1148~1225). 오에노 마사후사(大江匡房)의 증손. 가마쿠라 막부 창립의 수뇌부로서 문필 재능을 높이 사 요리토모에게 발탁되어 공문소(公文所) 장관으로 활약하였다. 특히 1180년대 후반에는 조정 교섭에 기용되었으며 요리토모의 사절로서 교토에 머물면서 조정과 막부 관계의 토대를 세웠다.

도사보(土佐坊),[28] 요시쓰네를 토벌하러 서울로 올라가다

요리토모는 니카이도(二階堂)[29]의 도사보를 부르라는 명령을 내렸다. 요리토모는 두 평짜리 방[30]에 있었는데 이윽고 도사보가 찾아왔음을 알리자 가까이 오라고 일렀다. 도사보가 그 앞에 정좌하니 술을 내주라 가지와라에게 명하였다. 극진하게 대접하는 중에 요리토모가 도사보에게 말했다.

"와다(和田),[31] 하타케야마에게 명령했지만 좀처럼 받아들이지 않았다. 요시쓰네가 서울에서 상황의 총애를 등에 업고 천하를 혼란케 하려 하니 하타케야마에게 토벌을 명했지만 소용이 없었지. 가와고에 다로도 인연이 있는 자라며 받아들이지 않았다. 이제 자네 말고는 부탁할 사람이 없네. 더구나 자네는 서울 사정에 밝지 않나. 상경해서 요시쓰네를 무찌르고 오게나. 그 공훈으로 아와(安房), 가즈사(上総) 지역을 내주겠네."

"황송하신 말씀이옵니다. 일문을 멸하고 오라는 명령을 받잡는 것은 서글픈 일이옵니다."

순간 요리토모의 안색이 변하고 분위기가 험악해지자 도사보는 마음 졸이며 있었는데 요리토모가 다시 말을 꺼냈다.

"혹시 요시쓰네에게 무슨 약속이라도 했는가?"

---

28 도사보 쇼슌(土佐房昌俊, ?~1185). 가마쿠라 초기의 무사로 요리토모의 가신이다. 그 이력에 대해서는 다수의 전승이 존재하며 요리토모와 요시쓰네의 대결이 심해지자 자객으로서 교토의 요시쓰네를 습격하지만 실패하고 이후 참수된다.

29 가마쿠라의 한 지역으로 이층으로 된 사찰이 있었던 것으로 추정된다.

30 한 칸(間)의 크기는 약 1.82미터이다. 네 칸(四間)이므로 가로세로 7.28미터 정도, 약 2평에 해당하는 크기의 방이다.

31 와다노 요시모리(和田義盛)를 가리킨다.

요리토모의 질문에 도사보가 골똘히 생각해보니 결국 부모의 목을 베는 것도 주군의 명령에 따라야하며 주군들끼리의 전투에서 무사는 목숨을 버려야만 그 도리를 다하는 것이라 느껴졌다.

"그렇다면 명령에 따르겠습니다. 너무나 두려운 일이기에 그저 인사치레로 하지 않겠다고 말씀올린 것이옵니다."

"도사보 자네 말고 그 누가 대적할 이가 있겠는가라는 나의 생각이 틀리지 않았군. 가지와라도 이쪽으로 오게나."

가지와라는 황송해하며 앞으로 나와 앉았다.

"지난번에 일러두었던 물건은 어디 있는가?"

이윽고 수장고에서 한 자 두 치 되는 칼날에 손잡이는 거머리처럼 은장식을 한 후 조개로 세공한 쇠못을 단 창을 가지고 나오자 요리토모는 도사보의 무릎 위에 올려주라고 명령한 후 말을 이었다.

"이건 야마토의 센즈인(千手院)이라는 대장장이에게 만들도록 해서 비장해놓은 것이라네. 나 요리토모는 적을 무찌를 때 긴 무기를 우선으로 하지. 이즈미(和泉) 판관[32]을 무찌를 때도 가토지 가게카도(加藤次景廉)[33]에게 장검을 주었더니 손쉽게 적의 목을 가지고 와주었다네. 이걸 가지고 서울로 올라가 요시쓰네의 목을 베어 꽂아들고 오게나."

그 명령이 무척이나 비정하게 느껴졌다. 요리토모는 가지와라를 향해

---

32 다이라노 가네타카(平兼隆, ?~1180) 헤이안 후기의 무장으로서 야마키 가네타카(山木兼隆)라고도 한다. 다이라노 도키타다(平時忠) 밑에서 활약하였다.

33 가토 가게카도(加藤景廉, 1143~1221). 이세 가토지(伊勢加藤次). 1180년 요리토모가 거병했을 때 그의 신변 경호를 담당하였으며 많은 공적을 쌓았다. 1200년 가지와라노 가게토키(梶原景時)의 모반에 연좌되어 영지를 몰수당하고 이후에 출가하였다.

명령했다.

“아와, 가즈사 지역의 자들은 모두 도사보와 함께 하거라.”

그렇지만 도사보의 생각은 달랐다.

‘쓸데없이 사람만 많아봤자, 큰 무리로 밀어닥쳐서 방패로 대치하며 화살을 쏴대는 싸움을 할 것도 아니고 빈틈을 노려 야밤에 습격해서 해치우는 게 낫지…….’

이윽고 도사보는 아뢰었다.

“큰 세력은 무의미합니다. 제 수하의 세력만으로 상경하려 합니다.”

“자네 세력은 어느 정도 되는가?”

“백 명 쯤 되옵니다.”

“허면 부족하지는 않겠군.”

도사보는 술을 마시며 생각에 잠겼다.

‘큰 세력을 이끌고 상경하면 혹시라도 일이 잘 풀려 성사되었을 때 은상(恩賞)을 배분하는 것도 쉽지 않지. 더구나 아와, 가즈사 지역은 조정의 영지가 많고 논밭이 적으니 소출도 별 볼일 없을 게야. 수하에 있는 세력만으로도 부족함이 없지.’

이윽고 도사보는 하사품을 받아들고 니카이도로 돌아와 부하들을 불러 모아 말했다.

“요리토모 님께서 은상을 내리셨다. 서둘러 상경해서 하루라도 빨리 하사받은 영지로 들어가고자 하니 채비를 하도록 해라.”

“평소 지극히 섬기신 것에 대한 것입니까? 어떤 이유로 받으신 은상이옵니까?”

“요시쓰네를 무찌르고 오라는 명령을 받았다.”

세상사를 잘 아는 자는 "아와, 가즈사도 목숨이 붙어 있어야 가질 수 있지. 살아서 다시 돌아올 수 없을 텐데"라고 하며 혹자는 "주군이 출세하시면 우리도 출세할 수 있지"라며 용기를 내는 자도 있었다. 그렇기에 사람의 마음은 가지각색이라는 것이다.

도사보는 원래 영리한 사람이었기에 흔한 모습으로 상경하는 것은 좋지 않을 듯하여 흰 천으로 흰 사냥복[34]을 만들어 모두에게 입혔다. 부하들의 에보시(烏帽子)에 종이 부적을 붙이게 하고 법사는 두건에 종이 부적을 붙이고 말갈기와 꼬리에도 각각 종이 부적을 붙여 신에게 봉납 가는 것처럼 꾸몄다. 또한 갑옷을 당궤에 넣고 거친 거적으로 싼 후 금줄을 치고 구마노(熊野) 신께 바치는 첫 수확 공물이라는 패찰을 붙였다. 이윽고 요리토모에게는 길일, 요시쓰네에게는 흉일을 골라 93기로 가마쿠라를 떠났다. 그 날 사가미(相模) 사카와(酒勾) 숙소에 도착했다. 그 지역의 으뜸가는 신사는 가지와라의 영지였다. 가지와라는 적자 가게스에(影季)[35]를 내려 보내 깨끗이 청소를 하게 했고 흑빛이 도는 갈색 말과 여러 색이 섞인 흰색 말 두 필에 은장식한 안장을 얹어 끌고 나오게 했다. 여기에도 종이 부적을 붙여 신에게 봉납하는 말처럼 꾸몄다. 밤낮없이 나아가니 아흐레 되던 날 서울에 도착했다. 아직 해가 높으니 각각 시노미야가와라(四宮河原)[36] 등지에서 밤이 되기를 기다렸다. 이윽고 93기를 셋으로 나누어 급하게 상경하는 것

---

34 신사 참배나 축제 때 입는 옷이다.

35 가지와라노 가게스에(梶原景季, 1162~1200). 헤이안 시대 말기에서 가마쿠라 초기의 무장으로 가게토키의 아들이다. 요리토모를 섬겼으며 많은 전투에서 활약하였으며 용맹함과 교양을 갖춘 것으로 알려졌다.

36 야마시로 국(山城国) 우지 군(宇治郡)의 야마시나(山科) 강을 따라 있는 지역을 말한다. 교통의 요충지로 헤이안 시대 말기에는 시장이 있었다.

처럼 꾸며 56기는 서울로 들어가고 나머지는 조금 늦게 뒤따라 나섰다.

기온(祇園) 대로를 지나 가와라(河原) 다리를 건너 히가시토인(東洞院) 남쪽으로 가는 도중에 요시쓰네의 가신 에다노 겐조(江田源三)[37]와 맞닥트렸다. 그는 시나노(信濃) 사람이었는데 요시쓰네의 숙소인 로쿠조(六条) 호리카와(堀川)를 나와 산조(三条) 교고쿠(京極)에 있는 여성을 만나러 가는 참에 고조(五条) 히가시토인에서 도사보 일행과 마주친 것이다. 겐조는 인가의 처마그늘 아래 어두운 곳에서 일행을 쳐다보았다. 구마노 참배 일행일 것이라는 생각에 도대체 어디에서 온 사람들일까 궁금해 하며 선두에서부터 끝에 있는 사람까지 훑어보았다. 그런데 니카이도의 도사보같은 이가 보였다. 그가 이 시기에 큰 무리를 지어 구마노 참배를 갈 거라고는 여겨지지 않았다. 요시쓰네 님과 요리토모 님의 사이가 좋지 않으니 물어봐야겠다고 생각했으나 순순히 대답해주지는 않을 터였다. 아무것도 모르는 척 인부를 꼬드겨 물어봐야겠다는 생각에 기다리고 있는데 예상대로 뒤늦게 뛰어온 사람들이 말을 걸어왔다.

"로쿠조의 보몬(坊門)과 아부라노코지(油小路)는 어느 쪽입니까?"

이쪽이라고 알려준 뒤 겐조는 일행을 따라 잡아 물어보았다.

"어느 곳에서 오신 누구십니까?"

"사가미 니카이도의 도사보 님이시라네."

그때 뒤에서 좇아오던 무리가 중얼거렸다.

"그건 그렇고 남자가 일생에 꼭 한 번 봐야하는 곳이 서울이라고 하는데 어째서 날 밝을 때 입성하지 않고 어두워질 때까지 기다린 거야. 짐은

---

37 에다노 겐조(江田源三, ?~1185) 요시쓰네의 가신으로 습격을 한 도사보에 의해 죽임을 당한다.

들었지 길도 어두운데….”

다른 사내가 대답했다.

“뭘 그리 안달이 나서 그러나. 하루만 있으면 구경도 할 수 있을 텐데”

그러자 또 다른 사내가 말했다.

“자네들도 평화롭게 있을 수 있는 건 오늘 뿐이야. 내일이 되면 서울이 그 사건으로 분명 큰 난리가 나겠지. 그렇게 되면 우리들도 어떻게 될지 두려울 뿐이네.”

겐조는 그 말을 듣고 무리를 따라가 친근하게 말을 걸었다.

“저도 원래 사가미 사람인데 주군을 따라 서울에 머무르고 있지요. 고향분들이라 하시니 무척이나 반갑습니다.”

“고향 사람이라 하시니 가르쳐 드리지. 사실 요리토모 님의 동생인 요시쓰네를 무찌르고 오라는 명령을 받고 상경했다오. 달리 무슨 할 말이 있겠소.”

그 말을 들은 겐조는 숙소로 돌아가지 않고 곧바로 로쿠조 호리카와로 뛰어가 이런 상황을 보고했다. 요시쓰네는 전혀 당황하지 않고 명령했다.

“결국에는 이렇게 될 거라 생각했다. 그렇다면 즉시 가서 도사보에게 이렇게 전해라. “서울에서 관동으로 떠나는 자는 서울의 사정을 우선 요리토모 님께 보고해야 한다. 또한 관동에서 서울로 상경하는 자는 무엇보다 먼저 요시쓰네에게 찾아와 그 사정을 보고해야만 하는데 지금까지 찾아오지 않다니 무례하기 그지없다. 어서 나를 찾아와라.”라고 이르고 촌각을 다투어 데리고 오너라.”

겐조는 명령을 받들고 도사보의 숙소인 아부라코지로 가서 보았더니 모두 안장을 내려놓고 말발굽을 씻기고 있었다. 병사 오육십 명은 무슨 일인지 작은 소리로 의논을 하는 모습이었다. 도사보는 녹색 예복을 입고 협탁에 기대어 있었다.

이윽고 겐조가 요시쓰네의 명을 전달하자 도사보는 변명하며 말했다.

"요리토모 님의 대리로서 구마노 참배를 가는 길입니다. 가마쿠라에는 별일이 없습니다. 가장 먼저 찾아뵈려고 생각했는데 여행 중에 감기에 걸리고 말았습니다. 오늘 밤은 몸을 추스르고 내일 찾아뵈려 한다는 취지의 말씀을 지금 막 아들을 통해 전하려고 하던 참입니다. 때마침 사람을 보내주시니 송구합니다."

에다노 겐조는 돌아와 이 말을 요시쓰네에게 전했다. 요시쓰네는 평소 부하들에게 험한 말을 하지 않는데 이번에는 크게 화를 냈다.

"그런 말도 상황을 봐가며 하는 것이다. 도사보가 변명을 늘어놓을 수 있었던 것은 네가 겁을 먹었기 때문이다. 이런 겁쟁이들이 활을 들고 호위를 한다고 하다니, 썩 물러가거라! 다시는 내 눈에 띄지 말거라!"

겐조는 면목이 없어서 즉시 숙소로 돌아가려 했지만, 이런 말을 듣고도 돌아가면 정말로 겁쟁이가 될까봐 저택 근처에 머물면서 상황을 지켜보았다.

한편 벤케이는 술자리 도중에 일어나 숙소로 돌아가려다가 주군 곁에 아무도 없는 것은 아닐까 신경이 쓰여 요시쓰네를 찾아왔다. 요시쓰네는 반기며 말했다.

"참으로 잘 왔네. 방금 전에 생각지도 못한 이런 일이 있었다네. 겐조라는 얼빠진 녀석을 보냈더니 상대편 말을 그대로 믿고 돌아 왔길래 야단을 쳤더니 어디로 사라졌는지 모른다네. 그대가 가서 도사보를 데리고 오게."

"분부 받잡겠습니다. 처음부터 저에게 말씀하시지 그랬습니까."

벤케이는 자리에서 벌떡 일어났다.

"부하는 많이 데리고 갈 텐가?"

"여럿이 가면 적들이 우리의 의도를 알아차릴 수 있습니다. 혼자 가고자 합니다."

벤케이는 평상복 위에 검은 색 실로 엮은 갑옷에 다섯 단으로 되어 있는 투구를 깊이 눌러썼다. 넉 자 다섯 치 큰 칼을 차고 화살은 일부러 메지 않았다. 요시쓰네가 아끼는 오구로(大黑)라는 말을 타고 하인 한 명만 데리고 도사보의 숙소로 쳐들어갔다.

중정 툇마루 앞까지 말을 탄 채 들어가 툇마루 위에 느긋하게 내리더니 대나무 발을 쓱 하고 들어올렸다. 병사들 칠팔십 명 정도가 마루에 열을 지어 앉아 야습에 대해 논의하는 중이었다. 벤케이는 인사도 하지 않은 채 병사들을 밟듯이 넘어가서는 도사보 옆자리에 털썩 주저앉으며 갑옷 아랫단을 도사보 옷 위에 걸쳐놓았다. 이윽고 주위를 한 바퀴 쓰윽 둘러본 뒤 도사보를 노려보며 말했다.

"이보게, 그대가 그 누구의 대리이든 간에 우선 요시쓰네 님을 알현하고 관동 사정을 알려드려야 하거늘, 지금까지 찾아뵙지 않는 것은 무례하지 않은가?"

도사보가 사정을 이야기하려 하자 벤케이는 말할 틈도 주지 않은 채 손을 잡아끌며 말했다.

"요시쓰네 님께서 술을 드셨으니 기분을 망치지 말고 어서 가시게나."

그 순간 병사들의 안색이 바뀌었고 도사보가 싸울 마음이라면 함께 덤벼들 기색이었지만 우물쭈물하며 곧 알현하겠다고 말하니 병사들도 어쩌지 못했다.

"잠시만 기다리시오. 말에 안장을 얹겠소."

"내 말이 여기 있는데 지금까지 타고 와서 피곤한 말에 안장을 얹어서 무얼 하겠소. 어서 빨리 타시오."

도사보도 괴력의 소유자였지만 벤케이의 힘에 밀려 툇마루까지 나오게 되었다. 벤케이의 하인은 사전에 약속한대로 툇마루 가까이에 말을 댔다. 벤케이는 도사보를 끌어안더니 안장 위에 털썩하고 올려 태우고 자신도 뒷부분에 휙 올라탔다. 말고삐를 도사보에게 주어서는 안 되겠다는 생각에 채찍을 휘두르고 등자를 차며 로쿠조 호리카와로 달려갔다. 도착 소식을 알리니 요시쓰네는 남쪽 행랑방으로 나아가 도사보를 가까이 불러 사정이야기를 물어보았다.

"요리토모 님의 대리로 구마노에 참배를 가는 길이며 내일 아침에 찾아뵈려 했습니다. 오늘 밤에는 감기 기운이라 알현하지 못했는데 거듭 사람을 보내시니 황송하게 생각되어 찾아뵈었습니다."

"너는 요시쓰네 토벌을 위한 사자라고 들었다. 항변해봐야 소용없다."

"꿈에도 생각해본 적 없는 일입니다. 누군가의 모함입니다. 두 분 모두 저의 주군이십니다. 구마노 권현께서는 분명 알고계실 것입니다."

"서국 전투에서 입은 상처가 아직 낫지 않은 자들이 몸에 상처를 지닌 채 구마노 참배를 하다니, 그런 자들을 데리고 가서 괜찮겠는가?"

"그런 이들은 한 명도 없습니다. 구마노 세 봉우리 사이사이에 산적들이 넘쳐나기에 젊은 녀석들 몇 명만 데리고 갑니다. 그 자들을 보고 사람들이 그렇게 이야기하는 것 같습니다."

"네 부하들이 내일은 서울에 커다란 전란이 일어날 거라고 말했다고 하는데 어떤가. 그래도 아직도 발뺌할 셈인가?"

"그렇게 억울하게 이러쿵저러쿵 사람들이 모함을 한다면 저로서는 변명할 방법이 없습니다. 기청문을 쓰기를 허락하시면 쓰겠습니다."

"신은 예가 아닌 것을 받지 않으신다 했으니 어서 서둘러 기청문을 쓰게나."

요시쓰네는 도사보에게 구마노 부적 뒤에 기청문을 쓰게 한 뒤 세 장은 이와시미즈 하치만궁(岩清水八幡宮), 한 장은 구마노, 나머지 세 장은 태워서 도사보의 눈, 코, 귀, 입, 몸, 뜻에 거두게 하라 명했다. 그리고 이렇게 한 이상 혐의가 없다며 방면하였다. 도사보는 천벌을 받든 무슨 벌을 받든 오늘 밤을 넘겨서는 안 되겠다고 생각하며 숙소로 돌아와 말했다.

"오늘 결행해야만 뜻을 이룰 수 있다."

병사들은 습격할 준비에 제각기 분주하게 움직였다. 요시쓰네의 숙소에서는 벤케이를 비롯하여 부하들이 간언했다.

"기청문은 개인의 사사로운 일에나 쓰는 것인데 이토록 중차대한 일에 믿을 수 있겠습니까? 오늘 밤은 주의하셔야 합니다."

"오늘 밤 무슨 일이 일어나면 그저 내게 맡겨라. 그대들은 모두 돌아가게."

요시쓰네가 태연하게 아무 일도 아니라는 듯 말하니 병사들도 각자 숙소로 돌아갔다.

요시쓰네는 저녁 무렵 술자리에 완전히 취해서 앞뒤 생각 없이 잠자리에 들었다. 그 무렵 요시쓰네는 시즈카(静)라는 유녀(遊女)를 가까이 두었는데 현명한 여인이었다.

'큰일이 있었다는데 이렇게 누워 주무시는 것도 예사로운 일이 아니야.'

도사보의 숙소가 가까웠기에 시즈카는 하녀에게 몰래 사정을 엿보고 오라 하였다. 하녀가 가서 본즉 투구의 끈을 묶고 말을 끌어내어 지금 당장이라도 출발할 기세였다. 축시(丑時)[38]가 거의 지나갈 즈음이었다. 중요한 논의를 할지 모르니 집안 깊숙이 들어가 상황을 지켜보려고 떨면서 들어가는데 도사보의 하인에게 발각되었다.

“이 여자는 여염집 여인네가 아니다.”

“그럴지도 모르지. 잡아라!”

하녀를 붙잡아 협박도 하고 회유도 하며 심문하였다. 얼마동안은 입을 열지 않았지만 고문을 심하게 하니 사실대로 자백했다. 이 여자를 살려두어서는 좋지 않을 것이라며 마침내 칼로 찔러 죽였다. 시각을 지체해서는 안 되겠다는 생각에 도사보 휘하 백 기, 시라카와(白河) 폭력배 오십 명이 작당하여 10월 17일 축시 경에 로쿠조 호리카와로 쳐들어갔다. 요시쓰네 숙소에서는 밤도 깊었는데 무슨 일이야 있겠냐며 각기 자신의 숙소로 돌아간 후였다. 벤케이와 가타오카(片岡)[39]는 로쿠조에 있는 숙소로 갔으며 사토노 시로, 이세노 사부로는 무로마치(室町)[40]에 있는 여인의 집에 가서 자리를 비웠다. 네노오(根尾),[41] 와시노오(鷲尾)[42]는 히구치호리카와(樋口堀河)에

38 오전 1시에서 3시 사이를 말한다.

39 가타오카 쓰네하루(片岡経春, ?~?). 계보는 알려져 있지 않다. 요시쓰네 심복으로 고로모가와(衣川) 전투에서 벤케이와 함께 맹렬히 전투를 벌이고 전사하였다.

40 교토의 히가시노토인(東洞院)과 니시노토인(西洞院) 사이에 있는 지역이다.

41 요시쓰네의 부하로 계보는 알려져 있지 않다.

42 와시노오노 요시히사(鷲尾義久, ?~1189). 통칭은 사부로(三郎). 하리마산(播磨山) 사냥꾼이었는데 미쿠사산(三草山) 전투 때 지역 지리를 잘 아는 사람으로 중용되어 히요도리고에(鵯越) 대승을 거두는데 일익을 담당했다. 이후 요시쓰네의 충실한 부하로 따라다니며 마지막

있는 숙소로 갔다. 그 날 밤은 하인 기산다(喜三太)만이 요시쓰네 곁을 지키고 있었다.

요시쓰네도 그 날 밤은 늦게까지 술을 마셔서 인사불성이 되어 누워있었다. 이런 상황에 한 밤 중에 도사보가 백 기의 세력을 이끌고 쳐들어와서 일제히 함성을 질렀다. 그럼에도 불구하고 숙소 안에는 아무런 인기척이 없었다. 시즈카는 적의 함성 소리에 놀라 요시쓰네를 깨웠다.

"적이 쳐들어왔습니다."

시즈카의 말에도 요시쓰네는 어리둥절해 하니 그녀가 머리맡에 있던 당궤에서 갑옷을 꺼내어 던지자 그제야 벌떡 일어났다.

"무슨 일이냐? 이 소란은."

"적이 쳐들어왔습니다."

"아아, 여인의 마음이라 어쩔 수 없구나. 과장이 심하구나. 도사보 녀석이 쳐들어온 것이겠지. 게 누구 없느냐. 가서 사정을 알아 보거라."

"한 사람도 없습니다. 밤에 모두 허락을 받고 숙소로 돌아갔습니다."

"그랬었지……. 그래도 남정네는 없느냐."

"기산다라는 하인이 있습니다."

"불러 오거라."

마구간 구석의 하급 무사 대기실에 있던 기산다는 툇마루 댓돌 앞으로 나와 하명을 기다렸다.

"가까이 오너라."

전투인 고로모가와 전투에서 주군과 운명을 함께 했다. 요시히사에 대한 자료는 모노가타리(物語) 뿐이며 역사적 사료에는 발견되지 않는다.

요시쓰네의 명령에도 평소 가까이 다가가 본 적이 없는 곳이었기에 기산다는 선뜻 다가가지 못했다.

"어려워하는 것도 때를 보면서 하거라."

요시쓰네의 명에 방문 가까이 다가갔다.

"내가 감기 기운이 있어 몸이 편치 않구나. 갑옷을 입고 말에 안장을 얹어 탈 때까지 네가 먼저 나가서 싸우면서 나를 기다려라."

기산다는 알겠다는 답을 한 뒤 한 걸음 뒤로 물러났다.

문양이 염색되어 있는 평상복에 벗풀 문양 약식 갑옷을 입고 긴 칼을 손에 쥔 기산다는 툇마루에서 마당으로 뛰어내렸다.

"건넌방에 다른 이의 예비 활이 있을지도 모르겠습니다."

"가서 보거라."

분부를 받고 건넌방으로 달려가 보니 옻칠하지 않은 나무에 백조 깃털로 장식하고 화살촉 부분은 가죽으로 두텁게 단단히 매어져 있는 화살과 옻칠하지 않은 나무 활이 놓여 있었다. 훌륭한 활과 화살이라며 이를 들고 나와 방 기둥을 향해 영차하고 힘껏 활시위를 당겼다. 마치 종을 치듯이 휙 하고 빈 활을 쏘아본 뒤 앞 정원으로 달려 나갔다. 부하도 없는 미천한 자였지만 마음만은 스미토모(純友),[43] 마사카도(将門)[44]에 뒤떨어지지 않았으며 무사로서의 기량도 양유기(養由基)[45]를 능가할 정도로 뛰어났다. 네 명이 쏘

---

43 후지와라노 스미토모(藤原純友, ?~941). 헤이안 중기 해적으로 세토나이카이(瀬戸内海) 해적과 결탁하여 반란을 일으켰지만 실패하여 죽임을 당했다.

44 다이라노 마사카도(平将門, ?~940). 헤이안 중기 무장으로 히타치(常陸), 시모쓰케(下野), 고즈케(上野)를 평정하여 자신을 신황(新皇)이라 칭하고 스모후사(下総)에 왕궁을 쌓고 문무백관을 임명했다.

45 춘추전국시대 초나라 무장으로 궁술의 명인으로 알려져 있다.

는 큰 활에 긴 화살을 메어 쏠 수 있는 실력을 가졌으니 자신에게 안성맞춤인 활이라 기뻐하며 중문 밖으로 달려가 대문의 빗장을 풀어 양쪽으로 활짝 열고 밖을 보았다. 별이 빛나는 밤이었기에 별빛에 반사되어 적의 투구에 달린 별장식들도 반짝였고 투구 안쪽이 환히 보여 활쏘기에 참으로 좋아 보였다. 한쪽 무릎을 꿇고 상당히 빠른 속도로 활을 재어 속사포로 쏘아댔다. 도사보 진영 맨 앞에서 달리던 병사 대여섯 명을 쏘았는데 그중 두 명은 즉사했다. 도사보도 힘들겠다고 여겼는지 뒤로 후퇴했다.

"도사보, 보기 흉하오. 그리 하고도 요리토모 님의 대리라 할 수 있겠소."

이 말을 듣고 도사보는 문 뒤편으로 다가오며 말했다.

"오늘 싸움의 대장군은 누구신가? 이름을 밝히시오. 이름도 밝히지 않은 채 공격하는 것은 법도에 어긋나오. 이리 말하는 나는 스즈키당(鈴木党) 도사보 쇼손으로 요리토모 님의 대리요."

신분 차이에 도사보가 결전을 싫어할까 염려되어 기산다는 아무 말도 하지 않았다. 이 때 요시쓰네가 금색 안장을 얹은 오구로라는 말을 타고 나타났다. 빨간 비단 평상복에 붉은 실로 엮은 갑옷을 입고 딱정벌레 뿔 모양과 꼭대기에 흰 별모양이 장식되어 있는 투구를 썼으며, 황금 칼을 차고 반점이 있는 흰 독수리 깃털이 달린 실전용 화살을 메고 등나무 덩굴을 촘촘히 감은 활 한 가운데를 잡고 있었다. 요시쓰네가 앞 정원으로 달려 나오며 축국(蹴鞠) 표식이 있는 곳에서 기산다를 부르니 힘을 얻은 기산다는 외쳤다.

"요시쓰네 님의 친척 중에서 가장 신분이 낮은 자이지만 마음만은 용맹하여 오늘 밤 선두를 명받은 기산다라는 사람이오. 방년 23세, 자신 있는 사람은 이리로 나와 한 판 승부를 겨룹시다."

도사보는 이에 뜻밖이라 생각하며 대문 쪽으로 다가가 문틈으로 엿보며 활을 하나 꺼내어 힘껏 쏘았다. 화살은 기산다의 갑옷 왼쪽 위를 꿰매듯이 화살 끝까지 깊숙이 꽂혔다. 그러나 부상이 심하지 않았기에 기산다는 화살을 거칠게 뽑아 내던졌다. 피는 갑옷 위 가슴에서 아래로 붉은 물처럼 뚝뚝 떨어졌다. 기산다는 활을 버리고 칼 손잡이 중앙을 꽉 잡고 대문을 좌우로 활짝 열고 문지방을 밟은채 기다렸다. 때마침 적이 말머리를 나란히 하여 함성을 지르며 달려들었다. 기산다는 몸을 활짝 펴고 칼을 휘둘렀다. 말의 목 옆 부분과 가슴팍 끈, 앞무릎 등을 정확히 베니 말이 넘어져 기수들도 거꾸로 떨어졌다. 그 틈을 놓치지 않고 달려가 긴 칼로 찌르고 베어 죽였다. 이런 형국으로 그 자리에서 수많은 이가 목숨을 잃었다. 그러나 수많은 상대가 달려들어 공격하니 기산다는 서둘러 되돌아가 요시쓰네의 말에 매달렸다. 살펴보니 갑옷 가슴 쪽 아래로는 피투성이였다.

"부상을 입었느냐?"

"그렇습니다."

"중상이라면 후퇴해라."

"전쟁터에서 부상을 당하는 것은 운이고 전사하는 것은 일상입니다."

"참으로 당차구나. 어찌되었건 너와 나만 있으면 걱정 없다."

그러나 요시쓰네도 선뜻 달려나가지 않고 도사보도 쉽사리 들어오지 않았다. 양쪽 군사의 기세가 누그러지는 순간, 벤케이가 나타났다. 그는 로쿠조의 숙소에 누웠지만 잠이 오지 않았다.

'오늘 밤은 어쩐 일인지 쉬이 잠이 오지 않는군. 더구나 도사보가 서울에 있지 않나. 주인님이 아무래도 걱정이 되는데 둘러보고 와야겠어.'

자리에서 일어나 아래로는 방어구가 달리고 미늘이 잘 붙은 병사용 갑옷을 입은 뒤 큰 칼을 차고 굽 높은 나막신에 철봉을 짚고 요시쓰네의 처소로 왔다. 정문은 분명 빗장을 질러놓았을 터였기에 작은 문으로 들어가 마구간 뒤에서 상황을 엿들어보니 마당의 말발굽 소리가 천지를 뒤흔들 정도였다.

'이런 큰일 났군. 벌써 적이 쳐들어왔어.'

마구간에 들어가 보니 요시쓰네의 말 오구로가 없었다.

'오늘 밤 전투에 타고 가셨군.'

동쪽 중문으로 쓱 올라가 보니 요시쓰네는 말 옆에 기산다 하나만을 데리고 홀로 대치하고 있었다. 이를 본 벤케이는 중얼거렸다.

"애처롭게도. 그토록 내 말을 듣지 않고 조심치 않으시더니 무척이나 놀라셨겠군."

곧이어 툇마루를 쿵쿵 밟으며 서쪽을 향해 나아갔다.

요시쓰네는 화들짝 놀라며 틈새로 들여다보았더니 갑옷을 입은 덩치가 큰 법사가 있었다. 도사보가 뒤로 들어왔다고 생각한 요시쓰네는 활에 화살을 메기며 가까이 다가가 말했다.

"거기 지나가는 법사는 누구냐? 이름을 대거라. 이름을 대지 않으면 잘못되는 수가 있다!"

벤케이는 방어구가 튼튼한 갑옷을 입었기에 쉽사리 화살이 뚫지는 못할 거라는 생각에 아무런 대답도 하지 않았다. 요시쓰네는 활을 쏘면 실패할 수도 있다는 판단에 화살을 화살통에 집어넣고 칼집에서 큰 칼을 스윽 뽑아들었다.

"누구냐? 이름을 대거라! 그렇지 않으면 베어버리겠다!"

이윽고 옆으로 다가오는데 벤케이는 요시쓰네가 큰 칼을 손에 쥐면 번쾌(樊噲), 장량(張良)에 버금가는 실력자라는 사실을 알기에 말했다.

"멀면 목소리로 들으십시오. 지금은 가까우니 눈으로도 보시지요. 아메노코야메노미코토(天児屋根命)의 후예이며 구마노 별당 벤쇼의 적자, 서탑(西塔)의 무사시보 벤케이라 하며 요시쓰네 님 부하 중에서는 혼자서 천 명을 이기는 자이옵니다."

"우스갯소리 잘 하는 법사가 희롱을 하는구나. 농담도 때를 봐가면서 하거라."

"그렇기는 하지만 말하라 하시니 지금 이름을 말씀드린 것이 아닙니까."

더욱 너스레를 떨며 말했다.

"예상대로 도사보 녀석에게 공격을 받았다."

"그토록 말씀드렸는데도 듣지 않으시고 주의도 하지 않으시니 녀석들이 문 앞까지 말을 타고 들어오도록 쉽사리 내주신 것은 유감스럽습니다."

"어떻게든 저 녀석을 보란 듯이 생포할 것이다."

"그냥 놔두십시오. 이 벤케이가 그 녀석이 있는 곳으로 가서 잡아와 눈앞에 대령하겠습니다."

"많은 사람을 보아왔지만 자네만한 사람은 없네. 기산다에게 병력을 맡겨본 적은 없지만 전투에서는 그 누구에게도 뒤지지 않을 걸세. 대장군은 자네에게 맡기겠네. 전투는 기산다에게 치르도록 하게."

기산다는 성루에 올라 큰 소리로 외치며 호소했다.

"로쿠조 저택에 야습이 있었다! 요시쓰네 님의 부하들은 없는가! 서울에 있는 자들은 없는가! 오늘 밤 달려오지 않는 자는 내일 모반의 한패가 되는 것이다!"

이쪽에서도 듣고 저쪽에서도 들으니 교토에서 시라카와까지 온통 난리법석이었다. 요시쓰네 수하의 무사를 비롯해 여기저기에서 병사들이 달려와 도사보 무리를 포위하여 무참히 공격했다. 가타오카노 하치로(片岡八郎)[46]는 도사보 무리 안으로 뛰어들어가 세 명을 죽이고 세 명을 생포하였다. 이세노 사부로는 두 명을 생포하고 세 명의 머리를 바쳤다. 가메이노 로쿠로(亀井六郎)[47]와 비젠노 헤이시로(備前平四郎)[48]는 적 두 명을 해치웠다. 이들을 비롯하여 생포하고 빼앗은 것이 많았다.

그런 와중에 전투의 애상을 느끼게 한 사건으로 에다노 겐조에 관한 일만한 것이 없다. 에다노 겐조는 그 날 밤 꾸지람을 듣고 교고쿠에 머물렀는데 호리카와 저택에서 전투가 벌여졌다는 소식을 듣고 한달음에 달려왔다. 이윽고 적 두 명의 머리를 잘라내고 벤케이에게 내일 요시쓰네 님을 알현할 수 있도록 도와달라고 말한 뒤 다시 전투에 임했지만 도사보가 쏜 화살이 목뼈 한 중간에 깊숙이 박혀버렸다. 시위에 메겨진 활을 들어 올리려고 해도 그저 힘이 빠질 뿐이었다. 큰 칼을 뽑아들고 지팡이 삼아 간신히 기어가 툇마루에 오르려 했지만 올라가지 못하고 주저앉아 말했다.

"누구 안 계십니까!"

---

46 가타오카노 하치로(片岡八郎, ?~?). 가타오카 하치로 쓰네하루(経春)로서 계보는 알려져 있지 않다.

47 가메이 시게키요(亀井重清, ?~1189). 헤이안 시대 말기에서 가마쿠라 초기의 무장으로서 활의 명수로 알려졌다.

48 비젠노 헤이시로(備前平四郎, ?~?). 이름은 후사나리(房成). 헤이안 시대 무사로 요시쓰네의 부하로서 요시쓰네가 오슈로 내려갔을 때 수도자의 모습으로 수행하였으며 야스히라의 군세에 포위되어 죽음을 맞이하였다.

시녀 한 명이 나와 물었다.

"무슨 일이십니까?"

"에다노 겐조인데 중상을 입었습니다. 이제 마지막인 것 같습니다. 요시쓰네 님을 뵙게 해주십시오."

요시쓰네는 이 말을 듣고 놀라며 불을 켜들고 살펴보니 검은 독수리 깃털이 달린 무척 큰 화살이 박혀 누워 있었다.

"어찌된 일이냐. 여봐라, 게 아무도 없느냐!"

에다노 겐조는 숨을 헐떡이며 말했다.

"오늘 밤에 꾸짖어주셨는데 이제 마지막인 것 같습니다. 용서해주시면 황천길을 편안하게 갈 것이옵니다."

"물론이다. 어째서 오랫동안 화를 내겠느냐. 그저 잠시 그렇게 말했던 것뿐이니라."

눈물을 흘리며 목이 메어 답하니 에다노 겐조는 무척 기쁜 듯이 고개를 끄덕였다. 와시노오노 주로(鷲尾十郎)[49]가 가까이 다가와 말했다.

"어떻게 된 일입니까, 에다노 님! 활과 화살로 살아가는 무사께서 화살 하나로 목숨을 잃다니 원통하지 않습니까? 어째서 고향에 한 마디 말씀도 남기지 않으시는 겁니까."

대답이 없자 재차 말했다

"당신이 베고 있는 것은 주군님의 무릎입니다."

괴롭게 숨을 몰아쉬며 대답했다.

---

49 와시노오노 요시히사(鷲尾義久, ?~1189). 헤이안 시대 무사로서 요시쓰네의 부하이며 흔히 사부로, 쓰네하루로 불렸다. 이치노타니 전투에서 큰 승리를 거둔 공으로 요시쓰네가 자신의 이름 한 자를 따서 붙여주었다고 한다. 요시쓰네와 함께 운명을 같이 하였다.

"주군의 무릎 위에서 죽을 수 있으니 그 무슨 여한이 있겠습니까. 허나 지난 봄에 부모님이 시나노에 내려왔을 때 겨울에는 꼭 휴가를 받아서 내려오라 했는데 알겠다고 대답했지요. 그런데 소인이 허망한 주검으로 돌아가 어머님이 그걸 보신다면 얼마나 슬퍼하실지 그 죄가 너무 깊습니다. 주군께서 서울에 계실 동안은 언제든 위로의 말씀을 건네주십시오."

"그건 반드시 찾아가 지키겠네. 마음 편히 갖게나."

에다노 겐조는 기쁨의 눈물을 흘렸다. 이제는 숨이 넘어갈듯 하자 와시노오노 주로가 다가가 염불을 외우니 그 소리가 높았다. 에다노는 주군의 무릎 위에서 향년 25세로 생을 마감하였다.

요시쓰네는 벤케이와 기산다를 불러 물었다.

"전투는 어떻게 되고 있느냐?"

"도사보 무리가 2, 30기 정도 남았습니다."

"에다노를 잃은 것이 원통하구나. 도사보 무리는 단 한 명도 놓치지 마라. 죽이지 말고 모두 생포해서 오너라!"

"활을 쏘아 적을 죽이는 것은 쉽지만 산 채로 생포하라는 명령은 무척 어려운 일입니다. 하지만 어떻게든 해보겠습니다."

기산다가 대답하며 큰 칼을 쥐고 달려 나가자 벤케이도 "앗, 선두를 빼앗기겠군"이라며 큰 도끼를 쳐들고 뛰쳐나갔다.

기산다는 병꽃나무가 핀 담장 앞으로 재빨리 내려가서 서쪽 문을 향해 이즈미전(泉殿) 옆으로 달려갔다. 그곳에는 황적색 말에 황색과 흰색이 어우러진 갑옷을 입은 자가 말을 세워놓고 활을 지팡이 삼아 대기하고 있었다. 기산다가 다가가 물었다.

"거기 대기하고 있는 자는 누구냐?"

"도사보의 적자, 도사노 다로(土佐太郎), 나이는 19세."

이름을 대며 말을 이쪽으로 향했다.

"내가 바로 기산다다"

이름을 대며 다가가자 도저히 상대가 안 될 것이라 판단했는지 상대가 말머리를 돌려 도망치려하는데 놓치지 않겠다며 쫓아갔다. 먼 길을 재촉해서 온데다가 그 날 밤 내내 전투에 혹사당한 말이었기에 아무리 채찍을 가해도 같은 곳에서 다리를 들어 올리며 우왕좌왕할 뿐이었다. 기산다는 몸을 비스듬히 내밀고 큰 칼로 휘익 베어내니 말의 좌우 뒷다리 관절이 쓰윽 잘라져나갔다. 말이 고꾸라지며 쓰러지니 상대는 말 아래에 깔려버렸다. 맞붙어 제압한 후 갑옷 끈을 풀고 상처 하나 입히지 않고 포박하여 요시쓰네 앞으로 데리고 왔다. 부하에게 명령하여 마구간 기둥에 선채로 묶어놓게 하였다.

기산다에게 선수를 빼앗긴 벤케이는 불편한 마음에 말을 달려 돌아다니다가 남문에서 감색 나선문양 갑옷을 입은 자가 말을 멈추고 있는 것을 발견하고 다가가 물었다.

"누구냐?"

"도사보의 사촌, 이호노 고로 모리나오(伊北五郎盛直)."[50]

"내가 바로 벤케이다!"

불쑥 다가서니 상대가 안 될 거라 판단했는지 말에 채찍을 가하며 도망갔다.

"볼썽사납구나. 놓칠 수 없지."

---

50 계보가 확인되지 않는 인물이다.

쫓아가서 큰 도끼를 쳐들고 말의 엉덩이뼈 위를 도끼에 뚫어놓은 구멍이 안 보일 정도로 깊숙이 처박고 힘껏 끌어당겼다. 말은 견디지 못하고 쿵 하고 쓰러졌다. 말 주인을 잡아 누른 후 갑옷 띠로 묶어 데리고 돌아와 도사노 다로와 함께 묶어 놓았다.

도사보는 아군이 칼에 맞거나 도망가는 모습을 보고 다로와 고로가 잡혀간 이상 더 살아서 무엇 하겠냐며 17기의 세력으로 죽기 살기로 전투를 벌였으나 승산이 없다고 생각했는지 말이 없는 보병은 해산시킨 후 로쿠조가와라까지 후퇴했다. 17기 중 10기가 떨어져 나가고 7기만 남았다. 가모가와(賀茂河)를 거슬러 올라가 구라마를 향해 퇴각했다.

구라마 별당은 요시쓰네의 스승이며 승려들은 요시쓰네와 관계가 깊었기에 앞으로의 일은 어떻게 되든 요시쓰네가 생각하는 바가 있을 거라며 구라마의 모든 승려가 일제히 일어나 추격자와 행동을 함께 했다. 도사보를 놓쳤다는 말에 요시쓰네는 화를 냈다.

"한심스럽기 그지없구나. 도사보를 놓치다니 유감스럽다. 그 녀석을 놓치지 말라."

호리카와 저택은 서울의 무사들에게 경호를 맡기고 요시쓰네의 부하는 단 한 명도 빠짐없이 추격에 나섰다.

도사보는 구라마 산에서 쫓겨나 소조(僧正) 계곡[51]에 숨어들었다. 많은 이가 계속해서 추격하니 도사보는 갑옷을 기부네(貴船) 대명신에게 봉납하고 어느 큰 나무의 구멍 속으로 도망쳐 들어갔다. 벤케이와 가타오카는 도사보를 놓치고 이곳저곳을 찾아다녔다.

---

51 구라마 절의 서북쪽으로 열 단보 정도 떨어진 곳에 있는 계곡을 말한다.

"그 자를 놓치면 좋은 말은 못 들을 걸세."

기산다가 맞은편에 있는 쓰러진 나무 위에 올라가더니 말했다.

"와시노오 님이 계신 뒤쪽 나무에 큰 구멍이 뚫려 있는데 무언가가 움직이는 것이 수상쩍습니다."

큰 칼을 번쩍 치켜들고 다가갔다.

도사보는 아무래도 안되겠다고 여겼는지 구멍에서 불쑥 뛰쳐나와 곧장 아래로 도망쳤다. 벤케이는 팔을 크게 벌려 기뻐하며 쫓아가면서 외쳤다.

"가증스러운 녀석! 어디까지 도망치느냐!"

도사보는 발이 빠르기로 유명했기에 벤케이보다 석 단(段)[52] 정도를 앞서 달렸다. 그 순간 저 멀리 계곡 아래에서 목소리가 들렸다.

"가타오카가 여기에서 기다리고 있소, 그대로 이리 보내시오!"

그 소리를 듣고 도사보는 안되겠다고 생각했는지 절벽을 돌아 다시 올라가니 다다노부[53]가 놓치지 않겠다며 큰 쌍갈래 화살을 활에 매긴 후 화살 끝을 아래로 향해 가볍게 당겨 겨냥했다. 이런 상황에서 도사보는 할복도 하지 못하고 비굴하게 벤케이에게 포획되었다. 벤케이는 도사보를 구라마로 데리고 가서 도코보(東光坊) 승려 50명을 붙여 서울로 호송하였다.

서울에 도착하여 도사보를 마당에 거칠게 꿇어앉히며 아뢰었다.

"도사보를 데리고 왔습니다."

요시쓰네는 툇마루로 나왔다.

"어떤가, 도사보! 기청문은 쓰는 즉시 그 영험이 나타나는 법이다. 무엇

---

52 1단은 약 300보를 의미한다.

53 사토노 다다노부(佐藤忠信, ?~1186)는 헤이안시대 말기 무사로서 요시쓰네의 가신 중 사천왕(四天王) 중 한 명으로 사토 쓰구노부(継信)의 동생이다.

하러 왔느냐? 살아서 돌아가고 싶다면 보내주겠다. 어떻게 하겠는가?"

도사보는 땅에 머리를 조아리며 말했다.

"성성이[54]는 피를 아끼고 무소는 뿔을 아끼고 일본의 무사는 이름을 아낀다고 아뢰옵니다. 살아 돌아가서 무사들을 본다한들 무슨 소용이 있겠습니까? 그저 온정을 베풀어주셔서 어서 빨리 목을 베어주십시오."

"도사보는 용맹한 무사구나. 그래서 요리토모 님도 신뢰하셨겠지. 큰 죄인의 목을 베어야할지 그냥 둘지, 벤케이 자네가 처리하게나."

벤케이는 기산다에게 오랏줄을 쥐여주며 말했다.

"힘이 센 자를 옥에 가두어 옥사가 부서지면 모양새가 좋지 않다. 어서 목을 베어라!"

로쿠조가와라로 끌고 가 스루가노 지로(駿河次郎)[55]가 그 목을 베었다. 도사보는 43세,[56] 그 아들 다로는 19세, 이호노 고로는 33세에 참수되었다.

살아남은 자들은 가마쿠라로 도망쳐 내려가 요리토모에게 고했다.

"도사보는 일을 그르쳐서 요시쓰네 님께 참수되었습니다."

"나 요리토모의 대리인으로 갔던 자를 억류하고 목을 베다니 원망스럽구나."

그러나 무사들의 말은 달랐다.

"목을 베는 것이 당연하지. 습격자임이 분명한데."

---

54 중국의 상상속 동물로 몸은 개와 비슷하며 목소리는 아이같고 주홍색 긴 체모를 가졌으며 술을 좋아한다.

55 스루가노 지로(駿河次郎, ?~?). 헤이안 시대 말기 인물로 요시쓰네의 부하로서 이름은 기요하루(清重)라고 하는데 에도 시대 이후에 붙여진 것으로 파악된다. 요시쓰네 사천왕의 한 명으로 그 신분은 낮았다.

56 저본에는 사가미노 하치로라고 되어 있는데 다나카본을 참고하여 도사보로 수정하였다.

요시쓰네, 서울을 떠나다

어떻게든 토벌군을 올려보내라 하니 호조 시로 도키마사(北条四郎時政)[57]가 대군을 이끌고 서울로 올라갔으며, 하타케야마도 지난번에는 극구 사양했으나 거듭 권하니 무사시 시치토(武蔵七党)[58]를 이끌고 오와리(尾張) 국 아쓰타노미야(熱田宮)까지 달려왔다. 후진인 오야마노 시로 도모마사(小山四郎朝政)[59]는 1천 여기로 관동을 떠났다는 소문이 들려왔다.

11월 1일, 요시쓰네는 니시노미야(西宮) 삼위[60]를 통해 상황께 상소문을 올렸다.

"이 요시쓰네 목숨을 버리고 조정의 적을 평정한 것은 선조의 치욕을 씻어내려는 것은 물론이거니와 천황의 역린을 진정시키려함이었습니다.

---

57 호조 도키마사(北条時政, 1138~1215). 호조 도키카타(時方)의 아들이다. 이즈 국(伊豆国)의 관리로서 호조(北条)에 살면서 호조 시로(北条四郎)라고 칭했다. 유배 온 미나모토노 요리토모를 감시하는 역할을 하다가 은밀히 내통하여 자신의 딸인 마사코(政子)를 그에게 주어 사위로 삼았다. 지쇼 4년(1180) 야마키 가네타카(山木兼隆)를 급습하여 요리토모의 미나모토 가문 재건을 돕는다. 이후 요리토모를 도와 여러 전투에서 활약하며 신뢰를 얻었다. 이후 요시쓰네 토벌을 위해 대군을 이끌고 상경하였고 요리토모의 사후에는 히키(比企) 씨를 배후에서 조종하며 독재를 꾀하였다. 그 후 히키 일족을 멸망시키고 사네토모(實朝)를 옹립하였으며 막부의 실권을 장악하였다. 장군 폐위를 획책하다 발각되어 막부에서 추방되었다. 출가하여 이즈로 보내지고 이윽고 사망하였다.

58 헤이안시대 후기에서 가마쿠라시대에 걸쳐 무사시(武蔵) 국을 중심으로 인근 지역까지 세력을 떨친 무사집단의 총칭이다.

59 오야마 도모마사(小山朝政, ?~1238). 가마쿠라 전기의 무장으로 마사미쓰(政光)의 아들이다. 모친이 미나모토노 요리토모의 유모였던 연유로 요리토모에 가담하였으며 요리토모의 오슈(奥州) 전투에서도 공적을 쌓았다. 유력한 가신으로서 막부에 중용되었다.

60 『헤이케모노가타리(平家物語)』에 따르면 다카시나노 야스쓰네(高階泰経)를 통해 고시라카와 상황과 접촉했다고 한다.

당연히 조정의 포상으로 각별한 은상을 받을 터였는데, 요리토모가 제게 적의를 품고 토벌하기 위해 군대를 파견했다는 소식을 들었습니다. 필경 오사카(逢坂) 관문 서쪽 땅을 하사하려는 뜻이 있음을 알지만 시코쿠(四国), 규슈만을 받아 하향하려 합니다."

이에 따라 각별한 의향을 내려야 하기에 조정대신 회의가 열렸고 각자 의견을 펼쳤다.

"요시쓰네가 아뢰는 바는 안타깝지만 승낙의 선지(宣旨)를 내리시면 요리토모의 분노는 깊을 것입니다. 또 선지를 내리시지 않으면 기소 요시나카가 서울에서 활개를 쳤던 것처럼 요시쓰네도 그렇게 한다면 세상은 평온하지 않을 것입니다. 결국 어쨌든 요리토모가 토벌군을 파견한 이상 요시쓰네에게 선지를 내리시고 이웃 겐지들로 하여금 다이모쓰(大物)포구[61]에서 처단토록 하심이 낫지 않겠습니까."

저마다 말하니 선지가 내려졌다.

상황이 이러하자 요시쓰네는 서국으로 내려가야겠다며 서울을 떠났다. 마침 그 때 서국의 무사들이 여럿 상경해 있었는데 요시쓰네는 그 중에서도 오가타노 사부로 고레요시(緒方三郎惟義)[62]를 불러 말했다.

"규슈를 하사받아 하향하려 하네. 자네가 도와주지 않겠는가?"

"마침 기쿠치노 지로(菊地次郎)[63]가 서울에 올라와 있으니 분명 그 자도

---

61 효고 현(兵庫県) 요도가와(淀川)에 있는 포구로 서국 왕래가 빈번했던 곳이다.

62 오가타 고레요시(緒方惟義, ?~?). 헤이안시대의 무장으로서 본래 성은 우스키(臼杵)이다. 분고(豊後) 지역의 호족으로서 다이라노 시게모리(平重盛)의 부하였으나 지쇼 5년(1181) 겐지의 편으로 돌아서서 다이라 가문을 토벌하는데 가담하였으며 미나모토노 노리요리(源範頼)의 규슈 상륙을 도왔다.

63 기쿠치노 지로(菊地次郎, ?~?). 헤이안시대의 무장으로서 기쿠치군을 지배하였으며 후지와

부르시겠지요. 기쿠치를 처형해주신다면 명령에 따르겠사옵니다."

요시쓰네는 벤케이와 이세노 사부로를 불러 물어보았다.

"기쿠치와 오가타 중 누구를 골라야 하겠느냐."

"각각의 장점이 있겠지만 기쿠치야말로 누구보다 믿음직스러운 자입니다. 그러나 군세의 용맹함은 오가타가 낫습니다."

이윽고 기쿠치에게 도와달라는 부탁을 하자 대답이 돌아왔다.

"어떻게든 말씀에 따르고 싶지만 아들 되는 놈을 관동에 보내놓았기에 부자지간에 양쪽으로 갈라져 섬기는 것이 어떨지 저어되옵니다."

이 말을 들은 요시쓰네는 명령했다.

"그렇다면 기쿠치를 치거라!"

벤케이와 이세노 사부로를 대장군으로 삼아 기쿠치의 숙소로 향하게 했다. 기쿠치는 가지고 있던 화살을 모두 쏘았고 숙소에 불을 놓아 자살하니 그 목을 가져다주었다. 이로써 오가타 사부로는 요시쓰네 편에 가담하게 되었다.

요시쓰네는 숙부인 비젠(備前) 수령[64]과 함께 11월 3일 서울을 떠나게 되었다. 영지로 들어가는 첫 입성이므로 격식을 갖추라 명령하여 훌륭하게 치장을 하였다. 당시 세간을 떠들썩하게 했던 이소노젠지(磯禅師)의 딸 시즈카(静)라는 유녀를 사냥복 차림으로 꾸며 데리고 길을 떠났다. 요시쓰네는

라노 다카이에(藤原隆家)의 후손이다.

64 미나모토노 유키이에(源行家, ?~1186). 다메요시(為義)의 열 번째 아들로 모치히토오(以仁王)의 헤이케 타도 궐기 교지를 들고 전국을 다니며 거병을 촉구한 인물이다. 요리토모와 대립이 심해지자 요시쓰네와 행동을 함께 했으며, 서울을 떠난 뒤 전투와 잠행을 계속하다 밀고에 의해 요리토모 군에 포박, 참수되었다.

붉은 비단 예복에 갑옷 부속품만을 갖추고 윤기가 나는 늠름한 검은 말에 올라탔다. 말꼬리와 갈기는 탐스럽게 풍성했으며 은테두리 안장을 얹고 있었다. 검은 실로 미늘을 엮은 갑옷에 은테두리 안장을 얹은 검은 말을 탄 자가 50기 정도, 붉은 가죽실로 미늘을 엮은 갑옷에 갈색 말을 탄 자가 50기 정도, 갈기 색깔대로 한 무리를 이루어 뒤를 따랐고 그 뒤에는 모든 색상이 뒤섞여 100기, 200기가 뒤를 이었다. 모두 합치니 그 세력은 만 오천 여기였다. 서국에서 이름을 떨쳤던 쓰키마루(月丸)라는 큰 배에 오백 명의 군세를 승선시킨 후 보물을 쌓아올리고 25필의 명마를 싣고 시코쿠를 향해 출범했다. 선실과 파도 위에서의 생활은 서글펐다. 이세(伊勢)의 어부, 파도에 젖은 옷처럼 눈물에 젖은 소매는 마를 날이 없었다. 바다 후미마다 무성한 갈대 잎에 묶어놓은 작은 어선이 거친 바다를 향해 저어 나올 때 해안가마다 우는 물새떼 소리는 흡사 헤어짐을 아는 것처럼 들렸다. 안개를 헤쳐나갈 때는 먼 바다에서 우는 갈매기 소리도 적들의 함성소리처럼 여겨져 간담이 서늘해졌다. 바람에 맡기며 조류의 흐름을 따라 나아가는 동안 왼쪽으로 고개숙여 배례하면 스미요시(住吉), 오른쪽으로 배례하면 니시노미야(西宮)[65]였다. 이윽고 아시야(芦屋) 포구 앞바다에 다다라 이쿠타(生田) 숲을 멀리서 바라보며 와다(和田) 곶을 지나가자 아와지(淡路) 해협도 가까워졌다. 오른쪽으로 에지마(絵島) 둔치를 바라보며 나아가는데 오락가락 내리는 겨울비 사이로 바라보니 높은 산이 아련히 나타나 서로 두런거렸다.

"저 산은 어느 지역의 무슨 산일까?"

---

65 오사카 스미요시에 있는 스미요시 명신(名神)과 효고현에 있는 니시노미야 신사를 말하며 모두 해상을 수호하는 신으로서 추앙된다.

"그건 그 지역 산일 거야."

하지만 어디라고 확실히 아는 자도 없었다.

이 때 벤케이는 뱃전을 베개 삼아 누워 있었는데 벌떡 일어나 뱃전을 가로지른 널판에 올라서서 말했다.

"그리 멀지 않은 것을 먼 것처럼 말하는군. 하리마(播磨) 쇼샤(書写)산으로 보이는구먼."

그 말을 듣고 요시쓰네가 말했다.

"산은 쇼샤산이 맞다. 마음에 걸리는 바는 산 서쪽에 검은 구름이 돌연 산꼭대기에 잘려 걸렸는데 이는 해가 서쪽으로 기울면 분명 큰 바람이 불 징조다. 만일 바람이 불어내려 오면 어느 섬이든 해안가든 배를 대어 사람들의 목숨을 구해야 한다."

"구름의 모양새를 보니 단순히 바람을 일으키는 구름 같지는 않습니다. 그새 잊으셨습니까? 헤이케를 공격하셨을 때 헤이케의 귀족들 여럿이 파도 속으로 주검으로 가라앉고 이끼 아래 뼈를 묻었을 때 하셨던 말씀이 바로 지금 일처럼 생각납니다. "겐지(源氏)는 하치만 대보살의 가호를 받으니 일이 거듭되고 날이 더해도 평온할 것이다."라고 하셨지요. 어쨌든 저것은 주군께 나쁜 바람인양 느껴집니다. 저 구름이 갈라져 배에 밀어닥치면 주군께서도 무사하지 못할 것 같습니다. 우리도 두 번 다시 고향에 돌아갈 수 있을지 장담할 수 없습니다."

"어찌 그런 일이 있겠느냐?"

"주군께서는 언제나 이 벤케이가 올리는 말씀을 듣지 않으시고 나중에 후회하시지요. 그렇다면 증거를 보여드리겠습니다."

벤케이는 이렇게 말하며 부드러운 에보시를 쓰고 큰 칼과 장검은 쥐지 앉았지만 조릿대에 백조 깃털로 장식한 화살과 나무 활을 함께 들고 뱃머리에 우뚝 서서 마치 사람들을 향해 호소하듯 이야기하기 시작했다.

"천신(天神) 7대, 지신(地神) 5대는 신의 시대이고, 진무(神武)천황부터 41대 천황 이후에는 호겐, 헤이지라는 두 번의 전투보다 더한 것은 없었다. 이들 전투에 진제이(鎮西) 하치로(八郎) 온조시(御曹司) 다메토모(為朝)[66]라는 분이 다섯 명이 힘을 합쳐 쏘는 활에 15다발의 화살을 쏘며 이름을 날렸다. 그 이후 활의 명수는 끊어지고 긴 세월이 지났다. 겐지의 부하 중에 이 벤케이야말로 어엿한 무사로 손가락에 꼽힌다. 구름을 향해 화살을 쏘려 하는데 바람구름이라면 쏘아도 절대 사라지지 않을 것이다. 하늘의 뜻이 명하는 바이니 만일 헤이케의 사령(死霊)이라면 잠시도 견딜 수 없을 것이다. 그래도 영험이 없다면 신을 숭배하고 부처님을 우러르며 절대 기도와 제를 올리지 않을 것이다. 나는 겐지의 부하이지만 가문이 번듯한 무사다. 아메노코야메노미코토의 자손, 구마노 별당 벤쇼의 자제로 서탑의 무사시보 벤케이다!"

자신의 이름을 대며 활을 매겨 쉴 새 없이 쏘아댔다. 때마침 겨울 하늘의 석양이 빛날 때라 바닷물도 빛을 발했고 화살이 어디로 떨어지는지 보이지는 않았으나 사령이었기에 감쪽같이 사라져버렸다.

배 안에서는 이 모습을 보고 서로 말했다.

"이 얼마나 무서운 일인가. 벤케이가 없었다면 큰일 날 뻔 했군."

---

66 미나토모노 다메토모(源為朝, 1139~1170). 미나모토노 다메요시(源為義)의 여덟 번째 아들이다. 궁술이 뛰어났으나 난폭한 성격 때문에 부친 다메요시에 의해 규슈로 추방당했다. 규슈에서 세력을 확장하여 호겐의 난 때 스토쿠 상황 편에 가담했다. 패하여 이즈로 유배되었으나 다시 공격당하자 자살했다.

노를 저으라고 소리치며 나아가는 동안 아와지 미즈시마(水島) 동쪽을 어슴푸레 바라보며 지나가는데, 쇼사산 북쪽 기슭에 다시 바퀴 모양의 검은 구름이 나타났다. 요시쓰네가 벤케이에게 물었다.

"저건 어찌 된 것이냐?"

"이것이야말로 진정한 바람구름이옵니다."

그 대답이 채 끝나기도 전에 큰 바람이 불어내려 왔다. 때는 11월 상순이었기에 산에서 싸라기눈이 섞여 내려오니 해변가의 동서쪽도 구분할 수 없었다. 산기슭은 바람이 심했고 앞바다에는 비에 싸라기눈이 뒤섞여 내려오는데 바람은 셋쓰의 무코(武庫)산[67]에서 불어내려 왔다. 날이 저물면서 바람은 더욱 거세졌다.

요시쓰네는 뱃사람과 조타수에게 명령하였다.

"바람이 세다. 돛을 세게 펼쳐라!"

돛을 펼치려고 하는데 비 때문인지 돛대 기둥 끝 바퀴가 달라붙어 움직이지 않았다. 벤케이가 가타오카에게 지시를 내렸다.

"서국에서 전투할 때도 가끔 큰 바람이 일었다. 밧줄을 매어 끌어내리고 멍석을 말아서 고정시켜라!"

벤케이의 말대로 밧줄을 내리고 멍석으로 고정을 시켜보았으나 전혀 효과가 없었다. 가와지리를 떠날 때 서국을 다니는 배가 그러하듯 배에 돌을 많이 실어놓았는데, 돌을 담쟁이덩굴로 묶어 바다로 내던져보았지만 밧줄도 돌도 바닥에 닿지 않고 끌려갈 정도의 큰 바람이었다. 해면을 때리는 파도 소리에 놀라 말들이 소리 높여 우는 소리가 극심했다. 오늘 아침까

---

67 셋쓰 국 무코 군의 육갑산(六甲山)을 말한다.

지 이런 일이 있을 거라 생각지도 못했던 사람들이 모두 바닥에 엎드려 구역질을 하는 모습이 서글펐다. 이 모습을 본 요시쓰네가 말했다.

"그저 돛 가운데를 찢어 바람이 지나도록 하라."

낫으로 돛 가운데를 갈기갈기 찢어내 바람이 통하도록 했지만 뱃머리에는 흰 파도가 부딪혀 마치 천 개의 창이 찔러대는 모양새 같았다.

그러다 어느덧 해가 저물었다. 앞쪽에도 배가 지나가지 않아 표식이 되어줄 화톳불도 보이지 않았고 뒤 따라 오는 배도 없으니 어부가 피우는 불조차 없었다. 하늘마저 흐리니 북두칠성도 보이지 않았다. 그저 긴 밤의 어둠 속을 헤맬 뿐이었다. 혼자 몸이었다면 어찌되든 괜찮았을 것이다. 요시쓰네는 알려져 있지는 않으나 정이 많은 사람이라 서울에 있을 때 24명의 여성과 남몰래 사귀었다. 그 가운데 특히 애정이 깊었던 평대납언(平大納言)의 따님, 고가(久我)대신의 아가씨, 가라하시(唐橋)대납언과 도리카이(鳥飼)중납언의 따님은 무척 단아하고 아름다웠다. 그 밖에도 시즈카를 비롯한 유녀 다섯, 모두 열한 명을 같은 배에 태워왔다. 서울에서는 모두 다른 마음이었으나 지금은 한 곳에 모여 "서울에서 어떻게든 있어야 했을 것을"이라며 슬퍼했다. 요시쓰네는 마음에 걸려 선실 밖으로 나가 물어보았다.

"지금은 몇 시 경이겠느냐?"

"자시(子時)[68] 끝 무렵일 겁니다."

"아아, 어서 날이 밝으면 좋겠구나. 구름을 한 번 보고 어떻게 할지 정하도록 하자."

이윽고 말을 이었다.

---

68 밤 11시부터 새벽 1시 사이를 말한다.

"무사나 하인 중에 도움이 될 만한 자는 없겠느냐? 허리에 낫을 꽂고 돛대에 올라가 바퀴에 걸린 줄을 끊어내거라!"

벤케이가 중얼거렸다.

"사람은 운명이 극에 달한 최후의 순간이 되면 평소에는 없던 공포심이 생기는 법이지요."

요시쓰네는 말했다.

"반드시 자네에게 올라가라고 하는 건 아니네. 히에이잔(比叡山)에서 자란 몸이니 맞지 않아. 히타치(常陸) 사람은 오미(近江) 호수에서 작은 배로 훈련을 했겠지만 큰 배는 안될 걸세. 이세노 사부로는 고즈케(上野) 사람, 시로 병위는 오슈 사람이지. 가타오카야말로 히타치 국 가시마(鹿島)의 나메가타(行方)[69]라는 거친 바다에서 자란 사내야. 시다노 사부로 센조(志田三郎先生)[70]가 우키시마(浮島)[71]에 있었을 때도 항상 놀러 갔었는데 "겐페이 난이 일어나면 달마대사처럼 갈대 이파리를 배 삼아 타더라도 다른 나라로 넘어가야지"라며 의기양양하게 말했었지. 가타오카, 올라가거라!"

가타오카는 그 명령을 받들고 자리를 벗어나 준비했다. 우선 갑옷과 겉옷을 벗어 던지고 말고삐 두 줄을 꼬아서 속옷에 묶었다. 상투는 풀어헤쳐 머리카락을 뒤로 보내 에보시를 쓰고 수건을 동여맸다. 이윽고 날이 서 있는 낫을 잡아들어 속옷 옆으로 쑥 끼어 넣었다. 인파 속을 헤치며 나아가

---

69 현재 이바라키현(茨城県) 나메가타 군(郡)의 동쪽 해안가를 말한다.

70 미나모토노 요시히로(源義広, ?~1184). 헤이안 말기 무장으로 개명 전 이름은 요시노리(義範)이다. 미나모토노 다메요시(源為義)의 3남으로 미나모토노 요리토모와 대립하여 1183년 아시카가 다다쓰나(足利忠綱)와 함께 거병했지만 오야마노 도모마사(小山朝政)의 급습을 받고 패했다. 이후 요시나카를 의지했으나 요시나카가 전사한 뒤 이세로 피했다.

71 가스미가우라(霞ヶ浦)에 있는 섬.

돛대 가로목에 올라 팔을 걸고 돛대를 살펴보았다. 성인 남자가 양팔을 벌려 껴안아도 손이 닿지 않을 정도로 두꺼웠고 높이는 네다섯 장[72]은 되어 보였다. 무코산에서 불어내리는 폭풍에 휩싸여 눈과 비에 젖어 얼어붙었으니 마치 은박을 둘러놓은 듯했다. 도저히 오를 수 있을 것 같지 않았다. 이 상황을 지켜보던 요시쓰네는 외치며 힘을 보탰다.

"잘 한다! 가타오카!"

가타오카는 영차 소리를 내며 올라갔지만 주르륵 미끄러 떨어지기를 두세 번 반복하다가 죽음 힘을 다해 결국 올라갔다. 두 장 정도 올라가 귀를 기울이니 어떤 소리가 배 안에 부딪히며 지진처럼 울려 퍼졌다. 무슨 소리일까 들어보니 해안과 포구에서 불어내린 바람이 가을비를 품고 소리를 내며 다가오는 것이었다.

"잘 들어라, 조타수! 뒤에서 바람이 불어온다, 파도를 잘 보고 바람을 피해라!"

그 말이 끝나기도 전에 바람이 불어와 돛에 격심하게 닿으니 바람에 이끌려 배가 소리를 내며 내달리기 시작했고 어디인지 모를 두 군데에서 쾅쾅 소리가 울려 퍼지자 배안에서 모두 "으악"하며 소리를 질렀다.

그 순간 돛대의 바퀴가 달린 곳에서 두 장 정도 떨어진 부근이 우지끈 부러졌다. 부러진 기둥은 바다로 떨어지고 배는 위로 뜬 채 앞으로 달려나갔다. 가타오카는 스르륵 내려와 들보를 밟고 낫을 여덟 줄의 밧줄에 걸어 거칠게 떨어트리니 부러진 기둥은 바람에 날려가며 밤새 파도에 흔들렸다.

그 사이에 날이 밝았다. 전날 밤 바람은 완전히 잦아들었지만 또 다른

---

72 1장은 3.03미터이다.

바람이 불어왔다. 벤케이가 말했다.

"이건 어디에서 불어오는 바람일까?"

쉰 정도 된 조타수가 나와서 말했다.

"이것은 어제와 같은 바람입니다."

가타오카가 말했다.

"이봐 자네, 잘 보고 말해. 어제는 북풍이 불어오는 거였다면 이건 동남풍이나 남풍이지. 바람이 불어갈 곳은 셋쓰임이 분명해."

가타오카의 말을 들은 요시쓰네가 말했다.

"자네들은 이곳 지리를 잘 모르지 않나. 선원들은 이 근처를 잘 아니 그저 돛을 펴고 바람에 이끌려가게."

이윽고 보조 돛대를 세우고 작은 돛을 달아 배를 나아가게 하니, 다음 날 아침에 어딘지 모를 여울에 다다랐다.

"바닷물이 들어오는 건가, 빠지는 건가?"

"빠지고 있습니다."

"그럼 바닷물이 들어오길 기다려라."

뱃전에 파도가 부딪히며 밤이 새기를 기다리는데 육지 쪽에서 큰 종소리가 들려오니 요시쓰네가 말했다.

"종소리가 들리는 것은 해변이 가깝다는 뜻이지. 누구 없느냐! 배를 타고 가서 보고 오너라."

누가 분부를 받들지 모두 숨을 죽이고 있는데 다시 명령하였다.

"몇 번이 되었든 도움이 되는 자가 가는 것이 맞다. 가타오카, 가서 보고 오너라."

가타오카는 분부를 받들고 벗풀 문양 약식 갑옷을 입고 큰 칼을 찬 뒤 작은 배에 올라탔다. 숙련된 뱃사람이었기에 별 문제 없이 해안가에 도착하여 올라가 보니 어부가 소금을 굽는 허름한 초가집이 몇 채 나란히 있었다.

가타오카는 다가가 물어보고 싶었지만 경계할 것이라는 생각에 초가집 앞을 지나 한 거리 정도 올라가 보니 큰 도리이(鳥居)[73]가 있었다. 도리이를 지나 걸어들어가니 고색창연한 신사가 있었다. 가타오카가 다가가 참배를 하다가 여든이 넘어 보이는 노인이 서 있기에 물어보았다.

"이곳은 어느 국(国), 뭐라는 곳입니까?"

"이곳에서 길을 헤매는 것은 늘 있는 일이나 어느 국인지 모르는 것은 수상쩍군. 그렇지 않아도 근래 이삼일 이 부근이 시끌시끌하오. 요시쓰네가 얼마 전 이곳을 출발해 시코쿠를 향해 내려갔는데 밤사이에 풍향이 바뀌어서 이 포구에 도착할 것이라고 난리라오. 이곳 주민 데시마(手嶋) 장인(蔵人),[74] 고즈케 판관, 고미조노 다로(小溝太郎)가 명을 받들어 육지에는 5백 필의 명마에 안장을 비롯한 마구를 얹어두고, 바닷가에는 30척의 삼나무 배에 방패를 걸어 놓고 요시쓰네가 오기만을 기다리고 있소. 만일 그쪽 사람이라면 서둘러 이곳을 떠나서 도망치게나."

가타오카는 모르는 척 하며 물었다.

"저는 아와지 국 사람인데 그저께 낚시를 하러 나왔다가 큰 바람에 휩쓸려 지금 간신히 이곳에 도착했습니다. 있는 그대로 가르쳐주십시오."

고기잡이 불 그 옛날 빛과 같이 어렴풋하니

---

73 신사 입구에 두 개의 기둥으로 세운 문으로서 신성한 영역으로 들어가는 표시가 된다.

74 셋쓰(摂津) 겐지의 일족으로 셋쓰 국을 근거지로 하는 인물이다. 저본의 경우 데시마의 한자로 手嶋, 豊島를 혼용하고 있다.

초가집 마을 찾아 날아온 반딧불이네

노인은 노래를 읊더니 감쪽같이 사라져버렸다. 나중에 들어보니 그곳은 스미요시 명신(明神)을 모시는 곳이었다. 신이 가련하게 여겨주신 것이라 느껴졌다.

가타오카는 곧장 되돌아와 사정을 아뢰었다.

"그렇다면 배를 밀어내거라!"

명령을 내렸으나 썰물 때라 배는 꼼짝도 하지 않았고 어쩔 수 없이 밤을 지새우게 되었다.

스미요시, 다이모쓰(大物) 전투

"하늘은 입이 없지만 사람을 통해 그 뜻을 전한다"는 말처럼 다이모쓰 포구에서도 소동이 일어났다. 어젯밤까지 보이지 않던 배가 밤사이 정박하여 멍석 덮개로 지붕을 가리지도 않은 채 있다는 것이었다. 수상하니 무슨 배인지 가까이 가서 확인하자며 5백 여기가 30척의 작은 배에 나누어 타고 몰려들었다. 썰물이기는 했으나 작은 배라 물에 잠기는 부분이 얕았다. 더구나 숙련된 조타수가 타고 있으니 생각대로 저어나가 큰 배를 포위하고 "남김없이 무찔러라!"라며 크게 소리쳤다. 지켜보던 요시쓰네가 말했다.

"적이 쳐들어온다 하여 당황하지 말거라. 이 요시쓰네의 배라는 사실을 알게 되면 쉽사리 다가오지 못할 것이다. 혹여 난폭하게 굴거든 쪼무라기에게는 눈길도 주지 말거라. 손잡이가 긴 쇠갈퀴를 준비하여 대장으로 보이는 녀석을 생포하거라!"

벤케이가 아뢰었다.

"지당하신 명령이오나 배 안에서의 전투는 어렵습니다. 오늘 싸움의 시작[75]을 다른 이에게는 맡길 수 없습니다. 이 벤케이가 하겠습니다."

가타오카가 이 말을 듣고 답했다.

"승려의 법도에 무연고자를 추모하고 불교에 귀의한 사람을 이끄는 자를 법사라고 하네. 전투라는 말만 들으면 늘 자네가 앞장서려고 하니 어찌 된 일인가. 거기 비켜주게. 이 가타오카가 첫 화살을 쏘지."

"자네 말고 가신들 중에 화살을 잡을 자가 없기야 하겠나."

이들의 언쟁을 듣고 사토노 시로 다다노부가 요시쓰네 앞에 황송히 나아가 말했다.

"이토록 어리석은 일은 없습니다. 이들이 선두를 다투고 있는 동안 적은 더 가까이 왔습니다. 명령을 내리시면 저 다다노부가 선두를 서겠습니다."

"맞는 말일세. 자네가 나서주면 좋겠다고 생각했네."

요시쓰네는 그 자리에서 다다노부에게 선두를 허락하였다. 다다노부는 명을 받들고 세 줄 실로 홀치기 염색한 예복에 연둣빛 실로 엮은 갑옷을 걸쳐 입고 삼단 투구의 끈을 조여맸다. 곧이어 위엄 있는 장식을 한 큰 칼을 차고 왜가리털로 장식한 화살 24개를 꽂은 화살통을 어깨보다 높이 메더니 화살통 바깥에는 큰 깍지를 단 화살[76] 두 개를 꽂아 넣었다. 대나무 몸

---

75 전투시 첫 활을 쏘아서 싸움의 시작을 알리게 되는 행위를 말한다.

76 나무, 대나무 등으로 속이 빈 깍지를 만들고 구멍을 여러 개 뚫어 붙임으로써 화살을 쏠 때 소리가 나도록 만든 것을 말한다. 전투를 시작하는 신호를 알리는 화살로 사용된다.

통에 등나무를 감은 활을 들고 뱃머리로 나아가 적을 마주하였다.

데시마 관자, 고즈케 판관 두 사람을 대장으로 삼아 방패를 세운 작은 배에 탄 적군은 사정거리까지 다가와 말했다.

“대저, 이 배는 요시쓰네 님의 배라고 보입니다. 이렇게 말씀 올리는 저희는 데시마 관자와 고즈케 판관이라 하옵니다. 요리토모 님의 사자로서 이 지역에 아무 생각 없이 도망쳐온 패잔병이 있다고 들어 이를 놓치는 것은 무사의 치욕이라는 생각에 이렇게 나아 왔습니다.”

“시로 병위 다다노부라고 합니다.”

다다노부는 말을 하며 벌떡 일어섰다.

데시마는 대리인은 명령을 하신 분과 마찬가지라 외치며 큰 우는살[77]을 시위에 한껏 당겨 쏘았다. 화살은 멀리까지 윙윙 소리를 내며 뱃전에 쿵하고 박혔다.

이 모습을 본 다다노부는 말했다.

“화살의 과녁과 그 날의 적은 한 가운데를 정확히 맞추어야 재미가 있는 법이지. 다다노부 같은 겐지의 가신에게는 장난치는 것으로밖에 여겨지지 않는구나. 내 솜씨를 보거라!”

이윽고 세 명이 힘을 합쳐야 당겨질 만큼 강한 활에 기다란 전투용 화살을 꺼내 팽팽하게 당긴 후 잠시 노려보더니 휘잉 하고 쏘았다. 화살은 멀리 울리며 날아가더니 커다란 화살촉의 끝부분이 상대의 투구 안쪽으로 파고드는 것처럼 보였다. 목뼈에 걸리지 않고 관통하니 화살촉은 갑옷판에 박혔고 머리는 투구와 함께 바다 속으로 풍덩 빠져버렸다.

---

77 적을 위협하거나 주의를 환기시키기 위하여 쏘는 화살을 말한다.

고즈케 판관이 “그런 말은 못하게 하겠다!”라며 화살통에 비스듬하게 꽂힌 전투용 화살을 활에 메겨 힘껏 잡아당기더니 쉬익 하고 쏘았다. 화살은 시위를 당기며 서 있던 다다노부 투구 왼쪽 위를 넘어 그대로 바닷속으로 들어가 버렸다. 이 광경을 본 다다노부는 외쳤다.

“원래 이곳 사람들은 활 쏘는 법을 모르는 것 같군. 그럼 내 솜씨를 보거라.”

이번에는 끝이 날카로운 촉이 박힌 화살을 메겨 약간 잡아당기고 기다리다가 고즈케 판관이 첫 번째 화살을 허망하게 놓치고 두 번째 화살을 메겨 활을 치켜올리는 그 순간을 노려 화살을 쏘았다. 화살은 상대의 왼쪽 옆구리 아래에서 오른쪽 옆구리에 걸쳐 관통하여 화살촉 다섯 치가 밖으로 나오니 몸은 그대로 바다에 풍덩 빠져버렸다.

다다노부는 다음 화살을 활에 메긴 채 요시쓰네 앞으로 나왔다. 실책이나 공훈을 논쟁할 필요조차 없으니 전투에서 공적을 세운 자의 이름을 담은 장부에 첫 번째로 기록되었다. 데시마 장인, 고즈케 판관이 전사하니 그 부하들은 사정거리에서 멀어지도록 배를 저어 물러섰다.

가타오카가 다다노부에게 물었다.

“어떠신가, 시로 병위. 싸움은 어떠셨는가?”

“마음먹은 대로 충분히 보여줬습니다.”

“그럼 피해주시게. 그렇다면 이 가타오카도 한 발 쏘아보겠네.”

“그렇다면이야.”

다다노부가 물러서자 가타오카는 흰 예복에 황색 문양으로 염색을 한 가죽 갑옷을 입고 일부러 투구는 쓰지 않았다. 오리에보시에 끈을 묶고 껍질을 벗긴 나무로 만든 활을 옆에 끼고 화살 상자 하나를 들더니 뱃전 위에 쿵하고 내려놓았다. 뚜껑을 열어보니 그곳에 들어있는 것은 날카로운 화살촉이나 끝이 뾰족한 예사 화살촉이 아니었다. 화살대의 굴곡을 바로 잡아 장치하고 마디를 깎아낸 뒤 깃털을 통째로 참빗살나무 속껍질로 묶은 화살에 주목과 종가시나무의 강한 부분만을 골라서 둘레 네 치, 길이 여섯 치로 만든 화살촉이 오육십 개 들어있었다.

"무슨 일이 있더라도 이 화살로 적을 쏘면 갑옷 속까지 관통할 것이다. 시코쿠 지방의 삼나무 배는 뱃전이 얇은데 그 안에 많은 사람이 가득 탔으니 배가 많이 잠겨있지. 화살을 해면에서 다섯 치 정도 아래쪽으로 휙 하고 쏘면 끌로 쪼개버리는 것과 같을 것이야. 배에 물이 들어와 가라앉으면 모두 죽을 것이다. 배가 다가오면 솜씨가 좋건 나쁘건 상관하지 말고 모두 연속해서 화살을 쏘거라!"

병사들은 "잘 알겠습니다!"라며 대답했다.

가타오카는 뱃전 널판 위에 한쪽 무릎을 꿇고 화살을 메겨 쏘기를 반복하며 연신 쏘아댔다. 이윽고 배의 동체에 가시나무로 만든 열 네댓 개의 화살이 박히니 물이 가득 차올랐다. 적들은 당황해서 서로 밟으며 소동을 피우더니 눈앞에서 삼나무배 세 척이 침몰했다. 데시마 장인도 죽었으니 적들은 다이모쓰 포구로 배를 저어 돌아가 꺼이꺼이 울면서 시체를 짊어지고 숙소로 돌아갔다.

벤케이는 히타치보(常陸坊)[78]를 불러 후회하며 말했다.

"영 시시하군. 전투를 해야 하는데 이렇게 허송세월하는 건 보물산에

---

78 가이손(海尊, ?~?). 온조지 또는 히에잔 승려로 추정되는 인물로 요시쓰네의 가신이 된 후 요시쓰네와 동고동락하였다. 요시쓰네의 최후 전투인 고로모가와 전투에서는 부하 몇 명과 함께 산사로 도망쳐 목숨을 건졌다.

들어가서 빈손으로 되돌아오는 것과 마찬가지지."

그때 고미조노 다로가 다이모쓰 포구에 전투가 있다는 말을 듣고 백 기의 세력으로 달려와 뭍에 있던 배 다섯 척에 나누어 타고 선진을 다투며 나타났다. 이 상황을 보고 히타치보는 원래 솜씨 좋은 조타수였기에 작은 배의 선미에 올라탔다. 벤케이는 검은 가죽으로 엮은 갑옷을, 히타치보는 검은 실로 엮은 갑옷을 입었다. 벤케이는 일부러 활을 쥐지 않고 넉 자 두 치 되는 손잡이에 장식을 단 큰 칼과 이와토시(岩透)라는 칼을 찬 후, 돼지 눈모양 조각을 새긴 큰 도끼, 긴 낫, 쇠갈퀴 등을 털썩하고 배에 던져 넣더니 몸에 늘 지니고 있던, 한 장 두 척 길이의 가시나무 봉에 여러 개의 철심을 박고 손잡이를 은으로 감아 끝을 쇠장식으로 감싼 무기를 겨드랑이에 끼고 뱃머리에 뛰어올랐다.

"간단한 일이지. 이 배를 적의 중심을 향해 미끄러지듯 저어 가거라. 그러면 내가 쇠갈퀴로 적의 뱃전을 걸어 가까이 끌어당긴 뒤 일시에 옮겨 타서 투구 정면, 손 보호구, 무릎 관절을 처참하게 내려치면 투구가 깨지고 그들의 머리도 온전치 못할게야. 그저 가만히 그 모습을 지켜보시게."

벤케이는 중얼거리며 마치 역병의 신이 나타나듯 공포스러운 모습으로 나아갔다. 요시쓰네 부하들은 눈을 크게 뜨고 이 광경을 지켜보았다.

고미조노 다로가 물었다.

"이렇게 큰 세력 안으로 겨우 두 사람이 배를 타고 다가오다니 도대체 어떤 자들이더냐?"

"한 사람은 벤케이, 또 한 사람은 히타치보입니다."

"그렇다면 감당할 수 없겠구나."

서둘러 배를 다이모쓰 포구로 돌렸다. 이 모습을 본 벤케이는 소리를 높여 외쳤다.

"꼴사납구나! 고미조노 다로같아 보이는데. 돌아와서 승부를 겨루자!"

상대가 못들은 척 하며 도망가자 히타치보에게 더 세게 저으라 명하니 히타치보는 뱃전을 힘껏 밟으며 끼익 끼익 소리를 높여 노를 저었다. 다섯 척의 배 무리 안으로 스윽 들어가니 벤케이는 쇠갈퀴로 적의 배를 찍어 내려 가까이 끌어당긴 후 느긋이 올라타 선미에서 뱃머리를 향해 마치 산사태가 난 것처럼 쉴 새 없이 무기를 휘둘러 적을 때려눕히고 앞으로 나아갔다. 손에 쥔 봉에 맞는 자는 말할 것도 없고 맞지 않은 자 역시 자신도 모르게 모두 바닷속으로 뛰어드니 전부 죽음을 맞이했다.

요시쓰네가 이 상황을 보고 말했다.

"가타오카야, 벤케이를 말려라. 그렇게 많은 죄를 짓지는 말라 하거라."

가타오카는 분부를 받잡고 전했다.

"요시쓰네 님의 명령입니다. 무턱대고 죄를 짓지 말라 하십니다."

이 말을 들은 벤케이가 답했다.

"끝까지 못 지키는 땡중의 믿음이란 이런 걸 두고 말하는 거지. 분부를 듣지 말거라. 사방팔방을 공격하라!"

더욱 무서운 기세로 공격하니 삼나무배 두 척은 가라앉고 세 척은 간신히 다이모쓰 포구로 도망쳤다.

그 날의 전투에서 요시쓰네는 훌륭하게 승리하였다. 그러나 이쪽 배에도 부상당한 자가 16명, 전사자 8명이 나왔다. 전사자는 적에게 목을 빼앗기지 않도록 다이모쓰 포구의 바닷속으로 수장했다.

그 날은 배 안에서 지내고 밤이 되자 여인들을 상륙시켰고, 애정은 절절했지만 이대로는 어찌할 도리가 없기에 모두 각각 집으로 돌려보냈다.

평대납언의 따님은 스루가 지로(駿河次郎)가 명을 받아 모시고 갔다. 고가대신의 따님은 기산다가 모시고 갔다. 그 밖의 여인들은 각각 연고를 찾아 떠났다.

그 중에서도 시즈카만은 한층 아끼는 마음이 컸는지 데리고 갔다. 요시쓰네는 다이모쓰 포구를 떠나 와타나베(渡辺)에 도착하여 날이 밝자 스미요시 신사의 신주(神主) 나가모리(長盛) 처소로 가서 그곳에서 하룻밤을 지냈다. 그 후 야마토 국 우다 군 기시노오카(岸岡)라는 곳에 가서 외가쪽 친척에게 부탁하여 잠시 동안 머물렀다. 그러나 호조 시로 도키마사가 이가(伊賀), 이세(伊勢) 국을 넘어 우다로 몰려온다는 소문이 들리자 자신 때문에 다른 이들에게 피해가 갈 것을 우려하여 분지(文治) 원년(1185) 12월 14일 새벽에 산기슭에 말을 버리고 봄꽃의 명소로 유명한 요시노산에 몸을 숨겼다.

제5권

요시쓰네, 요시노산으로 들어가다

서울에는 봄이 왔지만 요시노는 아직 한겨울이었다. 세밀이라 계곡의 작은 시내도 완전히 얼어붙어 여간 힘들지 않은 험한 산행이었다. 그러나 요시쓰네는 끊어지지 않는 미련에 이끌려 이곳까지 시즈카(静)를 데리고 왔다. 이런저런 험난한 곳을 지나 계곡 한두 개와 언덕 서너 개를 넘어 삼나무 단(杉の壇)이라는 곳까지 헤쳐 들어왔다.

벤케이는 가타오카(片岡)에게 말했다.

"이 분을 아무런 부족함 없이 모시기란 여간 힘들지 않소. 시코쿠(四国)에 함께 했을 때도 배 한 척에 십여 명의 여인들을 태우셔서 걱정을 했었는데, 이 깊은 산까지 여자를 데리고 오시다니 정말로 이해가 가지 않소. 이렇게 여럿이 걷다가 산기슭에 있는 마을 사람들에게 알려지기라고 하여 천한 것들의 손에 걸리거나 그들의 화살에 죽기라도 하는 오명을 남길까 걱정이 되오. 가타오카, 어떻게 하면 좋겠소. 우선 이곳을 떠나 일신상의 안위를 도모합시다."

"일리 있는 말이긴 하지만 그건 좀 아닌 듯 하니 그저 모른척하고 놔둡시다."

이들의 대화를 듣게 된 요시쓰네는 괴로운 마음이 들었다. 시즈카에 대한 마음을 저버리지 않으면 부하들과 사이가 틀어질 것이고, 부하들과의 관계를 회복하려면 시즈카에 대한 미련을 버려야 하는데 그 어느 쪽도 쉽사리 되지 않았다. 양쪽으로 마음을 쓰다 보니 눈물에 목이 메었다.

요시쓰네는 벤케이를 불러 말했다.

"사람들의 마음을 내가 모르는 바는 아니지만 사소한 인연을 버리지 못해 여기까지 여인을 데리고 온 것이야말로 스스로 생각해도 참으로 어이가 없구나. 이제 시즈카를 서울로 되돌려보내려고 하는데 어찌 생각하는가."

"대단히 좋은 생각이십니다. 벤케이도 그렇게 말씀드리고 싶었지만 아뢰옵기 황송하여 말씀드리지 못했습니다. 이리 결심하여 주셨으니 날이 저물기 전에 얼른 서두르십시오."

요시쓰네는 어찌 보낼 수 있겠느냐, 본심은 보내고 싶지 않다고 말하고 싶었지만 새삼스레 이런 말을 하면 부하들의 마음이 어떨지 걱정되어 할 수 없이 뜻을 굳혔다.

"시즈카를 서울로 돌려보내야겠다."

요시쓰네의 말에 무사 두 명, 하인 세 명이 동행할 뜻을 내비쳤다.

"한결같이 내게 목숨을 바쳤다 여기겠다. 여행하는 동안 잘 챙겨주고 서울에 도착하면 그대들은 그 길로 어디로든 마음껏 가게나."

요시쓰네는 하인들에게 분부를 내린 뒤 시즈카를 불렀다.

"내 마음이 다하여 그대를 서울로 돌려보내는 것이 아니오. 지금까지 동행한 것도 애정이 남달랐기 때문이라오. 힘든 여행길에서도 다른 이의 눈을 의식하지 않고 데리고 다녔지만 잘 들어보니 이 산은 엔노교자(役行者)[1]가 처음으로 밟고 들어온 보리의 봉우리이기에 목욕재계하고 정진하지 않으면 들어갈 수 없는 곳이라 하오. 내 업으로 인해 그대를 여기까지 데리고 왔으나 신이 어찌 받아들일지 걱정이 되오. 이제 서울로 돌아가 어머니

---

1 엔노 오쓰노(役小角, ?~?). 7세기 후반의 산악 수행자로서 일본 산악 종교인 슈겐도(修驗道)의 시조로 숭배되며, 에도 말기에 신펜(神変) 대보살이라는 시호를 받았다. 기적을 일으킨 일화가 많아 실존인물이 아니라는 설도 있다.

께 가서 숨어 지내며 내년 봄을 기다리시오. 나는 뜻하는 대로 되지 않으면 출가할 것이요. 그대도 원한다면 함께 모습을 바꾸어 불경을 읽고 염불을 한다면 어찌 이번 생과 다음 생 그대와 함께 하지 않겠소."

시즈카는 요시쓰네의 말이 다 끝나기도 전에 소매에 얼굴을 묻고 눈물을 흘리며 하소연했다.

"마음이 변치 않으셨을 때에는 시코쿠 파도 위에서도 함께 했습니다. 인연이 다하였으니 어쩔 도리가 없지만 괴로운 제 처지를 알게 되어 슬플 따름입니다. 말씀드리기 망설여지지만 지난 여름부터 홀몸이 아닙니다. 이리 말씀드리는 것은 출산이 정해졌기 때문입니다. 세상에 숨겨진 사이도 아니니 로쿠하라(六波羅)에도 가마쿠라(鎌倉)에도 소식이 들어갔겠지요. 관동 사람들은 비정하다고 들었는데 일간 붙잡혀 호송되면 어떤 괴로운 경우를 당할지……. 그저 결단을 하셔서 이곳에서 처분을 내려주십시오. 당신을 위해서도 저를 위해서도 살아남아 괴로워하는 것보다 그 편이 나을 것입니다."

"그저 억지로라도 서울로 돌아가 주시오."

시즈카는 요시쓰네의 무릎에 얼굴을 파묻고 소리 내어 서럽게 울었다. 부하들도 이 모습을 보고 모두 눈물을 흘렸다.

요시쓰네는 작은 손거울을 꺼내어 시즈카에게 주었다.

"아침저녁으로 이 거울로 얼굴을 보시오. 거울을 볼 때마다 나를 본다고 생각해 주시오."

거울을 받아들고 마치 죽은 이의 유품인 듯 가슴에 품고 사무치듯 괴로워하며 눈물을 흘리다 노래를 읊었다.

내 님이 주신 맑은 거울 보아도 기쁘지 않네
그리운 내 님 모습 담겨있지 않으니

이윽고 요시쓰네는 베개를 꺼내 주면서 항상 몸에 지니고 보라며 노래를 읊었다.

재촉하여도 선뜻 떠날 수 없네 나그네 풀베게
조용히 시즈카에게 젖어든 여행이니

이 밖에 많은 재화와 보물을 꺼내 시즈카에게 주었다. 그 중에서 요시쓰네가 특히 비장(秘藏)하는 장구도 내주었다. 옆면은 양가죽, 몸통은 자단으로 이루어졌고 흰색, 연두색, 보라색을 섞어 짠 실로 엮은 장구였다.

"이 장구는 내가 아끼며 지니고 있던 것이라오. 시라카와(白河) 상황[2] 시절에 호주지(法住寺) 장로(長老)가 당나라에 갔을 때 두 가지 보물을 가지고 돌아왔소. 명곡(名曲)이라는 비파와 초음(初音)이라는 장구인데, 이 장구가

---

2 시라카와 천황(白河天皇, 1053~1129). 양위 후 오랜 기간 태상천황(太上天皇)으로 군림하며 소위 원정(院政)의 전통을 만들었다. 고산조(後三條) 천황의 첫째 황자이며, 생모인 후지와라노 모시(藤原茂子)는 섭관가의 딸이 아니다. 고산조(後三條) 천황의 즉위(1068) 후 1069년에 동궁으로 책봉되었고 3년 후 부친이 양위하면서 즉위하였다. 그러나 고산조 천황의 양위 목적은 시라카와의 이복형제인 사네히토(實仁) 친왕을 동궁으로 책봉하는데 있었고 시라카와 천황의 자손은 왕위 계승에서 배제되어 있었다. 시라카와는 부친의 뜻에 거역하여 고산조 천황과 사네히토의 죽음 후 자신의 적자인 호리카와(堀河) 천황을 동궁으로 책봉하고 그 날로 양위하였다(1086). 호리카와 천황의 장남인 손자 도바(鳥羽) 천황과 도바 천황의 장남인 증손 스토쿠(崇德) 천황까지 즉위시켰고 도바 천황이 관백 후지와라노 다다자네(藤原忠實)와 연계하여 자립적인 움직임을 보이자 칙감(勅勘) 처분을 내리는 등 77년의 생애에 걸쳐 왕위 계승과 자손에 대한 지배를 관철시키려 했다.

바로 그것이오. 명곡은 궁궐에 있었는데 호겐(保元) 전란에 스토쿠(崇德) 상황[3] 눈앞에서 불타 지금은 없다오. 초음은 사누키(讃岐) 수령 마사모리(正盛)[4]가 하사받아 비장하고 있다가 사후에 다다모리(忠盛)[5]가 이를 받아 가지고 있었고 기요모리 이후에는 누가 지녔는지는 모른다오. 야시마(八島) 전투 때 일부러 바다 속에 떨어트렸는지, 아니면 실수로 떨어졌는지 파도에 흔들리며 떠다니는 것을 이세노 사부로(伊勢三郎)가 갈퀴로 건져내었소. 내게 건네준 것을 요리토모 님께 드렸는데 고시라카와 상황께서 거두어가셨소. 헤이케 토벌 후 서울에 있을 때 내게 주시니 목숨처럼 지니고 있으려고 했지만 이제 마지막이니 이것을 그대에게 주겠소."[6]

요시쓰네의 말에 시즈카는 울면서 받아들고 몸에 지녔다.

아무리 생각해도 이제 더 이상은 지체할 수 없었기에 부하를 둘로 나누

---

3 스토쿠 천황(崇德天皇, 1119~1164). 도바 천황의 첫째 아들이었으나 부친의 사랑을 받지 못했다. 이는 스토쿠 천황이 조부인 시라카와 상황의 아들이라는 소문 때문이었다. 신빙성이 없는 소문에 불과하다는 설도 있다. 도바 상황은 아버지의 죽음 이후 자신의 세상이 되자 스토쿠 천황에게 동생인 고노에(近衛) 천황에게 양위할 것을 종용하였다. 스토쿠인은 어쩔 수 없이 양위하지만 자신의 아들에게 다시 왕위가 넘어올 것이라 기대하였다. 그러나 스토쿠인의 염원과는 달리 고노에 천황 사후 스토쿠인의 아들이 아닌 동생 고시라카와(後白河) 천황이 즉위하게 된다. 왕위를 둘러싼 부자간의 갈등은 나중에 도바 상황 붕어 후 호겐 난(保元の亂)의 한 원인이 되었다.

4 다이라노 마사모리(平正盛, ?~1121) 헤이안시대 후기의 무장으로 다이라노 기요모리의 조부이다.

5 다이라노 다다모리(平忠盛, 1096~1153). 다이라노 마사모리(平正盛)의 장남으로 시라카와 천황과 도바 천황의 원정(院政) 시대에 군사력의 중심이 되어 활약하였다. 무사로서의 명성이 높았으며 여러 지방의 수령으로서 세력을 확대하며 경제력을 구축했다. 도바 상황을 위해 도쿠초주인(得長寿院)을 조영하였으며 그 공을 인정받아 궐에서의 승전을 허락받았으며 형부경(刑部卿)까지 승진함으로써 다이라 가문의 기반을 닦았다.

6 문맥을 고려하여 '고시라카와인(後白河院)께서 거두어가셨소.' 이하 부분을 다나카(田中)본을 참고로 추가하였다.

었다. 요시쓰네가 결심하면 시즈카가 마음을 정하지 못하고, 시즈카가 결심하면 이번에는 요시쓰네가 마음을 정하지 못했다. 서로 떨어지기 어려워 길을 떠났다 되돌아오기를 반복하였다. 마침내 요시쓰네 일행은 봉우리로 올라가더니 계곡으로 내려갔다. 시즈카는 멀어져가는 그 모습을 사라질 때까지 멀리서 배웅했다. 그 모습조차 보이지 않을 만큼 멀어지자 시즈카는 메아리칠 정도로 큰 소리로 울부짖었다. 다섯 명의 부하들은 시즈카를 달래며 서너 개의 고개를 내려갔다. 두 명의 무사가 하인 셋을 불러 말했다.

"다들 어떻게 할 셈이냐. 요시쓰네 님도 애정이 각별했지만 지금은 당신조차 있을 곳이 마땅하지 않아 행선지도 밝히지 않은 채 사라져버렸다. 우리도 산기슭으로 내려가야 하는데 시즈카 님과 동행했다가는 어찌 난을 피할 수 있을는지. 이곳은 산기슭 가까운 곳이니 버리고 가더라도 인가에 다다르겠지. 우선 도망쳐서 일신을 보전하세."

부끄러움을 알고 인정을 버리지 않아야 할 무사가 이처럼 말하니 아랫사람들 또한 어떤 결정이든 따르겠다고 했다. 무사들은 어느 고목나무 아래에 가죽 깔개를 깔고 시즈카에게 여기서 잠시 쉬라고 권했다.

"이 산기슭에 십일면관음상이 있습니다. 우리들과 친한 별당이 계시기에 찾아뵙고 앞으로 어찌해야 할지 의논드리고자 합니다. 괜찮다면 그곳으로 모시고 가서 잠시 휴식을 취한 뒤 산을 타서 서울로 모시고자 합니다."

"어떻게 할지 잘 의논해주세요."

시즈카, 요시노산에 버려지다

다녀오겠다는 부하들은 요시쓰네가 준 보물을 남김없이 가지고 안개처럼 사라졌다. 시즈카는 날이 저물 때까지 이제나저제나 기다렸지만 돌아와 말을 거는 이가 아무도 없었다. 어찌할 바를 몰라 망연자실한 채 울다가 고목나무 아래에서 일어나 발이 이끄는 대로 헤매었다. 귀에 들리는 것은 삼나무 마른 잎을 흔드는 바람소리뿐이며 눈에 보이는 것은 나뭇가지 끝 사이사이로 스며드는 달빛뿐이니 괜히 서글퍼졌다. 발길 닿는 대로 헤매다가 높은 봉우리에 올라 큰 소리로 불러보았다. 계곡 아래에서 산울림이 화답하니 나를 찾는 이가 있을까싶어 울면서 계곡으로 내려가 보았으나 눈 깊은 곳에 사람 발자국조차 없었다. 계곡에서 슬퍼 탄식하니 그 소리가 산봉우리 사이에 부는 바람을 타고 들려왔다. 귀를 기울여 들어보니 자그맣게 들려오는 그 소리는 쌓인 눈 밑을 졸졸졸 흐르는 실개천 물소리였다. 듣고 있노라니 슬픔이 더욱 커졌다. 울면서 다시 봉우리로 올라가보니 자신이 걸어 내려온 발자국 외에는 눈을 밟은 흔적조차 없었다.

이렇게 계곡으로 내려갔다 봉우리로 올라가기를 반복하다가 신고 있던 신발도 눈길에 잃어버리고 쓰고 있던 모자도 바람에 날아가 버렸다. 발은 헛디뎌 붉은 피가 흥건히 흘러 내려 요시노산의 하얀 눈은 온통 붉게 물들어버렸다. 소매는 눈물에 젖어 그 끝에는 고드름마저 달렸다. 치맛단은 얼어붙어서 마치 거울을 보는 듯했다. 상황이 이와 같으니 몸을 쉽게 움직일 수조차 없었다. 그날 밤은 밤새도록 산길을 헤매며 밤을 새웠다.

16일 낮 무렵 요시쓰네와 헤어져 오늘 17일 저녁이 될 때까지 혼자 산길을 헤매는 마음이야말로 안쓰러웠다. 눈길을 헤쳐 간 흔적을 보고 요시쓰네가 가까이에 있지는 않을까, 혹은 자신을 버린 하인들이 이 근처에 있지는 않을까하는 생각에 발길 닿는 대로 걷다가 겨우 큰길로 나가게 되었다. 이 길은 어디로 가는 길인지 잠시 서성이며 선채로 쉬었다. 나중에 들으니 우다(宇陀)로 통하는 길이었다. 서쪽을 향해 걷고 있는데 저 멀리 깊은 계곡에 등불이 아련히 보였다. 어떤 마을일까, 숯장수 노인도 지나가지 않으니 그저 숯 굽는 가마는 아닐 것이었다. 가을날 저물녘도 아니니 늪가의 반딧불도 아닐 것이었다. 가까이 다가가 보니 장왕(藏王) 권현[7]의 등롱 불빛이었다.

안으로 들어가 보니 절 안 남대문에는 참배객들이 넘쳐났다. 여기는 어딜까 생각하며 불당 옆에서 쉬다가 지나가는 사람들에게 물었다.

"여기는 어딥니까?"

"요시노의 신령한 산 긴부센(金峰山)이라오."

시즈카는 기쁘기 그지없었다. 하고 많은 날 중에 오늘은 17일, 장왕당(藏王堂) 공양 날이라 귀하게 여겨져 사람들 틈에 섞여 정문으로 다가가 참배하였으나 본당 안쪽에는 사람들이 많아 혼잡하여 도저히 다가갈 수 없었다. 작은 문으로 들어가 스님들이 법요를 진행하는 동안에는 피곤함에 지쳐 옷을 뒤집어쓰고 누웠다. 법요가 끝나니 시즈카도 일어나 염불을 하며 앉았다. 각기 자신에게 익숙한 예능을 펼치며 제각각 염원을 담아 회향(回向)하는 춤을 추었다. 그 중에서도 특히 눈길을 끈 것은 오미(近江) 지방에

---

7 수험도(修驗道) 본존으로 정식명칭은 금강장왕권현(金剛藏王權現)이다. 일본 독자적인 부처로 나라 현 요시노에 있는 긴푸센지(金峯山寺) 본당 본존이다.

서 온 사루가쿠(猿楽)[8]와 이세 지방에서 온 시라뵤시(白拍子)[9]였는데 이들도 한 판 춤을 춘 뒤 자리로 돌아갔다.

이를 본 시즈카는 정성껏 기도를 올렸다.

"아, 나도 편안한 몸이었다면 성심을 다해 춤을 추었을 텐데. 바라옵건대 권현이시여, 이번에 무사히 서울로 돌아갈 수 있게 해 주십시오. 또 사랑하지만 헤어진 요시쓰네 님을 무탈하게 다시 한 번 만날 수 있게 해 주십시오. 그렇게만 해주신다면 어머니와 함께 참배하여 진심을 다해 춤을 봉헌해 올리겠습니다."[10]

참배객이 모두 돌아간 뒤에 시즈카는 본당에서 기도를 드렸다. 젊은 스님들이 웅성거렸다.

"저 아름다운 여인은 그 모습이 예사 사람 같지 않네. 어떤 사람일까? 저런 사람들 중에 예능이 뛰어난 이가 있기도 하지. 얼른 가서 권해봐야겠어."

무늬가 없는 법복에 수정과 마노가 섞인 염주를 지닌 노승이 시즈카에게 다가왔다.

"자, 권현 님 앞입니다. 예능을 봉헌하시지요."

"무슨 말씀을 드려야 할지 모르겠습니다. 이 근처에 사는 사람이온데 매월 참배 드리고 있습니다. 보여드릴 만한 재능이 있는 사람이 아닙니다."

---

8 헤이안, 가마쿠라 시대에 흥행한 예능으로 다양한 예능의 맹아적 요소가 담겨 있으며 중세 연극 노(能)의 모태이다.

9 헤이안 말에서 가마쿠라 시대 유행한 가무의 일종으로 주로 남장을 한 유녀나 아이들이 이마요(今様)나 낭영(朗詠)을 부르며 춤을 추었다.

10 춤을 봉헌하겠다는 표현은 문맥을 고려하여 다나카본을 토대로 추가하였다.

"이 권현은 영험하기 그지없는 분이시라오. 왕생을 방해하는 죄나 더러움을 뉘우치게 하시려고 신으로 환생하여 오신 분이지요. 예능에 능력 있는 자가 자신 앞에서 성심을 다해 그 재주를 펼치지 않는다면 대단히 안타깝게 생각하실 겁니다. 설령 잘하지 못하더라도 할 수 있는 능력 안에서 성심을 다해 예능을 펼친다면 대단히 기뻐하시겠지요. 이는 사사로이 드리는 말씀이 아닙니다. 오로지 권현의 탁선입니다."

승려의 말을 들은 시즈카는 두려워졌다.

'아아, 무서워라. 나는 세상에 이름이 알려진 사람인데. 신은 정직한 이와 함께 하신다고 하니 이렇듯 아무것도 하지 않으면 황공한 일이겠지. 춤은 안 추더라도 노래를 불러 회향하는 것에 무슨 지장이 있을까? 나를 알아보는 이는 결코 없을 거야.'

시즈카는 할 수 있는 예능이 많았지만 특히 시라뵤시를 잘하였기에 가락에 맞추어 가사를 전했는데 상상할 수도 말로 표현할 수도 없을 정도로 빼어난 기량으로 노래를 불렀다. 노래를 듣고 눈물을 흘리고 소매를 적시지 않는 이가 없었다. 마지막에는 이렇게 부르며 마무리했다.

함께 살던 때에는 익숙함에 미워하기도 했지만
헤어지고 나니 이마저 그립기만 하네
미워서 헤어진 것이 아니기에
그 모습을 어찌하여 잊을 수 있을까요
특히 슬픈 이별은 부모와의 이별, 아이와의 이별이라지만
그보다 슬픈 것은 부부의 이별이라네

노래를 부르는데 하염없이 눈물이 떨어지자 시즈카는 장옷을 뒤집어 쓰고는 엎드렸다. 노래를 들은 사람들은 웅성거렸다.

"목소리를 들어보니 보통 사람이 아니군. 더구나 남편을 사랑하는 여인인 것 같네. 어떤 사람이 이 여인의 남편이길래 이렇게까지 애를 태우게 하는 것일까."

지부(治部) 법안이라는 스님이 이 말을 듣고 말했다.

"노래가 훌륭한 것은 당연한 이치요. 누군가 했더니 이 여인이야 말로 그 유명한 시즈카라오."

같은 숙소에 기거하는 스님이 어떻게 알아보았는지 물었다.

"작년에 백일이나 가뭄이 지속되었는데, 법황이 참여한 가운데 백 명의 시라뵤시를 불러 기우제를 지냈지요. 그 때 시즈카가 춤을 추자 삼일 동안 계속해서 비가 내렸기에 일본 제일이라는 선지(宣旨)가 내려졌죠. 그 때 보았소."

"그렇다면 이 여인은 요시쓰네의 행방을 알겠군요. 붙잡아서 물어봅시다."

"그게 좋겠소."

젊은 스님의 말에 모두 동의했다. 집무 스님 방에 검문소를 만들어 참배객들이 귀가하는 것을 기다렸다. 이윽고 시즈카가 사람들 틈에 섞여 돌아가고자 하니 스님들이 이를 제지했다.

"시즈카로구나. 요시쓰네는 어디에 있는가?"

"행방을 모릅니다."

젊은 스님들이 거칠게 말했다.

"여자라고 봐주지 마라. 그냥 난폭하게 대해라."

시즈카는 어떻게든 숨기려했지만 덧없는 여인의 마음에 어이없는 자신의 처지가 두려워 울면서 사실 그대로를 털어놓았다.

"그래도 우리는 정이 있는 사람들이라네."

스님들은 시즈카를 집무 스님 방에 들인 후 여러모로 돌보아준 뒤 그 날 하루는 그곳에 머물게 하였다. 날이 밝자 말에 태워 호위할 하인을 붙여서 기타시라카와(北白河)[11]로 보내주었다. 그리고 이것을 스님의 정이라 말했다.

요시쓰네, 요시노산에서 퇴각하다

날이 밝자 스님들은 강당 정원에 모여 집회를 열었다.

"요시쓰네는 중원(中院) 계곡에 있다. 어서 쳐들어가 그 목을 베어 요리토모 님에게 보여드리도록 하자!"

이 말을 듣고 노승이 질타했다.

"아아, 무익한 젊은 스님들의 회의로구나. 우리의 적도 아니고, 그렇다고 조정의 적도 아니오, 그저 요리토모 님과 사이가 안 좋을 뿐이거늘. 의례를 다하고 법복을 입은 자로서 갑옷을 입고 활을 잡고 살생을 범하는 일이 어찌 온당하겠는가?"

노승의 훈계에 젊은 스님들은 반박했다.

"그야 그렇지만 지난 지쇼(治承) 때 일을 듣지 않으셨습니까? 다카쿠라

11 교토시 동부에 있는 지역으로 시즈카의 어머니가 있는 곳이다.

노미야(高倉宮)[12]께서 모반을 일으켰을 때 미이데라(三井寺) 등이 편을 들었었는데, 도중에 엔랴쿠지(延暦寺)는 변심을 했으나 미이데라 스님들은 끝까지 충성을 다했습니다. 나라(奈良) 쪽 스님들은 아직 도착하지 않았고 다카쿠라노미야께서는 나라 쪽으로 퇴각하다가 고묘산(光明山) 신사 앞에서 누가 쏘았는지 모르는 화살에 맞아 돌아가셨습니다. 나라 쪽 스님들은 도착하지 못했지만 다카쿠라노미야 편을 들었다는 이유로 태정대신 기요모리가 가람을 불태워 버렸다는 사실을 남의 일이라고 생각하지 마십시오. 요시쓰네가 이 산에 있다는 사실이 관동에 알려지기라도 한다면 관동 무사들이 이 산으로 몰려들어와 긴메이(欽明) 천황[13]께서 친히 세우신 이곳에 말발굽 소리가 들리게 될 것이니 후대까지 안타까운 일이 아닐 수 없습니다."

노승들도 그렇다면 더 이상 어쩔 수 없다고 답했다. 그렇게 하루가 지나갔고 날이 밝아 20일 새벽이 되자 스님들의 대회의를 알리는 종이 울렸다.

요시쓰네는 중원 계곡에 있었는데 인적 없는 산에 눈이 쌓여 계곡의 시냇물조차 조용히 흘렀다. 말을 탈 수도 없었기에 안장이나 마구도 얹지 않

---

12 모치히토오(以仁王, 1151~1180)를 가리킨다. 모치히토오는 고시라카와 천황의 세 번째 아들로 재능과 인망이 있었지만 어머니가 섭관가 출신이 아니어서 친왕이 되지 못했다. 1180년 미나모토노 요리마사(源頼政)와 함께 헤이케 타도를 위해 거병을 기획했으나 계획이 누설되어 실패하였다. 고후쿠지(興福寺)를 의지하여 나라(奈良)로 가던 도중 화살에 맞아 사망했다.

13 긴메이 천황(欽明天皇, ?~571). 게이타이 천황과 다시라카(手白香) 황후 사이에서 태어난 적자로서 게이타이 천황 사후 바로 즉위하여 안칸(安閑), 센카(宣化) 천황 왕조와 병립해서 존재했다는 설도 있다. 국내에서는 소가(蘇我)씨가 대두하여 외척으로서 권세를 누렸으며 국외에서는 신라의 국력이 신장되어 백제와 일본의 동맹이 더욱 공공이 되었다. 동맹을 통해 오경박사, 불경 등 선진문물이 전래되었다.

았으며 종자들도 없었기에 병량미도 지니고 있지 않았다. 모두 완전히 탈진하여 앞뒤 없이 잠에 빠져 있었다. 아직 새벽녘인데 저 멀리 산기슭에서 큰 종소리가 들려오니 요시쓰네는 이상히 여겨 부하들을 불러 말했다.

"새벽을 알리는 종소리 이후에 큰 종이 울리다니 이상한 일이다. 이 산에는 긴메이 천황께서 세우신 요시노산 장왕 권현을 모신 영험하기 그지없는 신사가 있다. 그리고 길상구형(吉祥駒形)의 팔대금강동자(八大金剛童子), 가쓰테,[14] 히메구리, 시키오지, 소케, 고소케 명신 등 유명한 신사가 줄지어 있다. 그 때문인지 총무 스님을 비롯하여 스님들의 오만함이 상식을 벗어나며 조정이나 무가의 뜻을 따르지 않는다. 상황이나 천황의 명 없이 관동에 충절을 보이기 위해 스님들이 갑옷을 몸에 두르고 회의를 하는 것인지도 모르겠구나."

"만일의 일이 벌어지면 우선 퇴각할 것인지, 그렇지 않으면 되돌아와 교전을 벌여 전사나 할복을 할 것인지, 닥쳐서 당황하여 우왕좌왕하지 않도록 미리 각자 의논을 하지요."

비젠노 헤이시로(備前平四郎)의 말에 이세노 사부로가 답했다.

"이리 말씀드리면 겁쟁이라 생각하실 수도 있겠지만, 분명한 증거도 없이 자결하는 것은 어이없는 결정이오. 스님들을 상대로 전사를 한다한들 무익하오. 그저 몇 발자국이라도 마음 편한 곳으로 우선 퇴각을 합시다."

"잘 말해주었소. 모두 그렇게 생각하고 있었소."

---

14 가쓰테(勝手) 신사는 요시노에 현존하는 신사이다. 이하에 나열된 신의 이름은 명확히 알려져 있지 않다.

히타치보(常陸坊)가 대답하자 벤케이가 화를 냈다.

"말도 안 되는 소리를 하는군. 절 근처에 있으면서 산기슭에 종소리가 들리니 적이 쳐들어올 것이라며 도망친다면 대관절 적이 쳐들어오지 않을 산이 어디에 있겠소. 주인님께서는 잠시 이곳에 쉬시고 계십시오. 제가 산기슭으로 내려가 절 안의 사정을 살펴보고 오겠습니다."

요시쓰네가 말했다.

"응당 그렇게 하고 싶지만 그대는 히에이잔(比叡山)에서 나고 자란 사람이잖나. 필시 요시노, 도쓰카와(十津川)[15] 쪽 사람들에게 얼굴이 알려져 있을 것일세."

"사쿠라모토(桜本) 승방에 오랫동안 있었지만 그들에게는 얼굴이 알려져 있지 않을 것입니다."

벤케이는 말을 마치기도 전에 서둘러 일어났다. 짙은 감색 평상복에 검은 실로 엮은 갑옷을 입고 법사 신분에도 항상 삭발을 하지 않았기에 세치 정도 자란 머리에 에보시(烏帽子)를 쓰고 수건으로 머리를 동여맸다. 그리고 넉자 두 치 되는 검은 옻칠한 칼을 칼집이 위로 솟아오르게 차고 초승달처럼 휜 장도를 지팡이처럼 짚고, 곰 가죽으로 된 군용 신발을 신고 어제 내린 눈을 꽃잎이 떨어지듯 발로 차면서 산기슭을 향해 내려갔다.

미륵당 동쪽, 대일당(大日堂) 위에서 내려다보니 절 안이 시끄럽고 스님들이 남대문 위아래로 오르락내리락 했다. 노승들은 강당에서 논의를 진행했다. 젊은 스님들은 회의 도중에 자리를 뜨며 투지를 불태웠다. 이를 검게 물들인 젊은 스님들은 약식 갑옷에 소매를 붙여 입고 모자모양 투구의

---

15 요시노 군 남부 도쓰 강 상류의 산악지대로서 수행자들의 모태가 된 곳이다.

끈을 동여맸다. 화살 담은 통을 옆으로 비스듬히 매고 활을 지팡이처럼 짚고 제각기 장도를 차고 있었다. 노승들이 앞장서고 백여 명되는 스님들이 산으로 올라가는 길목을 살피고 있었다.

'아뿔싸!'

벤케이는 서둘러 중원 계곡으로 돌아가 요시쓰네에게 상황을 보고했다.

"야단법석을 떨 시간도 없습니다. 적이 바로 코앞에 왔습니다."

"동국 무사냐, 요시노 법사들이더냐?"

"산기슭의 스님들입니다."

"그렇다면 이길 재간이 없다. 그들은 이곳 사정에 밝은 자들이다. 건장한 자들을 앞세워 싸우기 힘든 곳으로 몰아가면 견딜 수 없을 것이다. 누군가 이 산의 지리를 잘 아는 자가 있다면 우선 그를 앞세워 퇴각하자."

"이 산의 지리를 아는 자는 얼핏 봐도 없습니다. 외국에 육왕산(育王山),[16] 향풍산(香風山), 숭고산(崇高山) 세 산이 있다면, 우리나라에는 일승(一乘), 보리(菩提)라는 두 산이 있습니다. 일승은 가쓰라기산(葛城山)을 의미하며 보리는 이 산을 의미합니다. 엔노교자라는 귀한 스님이 목욕재계 정진하였으며, 이곳에 계시다 출가한 왕자가 왕위에 오르는 모습을 보고 새가 노래를 불렀으며, 하쓰세강(初瀨川) 물줄기로 묘지검(妙智劍)이라 칭송받았던 육신으로 환생한 부동명왕(不動明王)도 계시는 곳이지요. 따라서 이 산은 부정한 몸으로 어설프게 들어올 수 있는 곳이 아닙니다. 저도 들어가 본 적은 없지만 얼핏 듣기에도 세 방향이 모두 난소(難所)입니다. 한 쪽은 적의 화살 끝이고 서쪽은 깊은 계곡이라 새소리만 아련히 들리는 곳입니다. 북쪽은 용

16 중국 서강성(逝江省) 녕파부(寧波府)에 있는 산으로 중국 오산(五山) 중 하나이다.

이 돌아가는 곳이라 하여 그곳에서 떨어지면 밑은 소용돌이치는 강입니다. 동쪽으로 향하면 야마토(大和) 지방 우다로 길이 이어지는 곳이니 그쪽으로 가셔야 합니다."

다다노부, 요시노에 머무르다

열여섯 명이 각기 퇴각하는데 그 중에 평판이 높은 용감한 무사가 있었다. 선조를 자세히 살펴보면 가마타리(鎌足)[17] 내대신의 자손으로 담해공(淡海公)[18]의 후손이자 사토(佐藤) 좌위문 노리타카의 손자, 시노부(信夫) 사토 장사(庄司)의 차남, 사토 시로(四郎) 병위 후지와라노 다다노부라는 무사였다.

다다노부는 많은 사람들은 제치며 요시쓰네 앞으로 나아가 눈밭 위에 무릎을 꿇고 아뢰었다.

"주인님의 상황이나 우리의 신세를 비유로 말씀드리자면 한 걸음 한 걸음 도살장으로 걸어가는 양보다 절박함이 더하면 더했지 덜하지 않을

---

17 후지와라노 가마타리(藤原鎌足, 614~669). 후지와라씨의 시조로 덴지(天智) 천황과 함께 소가씨를 무너트리고 소가노 이루카(蘇我入鹿)를 죽였다. 덴지 천황을 보좌하며 율령제 개혁을 추진하였다. 임종시 대직관(大織冠)이라는 칭호와 대신, 후지와라 아손(藤原朝臣)이라는 씨성(氏姓)을 받았다.

18 후지와라노 후히토(藤原不比等, 659~720). 아스카(飛鳥), 나라(奈良)시대의 귀족으로 담해공(淡海公)이라 한다. 가마타리(鎌足)의 차남이자 우대신으로서 고묘(光明)황후의 친부이다. 「대보령(大宝律令)」을 선정한 공으로 승진, 율령 체제를 확립하고 헤이조(平城) 천도 및 「요로율령(養老律令)」 편수를 추진했다. 두 명의 여동생을 각각 몬무(文武) 천황과 쇼무(聖武) 천황의 후궁으로 입궐시킴으로써 황권과 외척 관계를 맺고 후지와라 가문의 특권적 지위를 구축함으로써 후지와라 가문 융성의 기초를 만들었다.

것입니다. 주인님께서는 마음 편히 후퇴하십시오. 다다노부는 남아서 산기슭의 승병들을 기다리고 있다가 한판 방어전을 펼쳐 퇴각할 시간을 벌겠습니다."

"그대의 뜻은 그 무엇보다 기쁘기 그지없지만, 그대의 형 쓰기노부(継信)가 야시마(八島) 전투에서 이 요시쓰네를 위해 목숨을 버리고 노토(能登) 수령[19]의 화살에 맞아 세상을 떠났지 않았나. 지금까지 형제인 그대가 있어 쓰기노부가 아직까지 살아있는 것 같은 생각이 들었네. 생각해 보면 올해도 얼마 남지 않았구나. 그대도 살고 나도 살아남아 내년 1월 말, 2월 초에는 무쓰(陸奥) 지방으로 내려가 그대도 히데히라(秀衡)를 만나면 좋겠군. 또한 시노부 마을에 머물고 있는 처자와도 다시 한 번 만나야 하지 않겠는가."

"말씀하신 바 잘 알겠습니다. 지쇼 3년(1179) 가을 무렵 무쓰(陸奥) 지방을 떠날 때 히데히라 님께서는 "오늘부터 요시쓰네 님에게 목숨을 바치고 이름을 후대에 떨쳐라. 화살이라도 맞고 전사했다는 소식을 들으면 사후 공양은 내가 정성껏 올려줄 것이다. 이름을 드높이면 훈공은 그대가 원하는 대로 줄 것이다"라고 말씀하셨습니다. 목숨을 부지하여 고향으로 돌아오라는 말씀은 없었습니다. 시노부에 어머니 한 분 머물고 계시는데, 헤어질 때 마지막이라 말씀드리고 왔습니다. 무사의 습성상 오늘 타인의 일이 내일 자신의 일이 되기도 합니다. 주인님의 마음이 약해지셨으니 여러분

---

19 다이라노 노리쓰네(平教経, ?~?). 헤이안 말기 무장. 기요모리의 동생 노리모리(教盛)의 차남. 노토(能登) 수령. 용감한 무사로 알려져 있으며 이치노타니(一の谷) 전투 전사설, 단노우라(壇の浦) 전투 자살설, 생존설 등 최후에 대한 이야기가 다양하다. 단노우라 전투에서 요시쓰네와 상대했는데 요시쓰네는 노리쓰네를 피하기 위해 여덟 척의 배를 단숨에 뛰었다는 설화가 유명하다.

들이 부디 잘 모셔주십시오."

그 말에 벤케이는 요시쓰네에게 아뢰었다.

"무사가 하는 말은 천자의 말과 같아 한 번 내뱉은 말을 돌이킬 수 없습니다. 부디 안심하시고 작별을 고하시지요."

잠시 입을 다물고 있던 요시쓰네도 허락했다.

"설령 내가 안타까워한들 소용없을 테지. 그대가 원하는 대로 하구려."

요시쓰네의 말에 기뻐하며 다다노부 홀로 요시노산 깊은 곳에 남았다. 밤에는 달과 별을 머리에 이고 아침에는 안개를 헤치며, 눈 내린 겨울밤에도 석 달의 삼복 여름 아침에도 늘 모시던 주군과 헤어지는 아쉬움이 이제 현실이 되니 평소 그 충절이 사카노우에노 다무라마로(坂上田村丸),[20] 후지와라노 도시히토(藤原利仁)[21]에 뒤지지 않는다고 생각했지만 역시나 쓸쓸한 마음이 들었다. 열여섯 명의 동료들은 제각각 작별을 고하는데 다다노부의 마음은 어지러워졌다.

요시쓰네는 다다노부를 가까이 불렀다.

"그대가 차고 있는 칼은 날이 긴 칼이니 몸이 피곤할 때 쓰기에는 좋지 않네. 몸이 약할 때 큰 칼은 다루기 어렵지. 이 칼로 마지막 전투를 치르게나."

황금으로 장식된 두 자 일곱 치 큰 칼로 날에 홈이 파여 있는, 상상도

---

20 사카노우에노 다무라마로(坂上田村麻呂, ?~?). 정이대장군으로 유명한 헤이안 시대 초기 공경이자 무관. 수도 헤이안의 수호신, 무예의 신으로 숭배되었다. 신화처럼 부풀려진 부분이 많으며 현존하는 이야기의 대부분은 허구화된 전설상의 이야기이다.

21 후지와라노 도시히토(藤原利仁, ?~?). 헤이안 전기 귀족이자 무인으로 관동 지방의 수령을 지냈으며 도적 수천 명을 진압하여 진수부장군이 되었다. 중세 문학에서는 헤이안 시대를 대표하는 네 명의 무인 중 한명으로 손꼽히며 여러 전설의 주인공이 되었다.

못할 정도로 빼어난 검을 꺼내어 주었다.

"이 칼은 길이는 짧지만 칼날이 참으로 명품이라네. 내 몸과도 바꾸지 않을 명검일세. 왜 그런가 하니, 헤이케를 토벌하러 규슈로 내려가 와타나베(渡辺)에서 병선을 준비하고 있을 때 구마노 별당 단조(湛增)[22]에게 구마노 권현에게 진상한 보검을 달라고 청하여 받은 것이 이 칼일세. 나의 신심이 하늘에 닿았는지 3년 만에 역적을 물리치고 아버지가 받으신 치욕을 되갚았네. 그러니 내 생명처럼 소중히 간직하고 있었는데 그대가 나를 대신하여 싸운다고 하니 이것을 주겠네. 부디 요시쓰네와 함께 있다고 생각해주게나."

다다노부는 칼을 받아들며 말했다.

"아아, 훌륭한 칼입니다. 이것을 보십시오. 형님이신 쓰기노부는 야시마 전투 때 주군을 대신하여 죽음을 맞이하여 오슈 모토히라(基衡)[23] 님이 내리신 태부흑(太夫黑)이라는 명마를 받고 저 세상까지 타고 갔습니다. 저는 주군에게 충성의 마음을 다하였기에 이 비장의 명검을 하사받았습니다. 이 일을 남의 일이라 생각하지 마시기를. 누구든지 모두 이렇게 될 수 있습니다."

모두 눈물을 흘렸다. 요시쓰네가 물었다.

"다하지 못한 말은 없는가?"

---

22 단조(湛增, ?~?). 헤이안 말기, 가마쿠라 초기 승려. 구마노 21대 별당. 18대 별당 단카이(湛快)의 아들. 기이 지방 다베(田辺)를 본거지로 하여 구마노 수군을 통솔하였다. 아버지는 헤이지(平治) 난 때 기요모리를 도왔으나, 겐지 거병 이후 겐지 편에 서서 수병을 이끌고 단노우라(壇の浦) 전투에도 참전하였다.

23 후지와라노 모토히라(藤原基衡, 1157-?). 헤이안 말기 무장. 오슈 후지와라씨 2대. 아버지는 기요히라(清衡)이다.

"머물러 있음을 허락해주신 이상 무엇 하나 미련이 있겠습니까. 다만 저 세상까지 무사의 수치라 생각되는 일은 있으나 황송하여 말씀드리지 못하겠습니다."

"마지막일진데 무슨 일인지 말하게나."

다다노부는 무릎을 꿇고 아뢰었다.

"주인님은 대군으로 퇴각하시고 저는 홀로 이곳에 남습니다. 요시노 집행(執行)이 쳐들어와 "여기에 요시쓰네가 있느냐" 물으면 "다다노부"라 이름을 댈 것인데, 그들은 지극히 오만한 자들이옵니다. 만일에 대장군이 없어 사사로운 전투는 무익하다며 돌아가 버린다면 이야말로 후대의 치욕이 될 것입니다. 오늘만큼은 세이와(清和) 천황의 존호를 받잡고자 합니다."

"지당한 말이네. 그러나 스미토모(純友), 마사카도(將門)도 천명을 저버려 마침내 멸망하였다. 하물며 말하기를 "요시쓰네는 상황의 명도 받들지 않는군. 평소 따르던 자들도 마음이 바뀐 이상 어쩔 수 없구나. 오늘 하루를 지내고 날이 밝는 것을 맞이할 수 있을지 없을지 모르는 처지에 세이와의 이름을 허락했군"이라고 떠들어대면 그 비난을 도대체 어찌하면 좋겠는가."

"그것은 사정에 따라 달라지겠지요. 승병들이 몰려오면 화살통에 있는 활을 모두 쏜 뒤 화살이 다하면 칼을 뽑아 배를 가르며 "나를 진짜 요시쓰네라고 생각했느냐? 사실은 요시쓰네 님의 부하인 사토 시로 병위 다다노부다. 주군의 이름을 빌려 전투를 치르고 충성을 보인 것이다. 내 목을 잘라 요리토모 님에게 보이도록 해라"라고 하며 배를 갈라 죽는다면 주군의 이름을 빌린다고 하여 어찌 문제가 되겠습니까."

"마지막 순간에 그렇게 천명하고 죽는다면 무슨 지장이 있겠는가."

요시쓰네는 마침내 세이와 천황의 호를 다다노부에게 허락했다. 이는 현세의 명예이자 사후 염라대왕 앞에서 자랑할 만한 일이라고 다다노부는 생각했다.

"그대가 입고 있는 갑옷은 어떠한 갑옷인가."

요시쓰네가 물었다.

"형님이 마지막에 입고 있던 갑옷입니다."

"그 갑옷은 노토(能登) 수령의 화살을 견디지 못하고 뚫려버린 갑옷일세. 미덥지 않네. 게다가 승병 중에는 소문이 자자한 명사수가 있으니 이것을 입게나."

요시쓰네는 진홍색 실로 엮은 갑옷에 흰 별이 달린 투구를 곁들여 하사했다. 다다노부는 아래로 갈수록 짙어지는 붉은 색 실로 엮은 갑옷을 입고 있었는데, 이를 벗고 눈 위에 놓으며 부하들에게 주라고 말씀드렸으나 요시쓰네는 자신이 입을 갑옷이 없다며 갈아입었다. 참으로 유례없는 일이었다.

요시쓰네가 물었다.

"그렇다면 고향에 남겨둔 마음은 없는가?"

"저도 다른 사람과 마찬가지로 인간계에 태어난 이상 어찌하여 고향을 그리워하지 않을 수 있겠습니까. 고향을 떠나올 때 세 살 된 아들 하나를 남겨두고 왔습니다. 그 아이가 훗날 철이 들어 아버지가 어디에 있냐고 물을 텐데 그 목소리가 듣고 싶습니다. 히라이즈미(平泉)를 떠나올 때 주인님께서 이미 출발한 뒤였기에 새가 울면서 날아가듯 황급히 시노부 마을을 지나왔는데, 그 때 어머니가 계시는 곳에 들려 작별 인사를 하였습니다. 나이 들고 연약한 몸으로 어머니가 두 아들의 소매에 매달려 슬퍼하셨는데 그 일이 어제 일처럼 생각됩니다. "늘그막에 나처럼 걱정에 시달리며 자식과 인연이 없는 사람은 없을 거다. 남편과 사별한 뒤 가끔씩 살갑게 나를 챙겨주던 다테(伊達) 마을에 살던 딸도 죽고 말았지. 그 고통은 말로 다할 수 없을 만큼 힘들었지만 너희들을 성인이 될 때까지 키우면 한 곳에 살지는 않더라도 같은 지역에 살면서 의지가 될 것이라 여겼구나. 히데히라 님은 무슨 생각에 두 아들 모두 요시쓰네 님을 보필하게 하셨는지 한 때 원망한 것도 사실이지만, 자식이 장성하여 어엿하게 도움을 줄 수 있다니 기쁘구나. 끊임없이 전투를 하겠지만 겁쟁이처럼 행동하여 돌아가신 아버지의 명예를 더럽히지는 말거라. 부디 공을 세워 시코쿠나 서쪽 끝까지 가더라도 일 년, 혹은 이 년에 한번이라도 살아있다면 집으로 돌아와 어미를 만나러 와주렴. 고향에 남아 혼자 살아야 하는 것만 해도 슬픈데 두 아들 모두 머나먼 곳으로 떠난 뒤에 어찌 살아갈까." 엉엉 우시는 것을 뿌리치며 알았다고 말씀드렸는데, 그 뒤 삼사년이 지났지만 소식 한 자 전하지 못했습니다. 작년 봄 일부러 사람을 보내어 형님이 돌아가셨다고 알려 드렸더니 몹시도 슬퍼했습니다. "쓰기노부 일은 이제 와서 어쩔 수 없는 일이다. 내년 봄에 네가 돌아온다고 하니 기쁘구나. 얼른 올해가 지났으면 좋겠다"고 말씀하시면서 기다리고 있으십니다. 주인님이 히라이즈미로 내려가시면 어머니는 달려와 제가 어디에 있냐고 찾으실 것입니다. 쓰기노부는 야시마에서, 다다노부는 요시노에서 전사했다고 들으시면 얼마나 상심하실는지요. 그 죄야말로 크다고 생각됩니다. 주인님이 내려가시어 평온하게 지내시게 되시면 쓰기노부와 다다노부의 사후공양은 바라지 않더라도 어머니 한 분에게만은 위로의 말씀을 건네주셨으면 합니다."

다다노부는 말을 채 끝내지도 못한 채 울먹였고 요시쓰네는 물론 열여섯 명의 부하들도 모두 갑옷의 소매를 적시며 울었다.

"그런데, 자네 혼자만 남을 것인가?"

"오슈에서 데리고 온 젊은 부하가 쉰 네 명 있었는데 일부는 전사하고 일부는 고향으로 돌아갔습니다. 지금 대여섯 명 남아 있는데 함께 전사하겠다고 합니다."

"그렇다면 요시쓰네 부하 중에 남는 이는 없는가?"

"비젠과 와시노오(鷲尾)가 머무르겠다고 하였지만 계속해서 주인님을 보필하라고 돌려보냈습니다. 하인 두 명이 한 곳에서 죽겠다고 청하였기에 머무르기로 했습니다."

요시쓰네는 그들의 마음이 갸륵하다고 칭찬하였다.

다다노부, 요시노산에서 전투하다

스승의 명령에 목숨을 바친 이는 내공(内供)[24] 지코(智興)의 제자 쇼쿠(證空)[25] 아사리이며 남편에게 목숨을 바친 이는 동귀(東帰)의 열녀[26]이나, 생명을 버

24 일본 승직의 하나로서 궁중에서 천황의 안온을 기도하는 직무를 맡았다.

25 『보물집(宝物集)』 등에 전해지는 이야기이다. 미이데라의 고승 지코가 위독한데 누군가 이 고통을 대신하면 낫는다는 점괘가 나오자 제자인 쇼쿠가 자신이 고통을 대신하겠다고 자원하고 대신 고통을 받았다. 이윽고 쇼쿠의 죽음이 임박하자 부동명왕(不動明王)이 나타나 눈물을 흘리며 자신이 대신하겠다고 하고 스승과 제자 모두 병이 나았다는 이야기이다.

26 당나라 열녀 이야기로 아버지의 목숨을 인질로 남편의 목숨을 내놓으라는 협박을 받게 된 동귀는 남편과 아버지 사이에서 갈등하다 남편과 자신의 잠자는 위치를 바꾸어 남편을 대신하여 자신의 목숨을 내놓았다.

리고 자신의 몸을 희생하여 주군에게 목숨을 바친 것은 요시쓰네의 부하들을 뛰어 넘을 자가 없다. 옛날이라면 모를까 말세인 지금은 흔치 않은 예이다.

이윽고 다다노부는 지금쯤 주군은 멀리 퇴각했을 거라 생각하며 전투 준비를 시작했다. 동그라미 무늬가 가득 나염된 평상복에 붉은 실로 엮은 갑옷을 입고 하얀 별 투구를 쓴 뒤 끈을 조였다. 담해공(淡海公)으로부터 전해진다는 쓰라라이[27]라는 이름의 석 자 다섯 치 되는 명검을 찼다. 요시쓰네에게 받은 황금 장식의 큰칼도 허리에 찼다. 가운데 부분이 까만 독수리 털이 장식된 화살 24촉을 화살통에 넣고 파란 색 깃털이 달린 우는살(鏑)을 장식으로 꽂았다. 우는살은 순무 모양의 울림통 구멍에서 아랫부분까지 여섯 치나 되었으며 둘로 나뉜 화살머리에 날이 선 화살촉을 박아 넣은 것으로 사토 집안에 대대로 전해 내려오는 것이었다. 뿔매의 깃털을 단 특별한 활 하나를 다른 활보다 한 치 정도 높게 꽂으니 머리 보다 약간 높게 멘 듯 보였다. 활은 마디가 많았으며 길이는 짧았지만 튼튼한 것을 들고 있었다. 해는 점점 하늘 높이 올라가고 열여섯 명은 각기 퇴각했다. 때는 12월 20일 무렵이니 겨울 하늘이 그렇듯 눈이 내릴 듯 맑을 기색은 없고 바람은 나무가 휘어질 정도로 불어댔다. 왼쪽 소매에 쌓이는 눈을 내리 쓸면서 퇴각했다. 갑옷 상체 철판 부분에 눈이 쌓이니 하얀 포대를 씌운 것처럼 보였다.[28] 다다노부 부대는 총 일곱 명으로 중원 동쪽 계곡에 머물며 눈으로 둔덕을 높이 쌓고 굴거리나무, 비쭈기나무 잎을 잘라 가지고와서 꽂았다. 앞

27 저본에는 쓰쓰라이(つつらい)라고 되어 있지만 다나카(田中)본을 참조하여 쓰라라이(つららい)로 번역했다.

28 문맥을 고려하여 '해는 점점 ~' 부분부터 이 문장까지는 다나카본을 참고하여 추가하였다.

쪽에는 큰 나무 대여섯 개를 방패 삼아 두고 산기슭 승병 이삼백 명을 이제나저제나 기다렸다.

그렇지만 미시(未時)[29]가 지나고 신시(申時)가 될 무렵까지 기다려도 적은 쳐들어오지 않으니 마냥 이렇게 시간을 보낼 수도 없었다.

"얼른 쫓아가서 요시쓰네 님과 동행해야겠다."

진을 떠나 두 마장 정도 걸어갔지만 눈은 내리고 바람은 세차게 부니 아군의 발자국도 모두 하얗게 사라져 어쩔 도리 없이 다시 되돌아왔다. 유시(酉時)[30] 쯤 승병 삼백 명이 계곡을 사이에 두고 몰려오면서 일제히 함성을 질러댔다. 일곱 명은 반대편 삼나무 숲 속에서 가냘프지만 함성을 질렀다. 이로써 승병들은 적이 있음을 알게 되었다. 그날 집행의 대리는 가와쓰라 법안(法眼)이라는 악승(悪僧)[31]이었는데 공격의 선진을 맡았다. 법사지만 훌륭하게 무장했는데 생사로 짠 얇은 녹색 비단 평상복에 보라색 실로 엮은 갑옷을 입고 세 장의 목가리개가 달린 투구의 끈을 묶고 있었다. 그리고 요즘 유행하는 칼을 차고 강한 독수리 꼬리털로 만든 화살 24촉을 꽂은 화살통을 머리보다 높게 메었다. 일정한 간격으로 등나무를 감은 활의 한 중간을 잡고 자신과 비슷한 기량의 악승 대여섯 명을 앞뒤로 걷게 하였다. 제일 앞에 선 법사는 마흔 정도였는데 강건해 보였고 갈색 옷에 검은 가죽으로 앞을 댄 약식 갑옷을 입고 검은 옻칠을 한 칼을 차고 있었다. 네 장의 메밀잣밤나무로 만든 방패를 찍으면서 활이 닿을만한 거리까지 걸어왔다.

---

29 오후 1시에서 3시 사이를 말한다.

30 오후 5시에서 7시 사이를 말한다.

31 원래는 계율을 지키기 않는 승려를 의미하지만 여기서는 무예에 뛰어난 승려를 지칭한다.

가와쓰라 법안은 방패 앞으로 나와 큰 소리를 지르며 말했다.

“무릇 이 산에 요리토모 님의 동생 요시쓰네 님이 계시다는 소식을 듣고 요시노 집행이 마중하러 온 것입니다. 개인적으로는 아무런 원한이 없습니다. 이곳을 퇴각할 것입니까, 그렇지 않으면 전사할 것입니까? 거기 아무도 없습니까. 말씀 좀 전해 주시오.”

배려하는 척 말을 하자 다다노부가 말했다.

“아아, 그 무슨 바보 같은 소리냐. 세이와 천황의 후예, 요시쓰네 님이 오셨다는 소식을 너희들은 지금까지 몰랐단 말이냐. 평소 친분이 있다면 문안인사를 드리러 온들 무슨 탈이 있겠느냐. 사람들의 참언 때문에 현재 요리토모 님과 사이가 좋지 않으시지만, 사실무근이니 어찌 요리토모 님도 다시 생각하지 않으시겠느냐. 훗날 후회하실 것이다. 어떤 상황인지 보고 오라며 요시쓰네 님께서 보내신 나를 누구라고 생각하느냐. 나는 내대신 후지와라노 가마타리 공의 후예로서 사토 좌위문 노리타카의 손자, 시노부 사토 장사의 차남 사토 시로 병위위 후지와라노 다다노부이다. 나중에 이러쿵저러쿵하지 말고 분명히 들어라. 요시노의 땡중들아.”

가와쓰라 법안은 경멸하는 말을 들었다는 생각에 싸우기에 적절하지 않은 곳임에도 불구하고 계곡너머로 소리를 지르며 달려들었다. 이 모습을 본 다다노부는 여섯 명의 아군에게 작전을 말했다.

“적이 가까이 다가오면 상황은 나빠질 것이다. 그대들은 여기서 적들과 설전을 벌이도록 하라. 나는 전투용 화살 두세 개를 가지고 활을 지팡이 삼아 짚으며 좁은 계곡 하천의 상류를 건너 적의 뒤쪽을 겨냥하여 다가갈 것이다. 그들로 하여금 화살 한 번 쏘지 못하게 할 것이다. 방패를 세우고 있는 승병의 목뼈나 갑옷의 가슴팍에 한 발 쏜 뒤 나머지 화살을 쏘아 녀석들을 모두 내쫓을 것이다. 그리고는 중원 봉우리에 올라가서 뽑아들고 온 방패를 세우고 적들로 하여금 활을 쏘게 하겠다. 우리 아군의 화살이 다하면 칼을 뽑아들고 대군 안으로 달려 들어가 전사하자."

대장이 뛰어나니 휘하의 부하도 모두 걸출했다.

"적이 많으니 실수하시면 안 됩니다."

"어떻게 하는지 지켜 보거라."

다다노부는 화살 두 개와 우는살 하나를 들고 활을 지팡이 삼아 첫 번째 계곡을 내달려 올라갔다. 좁은 계곡 하천의 상류를 건너 적의 뒤편 어두운 곳에서 조준하면서 다가갔더니 마치 귀신의 머리카락처럼 나뭇가지가 뒤엉켜 쓰러진 나무가 있었다. 쓰윽 하고 그 위에 올라섰더니 왼쪽에 적이 보였고 가까운 거리라 참으로 활쏘기에 좋아보였다. 세 사람이 힘을 합쳐 쏘는 큰 활에 긴 화살을 재어 활의 오늬를 붙잡았다. 원하는 만큼 활을 충분히 잡아당기고 잠시 겨누었다가 휙 쏘았다. 화살은 멀리까지 힘차게 날아가 방패를 세우고 있던 악승의 왼팔 아랫부분과 보호용 토시를 관통하여 그대로 방패에 꽂혔다. 화살을 맞은 악승은 방패 아래로 훅하고 쓰러졌다.

승병들이 놀라 허둥대자 다다노부는 활 아래 부분을 두드리며 큰소리로 외쳤다.

"제군들, 잘 듣도록! 승리의 기운을 타고 정면 부대는 앞으로 돌진하고 적의 배후를 맡은 부대는 우회하도록! 이세노 사부로, 구마이노 다로(熊井太郎),[32] 와시노오, 비젠은 어디에 있느냐? 가타오카 하치로, 잘 하고 있다. 서

---

32 구마이노 다다모토(熊井忠基, ?~?). 헤이안 말기 무장. 이름은 다로(太郎). 요시쓰네 측근으로

탑 무사시보 벤케이는 어디에 있느냐? 저놈들을 놓치지 마라."

이 말을 들은 가와쓰라 법안은 당황했다.

'참으로 이들은 요시쓰네 수하 중에서도 이길 수 없는 뛰어난 자들이다. 사정거리 안으로 다가갔다가는 큰일 나겠군.'

승병들은 마치 세찬 바람에 다쓰타(竜田), 하쓰세(初瀬) 강에 떨어지는 단풍잎처럼 세 방향으로 흩어졌다.

다다노부는 적들을 몰아붙인 뒤 방패를 들고 몸을 가린 채 아군 진영으로 돌아와 일곱 명은 함께 방패 뒤에 몸을 숨기고 적들이 화살을 소진하도록 했다. 승병들은 방패를 빼앗겨 상황이 좋지 않다는 판단에 정면을 향해 명사수를 세워 연신 활을 쏘게 하였다. 활시위 소리가 삼나무 산에 크게 울려 퍼졌고 방패에 꽂히는 화살 소리는 마치 판잣집에 싸라기눈만한 자갈을 뿌리는 소리처럼 들렸다. 한 시간 정도 쏘더니 더 이상 화살은 날아오지 않았다. 여섯 무사는 모두 작정한 일이었기에 어느 때를 위해 목숨을 아끼겠냐며 나가서 싸우자고 했다. 그 말에 다다노부가 명령을 내렸다.

"그저 가만히 있으면서 화살을 소진시켜라. 요시노 승병은 오늘이 첫 전투다. 이런 식으로 전투를 하면 화살을 전부 사용하여 그 제자들과 서로 뒤엉켜 싸울 것이다. 혼란을 틈타 화살을 충분히 쏘아 쫓아내고 아군의 화살이 다하면 칼과 장도를 꺼내들고 적진으로 난입하여 전사하자."

다다노부의 말이 채 끝나기도 전에 승병들은 군데군데 모여 서성거렸다.

"자, 이때다. 공격하자!"

다다노부는 왼팔 소매를 방패삼아 마음껏 활을 쏘아댔다. 잠시 후 뒤로

이치노타니 전투에서 공을 세웠다.

쑥 물러나보니 부하 여섯 명 중 네 명이 전사하여 둘만 남았다. 두 명의 부하 역시 이미 각오한 일이라 다다노부를 지키려고 앞에 서서 방어했다. 한 명은 이오(医王) 선사가 쏜 화살에 목뼈를 맞아 전사했다. 다른 한 명은 지부(治部) 법안이 쏜 화살을 겨드랑이 아래쪽에 맞아 전사했다. 여섯 명의 부하가 모두 전사하니 다다노부는 혼자가 되었다.

'그저 그런 기량의 아군이라면 걸림돌만 될 뿐이야.'

일부러 업신여기듯이 말하며 화살통을 보니 뾰족한 화살 하나와 우는 살 하나가 남아 있었다.

'괜찮은 상대가 나오면 좋으련만. 멋지게 화살 한 번 쏘아주고 할복하자.'

가와쓰라 법안은 그날 화살전에 실패하여 결국 아무런 도움도 되지 못한 채 수하 제자 삼십여 명과 함께 드문드문 서 있었다. 그 뒤편으로 키가 육 척 정도 되며 얼굴은 까무잡잡하고 새까만 옷을 입은 법사가 보였다. 법사는 검은빛이 도는 짙은 남색 평상복에 검은 가죽을 잘라 한 치 크기로 접어서 붙인 갑옷을 입었으며, 목을 보호하는 가리개 부분이 다섯 장으로 된 투구를 푹 눌러쓰고 검은 옻칠을 한 석 자 아홉 치 되는 칼을 곰 가죽 칼집에 넣어 차고 있었다. 털가죽으로 만든 화살통도 훌륭했다. 옻칠을 하고 검은 털을 단 화살은 피리를 만들 때 사용하는 두꺼운 대나무로 만들어진 것 같았다. 주먹 열 네 개 정도의 길이로 넉넉하게 만들어진 화살을 아무렇게나 찔러 넣고는 화살통을 머리 위로 보이게 높게 짊어졌다. 네 명이 쏘는 구 척 길이의 큰 활에는 실이 감겨 있었는데 법사는 이 활을 지팡이처럼 짚고 통나무 위에 올라서서 말했다.

"처음부터 전투를 지켜보았는데 참으로 승병들이 어이없이 싸우더군요. 겐지 병사가 적다고 얕잡아보아 전투를 망친 것입니까? 요시쓰네는 세상에 명성이 자자한 대장군입니다. 부하중에 일당천이 아닌 자가 없습니다. 겐지 군사들도 모두 전사했고 우리 승병들도 많이 전사했습니다. 오늘이야말로 좋은 기회입니다. 겐지의 대장군과 승병의 대장군이 무운을 경합하는 싸움을 합시다. 이렇게 말하는 저를 누구라고 생각하시는지요? 기이(紀伊) 주민으로 스즈키당(鈴木党)에 괜찮은 자가 있다는 소문은 이미 들었을 것입니다. 앞서 싸운 가와쓰라 법안이라는 바보와 친합니다. 어렸을 때부터 고집이 세고 여간내기가 아니라는 평판을 얻어 기이 지방에서 쫓겨났습니다. 나라 도다이지(東大寺)에서도 괴물 같은 악승이라며 쫓겨나 요카와(横川)에 머물렀는데 이 역시 쫓겨나 결국 가와쓰라 법안을 의지하여 요시노에 2년간 머무르고 있습니다. 요카와에서 왔다 하여 제 별명은 요카와 선사 가쿠한(覚範)[33]입니다. 여기에 있는 전투용 화살로 현세의 명예를 얻고자 합니다. 화살을 한 번 쏜다면 저승길의 명예로 생각하겠습니다."

가쿠한은 네 명이 쏘는 큰 활에 주먹 열네 개 길이의 화살을 재고 난폭하게 끝까지 잡아당기더니 휙 하고 쏘았다. 화살은 지팡이를 짚고 서 있는 다다노부의 왼팔 토시를 스치며 지나가 뒤편 추목나무에 깊숙이 박혔다. 그 모습을 보고 다다노부는 생각했다.

'형편없는 실력이구나. 호겐 전투 당시 진제이(鎮西) 하치로(八郎) 도련님[34]

---

33 가쿠한(覚範, ?~?). 구마노 출신 괴력의 악승. 요카와에서 수행을 하여 요카와 가쿠한이라 불렸다. 무예가 뛰어난 승병으로 요시쓰네와 한 판 승부를 벌이기 위해 요시노산을 탐색하다 요시쓰네의 부하 사토 다다노부와 결투 끝에 전사하였다.

34 미나토모노 다메토모(源為朝, 1139~1170)를 말한다. 미나모토노 다메요시(源為義)의 여덟째 아들. 난폭한 성격 때문에 부친 다메요시에 의해 규슈로 추방당했다. 규슈에서 세력을 확장하여 호겐의 난 때 스토쿠 상황 편에 가담했다. 패하여 이즈로 유배되었으나 다시 공격당

께서는 일곱 명이 함께 쏘는 활에 주먹 열다섯 개 길이의 화살을 쏘셨는데도 갑옷 입은 자를 관통시켰지. 그 정도는 되어야 궁술로 이름을 날리는 것이다. 허나 아주 먼 옛날 얘기인데다 말세인 지금 어찌 그런 궁사가 있을 수 있겠는가. 첫 번째 화살은 빗나갔으니 두 번째 화살은 한가운데를 쏘려고 할 거야. 몸 한가운데를 맞아서는 안 되지.'

이윽고 다다노부는 뾰족한 화살을 꺼내 활에 잰 후, 겨냥했다가 풀기를 두세 번 반복했다.

'쏘기에는 조금 멀고 계곡에서 바람이 불어오니 내가 생각한 곳으로 절대 가지 않을 게야. 설령 명중을 시킨다고 해도 상대는 괴력의 소유자이고 갑옷 안에 튼튼한 보호 장구로 된 약식 갑옷을 입고 있을 수도 있지. 관통하지 못하면 무사로서 불명예인데. 가쿠한을 쏘더라도 실패할 수 있으니 그의 활을 쏘아야겠다.'

당나라 양유(養由)[35]는 버드나무 잎을 백보 떨어진 곳에 세우고 백 발을 쏘았는데 백발이 모두 명중했다고 한다. 일본의 다다노부는 세 치 정도 되는 물건을 1.5리 떨어진 곳에서 쏘아 실패한 적이 없다. 게다가 왼쪽 편에 있는 과녁은 결코 실패한 적이 없다. 화살을 쏘기에는 조금 멀지만 어찌 실패할 수 있겠는가. 마음을 다잡고 일단 쟀던 뾰족한 화살을 풀어 눈 위에 세우고 쌍갈진 화살촉이 달린 화살로 바꾸어 재고 조심스레 기다렸다. 가쿠한은 첫 번째 실패를 안타까워하며 두 번째 화살을 집어 들어 쏘려고 하

하자 자살했다.

35 양유기(養由基, ?~?). 춘추전국시대의 무장. 초나라 사람으로 뛰어난 궁술을 자랑했다. 백보 떨어진 곳에서 버드나무 잎을 백발백중 맞혔다고 하며, 화살을 재는 소리에 원숭이들이 나무로 도망가 울부짖었다고 한다.

는 순간 다다노부가 이를 겨냥해 활시위를 당겼다. 활 윗부분이 떨어져나가니 가쿠한은 활을 버리고 허리에 차고 있던 화살통도 버리며 말했다.

"나와 그대의 운이 어찌 될지는 전생의 업으로 정해집니다. 자, 상대해 드리지요."

가쿠한은 석 자 아홉 치 되는 칼을 빼어 번개가 번쩍이듯 들어 올려 이마에 대더니 소리를 지르며 달려나갔다. 다다노부도 예상했던 일이었기에 활과 화살통을 버리고 석 자 다섯 치 되는 쓰라라이라는 큰 칼을 뽑아 기다렸다.

가쿠한은 코끼리가 상아를 드러내며 위협하듯 소리를 지르며 달려갔다. 다다노부도 사자가 포효하는 형상으로 기다렸다. 가까이 다가오는가 싶더니 지지 않으려고 애쓰는 거인이 오른쪽 왼쪽 할 것 없이 베어내며 위협적으로 달려들었다. 다다노부도 뒤섞여서 함께 칼을 휘둘렀다. 칼이 부딪치는 소리가 쨍쨍 울려 퍼지니 마치 제례를 지낼 때 연주하는 동박자(銅拍子)[36]를 치는 것과 같았다.

적이 큰 칼을 들고 몸을 펼치려는 순간 다다노부는 그 겨드랑이 아래로 들어가 어린 매가 새장 입구를 잠입할 때처럼 투구를 앞으로 숙인 채 앞으로 돌진하며 베어냈다. 거친 공격에 거구의 법사는 이마에 땀이 흐르고 이제 여기서 끝인가 싶은 생각마저 들었다. 다다노부는 밥도 술도 먹지 못한 채 오늘로 삼일이 되었으니 찌르는 칼날의 힘이 약했다. 이를 보고 승려들은 가쿠한을 응원했다.

---

36 소형 동발(銅鈸). 두 개가 한 쌍으로 서로 부딪쳐서 소리를 내는 악기. 주로 고대 예능, 민속 예능에서 사용했다.

"좋아, 승리의 기선을 잡자. 겐지가 수비하는 쪽이 됐어. 틈을 주지 마."

가쿠한은 잠깐 동안 우세를 유지하며 칼을 휘둘러댔지만 어찌된 영문인지 공격을 하지 못한 채 수비하는 형세로 바뀌었다. 스님들이 소리를 질러댔다.

"가쿠한이 수비하는 쪽이 됐어. 어서 합류해서 도와주자!"

"지당한 말씀이네!"

싸움에 합류한 사람은 다음과 같다. 이오(医王) 선사, 히타치(常陸) 선사, 도노모노스케(主殿助), 야쿠이 수령, 가에리사카노 고히지리, 지부(治部) 법안, 야마시나(山科) 법안으로 뛰어난 승병 일곱 명이 함성을 지르며 달려들었다. 이 광경을 본 다다노부는 마치 꿈을 꾸는 것처럼 아연실색하고 있는데 가쿠한이 호통을 치며 말했다.

"이게 무슨 짓이냐. 승병들이 난동을 보이는 것처럼 보이지 않느냐. 장군끼리의 전투는 참견하지 말고 구경이나 하거라. 너희들이 가세하여 내게 후대까지 치욕을 주려 하느냐. 그리하면 다음 생에 태어나도 원수로 여길 것이다."

"합류해도 반가워하지 않을 텐데 그저 참견하지 말고 구경이나 하자."

승병들은 아무도 가세하지 않았다.

'아, 저 녀석, 꼴 보기 싫구나. 한 번 달려들어 베어보자.'

다다노부는 손에 들고 있던 장도를 치켜들어 상대편 투구의 중앙 윗부분에 휙 기세 좋게 내리치고 상대가 움찔하는 틈을 타 차고 있던 두 번째 칼을 뽑아 달려들어 정확하게 찌르고 투구 안쪽으로 칼끝을 밀어 넣었다. 그리고는 순식간에 머리를 앞으로 숙이며 푹 질렀다. 가쿠한은 투구 앞부분에 있는 판을 정확히 얻어맞았지만 목에는 이상이 없었다. 다다노부는 서너 단 정도 뒤로 물러났다. 그곳에 큰 통나무가 있었는데 주저함 없이 훌쩍 뛰어 넘었다. 가쿠한은 추격하며 칼을 내리쳤지만 실패했다. 칼은 통나무 깊숙이 박혔고 이를 빼내려고 애쓰는 동안 다다노부는 서너 단 더 뒤로 물러났다. 그곳에서 힐끗 보니 아래쪽으로 40장(丈)[37] 정도의 반석이 있었다. 이곳은 용이 돌아가는 곳이라 하여 아무도 가지 않는 어려운 난소(難所)였다. 오른쪽도 왼쪽도 발 디딜 곳 없는 깊은 계곡이라 얼굴을 내밀어 내려다볼 엄두도 나지 않는 곳이었다. 적은 뒤에 구름처럼 몰려있고 여기서 칼에 베이면 어이없이 전사했다고 회자될 것이었다. 그러나 저곳에서 죽으면 자결했다는 이야기가 돌겠다는 판단에 다다노부는 갑옷의 아랫부분을 부여잡고 바위를 향해 에잇 하며 뛰어내렸다. 두 장 쯤 뛰어내려 바위틈에 발을 디뎌 자세를 고쳐 잡고 투구를 뒤로 젖혀 위를 올려다보니 가쿠한도 계곡을 내려다보며 서있었다.

"보기에 좋지 않습니다. 가쿠한 정도 되는 자를 만나 적에게 뒤를 보이시다니요. 돌아와서 승부를 겨룹시다. 서쪽으로는 서해 하카타(博多) 나루, 북쪽으로는 북산(北山), 사도가시마(佐渡島), 동쪽으로 에조가치시마(蝦夷が千島)에 이르기까지 당신과 끝까지 함께 하겠습니다."

가쿠한은 소리치며 뛰어내렸다. 어찌된 일인지, 안타깝게도 운이 다하였는지 갑옷자락이 통나무 가지에 걸려 거꾸로 넘어지더니 칼을 뽑아 기다리고 있는 다다노부 앞으로 데굴데굴 굴러 떨어졌다. 다다노부는 일어서려고 하는 가쿠한을 칼로 내리쳤다. 칼은 명성이 자자한 명품이었고 솜씨는 뛰어났다. 투구 정중앙을 팍 내리치며 얼굴의 반 정도를 베어냈다. 이

---

37 한 장은 약 3.03미터에 해당한다.

윽고 칼을 빼자 가쿠한은 푹 쓰러졌다. 일어나려고 반복했지만 힘이 빠져 무릎을 붙잡고 겨우 "윽" 한 마디 하더니 마흔 하나의 생을 마감했다.

다다노부는 의도했던 대로 상대를 쓰러트린 뒤 잠시 휴식을 취했다. 가쿠한의 시체를 붙잡고 머리를 잘라내어 칼끝에 꽂아 중원 봉우리로 올라가 큰 소리로 외쳤다.

"승병들 중에 이 얼굴을 아는 자가 있는가. 평판이 자자한 가쿠한의 목을 요시쓰네가 베어냈다! 제자가 있다면 가지고 가서 사후공양 드려라."

가쿠한의 머리를 계곡 눈 속에 던지니 이 모습을 본 승병들은 당황했다.

"가쿠한조차 대적하지 못했다. 하물며 우리들이 대적할 수 있는 상대가 아니니 어서 산기슭으로 돌아가 후일을 도모하자."

꼴 보기 사납다며 이곳에서 함께 죽자는 승병은 없었고 모두 그 뜻에 동의한다고 했다. 승병들이 산기슭으로 돌아가자 다다노부는 혼자 요시노에 남겨졌다. 좌우를 둘러보니 죽지 못한 채 숨만 쉬며 살려달라는 이도 있었고 죽어서 구천을 떠도는 시체도 있었다. 다다노부의 부하들도 보였지만 단 한 명의 숨도 붙어있지 않았다.

때는 12월 20일, 새벽녘이 되어야 달이 뜨니 밤에는 아직 어두웠다. 죽으려 마음먹은 목숨이지만 죽어지지 않는 이상 어쩔 수 없었다. 다다노부는 승병들이 사찰로 돌아갔을 것이라 생각했다. 투구를 벗어 갑옷 끈에 걸고 흐트러진 머리를 다시 묶고 피가 묻은 칼을 닦아서 어깨에 메고 승병보다 먼저 절 쪽으로 향했다. 그 모습을 보고 승병들이 소리를 질러댔다.

"절에 있는 스님들 들으시오. 요시쓰네 님이 산에서 벌어진 싸움에서 패하여 절로 도망치고 있소. 놓치지 마시오!"

바람 불고 눈 내리는 밤이라 사람들은 이 소리를 알아듣지 못했다. 다다노부는 대문으로 들어가 요시쓰네 님이 계시는 곳을 향해 배례한 후 남대문으로 곧장 내려갔는데 왼쪽 편에 커다란 집이 하나 있었다. 이 집은 야마시나 법안이라는 자의 거처였다. 들어가 보니 객실에 무사는 한 명도 없었다. 중문을 지나 안을 들여다보니 꽤 넓은 방에 법사 둘과 동자승 셋이 앉아 있었는데 이런저런 안주를 쌓아놓고 장식이 달린 술병도 두세 개 놓여 있었다.

“마침 잘 되었군. 너희들의 술자리를 위해 준비된 술병은 내게로 오게 되었구나.”

다다노부는 칼을 어깨에 메고 툇마루 판자를 쿵쿵 밟으며 거칠게 불쑥 들어갔다. 법사도 동자승도 어찌 놀라지 않을 수 있겠는가. 허리가 빠져라 엉덩이를 높이 쳐들고 기어서 모두 여기저기로 쏜살같이 도망쳤다. 다다노부는 바람대로 방안에 털썩 주저 앉더니 안주를 끌어당겨 마음껏 먹었다. 마침 적의 고함소리가 들려왔다. 다다노부는 술에 능한 자였다. 술잔에 따르다가는 시간이 없어 다 마시지 못할 것이라는 생각에 술병 목을 잡고 사방에 술을 흘리면서 벌컥벌컥 들이켰다. 투구는 벗어 무릎 아래에 놓고 태연하게 이마에 불을 쬐었다. 다다노부는 무거운 갑옷을 입고 높게 쌓인 눈을 헤치며 걸어왔다. 전투로 피곤한데다 술을 마시고 불을 쬐니 적이 다가오면서 소리 지르는 데도 마치 꿈을 꾸듯 졸았다.

승병들이 몰려와 말했다.

“요시쓰네 님 여기에 계십니까? 나오십시오.”

이 소리에 놀라 잠이 깬 다다노부는 투구를 쓰고 불을 끄며 말했다.

“무엇을 주저하느냐. 뜻이 있는 자는 이리로 오너라.”

목숨이 둘이라면 모를까 승병들은 쉽사리 들어가지 못한 채 그저 문 밖에서 웅성거리고 있었다. 그때 야마시나 법안이 말했다.

"패잔병을 안에 들인 채 밤을 새는 것은 말이 안 된다. 우리들 세상이 되면 이 정도 집은 하루에 한 채라도 지을 수 있다. 그냥 집에 불을 질러 밖으로 나오게 해서 활을 쏘아 죽이자."

다다노부는 그 말을 듣고 생각에 잠겼다.

'적의 손에 불타 죽었다는 말을 듣는 것은 원통하지. 내 스스로 불을 붙여 죽었다는 말을 들어야겠어.'

이윽고 병풍에 불을 붙여 천장으로 던졌다.

"아아, 안에서 불을 지르다니. 나오면 화살로 쏘아 죽이자."

승병들은 모두 화살을 재고 칼과 장도를 칼집에서 빼서 대기했다. 다다노부는 생각한 만큼 불이 붙자 툇마루에 나와 소리쳤다.

"스님들, 모든 소란을 잠재우고 지금부터 내가 하는 말을 잘 들으시게나. 나를 정말로 요시쓰네 님이라고 생각했소? 주인님은 일찌감치 퇴각하셨소. 나는 요시쓰네 님이 아니오. 부하인 사토 시로 병위 다다노부라는 사람이오. 내가 죽였다 네가 죽였다 공을 다툴 수 없게 하겠소. 배를 가를 것이오. 목을 잘라 요리토모 님에게 보여주시오."

다다노부는 칼을 뽑아 왼쪽 옆구리 아래쪽을 찌르고 배를 가르는 듯 흉내를 내더니 칼을 칼집에 꽂고 안쪽 방으로 달려 들어가 사다리를 타고 천장으로 올라갔다. 용마루의 동쪽 물고기 모양 장식은 아직 불타지 않았다. 지붕을 엮은 판자를 발로 꽉 밟고 지붕 밖으로 나가보니 산을 깎아 절벽에 만든 집이었기에 산과 집 사이가 겨우 한 자 남짓밖에 되지 않았다.

'이 정도 되는 곳을 뛰어서 건너지 못하고 죽을 운명이라면 어쩔 수 없지. 하치만대보살님, 부디 보살펴 주십시오.'

기도를 하고 에잇 소리를 지르며 뛰어올랐는데 뒷산에 정확하게 닿아 산위로 기어올랐다. 소나무 군락이 있는 곳에 갑옷을 벗어 깔고 투구를 베게 삼아 누워 적들이 당황하여 허둥대는 모습을 바라보았다.

승병들은 떠들어댔다.

"아아, 무서운 일이야. 요시쓰네 님인줄 알았더니 다다노부라니. 거짓말에 속아서 많은 이들이 전사한 것이야말로 참을 수가 없다. 대장군이라야 목을 베어 요리토모 님에게 보여주지. 원통하다. 그냥 놔두고 불태워 죽이자."

불이 꺼지고 불길이 잦아들자 승려들은 불에 탄 목이라도 찾아 집행 스님에게 보이자며 제각각 수색했지만 정말로 자결한 것이 아니기에 불탄 목도 없었다. 이를 확인한 승병들은 말했다.

"사람의 마음은 강인하다지만 진정 강인한 자이구나. 죽은 후에도 시체가 치욕을 당하지 않도록 완전히 불타 재와 먼지가 되어 버린 것이지."

이윽고 모두 절로 돌아갔다. 다다노부는 그날 밤 장왕 권현 앞에서 밤을 새우고 갑옷을 권현에게 바친 뒤 21일 새벽에 산을 떠나 23일 저녁 무렵, 목숨을 부지하여 다시 서울로 돌아왔다.

요시노 법사, 요시쓰네를 쫓아가다

한편, 요시쓰네는 12월 23일 규슈(九州) 장원, 메밀잣밤나무 봉우리, 굴거리나무 고개와 같은 험준한 곳을 지나, 고쇼 계곡에 이르러 벚꽃 계곡(桜谷)라는 곳에 체류하였다. 눈이 쌓이고 고드름이 어는 여간 힘들지 않은 산

길이었기에 모두 피곤에 지쳐 칼을 베게 삼아 누웠다. 요시쓰네는 마음이 불안하여 벤케이를 불러 말했다.

"무릇 이 산기슭에는 요시쓰네가 의지할만한 자가 없느냐? 술을 얻어 피로를 풀고 다시 길을 떠났으면 한다."

"그 누구를 마음 편히 의지하겠습니까? 다만 이 산기슭에 미륵당이 있는데 쇼무(聖武) 천황[38]이 건립한 곳이지요. 나라(奈良) 간주보(勧修坊)[39]가 별당직을 맡고 있는데 그 대리로서 미타케(御岳) 좌위문이라는 자가 속인으로서 별당직을 맡고 있습니다."

"의지할 곳이 있었구나."

요시쓰네는 편지를 써서 벤케이에게 주었다. 벤케이는 산을 내려가 미타케 좌위문에게 사정을 전했다.

"이렇게 가까이 계셨는데 지금까지 어찌하여 말씀하시지 않으셨습니까."

미타케 좌위문은 가까이 부리는 자 대여섯을 불러 여러가지 음식을 잔뜩 싼 뒤 술과 밥을 고리짝 두 개에 넣어 벚꽃 계곡으로 보냈다.

"이렇게 쉽게 될 일을……."

---

38 쇼무 천황(聖武天皇, 701~756). 몬무(文武) 천황의 첫째 아들로서 몬무 천황이 붕어했을 때는 어려서 즉위하지 못했다. 왕위가 할머니(겐메이 천황), 고모(겐쇼 천황)로 이어지는 동안 성장하여 714년에 동궁이 되고 724년에 즉위하였다. 신흥귀족 후지와라씨와의 관계가 깊다. 견당사를 파견하여 당의 문화를 적극적으로 받아들이고 불교진흥에 힘써 덴표 문화를 꽃피웠다.

39 쇼코(聖弘, ?~?). 헤이안 말기 고후쿠지(興福寺) 승려. 헤이케 토벌 당시 기도를 맡았던 인연으로 나라로 도망쳐온 요시쓰네를 잠시 숨겨주었다. 이 일로 요리토모의 추궁을 받았으나 요시쓰네의 공을 피력하며 관동의 안전을 위해 요시쓰네와 화해할 것을 주장하였다. 감탄한 요리토모는 처벌 대신 관동을 위한 기도를 부탁했다.

요시쓰네는 열여섯 명이 있는 한 가운데 두 개의 고리짝을 놓았다. 술을 원하는 자도 있고 밥을 먹는 자도 있었다. 마음껏 술과 안주를 먹은 뒤 떠나려는데 동쪽 스기야마(杉山) 쪽에서 사람의 말소리가 희미하게 들려왔다. 요시쓰네는 이상하게 생각했다.

'이곳은 숯장수가 지나다니는 길이 아니니 숯쟁이일 리가 없지. 또한 산속 오솔길에서 멀리 떨어져 있으니 천한 나무꾼의 도끼질 소리일 리도 없고'

요시쓰네는 휙 하고 뒤를 돌아보았다. 그저께 중원 계곡 전투에서 다다노부의 손을 피한 요시노 승병이 아직 그 때의 울분을 잊지 못한 채 갑옷을 입고 백오십 명의 세력으로 다가오고 있었다.

"앗! 적이다."

요시쓰네의 외침에 죽은 뒤의 불명예는 생각지도 않은 채 모두 여기저기로 도망쳤다. 히타치보는 다른 이보다 먼저 도망쳤지만 도중에 뒤를 돌아보니 벤케이와 요시쓰네는 아직 같은 장소에서 움직이지 않고 있었다.

"우리는 여기까지 도망쳐 왔는데 저곳에 머무르고 있다니 도대체 무슨 생각이실까."

히타치보의 말이 끝나기도 전에 요시쓰네와 벤케이는 고리짝 두 개를 하나씩 들더니 동쪽 큰 바위를 향해 던지고 쌓여 있던 음식들은 침착하게 눈 아래에 묻은 뒤 피신했다.

벤케이는 한참을 도망쳐 히타치보를 따라잡더니 말했다.

"우리들의 발자국을 보면 어디로 도망쳤는지 거울을 보듯 훤히 알 수 있다. 목숨이 아까우면 신발을 거꾸로 신고 도망쳐라."

그 말을 듣고 요시쓰네가 물었다.

"벤케이는 언제나 기묘한 말을 하는구나. 어떻게 신을 거꾸로 신는단 말이냐."

"그리 생각하시니 일전에 가지와라가 배에 역로(逆櫓)를 달자는 말에 웃으셨죠."

"정말로 배에 노를 거꾸로 단다는 이야기는 들어본 적이 없었다. 더구나 신발을 거꾸로 신는다는 이야기는 오늘 처음 들었다. 그렇다면 말해 보거라. 들어보고 훗날 치욕이 되지 않는다면 거꾸로 신도록 하겠다."

"그렇다면 말씀드리겠습니다."

벤케이는 열여섯 대국[40]에서부터 오백 중국, 수많은 소국에 이르기까지 대대로 일어났던 제왕의 수많은 사적과 전투에 대해 말하였다. 이야기를 듣는 동안 적은 사정거리내로 다가왔지만 모두 원을 그리고 선채 조용히 이야기에 귀기울였다.

"열여섯 대국 중에 서천축(西天竺)[41]이라 기억됩니다. 그 중 시라나이 국, 하라나이 국이라는 두 나라 이야기입니다. 두 나라 국경에 향풍산(香風山)이라는 산이 있는데 기슭에는 천리나 되는 광야가 있었지요. 이 산은 보물 같은 산이라 쉽사리 사람을 들이지 않았는데 하라나이 국왕이 이를 차지하려고 51만 기의 군병을 이끌고 시라나이 국에 쳐들어갔습니다. 시라나이 국왕은 현명한 왕이었기에 미리 이 사실을 눈치 챘지요. 향풍산 북쪽 기슭에 천의 동굴이라는 곳이 있는데 이 동굴에 코끼리 천 마리가 있었습니다. 그 중에 하나는 덩치가 무척 큰 코끼리였지요. 국왕은 이 코끼리를 잡아 키

40 옛날 인도에 있었던 열여섯 개의 나라를 말한다.

41 고대 인도에 있던 다섯 개의 정치적 구획인 동천축, 서천축, 남천축, 북천축, 중천축 중 하나를 말한다.

웠는데 하루에 400석이나 먹어치웠습니다. 조정 회의에서 이 코끼리를 키워서 무슨 도움이 되겠느냐는 상소를 올렸지만 "어찌 내가 전투에서 이기는 행운을 만날 수 없다고 생각하느냐"고 말씀하시는데 때마침 전쟁이 일어나니 왕은 한 명의 병사도 보내지 않고 큰 코끼리를 끌어내어 귀에 입에 가져다대고 "내 은혜를 잊지 말거라" 말씀하시고 적진으로 보냈습니다. 코끼리는 화를 내며 날뛰었지요. 사나운 코끼리였기에 하늘을 향해 한 번 포효하는데 커다란 나각(螺角)[42] 천 개를 부는 것과 같았습니다. 그 소리는 골수에 사무쳐 견딜 수 없을 정도였지요. 왼발을 들어 적을 향해 디디니 한 발에 50명의 병사가 압사되었습니다. 칠일 낮 칠일 밤 전투에 51만기 전부 전사했지요. 동행한 귀족 과 무사 세 명, 상하 총 10기의 공격에 당한 하라나이 국왕은 향풍산 북쪽 기슭에 도망쳐 숨었습니다. 때는 바야흐로 10월 20일이 넘었기에 단풍은 산에 지천으로 깔려 있었고 군데군데 눈이 내렸습니다. 하라나이 국왕은 새벽녘에 그 길을 밟으며 도망쳤습니다. 국왕은 자신의 목숨을 지키기 위해서인지 신발을 거꾸로 신고 퇴각했습니다. 앞이 뒤가 되고 뒤가 앞이 되었지요. 이를 본 병사들이 "저 분은 다른 나라 현왕(賢王)이니 어떤 계략이 숨어 있을지 모른다. 이 산은 호랑이가 살고 있는 산이라 해가 서쪽으로 기울면 우리들의 목숨도 어찌 될지 모른다"며 산기슭에 있는 마을로 되돌아갔습니다. 목숨을 부지한 하라나이 국왕은 자신의 나라로 되돌아가 56만기 군병을 갖추어 공격하여 승리를 거두어 환희를 만끽했는데 이는 신발을 거꾸로 신은 덕분입니다. 외국의 현왕도 이렇게 합니다. 주인님은 우리나라 무사의 대장군이며 세이와 천황의 십대

---

42 소라 껍질로 만든 군악기의 일종이다.

손이십니다. "적이 오만하면 아군은 오만해서는 안 되고, 적이 비굴하면 아군은 적을 오만하게 대해야 한다"는 말이 있습니다. 다른 사람은 모르겠지만 이 벤케이는……."

벤케이는 가장 먼저 신발을 거꾸로 신고 앞서갔다. 그 모습을 본 요시쓰네가 물었다.

"기묘한 이야기를 알고 있구나. 어디서 배웠느냐?"

"사쿠라모토 승정 밑에 있을 때 법상종, 삼론종 석가의 가르침이 담겨 있는 책에서 보았습니다."

벤케이의 답에 문무 두 길을 겸비한 석학이라며 칭찬했다.

"저보다 마음이 강인하며 속이 깊은 자는 없을 것입니다."

벤케이가 자만하며 차분히 퇴각하자 뒤이어 승병들도 좇아왔다. 그 날 승병들의 선두는 지부(治部) 법안이 맡았다. 지부 법안은 승병들을 향해 말했다.

"여기 이상한 점이 있는데 어찌 생각하는가. 지금까지 계곡에서 내려오던 발자국이 지금은 다시 계곡에서 이쪽을 향해 올라오고 있는데 어떻게 된 것일까."

후진에 있던 이오 선사가 달려와 발자국을 보고 말했다.

"이런 일이 있을 수도 있지요. 요시쓰네는 구라마 산에서 자란 사람으로 문무 양쪽에 조예가 깊지요. 함께 하는 부하들도 일당천이 아닌 자가 없고. 특히 그 중에 법사 둘이 있는데, 하나는 온조지 법사로 히타치보 가이손(海尊)이라는 학승이고 다른 이는 사쿠라모토 승정의 제자 무사시보 벤케이인데 이 자는 국내외 전투에 대해 자세하게 잘 알고 있는 자요. 향풍산의 북쪽 산기슭에서 코끼리 한 마리에게 공격을 받아 신발을 거꾸로 신고 도망쳤다는 하라나이 국왕의 선례를 답습한 게지요. 도망칠 틈을 주지 마시오. 무조건 쫓아갑시다."

승병들은 소리를 내지 않고 조용히 다가가 활을 쏠 수 있는 거리가 되자 일제히 함성을 질렀다. 열여섯 명 모두 깜짝 놀랐다.

"처음부터 내가 하는 말을 듣지 않아서 이리 됐다."

요시쓰네의 말에 사람들은 들리지 않는 척을 하며 투구를 앞으로 숙여 화살을 막으면서 서로 밀치며 도망쳤다.

이곳에 난소(難所)가 하나 있었다. 요시노강 상류에 있는 시라이토(白糸) 폭포였다. 위를 보니 다섯 장 정도 되는 폭포가 마치 실을 늘어뜨려 놓은 듯이 보였다. 아래를 내려다보니 세 장은 족히 넘어 보이는 홍련(紅蓮) 연못이 있었다. 수원은 멀고 눈 녹은 물이 불어나 여울 여기저기 돌들에 부딪쳐 일어나는 포말은 봉래산을 부술 것 같은 형세였다. 이쪽 물가도 반대편 물가도 수면 위에는 두 장 정도 크기의 새하얀 절벽이 마치 병풍을 친 것과 같이 솟아 있었다. 늦가을부터 지금까지 쌓인 눈은 녹지도 않고 눈도 고드름도 한결같이 그저 은박을 붙여 놓은 것만 같았다. 벤케이는 다른 사람보다 먼저 폭포 가까이 다가가 둘러보았지만 아무리해도 건너갈 수 없을 것 같았다. 그렇지만 사람들에게 힘을 주기 위해 여느 때처럼 말했다.

"이 정도 산과 강을 무얼 우물쭈물거리겠습니까. 이건 넘어가야지요."

"어떻게 넘어가겠느냐. 그냥 각오하고 할복하여 죽자."

"다른 사람은 모르겠지만 저는 할 수 있습니다."

벤케이는 폭포 쪽으로 내려가 두 눈을 감고 신불에게 빌었다.

'겐지가 치성으로 기도드리는 하치만 대보살 님은 언제부터 우리 주인님을 잊어버리신 것입니까. 부디 무사히 지켜주시어 우리의 바람을 들어

주시옵소서.'

두 눈을 뜨고 네다섯 단 정도 내려다보니 주의를 요하는 곳이 보였다. 달려가 보니 절벽이 양쪽에서 돌출되어 특히나 물이 깊게 용솟음치며 떨어지는데, 반대쪽을 보니 절벽이 무너져 있는 곳에 대나무 군락이 있었다. 한층 더 높게 자란 대나무 세 그루가 서 있는데 이파리 끝은 하나로 엉긴 데다가 매일 내린 눈에 눌려 물가 쪽으로 휘어졌고 그 잎에는 장식 구슬 꽃처럼 고드름이 달려 있었다. 요시쓰네도 이를 내려다보고 부하들에게 말했다.

"나도 넘어갈 수 있을 것 같지는 않지만 어찌되었든 시도는 해야겠다. 만약 실패하여 강에 떨어진다면 너희들은 내 뒤를 따라 모두 강으로 뛰어내려라."

"알겠습니다!"

그날 요시쓰네는 빨간 비단 평상복에 밑단으로 갈수록 짙어지는 붉은 실로 엮은 갑옷을 입고 있었다. 하얀 별이 달린 투구 끈을 묶고 황금장식이 달린 칼을 허리에 찼다. 가운데 부분이 까만 독수리 털이 장식된 화살이 꽂힌 화살통을 머리보다 높게 메고 활과 구마데(熊手)[43]를 왼쪽 겨드랑이에 끼고 폭포의 여울 쪽으로 걸어 나왔다. 갑옷 밑자락을 부여잡고 머리를 앞으로 기울이며 에잇 소리를 지르고 뛰었다. 날아오른 요시쓰네는 대나무 끝에 철썩 달라붙어 완벽하게 폭포를 건넜다. 젖은 갑옷자락을 툭툭 치며 말했다.

---

43 긴 채에 곰 발톱과 같은 쇠로 된 갈퀴가 달린 무기. 전장에서 적을 낚아채는 무기로 사용하였다.

"그쪽에서 보는 것보다 어렵지 않다. 너희들도 나를 따라 건너오너라."

요시쓰네 말에 힘입어 부하들이 뛰어내렸다. 가타오카, 이세, 구마이, 비젠, 와시노오, 히타치보, 스루가 지로, 하인 기산다 등 열여섯 명 중 열네 명이 건너갔다. 나머지 둘이 뛸 준비를 하고 있었다. 하나는 네노오노 주로이고 다른 하나는 벤케이였다. 네노오가 뛰려고 하는 순간 벤케이가 갑옷 오른쪽 소매를 붙잡고 말했다.

"그대 무릎이 떨리는 것을 보니 필시 성공할 수 없을 것 같소. 갑옷을 벗고 뛰시오."

"모두 입고 뛰는 갑옷을 어찌 나 혼자 벗고 뛸 수 있겠소."

둘의 모습을 본 요시쓰네가 물었다.

"무슨 일이냐, 벤케이."

"네노오에게 갑옷을 벗고 건너라 말하고 있었습니다."

"그대가 책임지고 모두 벗겨라."

대부분 서른도 되지 않은 건장한 청년이었지만 네노오는 쉰여섯으로 그 중에서 가장 나이가 많은 약체였다. 고집부리지 말고 서울에 남으라고 몇 번이나 요시쓰네가 명령했던 이였다.

"주군이 힘이 있는 동안에는 그 은혜로 처자식과 더불어 살았는데 주군이 이처럼 되셨다 하여 저만 서울에 남아 새로운 주인을 찾아 복종하는 것은 죽어도 싫습니다."

이런 각오로 네노오는 여기까지 따라온 것이었다. 갑옷을 벗으라는 명령에 갑옷과 무기를 벗어두었지만 그래도 넘을 수 있을 것 같지 않았기에 활의 현을 여러 개 벗겨내어 이어서 밧줄을 만든 뒤 그 끝을 반대편에 던지며 소리쳤다.

"그쪽으로 잡아 당겨라. 강하게 붙잡아라. 꽉 잡아라."

아래 쪽 물줄기가 약한 못 쪽으로 밧줄을 잡아당기며 건너갔다. 이윽고 벤케이 혼자 남았다. 벤케이는 요시쓰네가 뛰어넘은 곳으로 뛰어넘지 않고 상류로 한단 정도 거슬러 기어 올라가더니 바위에 내린 눈을 칼 손잡이로 치우며 말했다.

"이 정도의 산천을 뛰어 넘지 못해 대나무에 매달리며 겨우 넘어가는 모습이 꼴불견입니다. 저리 비키시오. 내가 이 강을 멋지게 뛰어넘어가 보이리다."

"누가 요시쓰네를 질투하고 있구나. 저쪽을 보지 말거라."

요시쓰네가 풀려버린 가죽신발 끈을 고쳐 묶으려고 투구를 앞으로 기울이고 있을 때 "얍, 얍" 기합 넣는 소리가 들렸다. 벤케이는 정확하게 반대편 벼랑에 닿았으나 매달린 바위철쭉이 끊어지면서 밑으로 떨어졌다.[44] 빠른 물살에 벤케이는 이리저리 바위에 부딪치며 그저 쏜살같이 떠내려갔다.

"아앗, 실패했구나."

요시쓰네는 구마데(熊手)[45]를 고쳐 잡고 강가로 달려가 심하게 요동치며 떠내려가는 벤케이의 투구에 달린 매듭장식을 구마데로 휙 낚아챘다.

"여기 좀 보거라."

요시쓰네의 말에 이세노 사부로가 다가와 구마데 손잡이를 함께 잡아

---

44 저본에는 벤케이가 폭포로 떨어지는 문장이 없으나 가독성을 위해 다나카본을 참조하여 보충하였다.

45 긴 채에 곰 발톱과 같은 쇠로 된 갈퀴가 달린 무기. 전장에서 적을 낚아채는 무기로 사용하였다.

당겼다. 요시쓰네는 고개를 내밀어 내려다보았다. 상당한 체구의 갑옷을 입은 법사를 구마데로 낚아채니 대롱대롱 매달린 채 물을 뚝뚝 떨어트리며 끌려오고 있었다. 구사일생으로 목숨을 건진 벤케이는 쓴 웃음을 지으며 요시쓰네 앞으로 나아왔다. 이 모습을 본 요시쓰네는 얄미운 마음에 한소리 했다.

"어찌된 일이냐. 말이 번지르르한 것치고는 야무지지 못하지 않느냐."

"실수는 늘 있는 일. 공자님도 실수하셨다고 하지 않습니까."

벤케이는 농담으로 얼버무렸다.

모두 제각기 퇴각하는 사이에 벤케이는 쉬이 떠나지 못했다. 한 무리의 대나무 숲 속으로 들어가더니 대나무 세 그루에게 말을 걸 듯 한탄하며 중얼거렸다.

"대나무도 생명이 있고 나도 목숨이 있는 인간이다. 강가의 대나무는 뿌리가 깊어 햇살비치는 봄이 오면 죽순이 올라와 이처럼 또 무성해지는 것을 볼 수 있겠지. 하지만 우리는 이번에 죽으면 두 번 다시 돌아올 수 없다. 대나무를 베어내니 우리 목숨을 대신해 주거라."

세 그루 대나무를 베어 아래쪽에는 눈을 뿌려주고 위쪽 잎은 물가에 닿을 수 있게 한 뒤 출발했다. 벤케이는 요시쓰네를 따라잡았다.

"흔적을 이렇게 만들어 두었습니다."

요시쓰네가 뒤를 돌아보니 계곡물이 넘실대며 큰 소리를 내며 흘러가고 있었다. 문득 옛날 고사가 떠올랐다.

"시를 좋아했던 교초쿠는 배를 타고 가다 전복되었고 피리를 좋아하던

호초는 대나무를 타다가 떨어졌지. 중국의 목(穆)왕[46]은 벽을 날아올라 하늘로 올라갔고 그 옛날 장박망(張博望)[47]은 통나무를 타고 대해를 건넜거늘. 지금 요시쓰네는 대나무 잎을 타고 산과 강을 건너는구나."

산 위로 올라가니 계곡 한 구석에 바람이 적게 부는 곳이 있었다.

"적이 강을 건너오면 아래쪽으로 한바탕 활을 쏘고 화살이 다하면 할복하자. 적이 건너오지 못하면 조롱하여 돌려보내자."

요시쓰네가 말을 마치자 얼마 안 있어 승병들이 몰려왔다. 잘도 넘어갔다며 저리로 넘어갔을 것이다, 이리로 넘어갔을 것이다 설왕설래하였다.

"아무리 요시쓰네라지만 귀신은 아니다. 넘어간 곳이 분명 있을 것이다."

지부 법안이 말을 하며 반대편을 보았더니 옆으로 휘어진 대나무가 보였다.

"그렇구나. 저기에 매달려 넘어가면 그 누가 넘어가지 못하겠느냐. 자, 가자."

이를 검게 물들인 법사로 약식 갑옷에 소매를 붙여 입은 이가 소형 창과 검을 옆구리에 끼고 세 사람이 손에 손을 잡고 에잇 소리를 지르며 뛰어넘었다. 그리고는 대나무 끝에 매달려 영차 하고 끌어당겼다. 이 대나무는 방금 벤케이가 베어내어 꽂아둔 것이었다. 대나무에 끌려가는가 싶더니 바위를 휘감아 치는 파도 속으로 바로 떨어져 두 번 다시 보이지 않았다. 강 속의 먼지가 되어버린 것이다. 반대편 산 위에서 열여섯 명이 큰 소

---

46 주(周)나라 제5대 왕이다.

47 장건(張騫, ?~B.C.114). 중국 서한의 외교가. 서역으로 두 번 출사하여 동서의 경제·문화 교류에 크게 이바지했다.

리로 함께 웃으니 승병들은 불쾌하여 아무 말도 하지 못했다.

이때 히타치 선사가 말했다.

"이는 벤케이라는 얼간이가 한 짓이다. 여기에 오래 머무르는 것은 오히려 어리석은 짓이다. 그렇다고 상류로 우회하여 돌아가기에는 시간이 너무 많이 걸린다. 이렇게 된 이상 산기슭으로 돌아가 의논을 하자."

볼썽사납다, 연달아 뛰어내려 죽자는 이는 하나도 없었다. 승병들은 지당한 말이라 동조하며 원래 있던 곳으로 돌아갔다.

이 광경을 보던 요시쓰네는 가타오카를 불러 하명했다.

"요시노 승병들을 향해 소리 질러라. 훗날을 위해서 말이야. 요시쓰네가 이 산을 넘어가지 못하고 있었는데 이곳까지 마중을 나와 주어 기뻤다고."

가타오카는 칠하지 않은 활을 꺼내 커다란 우는살을 재고는 계곡 너머로 슝 하고 쏘았다.

"주인님의 명령이시다. 명령!"

가타오카가 말을 걸었지만 승병들은 못들은 체하고 그 자리를 떠났다. 벤케이는 젖은 갑옷을 입고 쓰러져있는 커다란 나무에 걸터앉아 승병들을 부르며 말했다.

"풍류를 아는 스님들이 있다면 서탑에 평판이 자자한 벤케이의 란뵤시(乱拍子)[48]를 보거라."

승병들 중에는 보고 가자는 이도 있었고 볼 필요 없다는 이도 있었다.

"가타오카야, 장단을 맞추어 보거라."

---

48 일본 민속 예능. 시라뵤시(白拍子) 형식 중 하나로 특수한 발동작이 특징적이다.

가타오카는 정말로 가운데 손가락으로 활 아래 부분을 두드리며 만세악(万歲楽) 장단을 맞추었다. 벤케이가 여러 번 계속해서 춤을 추니 승병들도 떠나지 못하고 구경했다. 춤은 괜찮았지만 이상한 노래를 불렀다.

"봄에는 벚꽃이 강물에 흘러내리니 요시노강이라 이름 지었네. 가을은 단풍잎이 흘러내리니 다쓰타(龍田)강[49]이라 이름 지었네. 겨울도 끝자락이 되니 법사도 단풍이 되어 흘러가네."

반복해서 벤케이가 춤을 추자 승병들 중에서 누군가 "바보 같은 녀석", "누구든지 뭐라고 대거리를 하라"는 소리가 들려왔고 결국 그날은 그곳에서 보내게 되었다.

황혼녘이 되자 요시쓰네는 부하들에게 말했다.

"미타케 좌위문이 상당히 마음을 써서 준비한 술과 안주를 어이없이 두고 온 것이야말로 안타깝다. 누군가 음식을 가지고 온 자가 있다면 꺼내어라. 조금 쉬고나서 퇴각하자."

"적이 밀어닥치니 우선 도망치자며 서둘렀기에 음식을 챙겨온 사람은 없습니다."

"너희들은 뒷날을 전혀 생각하지 않았구나. 나는 내 몫을 챙겨가지고 왔다."

동시에 도망쳤다고 생각했는데 어느 틈에 집었는지 요시쓰네는 하얀 종이에 싼 귤 떡 스무 개 정도를 품에서 꺼냈다. 이윽고 벤케이를 불러 하나씩 나누어 주라고 하자 갑옷 소매 위에 받아든 뒤 굴거리나무 잎을 꺾어 깔아놓으며 말했다.

---

49 다쓰타 강(龍田川). 나라 현 서북부에 있는 강으로 단풍의 명소로 유명하다.

"하나는 일승(一乘)[50] 부처님께 바칩니다. 다른 하나는 보리(菩提)[51] 부처님께 바칩니다. 또 하나는 도조신(道祖神)[52]에게 바칩니다. 하나는 산신 호법(山神護法)[53]에게 바칩니다."

남은 떡은 열여섯 개였고 사람도 열여섯 명이었다. 벤케이는 우선 요시쓰네 앞에 하나를 두고 사람들에게 하나씩 나누어주었다.

"마지막 남은 하나와 부처님에게 바친 떡 네 개를 합쳐서 다섯 개를 내 몫으로 하겠다."

부하들은 떡을 받아들고 소매로 눈물을 닦으며 울었다.

"세상 이치가 참으로 슬프구나. 주인님께서 세상을 호령하실 때였다면 이 정도 진심을 다해 충성을 바치면 훌륭한 갑옷과 골격이 튼실한 말을 받아야 은상을 받았다고생각하겠지만, 떡 하나를 받아들고 그런 은상을 받은 것처럼 기쁘다니, 이 사실이 슬프기 그지없구나."

귀신을 속이고 처자를 뒤돌아보지 않으며 목숨조차 먼지티끌만큼도 여기지 않는 무사들이 모두 갑옷 소매를 눈물로 적시는 그 마음속은 이루 표현할 수 없었다. 요시쓰네도 눈물을 흘렸다. 벤케이는 눈물이 나는 걸 꾹 참고 아무렇지도 않은 척했다.

"다른 사람이 헌상한 물건을 가지고 와서 나누어 주었다고 울지 않아도 될 일에 우는 너희는 바보들이다. 신불의 계력(戒力)[54]은 인간의 몸으로

---

50 가쓰라기 산(葛城山)의 부처님. 가쓰라기 산은 금강산과 함께 일승봉(一乘峰)으로 불렸다.

51 긴푸센(金峰山)의 부처님. 긴푸센은 보리산이라 불렸다.

52 길가에 있는 악령을 막아 여행자의 안전을 지키는 신을 말한다.

53 산의 신. 호법은 불법(仏法) 수호를 위해 사역하는 귀신을 뜻한다.

54 계(戒)를 받거나 지킴으로써 생기는 공력(功力). 오계(五戒)를 지키면 그 공력으로 인간 세계

는 어쩔 수 없는 것이야. 그렇지만 자신의 몸을 지키려는 생각에 나는 음식을 챙겨 왔다. 너희들도 각자 자신의 몫을 가지고 오지 않은 것이 잘못이지. 대단한 건 아니지만 나는 이걸 가지고 왔다."

벤케이는 떡 스무 개 정도를 품에서 꺼냈다. 대단하다고 생각하고 있던 요시쓰네 앞에 이윽고 벤케이가 무릎을 꿇고 왼쪽 겨드랑이 밑에서 까맣고 커다란 물건을 꺼내더니 눈 위에 내려놓았다. 가타오카가 궁금한 마음에 가까이 다가가 보았다. 파서 구멍을 낸 죽통에 술을 넣어 가지고 온 것이다. 벤케이는 품에서 술잔 두 개를 꺼내 하나를 요시쓰네 앞에 두고 세 번 술을 따른 뒤 술병을 흔들며 말했다.

"마시고 싶은 사람은 많고 죽통은 작으니. 만족할 만큼 있으면 좋겠지만 조금씩이라도."

벤케이는 무리를 돌아다니며 남아 있는 술을 술잔에 담아 세 번이나 돌렸다.

"비가 오든 바람이 불든 오늘 밤은 이것으로 족하다"

그날 밤은 그곳에서 지샜다. 날이 밝으니 12월 23일이 되었다.

"무턱대고 가는 산길도 지겹구나. 이제 산기슭으로 가자."

요시쓰네의 명령에 따라 산기슭을 향하여 내려가니 미륵당 북쪽 언덕에 시게미 계곡이라는 곳까지 나오게 되었다. 마을이 가까워지니 신분이 낮은 사람들의 집이 줄지어 있었다.

"여느 패잔병이 그렇듯 갑옷을 입어서는 방법이 없다. 우리들 세상이라면 갑옷도 마음대로 입을 수 있겠지만 목숨보다 중요한 것은 없다."

에 태어나고, 십계(十戒)를 지키면 그 공력으로 천상에 태어난다고 한다.

시게미 계곡 고목 밑에 갑옷과 약식 갑옷 열여섯 개를 벗어두었다.

"내년 1월 말, 2월 초에는 오슈로 내려갈 것이니 그 때 이치조(一条) 대로(大路)와 이마데가와(今出川) 소로(小路)가 교차하는 근처에서 반드시 만나자."

요시쓰네의 명령에 울며불며 헤어져 각기 고하타(木幡)산, 히쓰(櫃)강, 다이고(醍醐), 야마시나(山科)로 여기저기 흩어졌다. 구라마산 깊숙한 곳으로 간 사람도, 서울로 잠입한 사람도 있었다. 요시쓰네는 무사 한 명, 하인 한 명 조차 데리고 가지 않았다. 시키타에(敷妙)라는 이름의 약식갑옷을 입고 칼을 옆구리에 찬 채 12월 23일 밤이 깊자 나라의 간주보(勧修坊)가 있는 곳으로 찾아갔다.

제6권

다다노부, 숨어서 서울로 상경하다

한편 사토 시로 병위 다다노부(佐藤四郎兵衛忠信)는 12월 23일 서울로 돌아가 낮에는 변두리에 몸을 숨기고 밤에는 도읍 안으로 들어가 요시쓰네의 행방을 찾았다. 하지만 사람들이 제각각 다르게 말하니 분명한 상황을 알 수 없었다. 어떤 이는 요시노(吉野) 강에 몸을 던졌다고 하고 어떤 이는 북쪽 지역을 경유하여 무쓰(陸奧) 국[1]으로 내려갔다고 했다. 확실하게 캐물어 확인할 수도 없기에 서울에서 시간을 보냈다.

그렇게 지내는 동안 12월 29일이 되었다. 하루 이틀도 편안히 지낼 수 없는 상황에서 한 해의 끝 날이 되었다. 내일이면 해가 바뀌고 새 봄을 맞이할 것이고 정월 의식을 치러야 하는데 상황이 좋지 않아 어디에서 하룻밤을 지새워야할지도 알 수 없었다.

그 즈음 다다노부에게는 한결같이 마음을 주던 여인이 있었다. 시조 무로마치(四条室町)[2]의 고시바(小柴) 입도(入道)의 딸로 가야라는 여인이었다. 요시쓰네가 서울에 있을 때 처음 만나기 시작하여 깊은 애정을 품어왔기에 서울을 떠날 때도 셋쓰(摂津) 국 가와지리(河尻)까지 뒤따라와 어느 배, 어떤 파도 위에서도 함께 하겠다며 이별을 안타까워했다. 그러나 다다노부는 요시쓰네가 부인을 비롯한 여러 여인을 배에 태우는 것조차 곤란한 일이라고 느꼈기에 자신마저 여인을 데리고 갈 수 없다는 생각에 한없는 그

1　혼슈(本州) 북동부 지역에 위치한 옛 국명의 하나로 현재의 아오모리(青森), 이와테(岩手), 미야기(宮城), 후쿠시마(福島) 등이 해당된다.

2　시조 대로와 무로마치 소로가 교차하는 부근으로 교토의 중심부에 위치한다.

리움을 끊어내고 홀로 시코쿠(四国)로 내려갔다. 그 여인의 마음을 아직도 잊을 수 없어 29일 밤이 깊어지자 그녀의 집으로 찾아갔다. 여인은 밖으로 나와 무척이나 기뻐하며 다다노부를 맞이하였고 자신의 집에 숨겨주며 온갖 뒷바라지를 해주었다. 부친인 입도에게 이 사실을 알리자 입도는 다다노부를 한 칸 방에 불러 말했다.

"훌쩍 떠나신 이후에 어디로 가셨는지 행방을 알지 못했습니다. 보잘 것 없는 이 입도를 의지하여 여기까지 오셨으니 기쁘기 그지없습니다."

그곳에서 새해를 맞이하였다. 봄이 찾아와 험준한 산의 눈도 드문드문 녹아 사라지고 산기슭 들판에 푸른 잎이 섞이게 될 즈음이 되면 무쓰 국으로 내려갈 생각이었다.

하지만 "하늘은 입이 없지만 사람을 통해 그 뜻을 전한다"는 말처럼 누군가 퍼뜨린 것도 아닌데 다다노부가 서울에 있다는 소문이 퍼지니 로쿠하라(六波羅)에서 탐색하라는 포고가 내려졌다. 그 소식을 들은 다다노부는 생각에 잠겼다.

'나로 인해 다른 사람에게 수치를 주어서는 안될 일이야.'

정월 4일, 서울을 떠나려했으나 그 날은 일진이 좋지 않은 날이기에 출발을 미루었다. 5일은 여인이 이별을 서러워하여 떠나지 않았다. 이윽고 6일 새벽에 어떻게 해서든 떠나야겠다고 마음먹었다.

무릇 남자가 결단코 의지하지 말아야할 것은 여인의 마음이다. 어제까지는 연리지(連理枝)와 같이 굳은 인연을 맺고 비익조(比翼鳥)[3]처럼 다정한 이

---

3 연리지(連理枝)는 두 나무의 가지가 서로 맞닿아서 결이 서로 통하는 것이며 비익조(比翼鳥)는 암컷과 수컷의 눈과 날개가 하나씩이어서 짝을 짓지 아니하면 날지 못한다는 전설상의 새를 의미한다. 두 단어 모두 남녀나 부부 사이의 두터운 정을 비유적으로 이르는 말이다.

야기를 나누었던 사이인데 어떤 마귀의 유혹에 빠졌는지 하룻밤 사이에 여인의 마음이 변해버린 것이었다.

동국(東国)에 사는 가지와라노 사부로(梶原三郎)[4]라는 자가 교토에 머물고 있었는데, 다다노부가 서울을 떠난 뒤 여인은 그와 인연을 맺었다. 새로운 남자는 영화를 누리는 자였고 다다노부는 쫓기는 자였다. 영화로운 이와 영락한 패배자를 비교할 수 없다는 생각에 여인은 이 사실을 가지와라에게 알려서 다다노부를 해하거나 포박하여 요리토모에게 바친다면 은상을 받을 것이 분명하다고 생각했다. 고조(五条) 니시노토인(西洞院)에 있던 가지와라의 처소에 심부름꾼을 보내니 가지와라는 서둘러서 여인을 찾아왔다. 여인은 다다노부를 작은 방에 숨겨 놓고 가지와라를 대접하면서 귓속말로 속삭였다.

"오시라 한 것은 다른 일이 아닙니다. 요시쓰네 님의 부하 중에 사토 시로 병위 다다노부라는 자가 있습니다. 요시노 전투에서 살아남아 지난 29일 저녁부터 이곳에 머무르고 있습니다. 내일은 무쓰 국으로 떠난다고 합니다. 떠나기 전에 말씀드리는 것이니 미리 알리지 않았다고 원망하지 마십시오. 스스로 손을 쓰지 않으시더라도 아래 사람을 보내어 해하거나 포박해서 요리토모 님께 보여드리고 훈공을 바라십시오."

가지와라는 이 말을 듣고 아연실색해서 쉽사리 답을 하지 못했다. 그저 꺼림칙하기만 하였으니 번개와 하루살이, 물 위로 내리는 눈, 그보다 더 헛된 것은 여인의 마음이었다. 이런 사실을 꿈에도 모르고 여인의 마음을

---

4 가지와라 가게모치(梶原景茂, 1167~1200). 헤이안 시대 말기에서 가마쿠라 시대 초기의 무장으로 가게토키의 삼남이다. 모반을 기도한 부친을 따라 교토로 가지만 막부군의 추격으로 결국 스루가(駿河)에서 죽음을 맞이하였다. 흔히 사부로라 불렸다.

의지했기에 신세를 망치게 된 다다노부야말로 애처로웠다. 가지와라는 답했다.

"무슨 말인지는 알겠소. 그러나 나는 우리 가문의 중대한 임무를 맡아 3년간 서울에 머물러야 하는데 올해로 2년째가 되오. 서울에 머물러야 하는 자는 또 다른 임무를 맡을 수 없소. 게다가 다다노부를 토벌하라는 천황이나 상황의 선지를 받은 것도 아니오. 욕심을 내서 전투에 임한다 해도 명령에 따른 것이 아니므로 은상을 받을 수가 없소. 더구나 일을 그르치면 가문의 수치가 될 것이오. 나는 그런 역량을 전혀 갖추지 못한 자라오. 그 뜻이 더욱 강한 사람에게 부탁하는 게 좋겠소."

가지와라는 내뱉듯 말을 마치고 서둘러 숙소로 돌아갔으며 사람의 인정도 알지 못하는 도리에 어긋난 여인이라는 사실을 깨닫고 발길을 끊어버렸다.

시조의 가야는 가지와라와 사이가 틀어지니 분노를 참지 못하고 로쿠하라에 밀고를 하겠다는 생각에 5일 밤 야심한 시간에 하녀 한 명을 데리고 로쿠하라로 찾아가 에마노 고시로(絵馬小四郎)[5]를 불러 상황을 알렸고 고시로는 호조 도키마사(北条時政)에게 이 사실을 알렸다.

"지체 없이 쳐들어가서 체포하라!"

이백 기의 병사가 시조 무로마치에 들이닥쳤다. 어제 하루종일, 그리

5 호조 요시토키(北条義時, 1163~1224). 가마쿠라 막부 제2대 싯켄(執権)으로 호조 도키마사(北条時政)의 차남이자 마사코(政子)의 동생이다. 가마쿠라 막부의 겐지(源氏) 장군의 대가 끊긴 뒤 막부의 실질적인 지도자가 되었다. 막부와 조정의 대립이 심해지는 상황에서 1221년에 고토바(後鳥羽) 상황이 요시토키를 토벌하라는 선지를 내리자 막부군은 교토를 공격하여 조정을 제압하고 상황을 유배시켰다. 이를 조큐(承久) 난이라 하며 이 승리 이후 막부의 권력은 일본 전역에 미치게 되었다.

고 오늘 밤 내내 석별의 술잔이라며 강권했기에 다다노부는 정신을 못 차릴 정도로 취해 잠들어있었다. 의지했던 여인은 마음이 변해 사라져버리고 말았다. 항상 머리를 빗어주는 하녀가 있었는데 그녀가 다다노부의 침소로 달려 들어와 거칠게 흔들어 깨웠다.

"적이 쳐들어왔습니다."

다다노부, 최후를 맞이하다

다다노부는 적의 함성에 놀라 벌떡 일어나 큰 칼을 고쳐들고 몸을 웅크려 밖을 살펴보니 사방에 적이 가득했다. 도망칠 수 있는 방법이 보이지 않았다. 그는 방 안에서 홀로 중얼거렸다.

"시작이 있는 모든 것은 끝이 있는 법이고 살아있는 것은 반드시 죽기 마련이지. 마지막은 어쩔 수 없는 법이다. 야시마(八島), 셋쓰(摂津) 국, 나가토(長門)의 단노우라(壇浦), 요시노 숲의 전투에 이르기까지 목숨이 다했다고 느꼈던 적이 많았지만 죽을 때가 아니라서 이제까지 살아왔다. 하지만 지금이야말로 마지막인 것 같군. 놀라는 건 어리석지. 그렇다고 호락호락 헛되이 죽을 수는 없다."

잠시도 지체하지 않고 흐트러짐 없이 몸단장을 했다. 흰 윗옷에 노란 통 넓은 바지, 그 위에 연노란 예복을 입은 후 소매를 묶어 어깨에 멨다. 어제 흐트러진 머리를 아직 빗지 못했기에 하나로 묶어 목덜미쪽으로 밀어붙인 뒤 에보시를 세워 쓰고 끈으로 이마에 단단히 동여맸다. 큰 칼을 들고 몸을 숙여 밖을 보았지만 아직 어둑어둑해서 갑옷과 투구 색이 잘 보이지 않았다. 적은 여기저기 무리를 이루어 기회를 엿보고 있었으니 다다노부는 생각에 잠겼다.

'오히려 한가운데를 돌파해서 어둠속으로 도망쳐야겠군. 헌데 적은 갑옷과 투구로 무장을 했으니 활을 메겨서 말에 채찍을 가하며 따라올 것이야. 쫓아오며 활을 쏘니 화살로 뒤범벅이 되겠지. 혹여 가벼운 부상만 입는다면 죽지 못하고 산 채로 로쿠하라에 붙잡혀 가겠지. 그곳에서 요시쓰네 님이 계신 곳을 물어볼 테고 모른다고 대답하면 호되게 다루라며 고문을 하겠지. 평정심을 유지하는 동안은 모른다고 버티겠지만 점차 정신을 잃으면 있는 그대로 다 털어놓게 될 지도 모르지. 그렇게 되면 요시노 산에 남아 주군께 목숨을 바쳤던 내 뜻도 허무해지게 되니 슬프구나. 어떻게 해서든 이곳을 벗어나고 싶은데…….'

중문 툇마루로 가보니 그곳에 오래된 다다미방이 있었다. 곧장 들어가 보니 교토의 판자지붕이 그렇듯 달빛이 새어들고 별빛이 쏟아져 들어오도록 성기게 지붕을 엮어놓아 드문드문 빛이 들어왔다. 다다노부는 힘이 셌기에 양팔을 들어 지붕을 들어올리고 훌쩍 뛰어올라 밖으로 나가 새가 나뭇가지 사이를 날아가듯 쏜살같이 도망쳤다. 이 상황을 본 에마노 고시로가 말했다.

"앗! 적이 도망친다! 그냥 쏘아 죽여라!"

명사수를 골라 격렬하게 화살을 쏘아댔다. 그러나 다다노부는 너무나 빨리 화살이 닿지 않는 먼 곳까지 도망쳐버렸다. 아직 새벽녘이라 넓은 도로 좁은 도로 이곳저곳에 세워놓은 수레가 장해물이 되어 말의 발걸음은 꼬여만 갔고 생각대로 달릴 수 없었기에 결국 다다노부를 놓치고 말았다.

이대로 계속해서 도망쳤다면 성공했을 텐데 다다노부는 자신의 앞날을 걱정하였다.

'외곽은 서울에 올라와있는 무사들에게 명령하여 봉쇄했겠지. 도성 안은 호조 부자의 병력으로 탐색할 게 분명해. 어떻게든 도망칠 수 없는 신세가 된 이상, 하급 무사들의 손에 걸려 사살되는 건 비통하지. 주군을 뵙는다는 심정으로 요시쓰네 님이 한두 해 기거하셨던 로쿠조호리카와(六条堀河) 저택을 찾아가 그곳에서 어떻게든 되자.'

다다노부는 로쿠조호리카와 쪽을 향해 갔다. 작년까지 기거하셨던 흔적이 있는 곳에 돌아와 보니 어느 틈에 그 모습이 변하여 문을 닫고 관리하는 이도 없는 듯 했다. 툇마루에는 먼지가 가득 쌓였고 덧문도 미닫이문도 완전히 부숴진데다가 드리워진 발은 부는 바람에 나부끼고 있었다. 방 한 칸의 장지문을 열고 들어가 보니 거미줄이 어지럽게 쳐져 있었다. 이 모습을 보는데도 '아아, 그 때는 이렇지 않았는데'라는 생각이 들어 한결같던 용맹심도 어느덧 둔해져버렸다. 보고 싶은 곳을 충분히 돌아보고 난 뒤 객실로 나와 드리어진 발을 잘라내고 덧문을 올린 후 문턱에 우뚝 서서 큰 칼을 뽑아들고 소매로 닦으며 혼잣말처럼 중얼거렸다.

"누구든 다 오거라."

그저 홀로 호조 이백 여기의 병사를 기다리고 있었다.

'아아, 얼마나 훌륭한 적인가. 관동에서는 요리토모 님의 장인이며 서울에서는 로쿠하라 님[6]이시니 내게는 분에 넘치는 훌륭한 적이지. 호락호락 헛되어 죽는 것은 안타까운 일이다. 좋은 갑옷 한 벌과 화살통 하나가

---

6 호조 도키마사를 지칭한다. 딸인 마사코가 요리토모의 부인이었기에 관동에서는 요리토모의 장인으로 불렸고, 교토슈고(京都守護)로 로쿠하라에 거주하여 서울에서는 로쿠하라 님이라 불렸다.

있으면 좋겠는데…… 마지막 전투를 치루고 할복하자.'

이런저런 생각을 하는데, 사실 이곳에는 갑옷 한 벌이 남겨져 있었다. 작년 11월 13일에 요시쓰네가 서울을 떠나 시코쿠로 내려갈 때, 이별의 아쉬움을 누르지 못해 그 날 밤 도바(鳥羽) 나루터에서 하룻밤을 야영했다. 그때 요시쓰네가 히타치보(常陸坊)를 불러 물었다.

"내가 살던 로쿠조호리카와 저택에는 어떤 자가 살게 될 것 같은가?"

"그 누가 살겠습니까? 저절로 마왕의 은신처가 되겠지요."

"이 요시쓰네가 살던 곳이 마왕의 은신처가 된다니 기분이 안 좋구나. 집주인을 위해 무거운 갑옷과 투구를 놓아두면 수호신이 되어 악령을 가까이 오지 못하게 한다지 않느냐."

작은 벚꽃 잎이 염색된 가죽으로 엮은 갑옷에 사방을 은으로 장식한 투구, 산새 깃털이 달린 화살 16개를 곁들여 통나무 활 하나를 함께 놓아두었던 것이다.

다다노부는 아직 그 갑옷이 있을지 모른다는 생각에 천장으로 급히 올라가 내부를 둘러보았다. 사시(巳時)[7] 경이었기에 동쪽 산에서 햇빛이 비췄는데, 빛이 새어 들어와 투구의 징, 금박이 반짝거리고 있었다. 갑옷의 아랫부분을 길게 늘어뜨려 입은 후 화살을 짊어지고 활시위를 잡아당겨 보았다. 이제나저제나 기다리던 참에 호조의 이백 기가 바로 밀어닥쳤다. 선진(先陣)은 정원에 난입하였고 후진(後陣)은 문 밖에 대기하고 있었다. 에마노 고시로 요시토키(義時)는 공놀이할 때 표적으로 쓰는 나무를 방패삼아 외쳤다.

"볼썽사납구나, 시로 병위. 더 이상 도망칠 수 없다. 당당히 나오거라.

---

7 오전 9시에서 11시 사이를 말한다.

대장은 호조 님이시고 이렇게 말하는 나는 에마노 고시로 요시토키라는 자다. 어서 나오거라!"

이 말을 들은 다다노부는 툇마루 위에 세운 덧문의 아랫부분을 쿵하고 떨어트리더니 화살을 메기며 답했다.

"에마노 고시로 님께 아뢰고 싶은 말이 있습니다. 안타깝게도 당신들은 뭘 모르시는군요. 호겐(保元), 헤이지(平治) 전투는 윗분끼리의 싸움이었기에 천황이나 상황도 두려워하지 않고 마음껏 휘둘렀지요. 그러나 이 싸움은 전혀 다릅니다. 저와 당신의 전투는 사사로운 싸움입니다. 요리토모 님도 요시토모 님의 자제이고 우리 주군도 요시토모 님의 자제입니다. 가령 다른 이의 참언으로 형제 사이가 틀어졌다고 해도 참언이 문제이니 요리토모 님이 마음을 고쳐 다시 생각하셨을 때는 안타깝게도 번뇌의 원인이 될 것입니다."

다다노부는 이 말을 끝맺기도 전에 툇마루에서 뛰어내려 낙숫물 떨어지는 돌에 서서 활을 메겨서 쏘기를 반복하며 격심하게 화살을 날렸다. 에마노 고시로의 선두를 뚫고 달려 나간 부하 세 기가 그 자리에서 활에 맞았다. 두 기가 부상을 입자 연못 동쪽 문 밖으로 향해 마치 폭풍으로 나뭇잎이 떨어지듯 무리지어 퇴각하였다. 후진의 군세가 이 상황을 목격하고 말했다.

"에노시마 님, 볼썽사납습니다. 적이 다섯 기, 열 기라도 되면 모르겠지만 단 한사람입니다. 돌아가서 상대하십시오."

에노시마는 다시 말머리를 돌려 다다노부를 포위하며 격렬하게 공격하였다. 다다노부도 화살이 16개뿐이었기에 곧 소진하였으니 활과 화살통을 거칠게 벗어 던지고 큰 칼을 빼어들고 적의 무리 속으로 뛰어들어 감당할 수 없을 만큼 수없이 많은 적을 베어냈다. 말과 사람 할 것 없이 많은 수가 베어져나갔다. 다다노부는 갑옷을 치켜 올리며 빈틈을 보이지 않으려 했고 스스로의 몸을 표적으로 적들에게 활을 쏘도록 했다. 활을 잘 쏘는 명사수가 쏜 화살은 갑옷 안까지 관통했고, 몸집이 작은 병사가 쏘는 화살은 튕겨 나가 꽂히지 않았다. 그러나 갑옷 빈틈에 꽂힌 화살의 수가 많았기에 다다노부는 꿈을 꾸는 것처럼 정신이 멍해져갔다.

아무래도 더 도망칠 수 없는 노릇이었고 기력이 약해진 후에 잡혀서 목이 잘려나가는 것은 마뜩치 않았다. 이제는 할복을 해야겠다는 생각에 큰 칼을 번쩍 들고 툇마루 위로 재빠르게 뛰어 올라가 서쪽을 향해 정좌한 후 합장하며 말했다.

"에마노 고시로 님께 드리고 싶은 말이 있소. 이즈(伊豆), 스루가(駿河)의 젊은 무사들이 의외로 난폭해 보이는데 잠시 마음을 가다듬고 용맹한 병사가 할복하는 모습을 보시오. 요리토모 님에게도 요시쓰네 님에게도 충성심을 품었고 예상치 못한 재난에도 부딪혔다오. 적에게 목을 주지 않으려고 스스로 목숨을 끊는 자를 위한, 그야말로 후대에까지 모범이 될 테니 요리토모 님께도 내가 자결하는 모습을 마지막 말과 함께 전해 주시게."

"그렇다면 조용히 할복하도록 하고 그 다음에 목을 잘라라."

에마노 고시로는 말고삐를 늦추며 지켜보았다. 다다노부는 평온해졌고 염불을 큰 소리로 서른 번 쯤 외친 후, "원하오니 이 공덕(願以此功德)을"이라며 회향한 후 큰 칼을 빼들고 갑옷의 여밈 부분을 잘라낸 후 무릎을 꿇고 앉았다. 상체를 쭉 펴고 칼을 고쳐 잡더니 왼쪽 어깨 밑으로 푹 꽂아 넣었고 오른쪽 어깨 밑까지 쓰윽 끌어 잘라냈다. 가슴팍에 꽂아 세워서 배꼽 아래까지 잘라낸 후 칼을 닦아내더니 물끄러미 바라보며 말했다.

“아아, 빼어난 칼이다. 모후사(舞房)[8]에게 부탁하면서 훌륭하게 만들어 달라고 거듭 말한 보람이 있구나. 배를 가를 때 조금도 거스름이 없는 느낌이었다. 이 칼을 그대로 놔두면 사체와 함께 동국으로 가져가겠지. 젊은 무리들이 좋은 칼이네, 나쁜 칼이네 하며 입방아를 찧는 것도 불쾌하니 황천길에 가지고 가야겠군.”

칼을 닦아내고 칼집에 넣어 무릎 밑에 밀어 넣은 뒤 배를 가른 부위를 잡아 열더니 주먹을 배안에 집어넣어 내장을 툇마루 위로 한없이 잡아 꺼내며 말했다.

“황천길까지 가지고 갈 칼은 이렇게 하는 것이다!”

다다노부는 칼의 손잡이는 가슴팍 쪽으로, 칼집은 허리뼈 밑으로 향하게 하여 배 안에 박아 넣은 후 팔짱을 낀 채 목숨이 끊어지는 느낌도 없이 강하게 숨을 쉬며 염불을 외웠다. 그래도 죽지 않으니 이 세상의 무상함을 느끼며 말했다.

“서글프구나, 사바세계의 무상함이여. 노소부정(老小不定)[9]이라고 하지만 참으로 목숨이란 정해진 것이 없구나. 어떤 자는 단 하나의 화살에도 죽음에 도달하여 죽어서까지도 처자에게 고통스럽고 슬픈 날을 맞이하게 하는데, 이 다다노부는 스스로 배를 갈라 자결하고자 하는데도 쉽사리 죽지 못하고 있으니 전세의 업이 서글프구나. 이 또한 너무나 요시쓰네 님을 사모하고 그리워하기에 죽음에 이르지 못하는 것일까. 이 칼은 요시쓰네 님이 하사하신 칼이다. 이를 주군의 추억이라 생각하면 황천길도 편안하게 갈

---

8 무쓰 국 대장장이 일파를 말한다.

9 인간의 수명이나 죽는 시기는 알 수 없는 것이어서 언제 죽음이 닥쳐올지 모른다는 말로 겐신(源信)이 쓴 『관심약요집(觀心略要集)』에 있는 표현이다.

수 있겠지."

다다노부는 뽑힌 채 있던 칼을 쥐고 그 끝을 입안에 넣고 무릎을 누르며 일어나더니 손을 놓아 앞으로 푹하고 쓰러졌다. 손잡이는 입안에 남고 칼끝은 귀밑머리를 가르고 뒤쪽으로 쑤욱 관통하였다.

애석한 운명이었다. 분지(文治) 2년(1186) 정월 6일 진시(辰時),[10] 다다노부는 드디어 다른 이의 손을 빌지 않고 스물여덟에 목숨을 다했다.

다다노부의 머리, 가마쿠라로 내려가다

호조의 가신으로 이즈에 사는 미시마노 야타로(三島弥太郎)라는 자가 다다노부의 목을 잘라 로쿠하라로 가지고 갔으며 목을 창에 꽂아 대로를 행렬한 뒤 동국으로 내려보낸다는 소문이 났다. 조정의 적으로 감옥문에 걸린 목이어야 대로를 행렬할 자격이 있지만, 다다노부는 요리토모의 적인 요시쓰네의 가신으로 각별히 행렬을 할 정도는 아니라는 대신들의 의견이 있자, 도키마사는 그 말이 타당하다고 여겼는지 결국 목을 걸고 행렬하지는 않았다. 에마노 고시로는 오십 기의 군세로 다다노부의 목을 들고 관동으로 내려갔다. 정월 20일에 도착하여 21일에 요리토모를 배알하며 아뢰었다.

"모반한 자의 목을 가지고 왔습니다."

"어느 지역의 뭐라는 자더냐?"

---

10 오전 7시에서 9시 사이를 말한다.

"요시쓰네의 가신, 사토 시로 병위 다다노부라는 자입니다."

"쓰러트린 자는 누구더냐?"

"도키마사 님이십니다."

처음 있는 일도 아니지만 잘 했다며 칭찬하는 기색이었다. 자결한 모습, 마지막 말 등을 상세히 전하자 요리토모는 말했다.

"아아, 용맹한 무사구나. 모든 사람에게 그의 마음을 지니게 하고 싶다. 요시쓰네를 따르는 젊은 가신 중에 한 명도 어리석은 자가 없구나. 히데히라(秀衡)도 장점을 보고 많은 사무라이 가운데서도 이들 형제를 요시쓰네에게 붙여준 거겠지. 어째서 동국에는 이 정도 되는 자가 없단 말이더냐. 다른 사람 백 명을 부리는 것보다 낫겠구나. 다다노부가 요시쓰네의 은혜를 싹 다 잊고 나를 섬겼다면 중국이나 일본은 모르겠으나, 관동 8개국에서 어느 하나는 줄 수 있었을 텐데."

이 말을 들은 지바(千葉), 가사이(葛西)가 말했다.

"아아, 헛된 짓을 했구나. 만일 생포해서 동국으로 내려왔다면 가신으로 품어주셨을 텐데."

그때 하타케야마(畠山)가 끼어들어 거리낌 없이 말했다.

"상상도 못할 정도로 훌륭하게 떠나셨으니 요리토모 님도 기분이 좋으신 겁니다. 생포해서 끌고 왔다면 요시쓰네 님의 행방을 모를 리가 없다며 심하게 고문했을 것이니 살아있는 보람도 없었겠지요. 결국은 죽어야만 하는 자를 다른 무사들이 쳐다보는 것도 괴로웠을 겁니다. 다다노부처럼 용맹한 무사가 일본 전역을 모두 준다한들 요시쓰네 님의 은혜를 잊고서 요리토모 님을 모신다는 건 결코 있을 수 없는 일입니다."

오오이(大井), 우쓰노미야(宇都宮)는 소매를 걷고 무릎을 찌르며 서로 속삭였다.

"잘도 말하는군. 처음 있는 일은 아니지만."

요리토모는 명령했다.

"그렇기는 하나 후대의 본보기로 목을 내걸어라."

호리노 야타로(堀弥太郎)가 명령을 받들고 자리에서 일어나 유이(油比)[11] 해변가의 하치만사(八幡社) 도리이(鳥居) 동쪽에 내걸었다. 사흘이 지나자 요리토모는 그 행방을 물었다.

"아직 해변가에 있습니다."

"안쓰럽구나. 고향이 멀어 친족이 알 수 없으니 거두어갈 수 없겠지. 용맹한 무사의 목을 그런 곳에 오래 걸어두면 그 땅의 악령이 될 수 있다. 머리를 거둬들여라."

다시 가지고 와서 그냥 버리지 못하고 부친 요시토모를 공양하기 위해 지은 쇼초주인(勝長壽院) 뒤에 매장하였다. 그래도 역시 가엽게 느껴졌는지 절의 별당에게 분부하여 136부의 경문을 서사하여 공양하게 하였다. 사람들은 예나 지금이나 이토록 훌륭한 무사는 없다며 칭송하였다.

요시쓰네, 몰래 나라(奈良)로 가다

한편, 요시쓰네는 나라(奈良)의 간주보(權修坊)[12]를 찾아갔다. 간주보는 무

11 가마쿠라 시의 지명이다.

12 쇼코(聖弘, ?~?). 헤이안시대 말기에서 가마쿠시대 초기의 승려이다. 요시쓰네를 비호한 일

척 기뻐하며 어렸을 때부터 신심이 깊었던 보현보살, 허공장보살이 모셔져 있는 불전으로 모시고 가 이런저런 위로의 말을 나누었다. 간주보는 계속해서 이렇게 권면했다.

"당신은 3년간 헤이케를 공격한다며 많은 사람의 목숨을 앗아갔으니 그 죄업을 어찌 벗어날 수 있겠습니까. 한결같은 마음으로 보리심(菩提心)[13]을 일으켜 고야산(高野山)[14]이나 고카와데라(粉河寺)[15]에 들어가셔서 부처님의 명호를 부르며 얼마 남지 않은 여생이지만 내세의 구원을 구하며 보내지 않으시겠습니까."

"권면의 말씀을 여러 번 해주셨지만 앞으로 일이년 동안은 다른 사람의 이목을 개의치 않고 상투를 튼 채 속세에 있으면서 세상 돌아가는 모습을 살펴볼 작정입니다."

혹시라도 출가할 마음이 생길지도 모른다는 생각에 숭고한 경문 등을 매일 설파하며 들려주었지만 요시쓰네는 출가할 마음이 없었다. 밤에는 따분한 나머지 간주보 문 밖에 앉아 피리를 불며 기분전환을 했다. 그 즈음 나라(奈良) 법사 가운데 다지마(但馬) 아사리(阿闍梨)[16]라는 앞뒤 안 가리는 자가 있었다. 동료 스님 중에 이즈미(和泉), 미마사카(美作), 벤노키미(弁君) 등 여섯 명이 모여 모의작당을 했다.

로 고문을 받았으나 그 태도에 감화한 요리토모는 쇼초주인(勝長寿院)의 공승직(供僧職)을 내렸다고 한다.

13 깨달음을 구하며 불도를 행하는 마음을 말한다.

14 고야산 금강봉사(金剛峰寺)를 말하며 홍법대사 구카이(空海)가 세운 진언종 사찰이다.

15 와카야마 현(和歌山県)에 있는 천태종 사찰을 말한다.

16 쇼샤산(書写山)의 수행승으로 아사리는 제자를 가르치고 제자의 행위를 바르게 지도하여 그 모범이 될 수 있는 승려를 말한다.

"이곳 나라에서 우리는 잔인무도하다는 평판을 듣고 있지만 별반 한 일도 없지 않은가. 밤마다 마을 어귀에 서서 다른 이가 갖고 있는 칼을 빼앗아 우리 보물로 삼아보는 것이 어떤가?"

"지당한 말씀일세."

이들은 밤마다 다른 이의 칼을 빼앗으며 다녔다. 번쾌처럼 험악한 모습의 용사라도 가지고 나온 칼을 그대로 지닌 채 무사히 돌아간 자가 없었다.[17]

어느 날 다지마 아사리가 말했다.

"본적 없는 젊은 남자가 얼굴은 무척 뽀얗고 키는 작은데 훌륭한 갑옷을 입고 상상도 못 할 정도로 멋진 황금 칼을 옆에 차고 간주보 문 밖에 매일 밤 서성인다네. 그 사내의 칼인지 주인의 칼인지 모르겠지만 그에게는 어울리지 않으니 어서 가서 뺏어오세."

미마사카라는 법사가 말했다.

"아아, 쓸데없는 말 하지 마시게. 요즘 구로 요시쓰네 님이 요시노 집행에게 공격을 당해 간주보를 의지하여 와 계신다고 들었네. 그냥 놔두세."

"그건 자네가 겁이 많은 탓이야. 어떻게 빼앗지 않고 가만 놔두겠는가?"

"그건 그렇지만 상황이 나빠지면 어떻게 할 건가?"

"옛말에 머리카락을 들춰서 상처를 찾아낸다는 말이 있지 않은가? 힘들다는 건 알지만 어떻게든 해보세."

---

17 문맥을 고려하여 '번쾌처럼 험악한 모습의 용사라 해도' 이하 부분을 다나카(田中)본을 참고로 추가하였다.

이윽고 간주보 부근을 노리다가 다지마가 앞으로 나아가며 지시했다.

"각자 토담 그늘 어둑한 곳에서 기다리게. 내가 상대의 칼집 자루를 갑옷 아랫자락에 부딪혀서 "여기 있는 사내가 사람을 때리네!"라고 소리치면 그 소리를 듣고 달려오게나. "어떤 어리석은 자인가! 불법이 가득한 곳에서 무례한 짓을 하여 죄를 짓다니 용서할 수 없다. 목숨은 빼앗지 마라. 무사라면 상투를 잘라 절에서 쫓아내라. 백성이라면 귀와 코를 베어 쫓아내라"라고 하면서 칼을 빼앗게. 못 빼앗으면 겁쟁이지."

요시쓰네는 여느 때처럼 정신을 집중하여 피리를 불고 있는데 이상한 느낌으로 지나가려는 자가 있었다. 그 사내는 요시쓰네의 칼집에 갑옷 아랫자락을 철컹 부딪히더니 "여기 있는 사내가 사람을 때리네!"라고 외쳤다. 이윽고 법사들이 "그렇게는 안 되지"라며 사방에서 다가왔다. 요시쓰네는 이런 재난이 있을 거라고는 생각지도 못했지만 칼을 뽑아들고 토담을 등지며 기다리고 있는데, 상대가 긴 칼로 찔러대자 휙 하고 베어낸 뒤 다시 왜장도를 들이대자 이 역시 휙 베어내고 소장도와 왜장도를 휘두르는 사이 네 명을 베어 쓰러트렸다. 격렬하게 칼을 휘두르니 다섯 명이 한자리에서 쓰러졌고 나머지 한 명은 상처를 입고 도망쳤다. 요시쓰네는 다지마를 토담의 막다른 곳으로 몰아넣고 칼등으로 쳐서 산채로 생포한 뒤 물었다.

"너는 이곳의 뭐라는 자더냐?"

"다지마 아사리다."

"목숨은 아까운가?"

"생명을 가진 자 중에 목숨이 아깝지 않은 자가 있겠는가?"

"그렇다면 평판과는 다르군. 자네는 비겁한 자로군. 목을 베어버리고 싶지만 자네는 법사의 신분, 나는 속세 사람이지. 속세의 몸으로 승려를 베는 것은 부처님을 해하는 것과 같으니 자네의 목숨을 살려줌세. 앞으로는 이런 난폭한 짓을 해선 안 되네. 내일 나라에 퍼뜨릴 말은 그저 "미나모토노 요시쓰네 님과 맞붙어 싸웠다"라고만 하게. 그렇게 되면 강한 자라는 평판이 나겠지. 증거가 어디 있느냐고 사람들이 묻는데 없다고 하면 믿지 않을 테지. 이걸 증거로 삼게나."

덩치 큰 법사를 붙잡아 누르고 가슴팍을 짓밟아 칼을 뽑아들고 귀와 코를 베어낸 뒤 놓아주었다.

"오히려 죽는 편이 나았겠구나."

다지마는 한탄했지만 소용이 없었고 그 날 밤 나라에서 완전히 자취를 감추어버렸다.

요시쓰네는 소동 이후에 거처로 돌아가 간주보를 지불당(持仏堂)으로 불러 이별을 고했다.

"이곳에서 해를 보내고 싶지만 뜻한 바가 있어 서울로 가려고 합니다. 이별의 서글픔은 말로 다 표현하기 힘듭니다. 이 뜬세상에 오래 살 수 있다면 더 할 나위없겠지만, 만일 제가 죽었다는 말을 들으신다면 후세를 잘 부탁드립니다. 스승과 제자는 전세, 현세, 내세의 삼세(三世)의 인연이라 하니 내세에 반드시 만나 뵙겠습니다."

바로 떠나려 하자 간주보가 말했다.

"어찌된 일입니까? 한동안 이곳에 머무를 것이라 생각했는데 이리 갑자기 떠나신다니 이해가 되지 않습니다. 아무래도 누군가의 고자질 때문에 이렇게 떠나시는 거라 여겨지는군요. 설령 누가 어떤 말을 한다한들 저는 흔들리지 않습니다. 당분간은 이곳에 계시다가 내년 봄에 어디로든 떠나십시오. 지금은 절대 아닙니다."

이별의 정이 애석하여 만류했지만 요시쓰네는 답했다.

"오늘 밤은 당장 이별하는 것이 안타깝게 느껴질지라도 내일 문 밖에서 일어난 일을 보시게 되면 이 요시쓰네에게 정나미가 떨어지실 겁니다."

"아무래도 오늘 밤에 안 좋은 일을 당하신 것 같군요. 최근에 젊은 승려들이 조정의 비호를 받고 의기양양해서 밤마다 다른 이의 칼을 빼앗는다는 소문을 들었는데 당신의 칼은 세상에 빼어난 훌륭한 칼이니 그걸 빼앗으려 하다가 그들이 죽임을 당했겠군요.

그것이 뭐 큰일이겠습니까? 그들이 경솔하다는 평판이 나면 이 간주보를 위해 정성껏 애써줄 사람도 있겠지요. 분명 막부에도 호소를 할 것이고 서울에도 호조 도키마사 님이 계시니 호소를 하겠지만 도키마사 님은 자신이 판단할 수 없다며 사정을 관동에 상세히 보고하겠지요. 허나 요리토모 님도 천황이나 법황의 명령 없이는 그렇게 쉽사리 대군을 이곳으로 보낼 수는 없을 겁니다. 게다가 당신은 헤이케 토벌 후 서울에 계셨고 천황의 신뢰도 두터우며 법황도 마음에 들어 하시니 두 분의 명령을 부탁함에 있어 그 누구에 뒤지지 않을 겁니다. 서울에 계시면서 시코쿠, 규슈의 군병을 모집하신다면 어찌 달려오지 않겠습니까? 교토 주변과 주고쿠(中国) 지역의 군병을 하나로 합치고 규슈의 기쿠치(菊地), 하라다(原田), 마쓰라(松浦),[18] 우스키(臼杵), 헤쓰기(戸次) 등을 소집하고 행여라도 오지 않는다면 가타오카, 벤케이 같이 용맹한 무사를 보내서 무찌르게 하십시오. 어지러워지는

18 마쓰라 당(党)으로 히젠국(肥前国) 마쓰라를 중심으로 활약한 유명한 무사 집단을 말한다.

곳도 있겠지만 일본의 절반이 하나가 되어 아라치(愛発)의 나카야마(中山),[19] 이세(伊勢)의 스즈카야마(鈴鹿山)를 봉쇄하고 오사카(逢坂)의 관문 하나만 남겨두면 요리토모 님의 대리인이 관문을 넘어 서쪽으로 들어올 수는 없을 겁니다. 그렇게 된다면 제가 고부쿠지(興福寺),[20] 도다이지(東大寺), 엔랴쿠지(延暦寺), 미이데라(三井寺), 요시노(吉野), 도쓰가와(十津川), 구라마데라(鞍馬寺), 기요미즈데라(清水寺) 등을 하나로 규합하는 것은 쉬울 것입니다.

그래도 잘 되지 않는다면 이 간주보가 베푼 한 번의 은혜를 잊지 않는 자 2, 3백 명을 불러 모아 성곽을 쌓고 성루를 갖추어 휘하에 있는 일당천의 군병을 데리고 와 성루에 올라 활을 쏘도록 하고 용감한 자로 하여금 전투를 하도록 하며 멀리서 지켜보시지요. 만일 아군이 패배한다면 어렸을 때부터 의지했던 본존 앞에서 제가 독경을 올릴 테니 당신은 염불을 외면서 할복을 하십시오. 이 간주보도 검을 제 몸에 찔러 내세까지 함께 하겠습니다. 이번 생에는 기도의 스승, 내세에는 좋은 불도의 안내자가 되고자 합니다."

진실로 믿음직스러운 말이었다. 간주보의 말에 잠시 머무르고 싶은 생각이 들었지만 세상의 인심도 가늠하기 힘들었다. 이 땅에 자신보다 나은 자가 없다고 생각했는데, 간주보는 빼어나게 훌륭한 인물이라는 생각을 하며 그 날 밤에 나라를 떠났다. 간주보는 요시쓰네를 홀로 떠나게 할 수 없기에 신뢰할 수 있는 제자 여섯 명을 함께 보냈다. 하지만 요시쓰네는

---

19 후쿠이(福井) 현에 위치하며 에치젠과 오미의 국경에 해당된다. 호쿠리쿠(北陸)로 가는 요충지이며 관문이 설치되었다.

20 나라에 있는 법상종의 본산으로 남도 칠대사 중 하나이다. 도다이지는 화엄종의 본산이다.

"로쿠조호리카와에서 잠시 기다려라"고 말한 후 행방을 감춰버렸다. 여섯 명은 허무하게 나라로 돌아왔다.

그 이후로는 간주보도 요시쓰네의 행방을 알 수 없었다. 그렇지만 나라에서는 많은 사람이 죽었다. 다지마가 말을 퍼뜨렸는지, 요시쓰네가 나라의 간주보 밑에 있으면서 모반을 일으켰고 설득하여 끌어들이려 했지만 따르지 않는 승려들을 간주보가 요시쓰네에게 보내 죽음에 이르게 했다는 소문이 났다.

간주보, 관동으로 소환되다

요시쓰네가 나라에 있다는 소문이 로쿠하라에 들렸고, 호조 도키마사는 크게 놀라 서둘러 가마쿠라에 이 사실을 알렸다. 요리토모는 가지와라(梶原)[21]를 불러 명령했다.

"나라의 간주보라는 자가 요시쓰네에게 가담하여 세상을 흐트러뜨리는데 나라의 법사들도 상당수 당했다고 한다. 이즈미(和泉), 고치(河內)의 세력이 요시쓰네를 동정하여 그 편이 되기 전에 조치하도록 하라."

"그것이야말로 꺼림칙하며 보통일이 아닙니다. 승려의 몸으로 그런 당

---

21 가지와라노 가게토키(梶原景時, 1140~1200). 가마쿠라 초기 무장으로 이시바시야마(石橋山) 전투에서는 헤이케 편에 가담했으나 미나모토노 요리토모에 내심 동조, 그를 위기에서 구해주었다. 그 후 요리토모에게 중용되었다. 기소 요시나카(木曾義仲) 토벌 등에 참전하였고 단노우라 전투를 둘러싸고는 요시쓰네와 대립하였다. 요리토모 사망 후 요리이에(頼家)를 지지했으나 반대편의 탄압으로 실각, 일족을 이끌고 관동지방으로 향하는 도중 공격을 받고 살해당했다.

치않은 생각을 하다니 이상합니다."

호조 도키마사가 보낸 두 번째 파발마가 도착하여 요시쓰네는 나라에 있지 않으며 간주보가 도모하여 숨겼다는 취지를 알렸다. 이 소식을 들은 가지와라가 말했다.

"그렇다면 천황, 법황의 명령을 청하셔서 간주보를 관동으로 내려오도록 하여 심문하신 후 그 답변에 따라 죽이시든지 유배를 보내시든지 하는 게 어떻겠습니까?"

요리토모는 호리노 도지 지카이에(堀藤次親家)[22]에게 명하였다. 그는 50여 기로 달려가 로쿠하라에 도착하여 그 뜻을 알렸고, 도키마사와 지카이에는 함께 법황[23]의 처소로 찾아가 말씀을 올렸으나 다음과 같은 답변이 돌아왔다.

"짐이 조치해야할 일은 아니다. 간주보는 고토바 천황[24]의 기도 스승으로 불법을 번성하게 한 뛰어난 고승이며 광대하고 큰 자비심을 가진 학덕

---

22 호리노 지카이에(堀親家, ?~1203). 헤이안 시대 말기에서 가마쿠라 시대 초기의 이즈 국 무사로서 흔히 도지(藤次)라 일컬었다. 계보는 잘 알려져 있지 않지만, 요리토모가 1180년 거병했을 때부터 측근으로 섬겼으며 많은 전투에 참가하였다. 요리토모 이후 2대 장군 요리이에(頼家)를 섬겼으며, 그 사자로서 도키마사를 토벌하라는 서한을 전하였고 그로 인해 살해당한다.

23 고시라카와(後白河) 상황을 의미한다.

24 고토바 천황(後鳥羽天皇, 1180~1239). 1183년 안토쿠 천황이 다이라(平) 씨와 서국으로 도주하자 고시라카와 상황은 새 천황이 필요하여 당시 네 살인 고토바 천황 즉위를 결심한다. 1192년까지는 고시라카와 상황에 의해 원정(院政)이 계속되었다. 고토바 천황 역시 양위 후 쓰치미카도(土御門), 준토쿠(順德), 주쿄(仲恭) 3대 23년간에 걸쳐 상황으로서 원정을 실시하였다. 1221년 고토바 상황은 당시의 권력자인 호조 요시토키 토벌을 선언하여 조큐(承久) 난을 일으켰으나 막부에게 참패당하고 오키(隱岐) 섬에 유배된다. 가인(歌人)으로서도 유명하다.

깊은 승려이다. 대궐에 사정을 아뢰지 않고서는 해결되지 않을 것이다."

결국 이 사실을 알리자 천황의 선지(宣旨)가 다음과 같이 내려졌다.

"불법을 번성하게 한 뛰어난 고승이라 하더라도 그런 가당치않은 일을 도모한 이상 짐으로서도 어쩔 도리가 없다. 요리토모가 분노하는 것도 무리가 아니다. 요시쓰네도 조정의 적이라 여겨지는 이상 간주보를 인도하도록 해라."

도키마사는 기뻐하며 3백여 기를 이끌고 나라로 달려가 간주보를 찾아가 선지를 전했다. 이 말을 들은 간주보는 흐느껴 울며 말했다.

"세상이 말세라고 하지만 왕법(王法)마저 스러진 것은 슬픈 일이오. 고대에는 선지라 하면 고목에도 꽃이 피고 열매가 맺히고 하늘을 나는 새조차 떨어트린다고 했는데, 지금 이런 세상이 되어 버렸으니 앞으로의 세상은 어찌 되려는지……."

이윽고 떠날 채비를 하며 말을 이었다.

"아무리 천황, 법황의 명령이라 해도 이곳에서 목숨을 버려야하겠지만 그 역시 승적에 있는 몸으로서 온건한 처사는 아니요. 동국의 요리토모는 불법의 여러 가르침을 모르는 자이니 기회가 있으면 관동으로 내려가 요리토모를 교화하고 싶은 마음이 있었는데 마침 그곳으로 내려가라는 명령을 받으니 기쁘오."

이윽고 길을 떠나는데 귀족과 전상관의 자제는 학문에 뜻이 있었기에 사제의 석별을 서글퍼하며 동국까지 함께 가겠다는 뜻을 밝혔지만 간주보는 만류했다.

"결단코 아니 됩니다. 저는 죄를 범한 자로 내려가는 겁니다. 함께 간다면 같은 죄를 지었다 할 것이니 그 어려움을 어떻게 이겨내시렵니까?"

그들은 울면서 결국 멈춰 섰다.

“제가 어떻게 되었다는 소식을 들으신다면 후세를 빌어주십시오. 만일 살아남아 어느 들판 끝이나 산속에 있다는 소식을 들으신다면 아무쪼록 찾아와주십시오.”

간주보는 울면서 결심을 하고 길을 떠났다. 석가모니가 입멸하셨을 때 16명의 나한(羅漢), 5백 명의 제자, 52종에 이르는 생물이 느낀 슬픔도 어찌 이보다 더할 수 있으랴.

이렇듯 간주보는 도키마사의 호위를 받으며 교토로 들어왔다. 간주보를 로쿠하라 지불당에 모신 뒤 여러모로 보살폈다. 에마노 고시로는 전언이 있는지 물어보았다.

“아무 것이나 전할 말씀이 있으면 잘 듣고 나라에 전하겠습니다.”

“무슨 할 말이 있겠는가. 다만 이 근처에 평소 친분이 있는 사람이 있는데, 내가 이리로 왔다는 소식을 들으면 찾아올 사람인데 오지 않는 것은 아무래도 세상을 꺼려서인 것 같소. 지장이 없다면 이쪽으로 불러서 만나고 싶소.”

“이름이 어떻게 되십니까?”

“원래 구로타니(黒谷)라는 곳에 있었는데 최근에는 히가시야마(東山)에 살고 있는 호넨보(法然坊)[25]라고 하는 사람입니다.”

“그렇다면 근처에 사시는 그 고승 분을 말씀하시는군요.”

---

25 호넨(法然, 1133~1212). 일본을 대표하는 고승이다. 오로지 아미타불을 믿으며 염불을 외면 사후에는 평등하게 왕생할 수 있다는 전수염불(専修念仏)의 가르침을 설법하였고 이후 정토종의 시조로서 추앙받았다. 『선택본원염불집(選択本願念仏集)』을 집필하였으며 염불을 체계화하였다. 호넨 성인(聖人), 호넨 상인(上人)으로 칭송받는다.

즉시 사자를 보내니 호넨보는 무척 기뻐하며 서둘러 찾아왔다. 두 고승은 얼굴을 마주하고 함께 목놓아 우는데 간주보가 말했다.

"뵙게 되니 기쁘기 그지없으나 면목이 없습니다. 승적에 있는 출가의 몸으로 모반하는 사람에게 가담했다는 이유로 동국까지 끌려가게 되었는데 이 위기를 벗어나 다시 돌아올 수 있을지 알 수 없습니다. 예전부터 만일 제가 먼저 죽는다면 당신이 공양해주시고, 당신이 먼저 돌아가신다면 극락왕생을 빌어드리겠다고 굳게 약속했었지요. 제가 먼저 떠나고 당신이 공양해주심을 기쁘게 생각합니다. 아무쪼록 이것을 지불당 불전에 놓아주시고 보실 때마다 저를 떠올려주시며 후세를 빌어주십시오."

간주보는 구조(九条) 가사[26]를 벗어주었고 호넨보는 울면서 받아들었다. 이윽고 호넨보는 감색 비단 경문주머니 안에서 한 권의 『법화경』을 꺼내들고 간주보에게 주었다. 추억의 물건을 주고받은 뒤 호넨보가 돌아가자 간주보는 로쿠하라에 남아 한층 더 구슬피 울었다.

간주보는 일본 제일의 가람, 도다지(東大寺)의 주지이자 현 천황의 스승으로 광대자비한 고승이었다. 상황의 처소에 들어갈 때는 수레나 우차를 타고 아름답게 장식한 어린 동자들, 그리고 쟁쟁한 법사를 여럿 함께 데리고 나섰고 좌우 대신도 깊은 믿음으로 대했다. 하지만 이제는 예전과 상황이 완전히 달라지니 평소에 입던 명주 법의도 걸치지 않고 초라한 마직 옷에 오랫동안 깎지 못한 덥수룩한 머리, 호마(護摩)[27] 연기로 그을렸으나 그

---

26 가사는 승려가 왼쪽 어깨에서 오른쪽 겨드랑이로 걸쳐 입는 법의(法衣)로 천의 개수에 따라 다양하다. 구조 가사는 아홉 폭의 천을 연결하여 만든 가사로 중요한 의식에 입는다.

27 밀교(密教)의 비법으로 부동존(不動尊) 앞에서 불을 피워, 재앙이나 악업을 불태워 없애는 의식을 말한다.

모습은 더욱 존엄해 보였다. 이윽고 로쿠하라를 떠나는데 익숙지 않은 무사를 대하는 것조차 서글픈데 초라한 관용 말을 타고 가며 이곳저곳에서 낙마하는 모습은 차마 쳐다볼 수 없을 정도였다.

아와타구치(粟田口)[28]를 지나 마쓰자카(松坂)를 넘고, 오사카(逢坂)의 세미마루(蝉丸)[29]가 살았다는 시노미야가와라(四宮河原)를 지나갔다. 오사카의 관문을 넘어서니 이윽고 오노노 고마치(小野小町)[30]가 살았던 세키데라(関寺)를 배례하고 온조지(園城寺)를 왼쪽으로 보며 오쓰(大津), 우치데(打出)[31] 해변가를 지나 세타(勢多)의 가라하시(唐橋)를 말발굽 소리를 울리며 지나가니 노지(野路)의 시노하라(篠原)도 가까워졌다. 잊으려 해도 잊을 수 없어 끊임없이 서울을 뒤돌아보았지만 더욱 더 서울은 멀어져만 갔다. 소문으로만 들었고 실제로 본 적이 없던 오노(小野)의 스리하리(摺針)고개,[32] 안개 속에 어렴풋이 보이는 가가미야마(鏡山), 이부키(伊吹) 산도 가까워졌다. 그 날은 호리노 도지와 함께 가가미(鏡) 숙소[33]에 머물렀다. 다음 날은 안쓰럽게 느꼈는지 숙소의 여주인에게 가마를 빌려 타도록 했다.

---

28 교토에서 관동 지방으로 가는 출구에 해당하는 지역으로 이후의 문장은 호송길의 지명과 풍물을 기록하고 있다.

29 세미마루(蝉丸, ?~?). 헤이안 시대의 가인(歌人)으로 비파의 명수라는 전승이 있다. 다이고(醍醐)천황의 넷째 황자, 또는 고코(光孝)천황의 황자라는 설이 있으나 정확하지 않다.

30 오노노 고마치(小野小町, ?~?). 헤이안 시대의 여류 가인(歌人)으로서 육가선(六歌仙)의 한 사람이다. 그 이력은 여러 가지 설이 있으나 불문명하며 『고킨와카슈(古今和歌集)』 및 『고센와카슈(後撰和歌集)』에 여러 편의 와카가 실려 있다. 닌묘(仁明) 천황 재위 시(833~850)에 궁정에 있던 것으로 추측된다. 화려하고 기교가 뛰어나며 신선한 발상을 하는 와카를 읊은 가인으로 평가받는다.

31 오쓰 시 마쓰모토(松本) 주변의 옛 지명이다.

32 오우미 국(현재의 시가(滋賀) 현) 이누카미(犬上) 군 북쪽의 스리하리 고개를 말한다.

33 오래된 역참으로 가가미 숙소는 유녀가 있는 것으로 유명했다.

"서울을 떠나실 때도 이렇게 가마에 타시도록 하고 싶었지만 가마쿠라에 전해질까 두려워서 말을 준비했습니다."

"길을 가는 중에 마음을 써주어서 기쁘게 생각하오."

말씀하시는 것조차 가련했다.

밤낮을 가리지 않고 내려가니 14일에 가마쿠라에 도착했다. 호리노 도지의 숙소로 모신 뒤 4, 5일간은 요리토모에게 보고도 하지 않았다. 어느 날, 호리노 도지는 간주보를 향해 말했다.

"안쓰러운 마음에 오늘까지 요리토모 님에게 보고를 올리지 않았는데 언제까지 이대로 있을 수는 없어서 지금 다녀오려 합니다. 오늘 안에 대면이 있지는 않을 겁니다."

"생각만으로도 마음이 편치 않소. 어서 뵙고 심문도 받고 소승이 생각하는 바도 여쭙고 싶구려."

호리노 도지는 요리토모를 찾아가 상황을 보고하였다. 요리토모는 가지와라를 불러 말했다.

"오늘 안에 간주보에게 추궁하고 싶은 바가 있다. 무사들을 소집하거라."

명을 받고 소집된 무사는 다음과 같다. 와다노 고타로 요시모리(和田小太郎義盛),[34] 사와라노 주로 요시쓰구(佐原十郎義次),[35] 지바노 스케 쓰네타네(千葉

---

34 와다노 요시모리(和田義盛, 1147~1213). 가마쿠라 초기 무장으로 1180년 요리토모가 거병할 때 숙부인 미우라 요시즈미(三浦義澄)와 함께 참전했으며 헤이케 토벌, 오슈 후지와 정벌 등에도 활약하였다. 이후 가마쿠라 막부의 중신으로 활약하였으나 1213년 호조(北条) 씨 배척사건에 가담한 아들과 조카에 대한 호조 요시토키의 처벌에 분개하여 거병하였다가 죽음을 맞이했다.

35 사와라노 요시쓰라(佐原義連, ?~?). 가마쿠라 초기 무장으로 사가미(相模) 출신이다. 요시아키

介常胤),[36] 가사이노 효에 기요시게(葛西兵衛清重),[37] 도요타노 다로 모로타네(豊田太郎師胤),[38] 우쓰노미야노 야사부로 도모쓰나(宇都宮弥三郎朝綱),[39] 우나카미노 지로 시게타네(海上次郎重胤),[40] 오야마노 시로 도모마사(小山四郎朝政),[41] 나가누마노 고로 무네마사(長沼五郎宗政),[42] 오노데라노 젠지 다로 미치쓰나(小

라(義明)의 아들. 요리토모에게 높은 평가를 받으며 중용되었다. 1184년 히요도리고에(鵯越)를 가장 먼저 내려간 이야기로 유명하다. 이즈미(和泉) 슈고(守護)로 임명되었다.

36 지바노 쓰네타네(千葉常胤, 1118~1201). 가마쿠라 막부 초창기 중신이다. 1180년 요리토모의 소집에 응하여 삼백여기의 군사를 이끌고 참전하였다. 같은 해 10월 후지가와(富士川) 전투에서 승리한 요리토모가 헤이케를 쫓아 상경하려고 하자 쓰네타네는 가마쿠라를 본거지로 하여 우선 관동을 평정하라고 진언하였다. 이후 가즈사(上総) 슈고가 되어 중신으로 중용되었다.

37 가사이노 기요시게(葛西清重, 1161~1238). 헤이안 시대 말기에서 가마쿠라 시대 초기의 무장으로서 요리토모를 섬기며 전투에 참여하였고 가마쿠라 막부 초기의 중신이 되었다. 가사이(葛西) 씨의 초대 당주이기도 하다.

38 도요타노 모로타네(豊田師胤, ?~?). 지바(千葉) 씨의 한 일파로 시모우사(下総) 출신의 무사다.

39 우쓰노미야노 도모쓰나(宇都宮朝綱, 1122~1204). 헤이안 시대 말기에서 가마쿠라 시대 초기의 무장으로서 우쓰노미야 씨 3대 당주. 1180년 요리토모가 이즈(伊豆)에서 거병하자 다이라노 기요모리에게 억류당하였으나 동생들이 토벌군에 참여하였으며, 이후 요리토모를 섬겨 서국의 영지를 하사받았다.

40 우나카미노 시게타네(海上重胤, ?~?). 지바 쓰네타네의 손자로 시모우사 국 우나가미(海上) 장원을 다스렸다.

41 오야마노 도모마사(小山朝政, ?~1238). 가마쿠라 전기의 무장으로 마사미쓰(政光)의 아들이다. 모친이 미나모토노 요리토모의 유모였던 연유로 요리토모 편에 섰으며 요리토모의 오슈(奥州) 전투에서는 공적을 쌓았다. 유력한 가신으로서 막부에 중용되었다.

42 나가누마노 무네마사(長沼宗政, 1162~1240). 가마쿠라 전기의 무장으로 시모쓰케(下野) 지역의 유력한 호족인 오야마 마사미쓰(小山政光)의 차남으로 고로(五郎)라 불렸다. 1189년 요리토모의 오슈 전투에 종군하였으며 그 은상으로 무쓰 지방 일부를 하사받았다. 조큐 난에도 종군하였으며 셋쓰(摂津) 슈고에 임명되었다.

野寺禅師太郎道綱),[43] 가와고에노 다로 시게요리(河越太郎重頼),[44] 가와고에노 고지로 시게요시(河越小二郎重義),[45] 하타케야마노 지로 시게타다(畠山二郎茂忠),[46] 이나게노 사부로 시게나리(稲毛三郎重成),[47] 그리고 가지와라 헤이조 가게토키(梶原平三景時) 부자가 소집되었다.

요리토모는 물었다.

"간주보를 심문할 방으로 어디가 적당하겠느냐?"

가지와라가 대답했다.

"중문(中門) 뒤편이 좋겠습니다."

이윽고 하타케야마가 앞으로 나서며 말했다.

"간주보를 심문하시려는 장소를 물으셨는데 가지와라는 중문 뒤편이라고 답하였습니다. 이는 간주보가 요시쓰네 편을 들었다는 이유 때문일

---

43 오데라노 미치쓰나(小野寺道綱, ?~?). 시모쓰케 지방에 거주하였으며 후지와라노 히데사토(藤原秀郷)의 후예이다.

44 가와고에노 시게요리(河越重頼, ?~1185). 헤이안 말기 무장으로 무사시 가와고에소(河越荘)를 본거지로 한다. 1180년 요리토모 거병 때 요리토모 편인 미우라 요시아키(三浦義明)를 공격하지만, 곧 요리토모에게 복속, 요시나카(義仲) 토벌, 이치노타니(一ノ谷) 전투에 공을 세웠다. 딸이 요시쓰네의 부인이라는 이유로 요리토모에 의해 살해되었다.

45 가와고에노 시게요시(川越重義, ?~?). 헤이안 말기 무장으로서 가와고에노 시게요리의 동생이다.

46 하타케야마노 시게타다(畠山茂忠, 1164~1205). 헤이안 시대 말기에서 가마쿠라 시대 초기의 무장으로 가마쿠라 막부의 유력한 가신이었다. 요리토모를 섬겼으며 지쇼, 주에이 난에서 활약하였고 지식과 용기를 겸비한 무장으로서 선두에 섰으며 막부 창립의 공신으로서 중용되었다. 요리토모 사후에는 실권을 잡은 호조 도키마사에 의해 모반의 혐의로 일족이 멸하였다.

47 이나게노 시게나리(稲毛三郎重成, ?~1205). 헤이안 시대 말기에서 가마쿠라 시대 초기의 무장으로서 가마쿠라 막부의 가신이었다. 무사시(武蔵) 이나게(稲毛) 장원을 하사받았으며 하타케야마 시게타나와 사촌지간이다.

거라 생각됩니다. 하지만 간주보는 훌륭한 가문 출신으로 황실의 기도 스승이십니다. 또한 도다이지의 주지스님이기도 합니다. 내려 오실만 하니 여기까지 내려오신 것일 겁니다. 아무리 시골 변두리라 해도 누추한 곳에 모신다면 외부에 이상한 말이 돌 것입니다. 뒷문 같은 곳에서 심문을 하신다면 단 한 마디도 대답하지 않을 것입니다. 그저 동석하여 대면하심이 좋을 것으로 사료되옵니다."

"나도 그렇게 생각하고 있었다."

주렴을 평상시보다 높이 감아올리고 방에는 보라색 테두리로 감싼 다다미를 깐 후, 요리토모는 비단옷에 접지 않은 에보시를 쓰고 참석했다. 호리노 도지가 간주보를 모시고 왔다. 요리토모는 마음속으로 승적에 있는 사람이니 고문은 안 될 것이고 말로 추궁해 보아야겠다고 생각했다.

간주보가 자리에 정좌하고 앉았으나 요리토모는 한 마디도 하지 않고 비웃음을 띄며 큰 눈을 부릅뜨고 노려보았다. 간주보는 이 모습을 보고 생각했다.

'아아, 이 사람의 마음은 분노로 가득 차 있구나.'

간주보는 주먹을 꼭 쥐어 무릎 위에 올려두고 요리토모를 물끄러미 응시하였다. 사람들은 그 모습을 보면서 심문할 내용도 진술할 말도 분명 험악할 것이라는 느낌에 침을 삼키며 바라보고 있었다. 요리토모가 호리노 도지를 향해 물었다.

"이 자가 간주보더냐?"

호리노 도지는 삼가 그렇다고 대답하였다. 잠시 후 요리토모가 엄중하게 물었다.

"무릇 승려라 함은 석가모니의 가르침을 배우고 불제자로서 승방에 들어간 이후에는 계행(戒行)을 바르게 하며 먹색의 가사를 걸친 후에는 불법을 퍼뜨리며 경전과 부처님의 가르침을 익히고 무연고인 자를 추모하고 불도에 귀의한 자를 이끌어야 하는 것이 그 법도이다. 헌데 어째서 모반하는 자에게 가담하여 세상을 어지럽히려 했느냐? 그 전모가 세상에 모두 드러났다. 요시쓰네처럼 천하의 큰 사건을 일으켰으며 세상을 어지럽히는 자를 끌어들여 나라(奈良)의 모든 법사에게 아군이 되라 명령하고 따르지 않는 자는 요시쓰네에게 보내 죽임을 당하게 한 것은 심히 온당치 않다. 그것만으로도 기괴하다고 생각하는 참에 하물며 "시코쿠, 규슈의 군병을 하나로 모으고 주고쿠, 교토 주변 군사들을 소집하여 오지 않는 자는 가타오카, 벤케이 같은 거친 무사를 보내 무찔러 보여주십시오. 다른 곳은 모르겠으나 도다이지, 고부쿠지는 제가 움직일 수 있습니다. 만일 뜻이 이루어지지 않을 때는 같이 전사합시다."라고 권한 사실은 당치도 않다. 사람을 붙여 서울까지 배웅을 했으니 요시쓰네가 어디 있는지 알고 있겠지. 거짓말할 생각 말고 정직하게 답하거라. 답하지 않으면 건장한 잡부들로 하여금 고문을 명하여 심문을 한다한들 이 요리토모가 터무니없이 도리에 벗어난 짓을 했다고는 못할 것이다."

간주보는 가타부타 대답 없이 눈물을 뚝뚝 흘리더니 꼭 쥔 주먹을 무릎 위에 올려놓고 남김없이 말했다.

마음을 가라앉히고 들어주시오. 모두 처음 듣는 이야기라오. 나를 득업(得業)[48]으로 부른다고 하여 겁쟁이가 되는 것도 아닐 테고, 나를 비하한다

48 득업은 학문이나 기예를 배움에 있어 일정과정을 수료하는 것을 의미한다. 여기서는 스님의 위계를 나타내며, 삼회 입의(三会の立義)를 마친 학승(学僧)을 말한다.

고 하여 스스로의 명예가 올라가는 것도 아니거늘. 서울에서 소문으로 들은 바로는 요리토모 님이 한 나라의 대장군이 될 만한 행운을 가지고 태어났으며 인정도 있다고 하더이다. 행운이야 가지고 태어나는 것이라 어쩔 수 없지만 인정은 한참 아래 동생인 구로 요시쓰네에게 훨씬 뒤떨어지는구려.

이런 말을 해봐야 의미가 없겠지만, 헤이지 난에 당신의 부친이신 시모쓰케(下野)의 좌마두 요시토모는 위문독(衛門督) 후지와라노 노부요리(藤原信賴)[49]가 일으킨 반란에 가담하여 교토 전투에서 패배하여 동국으로 퇴각하였는데 그 때 요시히라(義平)[50]도 처형당하고 도모나가(朝長)[51]도 죽었지. 이듬 해 정월 초 부친도 죽임을 당했는데 당신은 살아남아 미노(美濃) 국 이부키야마(伊吹山) 부근을 헤매다가 산기슭에 있는 자들에게 생포되어 서울까지 연행되어 겐지(源氏)의 수치가 되었소. 처형되어 마땅한 것을 기요모리 모친의 연민이 깊어 사형을 유배로 감해주시고 야헤이 병위 무네키요(弥平

49 후지와라노 노부요리(藤原信頼, 1133~1159). 헤이안 후기 귀족으로 무능했지만 고시라카와 천황의 총애를 얻어 정3위 우위문독의 자리까지 올랐다. 헤이지 원년(1159) 후지와라나 미치노리(藤原通憲)를 제거하고자 미나모토노 요시토모와 결탁하여 모반을 일으켰지만 실패, 참수되었다.

50 미나모토노 요시히라(源義平, 1141~1160). 헤이안 후기 무사로 요시토모의 첫째 아들이다. 가마쿠라 아쿠겐타(鎌倉悪源太)라 불렸다. 1155년 숙부인 미나모토노 요시카타(源義賢)를 싸워 이겨 무명을 날렸다. 헤이지 난에는 세쓰(摂津)에서 다이라노 기요모리(平清盛)의 귀경을 기다렸다 급습하자고 제안했지만 받아들여지지 않았다. 아버지가 오와리(尾張)에서 전사하자 서울로 돌아와 기요모리를 죽이려 했으나 붙잡혀 로쿠조가와라에서 처형되었다.

51 미나모토노 도모나가(源朝長, 1144~1160). 요시토모의 차남으로 헤이지 난에 패전하여 아버지와 형, 동생들과 함께 동국으로 향하던 도중 히에이잔(比叡山) 승병들의 공격을 받아 다리에 화살을 맞았다. 걸을 수 없게 되자 아오바카(青墓)에서 자살하였다. 부친에게 죽임을 당했다는 설도 있다.

兵衛宗清)[52]에게 그 신병을 맡기니 에이랴쿠(永曆)[53] 8월 즈음에 이즈(伊豆) 호조나고야(北条奈古谷)의 히루가시마(蛭が島)라는 곳으로 유배되었소. 21년이라는 세월이 흘렀으니 시골사람이 되어 분명 고집불통이 되었을 거라고는 생각했지만 그 예상이 조금도 틀리지 않았군. 아아, 기가 막힐 노릇이군. 요시쓰네와 사이가 틀어진 것도 일리가 있구려.

요시쓰네는 인정도 많고 마음도 용맹하고 자비심도 깊소. 지쇼(治承) 4년(1180) 가을 무렵, 오슈(奥州)에서 말의 복근이 끊어질 정도로 내달려 스루가(駿河)의 우키시마가하라(浮島が原)로 내려와 전투의 한 축을 담당하는 대장군을 맡아달라는 명을 받고 활 하나를 옆에 끼고 3척의 검을 허리에 차고 서해 파도를 떠다니며 야산을 집으로 삼아 목숨을 걸고 몸을 내팽개치며 단숨에 헤이케를 타도하고, 그대를 1, 2년 만이라도 천하에 군림시키고 싶다며 뼈를 깎으면서 분투했지. 다른 사람의 참언이 어제 오늘의 일도 아닌데 요시쓰네의 깊은 뜻을 모두 잊어버리고 형제 사이가 틀어진 것은 정말로 어리석은 짓이오. 부모는 일세(一世)의 인연이고 주군은 삼세(三世)의 인연이라 하는데, 두 사람의 인연은 처음인지, 중간인지, 마지막 인연인지 나도 모르겠네. 하지만 형제는 후세까지의 인연이라고 알고 있소. 그 사이가 틀어졌으니 당신을 사람으로 칠 수 없는 몰인정한 자라고 세상에서는 말하는 것 같소.

---

52 야헤이노 무네키요(弥平宗清, ?~?). 다이라노 요리모리(平頼盛)의 부하로서 요리모리가 오하리 국의 수령이었을 때부터 섬겼다. 헤이지(平治) 난 때 곤란에 처한 요리토모를 구해주었으며 헤이케가 멸망한 후 요리토모는 요리모리와 함께 가마쿠라로 초대하였지만 가문의 수치라 여겨 받아들이지 않았다.

53 헤이지 난이 끝난 1160년 1월 연호를 에이랴쿠로 개원하였다.

작년 12월 24일 밤도 이슥한 시각에, 요시쓰네가 평소에는 천 기, 만 기의 병사를 이끌고 나타났으나 그 때는 무사 한 명 거느리지 않고 약식 갑옷만 입은 채 큰 칼을 차고 삿갓을 뒤집어쓰고 만사를 부탁한다며 찾아왔다오. 전혀 모르는 사람이라고 해도 어떻게 한 번의 자비를 베풀지 않겠소? 요시쓰네를 물리치려는 것은 공훈을 바라는 자들이오. 어떤 때는 기도를 올리고 어떤 때는 무찔러야하오? 그 부분을 잘 살펴봐야할 것이오. 사람들이 멋대로 떠들어댄 것이 소문으로 퍼진 것이라오. 작년 겨울 연말에 요시쓰네에게 계속해서 출가를 권면했지만 가지와라 녀석 때문에 출가하고 싶지 않다고 했소. 그 무렵 거친 승려들이 요시쓰네가 지니고 있던 칼을 뺏으려 하다 칼로 베인 사건을 사람들이 모함하여 이렇게 와전된 것이라오. 나라의 법사들에게 아군이 되라고 말한 적은 결코 없소. 그 사건 때문에 요시쓰네가 나라를 떠나려 할 때 그 마음속이 얼마나 처량했을지 헤아려 충고를 한 적은 있지. "시코쿠, 규슈의 사람들을 소집하시지요. 도다지, 고부쿠지는 이 간주보가 책임질 테니. 당신은 천황의 신뢰도 두텁고 법황도 마음에 들어 하니 교토에 머물면서 요리토모 님과 일본을 반씩 지배하십시오"라고 권했으나 이 간주보의 마음을 헤아리고 배려하여 떠나버렸기에 오히려 더 부끄러운 마음이 들었을 뿐이라오.

당신은 알지 못하겠지만 당신을 위해서 기도를 한 적이 있다오. 헤이케를 무찌르기 위해 서국으로 향했을 때, 와타나베(渡辺)에서 겐지를 위해 승리의 기도를 올려줄 사람이 없느냐며 찾았는데 어떤 어리석은 자가 그렇게 하겠소? 나를 불러 헤이케를 저주하고 겐지를 위해 기도를 올리라는 말씀이 있었지만 죄업을 짓지 않기 위해 거듭 사퇴의 말씀을 올렸더니 "그렇다면 자네도 헤이케와 한 패인가?"라고 말씀하셔서 두려움에 겐지를 위해 기도를 올렸소. 그 때도 "하늘에 두 개의 태양이 빛날 수 없듯이 땅에 두 명의 국왕이 있을 수 없다고는 하지만, 우리나라를 형제의 손에 들어갈 수 있게 해주십시오"라며 기도를 했다오. 그러나 요시쓰네는 불운을 타고 난 사람이기에 끝내 세상에 나서지는 못했소. 일본국을 남김없이 당신 혼자 통치하게 된 것은 이 간주보의 기도가 효험을 나타낸 것이 아니겠소? 아무리 힐문해도 이것 말고는 말할 것이 없다오. 형식적이라 해도 깨달음을 얻은 승려에게 고통을 주어봤자 무슨 이익이 있겠소? 어떤 자가 명령을 받들겠소? 어서 지체하지 말고 목을 잘라 요리토모 님의 분노를 진정시키시오."

간주보는 눈물을 뚝뚝 흘렸고, 인정이 있는 무사는 그 누구 하나 눈물로 소매를 적시지 않는 자가 없었다. 요리토모도 주렴을 쓱 내리니 그 자리에 적막함만이 감돌았다.

잠시 시간이 흐르고 요리토모가 말했다.

"누구 있느냐?"

사와라노 주로, 와다노 고타로, 하타케야마 세 명이 앞으로 나아가 정좌하니 요리토모는 소리높여 말했다.

"예상 밖의 일이구나. 로쿠하라에서 심문했어도 될 일을 가지와라의 말만 듣고 스님을 여기까지 모셔오다니. 이토록 험한 말을 들었지만 답을 할 수도 앉아있을 수도 없구나. 아아, 훌륭한 진술이다. 답변은 진정 이렇게 해야 하는 것이다. 진정 상인(上人)[54]이라 할 만한 분이시다. 일본 제일의 대가람의 주지가 된 것도 당연하구나. 조정을 위한 기도에 모신 것도 도리

54 지덕(智德)을 갖춘 승려를 높여 부르는 말이다.

있는 일이다."

감탄을 거듭하더니 명령했다.

"이 스님을 가마쿠라에 적어도 3년간 머무르도록 하여 이 땅을 불교가 성행한 땅으로 만들고 싶구나."

와다노 고타로와 사와라노 주로가 그 뜻을 받아 간주보에게 고했다.

"요리토님께서 말씀하시기를 "도다이지라는 절은 긴 세월을 자랑하며 공덕이 높은 곳이다. 이 곳 가마쿠라는 지쇼 4년(1180) 겨울 무렵 처음으로 세운 곳으로 십악오역(十惡五逆)[55]의 죄를 짓고 불교의 계율을 깨는 파렴치한 무리들이 넘쳐나는 곳이니, 어떻게든 이곳에 3년간 머물면서 교화시켜 주시오"라고 하셨습니다."

"지당한 말씀이시나 1, 2년도 가마쿠라에 있고 싶지 않소."

두 사람은 불교를 융성하게 하기 위함이라며 거듭하여 설득했다.

"그토록 말씀하시니 3년간만 이곳에 있겠소."

요리토모는 무척 기뻐하며 말했다.

"어디에 계시도록 하면 좋겠느냐?"

사하라노 주로가 답했다.

"아아, 좋은 곳이 있습니다. 대불당 별당(別当)에 임하게 하시죠."

"좋은 의견이다."

---

55 십악은 열 가지 악한 행위를 말하며, 살생(殺生), 투도(偸盜), 사음(邪淫), 망어(妄語), 기어(綺語), 악구(惡口), 양설(兩舌), 탐욕(貪慾), 진에(瞋恚), 사견(邪見)이다. 오역은 다섯 가지 악행으로 불교에서는 아버지를 죽이는 일, 어머니를 죽이는 일, 아라한을 죽이거나 해하는 일, 승단의 화합을 깨뜨리는 일, 부처의 몸에 상처를 입히는 일 따위의 무간지옥에 떨어질 행위를 말한다.

사와라노 주로가 처음으로 명령을 받아 대불당 조영을 시작하였다. 그리고 쇼초주인(勝長壽院) 뒤에 편백나무로 지붕을 덮은 산장을 세우고 그곳에 들게 하였다. 요리토모도 매일 찾아왔고, 절 문 밖에는 안장을 놓아두고 말을 세워둘 곳이 없을 정도로 번성했다. 가마쿠라에서는 이것이 불법(仏法)의 시작이었다. 간주보는 이따금 "요시쓰네 님과 화해하시죠"라고 말하면 "쉬운 일입니다"라고 답했지만, 가지와라 가게토키는 관동 8개국 무사를 통솔하는 관청의 차관이었기에 가게토키 부자의 명령에 따르는 자가 마치 바람에 초목이 흔들리는 형국인지라 요리토모도 마음대로 할 수는 없었다.

이렇듯 히데히라[56]가 살아있는 동안에는 무사히 세월이 흘렀다. 그러나 히데히라 타계 후, 적자 야스히라[57]의 책략으로 분지(文治) 5년(1189) 4월 24일[58] 요시쓰네가 죽임을 당했다는 보고를 듣고 "누구를 위해 이제까지 가마쿠라에 머물렀던가. 이렇게 매정한 요리토모에게는 작별인사조차 필요없다"며 서둘러 교토로 돌아가 버렸다. 그 후 법황의 불심이 깊어지니 간

---

56 후지와라노 히데히라(藤原秀衡, ?~1187). 헤이안 시대 말기에서 가마쿠라 시대 초기의 미치노쿠(陸奥) 지역의 호족인 모토히라(基衡)의 아들. 부친의 뒤를 이어 오슈 지방에 세력을 확장하여 오슈 후지와라 가문의 최전성기를 이루어냈다. 1170년 그 지역의 군정을 담당하는 진수부(鎮守府) 쇼군(将軍)으로 임명되었으며 헤이케 멸망 후에도 요리토모와 대립하는 요시쓰네를 비호했다. 죽음을 앞두고 아들에게 요시쓰네를 주군으로 섬겨 요리토모를 공략하라는 유언을 남겼다고 전해진다.

57 후지와라노 야스히라(藤原泰衡, 1155~1189). 헤이안 말기 무장으로서 후지와라노 히데히라의 아들. 부친의 사후 유언을 저버리고 요리토모의 뜻을 받아 요시쓰네를 공격해 성공하지만 결국 요리토모의 마음을 사지 못하고 도망치다 가와다 지로(河田次郎)에게 살해당한다.

58 8권에는 분지 5년 4월 29일로 기재되어 있다. 다른 기록에는 윤4월 27일에서 29일 등으로 남아 있다.

주보는 도다지로 돌아가 황폐해진 곳을 조영하였는데 사람들이 찾아오는 것도 성가시다며 문을 닫아버렸다. 이윽고 자필로 226부의 경문을 필사하여 공양하며 요시쓰네를 추모하였고 스스로 물과 음식을 끊고 70여 세에 왕생을 이루었다.

시즈카, 가마쿠라로 내려가다

요시쓰네는 시코쿠로 향할 때 여섯 명의 부인과 시라뵤시(白拍子)[59] 다섯 명, 총 열 한명의 여인을 데리고 내려갔는데 그 중에서 가장 은총이 깊었던 것은 기타시라카와(北白川)의 시즈카라는 시라뵤시였다. 그녀를 요시노 산속까지 데리고 갔으나 그곳에서 서울로 돌려보내어 어머니인 젠지(禅師)에게 몸을 의탁하게 하였다. 그녀는 요시쓰네의 아이를 임신한 상태로 곧 출산을 앞두고 있었는데 그 소문이 로쿠하라에 전해졌다. 호조 도키마사는 에마노 고시로를 불러 의논하였다.

"관동에 보고하지 않으면 안 될 것 같구나."

급히 파발마를 보내 내용을 보고하니, 요리토모는 가지와라를 불러 물었다.

"요시쓰네가 마음에 품은 시즈카라는 여인이 곧 출산을 한다는데, 어떻게 하면 좋겠느냐?"

---

59 헤이안 말에서 가마쿠라 시대 유행한 가무의 일종. 주로 남장을 한 유녀나 아이들이 이마요(今様)나 낭영(朗詠)을 하며 춤을 추었다. 이 문장에서는 시라뵤시를 연행하는 유녀를 말한다.

"다른 나라의 사례를 생각해 보아도 적의 아이를 가진 여인은 머리를 부수고 뼈를 부러뜨리고 그 골수를 뽑아낼 정도의 죄라고 하옵고, 혹여 남자아이가 태어난다면 가령 요시쓰네 님을 닮거나 혹은 가문의 분들을 닮는다면 어쨌든 어리석은 사람으로는 성장할 리가 없습니다. 요리토모 님께서 살아계실 때야 무슨 일이야 있겠습니까만 도련님들의 앞날이 걱정이 됩니다. 천황이나 법황의 명령을 청하여 가마쿠라로 옮기도록 하시지요. 출산하는 상황을 이곳에서 감시하시면서 만일 남자아이라면 요리토모 님께서 처치하시도록 해야겠지요. 여자아이라면 그 어미에게 주시면 되겠습니다."

"그렇다면 그게 좋겠다."

호리노 도지를 사자로 삼아 서울로 향하게 하였다. 호조 도키마사가 호리노 도지와 함께 법황의 처소에 찾아가 그 취지를 올린 바 명령이 내려졌다.

"이전의 간주보 때와는 다르다. 도키마사가 찾아내어 관동으로 내려보내거라."

하명이 내려지니 기타시라카와를 탐색하였다. 시즈카의 어머니는 결국 도망칠 수 없다는 사실을 알면서도 한 때의 슬픔을 벗어나기 위해 그녀를 홋쇼지(法勝寺)라는 절에 숨겨두었다. 하지만 세상에 소문이 퍼지니 금세 발각되었고 어머니 젠지와 함께 로쿠하라로 이송되었다. 호리노 도지가 그 신변을 인수받아 가마쿠라에 내려갈 준비를 하였다.

어머니 젠지의 마음은 비참할 뿐이었다. 시즈카와 함께 내려가려 하니 눈앞에서 딸의 고통스러운 모습을 지켜보는 것이 슬펐고, 서울에 이대로 남아있자니 딸을 홀로 머나먼 곳으로 내려보내는 것이 너무 불쌍했다. 자식은 다섯, 열 명이 있다 해도 그 중 단 하나만 사라져도 비탄에 빠지는 법이다. 시즈카는 무남독녀 외동딸이었기에 이대로 서울에 남아있다해도 견딜 수 없을 것 같았다. 더구나 시즈카는 보통 딸이 아니었다. 그 용모는 교토에서도 이름 높았고 기예는 천하제일이라고 칭송받는 아름다운 여인이었다. 그녀를 홀로 하향시킨다면 슬픔을 견뎌낼 수 없을 것이었다. 젠지는 경호하는 무사의 명령도 무시한 채 버선발로 뒤를 좇아 내려갔다. 어릴 때부터 옆에서 시중을 들던 사이바라(催馬楽), 소노코마(其駒)라는 두 명의 하녀도 주인과의 이별을 아쉬워하며 울며불며 따라 왔다. 결국 호리노 도지도 여정 동안 여러모로 돌보며 내려가게 되었다.

이렇듯 서울을 떠나 14일째에 가마쿠라에 도착했다. 요리토모는 시즈카를 불러 심문할 사안이 있다며 크고 작은 영지를 가진 무사들을 소집했다. 와다, 하타케야마, 우쓰노미야, 지바, 가사이, 에도, 가와고에를 비롯한 수많은 이가 모였다. 요리토모의 거처는 문전성지를 이루었고, 마사코(政子)[60]도 시즈카를 보겠다며 장막을 치고 그 안에 여러 여인들과 함께 참석하였다. 이윽고 호리노 도지가 시즈카를 데리고 나타났다. 요리토모는 그 모습을 보며 생각했다.

'우아하게 아름답구나. 실로 동생 요시쓰네가 총애하지만 않았다면….'

어머니 젠지와 두 명의 하녀도 함께 왔지만 허락이 없으니 들어가지 못하고 문 앞에서 울고 있었다. 요리토모가 울음소리를 듣고 물었다.

---

60 호조 마사코(北条政子, 1157~1225). 가마쿠라 막부를 창설한 미나모토노 요리토모의 부인으로서 요리이에(頼家), 사네토모(実朝)의 모친이다. 요리토모 사망 후 정이대장군이 된 두 아들이 연이어 암살된 후 4대 정이대장군 자리에 오른 후지와라노 요리쓰네(藤原頼経)의 후견인이 되어 막부 정치의 실권을 장악하였다. 세상에서는 아마(尼) 장군이라 칭했다.

"문에서 여인의 울음소리가 들리는데 누구더냐?"

호리노 도지가 답했다.

"시즈카의 모친 젠지와 두 명의 하녀이옵니다."

"여인인데 무슨 지장이 있겠느냐. 불러 오거라."

요리토모는 젠지를 향해 물었다.

"딸을 전상관에게 보내지 않고 왜 요시쓰네에게 보냈느냐? 더구나 천하의 적이 된 자에게."

"열다섯 살까지 많은 사람들이 시즈카를 원했지만 전혀 마음을 주지 않았습니다. 그런데 법황의 행차에 함께 하여 신센엔(神泉苑) 연못에서 기우제를 위한 춤이 연행되었을 때, 요시쓰네 님이 처음 보시고서 호리카와 처소에 부르셨습니다. 그저 잠시 동안의 총애라고 생각했는데 집요하게 마음을 주셨습니다. 총애하시던 여인이 많았고 더구나 여러 곳에 머무시는 터인데도 딸아이를 호리카와 저택에 살게 하셨습니다. 세이와(清和) 천황[61]의 후예이시고 요리토모 님의 동생이시니 저로서는 명예스러운 일이라 생각했습니다. 지금 이렇게 되리라고 이전에 어찌 꿈에서라도 생각할 수 있었겠습니까?"

사람들은 이 답변을 듣고 "서당개 삼년이면 풍월을 읊는다더니 과연 훌륭하게 답했구나"라며 칭찬했다.

---

61 세이와 천황(清和天皇, 850~881). 제 56대 천황으로 몬토쿠(文德) 천황의 넷째 황자이다. 모친은 후지와라노 메이시(藤原明子). 부친의 사망으로 아홉 살의 어린 나이로 즉위했다. 모친 후지와라노 메이시가 보좌하였으나 실권은 외조부 후지와라노 요시후사(藤原良房)에게 있었으며 오텐몬(応天門) 사건(866) 후에 요시후사를 섭정으로 삼았다. 세이와 천황의 아들 4명과 손자 12명이 겐지 성을 받고 신하가 되었다. 세이와 겐지의 출발점이 된다.

"그런데 요시쓰네의 아이를 회임했다는데 그것은 어찌 된 일이더냐?"

"세상이 모두 다 알고 있는 일이니 새삼 감출 필요도 없습니다. 다음 달에는 출산할 예정이옵니다."

요리토모는 가지와라를 불러 말했다.

"아아, 무서운 일이로구나. 잘 들어라 가지와라, 그 어리석은 자의 혈통을 이어받기 전에 시즈카의 배를 열어서 아이를 꺼내 죽여라."

이 말을 들은 시즈카와 젠지는 손을 맞잡고 얼굴을 맞대며 소리를 죽이고 구슬프게 울었다. 마사코도 이 말을 듣고 시즈카의 심정이 어떠할지 동정하며 눈물을 흘렸다. 장막 안에서 훌쩍이는 울음소리가 심하게 들리니 분위기가 흉흉해졌다. 무사들도 이야기를 듣고 서로 속삭였다.

"이토록 비정하시다니. 그렇지 않아도 동국은 서울에서 멀리 떨어진 땅이라 무서운 곳이라고들 하는데, 그토록 평판이 높은 시즈카를 죽이고 악명은 얻으시려 하시다니 한탄스러운 일이네."

가지와라가 이 말을 듣고 벌떡 일어나 요리토모 앞에 정좌하니, 사람들은 이를 보고 "아아, 심란하군. 또 어떤 일을 아뢰려고 하나"라며 귀를 기울이며 들었다.

"시즈카의 일은 잘 알겠습니다. 아이는 죽일 수밖에 없다고 하지만 그 어미까지 죽인다면 그 죄업을 어떻게 벗어날 수 있겠습니까? 열 달을 기다려야 한다면 멀기도 하겠지요. 그러나 다음 달이 산달이니 제 자식인 겐타(源太)의 집을 산실로 정하시고 태어나면 남아인지 여아인지를 보고 드리겠습니다."

이 말을 듣고 앞에 있던 사람들은 서로 소매를 잡아당기고 무릎을 찌르며 말했다.

"이 세상이 참으로 말세라고는 해도 이건 예삿일이 아니지. 가지와라가 이토록 다른 이를 위해 좋은 말을 하다니."

이 말을 들은 시즈카는 구도(工藤) 좌위문[62]을 통해 말을 전했다.

"서울을 떠난 이후 가지와라라는 이름을 듣는 것조차 괴로웠는데 그 숙소에 맡겨져 출산하다 만일의 일이라도 벌어지면 황천길을 갈 때 마음에 한이 되겠지요. 아아, 같은 상황이라면 호리노 도지 님이 그 명령을 받으신다면 얼마나 기쁠까요?"

"일리 있는 말이다. 그건 쉬운 일이지."

시즈카의 말을 전해들은 요리토모는 호리노 도지에게 그 신변을 내주었다.

"저에게는 명예로운 일입니다."

호리노 도지는 답을 하고 서둘러 집으로 돌아가 처에게 말했다.

"가지와라가 부탁해서 허락하셨는데 시즈카의 호소로 내가 그 신변을 맡게 되었소. 요시쓰네 님이 오슈에서 소문을 들으실 수도 있으니 여기서 잘 돌봐주시오."

자신의 거처는 그 옆으로 옮기고 저택을 산실이라고 이름 붙인 후 교양 있는 여인 십여 명을 붙여 소중히 대하였다. 모친 젠지는 서울의 신불(神仏)께 기도했다.

"이나리(稲荷) 신사, 기온(祇園) 신사, 가모(賀茂) 신사, 가스가(春日) 대사, 히요시산노(日吉山王) 칠사, 하치만(八幡) 대보살이여, 시즈카의 태내에 있는

---

62 구도 스케쓰네(工藤祐経, ?~1193). 헤이안 시대 말기에서 가마쿠라 시대 초기에 걸쳐 활약한 무사로서 후지와라(藤原) 남가(南家)의 흐름을 잇는 구도(工藤) 가문 태생이다.

아이가 만약 남자아이라 해도 어떻게든 여자아이로 만들어 주십시오."

이렇게 세월이 흘러 드디어 산달이 되었다. 견뢰지신(堅牢地神)[63]도 애처롭게 느끼셨는지, 시즈카는 산기가 왔지만 고통도 느끼지 않았고 호리노 도지의 처와 젠지가 함께 도우니 순산하였다. 갓난아이의 울음소리를 듣고 젠지는 너무 기쁜 나머지 하얀 비단 천에 싸서 품에 안고 아이를 보자, 기도도 헛되게 부족함 하나 없는 훌륭하게 빼어난 모습의 남자아이였다. 그저 단 한 번 쳐다본 후 젠지는 "아아, 슬프도다"라며 엎드려 울었다. 시즈카는 이 모습을 보고 마치 심장이 없어져버리는 것 같았다.

"남자아이인가요? 여자아인인가요?"

물어보았지만 대답이 없기에 어머니가 안고 있는 아이를 데려와 보니 남자아이였다. 시즈카는 "아아, 무정하구나."라며 이불을 뒤집어쓰고 울었다. 잠시 후 일어나 얼굴을 옷소매에 묻고 울며 하소연했다.

"전세에 어떤 십악오역(十惡五逆)의 중죄를 저질렀기에, 어렵게 인간 세계에서 목숨을 받아 태어났음에도 해와 달조차 보지 못한 채 태어나 하루 낮밤조차 지내지 못하고 바로 저승으로 가야 한다니 잔혹하기 그지없습니다. 전세의 업은 정해진 것이니 세상도 사람들도 원망해서는 안되겠지만 지금은 아쉬움에 헤어짐이 서글플 뿐입니다."

호리노 도지가 산실에 와서 삼가며 말했다.

"출산하면 즉시 보고를 하라는 명령이 있었기에 이제 찾아뵙고 말씀드리려 합니다."

---

63 대지를 받들고 이것을 견고하게 한다는 지신으로 붉은 살빛으로 왼손에 아름다운 꽃을 심은 화분을 받들고 있는 형상이라 한다.

"어떻게 해도 피할 수 없는 일이니 어서, 어서 알리지요."

호리노 도지가 요리토모를 찾아와 이 사실을 알리자 아다치노 신자부로(安達新三郎)[64]를 불러 말했다.

"호리노 도지 집에서 시즈카가 출산을 했다. 내 갈색 말을 타고 가서 유이(油比) 해안가로 데리고 가 죽여라."

아다치노 신자부로는 말을 타고 호리노 도지 집에 들어가 젠지를 향해 말했다.

"요리토모 님의 사자로 왔습니다. 갓난아기가 남자아이라는 말을 들으셨고, 한 번 안아보고 오라는 말씀이셨습니다."

"아아, 제가 아무리 바보라 해도 그리 속이시면 믿으실 거라 생각하는지요. 그 어미까지 죽이라고 했던 적의 아들, 더구나 남자아이이니 어서 죽이라고 하셨겠죠. 잠시 마지막 단장을 해서 보내드리지요."

아다치노 신자부로도 목석이 아니니 진정 가련하게 생각되었지만 마음이 약해져서는 안된다며 작정하고 말했다.

"유난이십니다. 아무런 준비도 필요 없습니다."

그리고는 산실로 달려 들어가 젠지가 안고 있는 갓난아기를 잡아채 옆구리에 끼고 말을 달려 유이 해안가로 향하려 했다. 그러자 젠지는 비탄에 젖어 슬퍼하며 말했다.

"살려달라면 경우 없는 말이겠지요. 그저 지금 딱 한 번만 아이 얼굴을 보게 해주시오."

---

64 아다치 기요쓰네(安達清経, ?~?). 헤이안 시대 말기에서 가마쿠라 시대 초기에 활약한 무사로서 요리토모를 섬겼다. 그 신분은 낮지만 재능을 인정받은 인물로 기록되어 있다.

"보면 오히려 슬픔만 더 할 뿐이오."

아다치노 신자부로는 더 쌀쌀맞게 대하며 안개 저 편으로 멀어져 가버렸다. 젠지는 짚신조차 신지 못하고 얇은 장옷도 쓰지 못한 채 하녀 소노코마만을 데리고 해안가 쪽으로 내려갔다. 호리노 도지도 젠지를 찾아 그 뒤를 좇아 해안가로 향했다. 시즈카도 함께 가겠다며 애태웠지만 호리노 도지의 처가 출산 직후라며 이런저런 말로 만류하니 방문 앞에 쓰러져 울며 슬퍼했다.

젠지는 유이 해변을 찾아가 말이 지나간 흔적을 더듬어보았으나 갓난아기의 사체는 그 어디에도 없었다. 이 세상에서의 인연이 아무리 희박하다 해도 죽은 모습이라도 볼 수 있게 해달라며 슬픔에 젖어 서쪽을 향해 걷고 있는데 이나세가와(稲瀬河) 모래사장에서 즐겁게 놀고 있는 아이 여럿과 마주쳤다.

"말을 탄 남자가 응애 응애 우는 아이를 버리지 않았느냐?"

"누군지는 모르겠지만 물가에 쌓인 목재 위에 던졌어요."

호리노 도지가 하인을 보내 찾아보게 하니 방금 전까지 꽃봉오리 같던 갓난아기는 어느 틈에 완전히 허무한 모습으로 변해버렸다. 젠지에게 보여주니 몸을 감싼 옷의 색은 그대로인데 이 세상 사람이 아니었다. 슬프기 그지없었다. 행여나 살아 있을까싶어 따듯한 모래사장 위에 옷을 펼치고 눕혀 보았지만 완전히 숨이 끊어진 것으로 보였다. 데리고 가서 어미에게 보여주면 더욱 슬퍼할 것이기에 그 죄가 오히려 더 깊다는 생각에 이곳에 묻자며 해변가 모래를 손으로 퍼내봤지만, 이곳 역시 비정한 말과 소가 다니는 장소라 딱하게 여겨졌고 그토록 넓은 해변인데도 묻어줄 장소는 그 어디에도 없었다. 어쩔 수 없이 덧없는 사체를 안고 숙소로 돌아왔다. 시즈카는 아이를 받아들더니 죽은 아이를 품에 꼭 껴안고 슬퍼했다. 호리노 도지가 말했다.

"애상(哀傷)이라 하여 부모가 자식의 죽음을 한탄하는 것은 특히나 죄가 깊은 것임을……."

호리노 도지는 갓난아기를 요시토모를 위해 조영된 쇼초주인 뒤쪽에 매장해주고 돌아왔다. 이렇게 매정한 가마쿠라에 단 하루도 더는 있을 수 없다며 젠지와 시즈카는 교토로 돌아가려고 서둘러 채비하였다.

시즈카, 와카미야하치만궁(若宮八幡宮)[65]에 참배하다

젠지는 시즈카를 향해 말했다.

"어린 아이는 이전부터 각오했던 일이니 어쩔 수 없구나. 네가 무사하면 와카미야하치만에 참배하겠다고 이전부터 기원했는데 어찌 이대로 서울로 올라가겠느냐? 하치만신은 출산할 때 흘린 피는 51일간 금하시니 몸을 깨끗이 하고 가다듬은 후 참배하도록 하자. 그때까지는 여기에서 지내도록 하자."

하루하루 그 날을 손꼽으며 기다렸다. 그렇게 지내는 동안 요리토모가 미시마(三島) 신사에서 정진(精進)을 한다는 말이 돌았다. 관동 8개국의 무사들이 동행했다. 신사에 머무를 동안의 무료함을 달래기 위해 사람들이 여

65 와카미야하치만궁은 겐지(源氏) 가문의 신사로서 겐지의 무사가문이나 그 자손이 섬기는 것으로 알려져 있다.

러 가지 이야기를 들려드렸는데, 그 중에서도 가와고에 다로가 시즈카의 이야기를 꺼내니 모두들 입을 모아 말했다.

"그런 일이 아니었다면 어떻게 시즈카가 여기까지 내려왔겠어. 아아, 소문이 자자한 그 춤을 한 번도 보지 못하는 것이 유감스럽군."

이 이야기를 듣고 요리토모가 말했다.

"시즈카는 요시쓰네에게 사랑받아 우쭐대고 있는데, 부부 사이는 억지로 갈라졌고 남편에 대한 추억으로 키우려했던 아이마저 빼앗긴 상황에서 무슨 좋은 일이 있다고 이 요리토모 앞에서 춤을 추겠느냐."

"지당하신 말씀이십니다. 하지만 어떻게든 보고 싶기는 합니다."

"도대체 얼마나 훌륭한 춤이기에 이토록 사람들이 집착하는 것이냐?"

가지와라가 대답했다.

"춤에 관해서는 일본에서 제일 갑니다."

"과장하기는. 어디에서 춤을 추었다고 일본 최고라는 것이냐?"

"어느 해, 백일동안 가뭄이 지속되어 가모가와(賀茂河)도 가쓰라가와(桂川)도 여울이 없어져 물이 흐르지 않고 우물물도 말라 온 나라가 위기에 처했을 때였습니다. 예로부터 전해지는 고문서의 "히에이잔, 미이데라, 도다이지, 고부쿠지 등의 효험이 높은 고승, 귀한 승려 백 명이 신센엔(神泉苑)[66]에서 『인왕경(仁王經)』을 읊으면 팔대용왕(八大龍王)[67]도 이를 보시고 받아들

---

66 신센엔은 헤이안교(平安京) 궐내에 천황을 위해 조영된 정원이었으며 고대에서 중세에 걸쳐 기우제를 치루는 곳으로 인식되었다. 에도(江戸)시대에는 사찰이 되었다.

67 여덟 용왕으로 난타(難陀) · 발난타(跋難陀) · 사갈라(娑羯羅) · 화수길(和修吉) · 덕차가(德叉迦) · 아나바달다(阿那婆達多) · 마나산(摩那散) · 우발라(優鉢羅)를 말한다. 팔대 용신(龍神)이라고도 한다.

여주십니다"라는 말에 따라 백 명의 고승, 귀한 승려가 『인왕경』을 읊었지만 전혀 효험이 없었지요.

그런데 어떤 사람이 "용모가 아름다운 시라뵤시 백 명을 불러 모으고 법황이 행차한 뒤 신센엔 연못에서 춤을 연행하면 용신이 받아들여주실 겁니다"라고 하니, 그렇다면 해보자며 법황이 행차하고 백 명의 시라뵤시를 불러 춤을 연행했습니다. 그러나 아흔아홉 명이 춤을 추어도 그 어떤 효험이 없었지요.

"아흔아홉 명이 춤을 추어도 효험이 없었는데 시즈카 홀로 춤을 춘다 하여 용신이 들어주시겠느냐? 더구나 시즈카는 궁중의 나이시도코로(内侍所)[68]에 있으면서 녹봉을 받는 처지인데."

"어쨌든 백 명 안에 들어간 것이니 일단 춤을 추게 하여라."

하명이 있자 시즈카가 춤을 연행했습니다. 신무조라는 시라뵤시 곡을 반 정도 연행했을 때 미코시노타케,[69] 아타고야마(愛宕山)[70] 쪽에서 갑자기 검은 구름이 일어나더니 교토로 밀려오는 것처럼 보이는 순간, 팔대용신의 천둥이 울리고 번개가 쳐서 많은 사람을 놀라게 했고 이후 삼일동안 비를 뿌려 온 나라가 무사했습니다. 시즈카의 춤에 감명을 받아서 들어주셨다 하여 '일본 최고'라는 명칭을 내려주셨다고 합니다."

"그럼 한 번 보고 싶구나. 누구에게 말을 넣으면 되겠느냐?"

---

68 가시코도코로(賢所)라고도 하며 궐에 신경(神鏡)을 모셔둔 곳이다. 대대로 여관(女官)인 나이시(内侍)가 관리를 하므로 나이시도코로라고 불린 것이다. 헤이안 시대에는 양명전(温明殿)에 설치되어 있었다.

69 정확하게 어느 곳인지 알려져 있지 않다.

70 교토시 서남쪽에 있는 산의 명칭이다.

가지와라가 답했다.

"제가 도모해서 춤을 추도록 해보지요."

"어떻게 하려는 것이냐?"

"우리나라에 사는 사람이라면 요리토모 님의 명령을 어찌 거절할 수 있겠습니까? 게다가 이미 사형이 결정된 것을 이 가지와라가 부탁해서 용서해주셨지요. 어떻게든 춤추는 것을 보시도록 해보겠습니다."

"그렇다면 가서 말해보거라."

가지와라는 호리노 도지 집으로 가서 이소노 젠지를 불러냈다.

"요리토모 님이 술을 드시고 계시는데 가와고에노 다로가 시즈카의 이야기를 꺼냈더니 평판이 자자한 시즈카의 춤을 한 번 보고 싶다고 하십니다. 무슨 지장이 있겠습니까, 한 번 보여주시지요."

젠지는 이 말을 시즈카에게 전했다. 시즈카는 "아아, 무정하네요"라고 하며 옷을 뒤집어쓰고 누우며 말했다.

"기예의 길을 걷는 것만큼 서글픈 일은 없겠지요. 이 길에 들어서지만 않았다면 한없는 서글픔이 끊이지 않는 신세가 되지 않았을 텐데, 그토록 싫어하는 사람 앞에서 춤을 추라며 쉽게 말씀하시는 것을 듣다니 유감스럽습니다. 그 말을 전하시는 어머님의 마음이 더욱 원망스러워요. 춤을 추라 하시면 출 거라 생각하셨나요?"

시즈카는 좀처럼 승낙하지 않았다. 젠지는 가지와라에게 그 뜻을 전하였고 가지와라는 예상과는 다른 답을 가지고 돌아갔다. 모두 이제나 저제나 기다리고 있는 참에 가지와라가 돌아왔다. 요리토모의 부인 마사코도 답변이 어떻게 되었는지를 물으러 하인을 보냈다.

"명령이라고 했는데도 답변조차 하지 않았습니다."

그 이야기를 들은 요리토모는 말했다.

"이전부터 생각했던 대로구나. 그들이 서울로 돌아갔을 때, 천황이나 법황 쪽에서 "요리토모는 춤을 춰보라고 하지 않았느냐?"라고 질문을 한다면 "가지와라를 사자로 삼아 춤을 추라 했지만 무슨 좋은 일이 있다고 추겠습니까, 결국 추지 않았습니다"라고 말씀 올리면 이 요리토모에게 위엄이 없는 것처럼 느껴질 것이다. 어떻게 하면 좋겠느냐? 누구를 보내서 말하면 좋겠느냐?"

가지와라는 답했다.

"구도 좌위문[71]은 서울에 있었을 때도 요시쓰네 님 계신 곳에 항상 출입하던 자입니다. 게다가 교토 출신으로 달변가이지요. 그 자에게 부탁하도록 하면 좋겠습니다."

"그렇다면 구도 좌위문을 불러라."

당시 구도 좌위문은 도노쓰지(搭の辻)[72]에 살았는데 명령을 받고 가지와라에게 이끌려 왔다. 요리토모는 그를 향해 말했다.

"가지와라를 보내서 말해보았지만 대답조차 없구나. 자네가 가서 구슬러서 춤을 추도록 해주지 않겠는가?"

구도는 걱정에 사로잡혔다.

'이토록 까다롭고도 중차대한 일이 어디 있을까. 요리토모 님의 말씀조차 따르지 않는 자를 회유하라니…… 큰일 났군.'

구도는 서둘러 집으로 돌아와 처에게 말했다.

---

71 구도 스케쓰네(工藤祐経, ?~1193). 헤이안 시대 말기에서 가마쿠라 시대 초기에 걸쳐 활약한 무사. 후지와라(藤原) 남가(南家)의 흐름을 잇는 구도(工藤) 가문 태생이다.

72 가마쿠라 시내의 지명이다.

“요리토모 님께서 엄청난 일을 명하셨소. 가지와라가 사자로서 명령을 전해도 듣지 않는 시즈카를 설득해서 춤을 연행토록 하라는 명령이오. 내게는 너무나 큰일이오.”

“상대가 가지와라여서 거절한 것이 아닙니다. 좌위문이라 하여 승낙할 것도 아니고요. 상대에게 인정이 많은 태도로 대한다면 자연스럽게 해결될 일입니다. 아마도 가지와라 님이 시골 출신이라 거칠게 “춤을 연행해라”라고 말했겠지요. 당신도 아마 그렇게 하실 생각이셨을 테고요. 여러 가지 과일과 과자를 준비하여 처소로 찾아가 이런저런 위로를 하며 슬그머니 설득해본다면 어찌 불가능하겠습니까.”

구도의 처는 아주 쉬운 일인 것처럼 답했다. 그녀는 지바노 쓰네타네(千葉常胤)[73]가 교토에 머물렀을 때 얻은 교토 출신의 딸로 시게모리 저택의 레이제이도노(冷泉殿) 궁녀라고 불리던 나이 지긋한 여인이었다. 구도 좌위문은 숙부인 이토 지로(伊東次郎)[74]와 사이가 틀어져 영지도 빼앗기고 부인과도 헤어지게 되어 복수를 위해 이즈로 내려가려고 했었다.[75] 그 때 시게모

---

73 지바노 쓰네타네(千葉常胤, 1118~1201). 가마쿠라 막부 초창기 중신으로 1180년 요리토모의 소집에 응하여 삼백여기의 군사를 이끌고 참전하였다. 같은 해 10월 후지가와(富士川) 전투에서 승리한 요리토모가 헤이케를 쫓아 상경하려고 하였지만, 쓰네타네는 가마쿠라를 본거지로 하여 우선 관동을 평정하라고 진언하였다. 이후 가즈사 슈고가 되어 중신으로 중용되었다.

74 이토 쓰케치카(伊東祐親, ?~1182). 헤이안 말기 무장으로 이토(伊東) 지방 호족이며 구도(工藤)씨 6대손으로 구도 스케타카(工藤祐隆)의 손자이다.

75 구도 집안의 가독(家督) 및 장원을 둘러싼 다툼을 말한다. 구도 스케타카(工藤祐隆)의 장손임에도 불구하고 할아버지의 뜻에 따라 스케쓰네(祐経)에게 장손의 지위를 빼앗긴 스케치카(祐親)는 스케쓰네가 상경한 틈을 타 이토 장원을 빼앗고, 스케쓰네에게 시집을 보냈던 자신의 딸 만고고젠(万劫御前)도 절연시킨다.

리가 구도와의 이별을 슬퍼하며 나이는 조금 많지만 지금의 처를 주선해 주었고 서로 애정이 깊어졌다. 지쇼 연간에 시게모리가 세상을 떠난 뒤에는 의지할 곳도 없었기에 구도를 따라 동국으로 내려왔다. 이미 오랜 세월이 흘렀는데도 아직 시가관현(詩歌管弦)의 기예를 잊지 않았기에 시즈카를 회유하는 것도 어렵지 않다고 생각한 것이리라. 구도 좌위문은 서둘러서 채비를 하고 호리노 도지의 저택으로 나섰다.

구도가 먼저 가서 젠지를 향해 말했다.

"요즘 이런저런 바쁘다는 핑계로 찾아뵙지 못하고 있으니 못 믿을 자라 생각하셨겠지요. 요리토모 님이 미시마 신사에 참배하시기에 저 역시 함께 따라가게 되어 매일 참배를 위해 정진(精進)해야 해서 발길이 뜸했습니다. 거듭거듭 죄송합니다. 제 처도 서울 태생인데 지금 이 저택에 함께 왔습니다. 젠지 님께서 이렇게저렇게 말씀 좀 잘 전해주십시오."

구도는 돌아가는 척하며 한쪽에 몸을 숨겼다. 젠지는 시즈카에게 이 상황을 전했다.

"구도 좌위문 님이 항상 방문해주시는 것만으로도 감사하게 생각하는데 더구나 부인까지 오시다니 생각도 못했네요. 무척 기쁩니다."

자신의 방을 정리하고 들어오도록 했다. 호리노 도지의 처도 함께 일어서서 대접을 했다. 술상이 차려졌고 다른 이를 회유하려는 속마음이 있었기에 자리가 시작되고 얼마 안 있어 구도의 처는 이마요(今様)[76]를 부르기 시작했다. 호리노 도지의 처도 사이바라(催馬楽)[77]를 불렀다. 젠지도 "새

---

76 요즘 노래라는 의미로 7·5조(調) 4구(句)의 노래로 주로 연회 자리에서 불렸다.

77 헤이안 초기에 성립된 노래의 일종으로 이전의 민요 등을 당악(唐楽) 곡조에 실어서 부른다.

삼 별 볼 것 없지만"이라며 기센이라는 시라뵤시를 피로하였다. 하녀인 사이바라와 소노코마도 주인에게 뒤지지 않는 훌륭한 솜씨를 가졌기에 함께 노래했다. 봄밤 흐릿하게 구름 낀 하늘에서 비가 내리니 주위는 더욱더 고요했다. 벽에 다가와 귀 기울이는 사람이 있다면 들어달라며 하루의 흥취 깊은 연회는 수명을 천년이나 늘려주니 자신도 한 번 불러보겠다며 시즈카는 다른 시라뵤시 곡을 불렀다. 음성 하나하나, 곡조가 이어지는 그 모양새는 이루 말로 형용할 수 없을 정도였다. 구도 좌위문과 호리노 도지는 벽을 사이에 두고 들으면서 "아아, 보통의 연회였다면 어찌 저 자리에 밀고 들어가지 않을 수 있으랴"면서 마음이 들떠 심취해 듣고 있었다.

시라뵤시 곡이 끝나자 비단주머니에서 비파 하나, 홀치기 염색한 주머니에서 거문고 하나를 꺼냈다. 비파는 하녀 소노코마가 꺼내 음을 맞춘 후 좌위문의 처 앞에 놓았다. 거문고는 하녀 사이바라가 꺼내 괘를 세운 후 시즈카 앞에 놓았다. 관현 연주가 끝나자 좌위문의 처는 운치 있는 이런저런 이야기를 들려주다 마침내 말을 꺼내 회유하기 시작했다.

"예전 서울은 나니와(難波)의 도읍[78]이라 하였습니다. 지금의 서울은 헤이안쿄(平安京)라 부르고 동해도(東海道)를 멀리 내려가 유이노(油比野), 아시카가에서 동쪽, 사가미(相模) 국 오사카(小坂) 군, 유이 포구, 히쓰메의 작은 숲을 지나 쓰루오카(鶴岡) 산기슭에 지금의 하치만 신을 모셨습니다. 하치만 신은 요리토모 님의 씨족신(氏神)이신데 일족이신 요시쓰네 님을 어찌 지켜주시지 않으시겠습니까? '화광동진(和光同塵)[79]은 결연의 시작이며 팔상

---

78 7세기 중엽부터 8세기에 걸쳐 현재 오사카 시에 조영된 고대 일본의 수도로 아스카(飛鳥) 시대 최초의 수도이다.

79 빛을 부드럽게 하여 속세의 티끌에 같이한다는 뜻으로, 자기의 지덕과 재기를 감추고 세

성도(八相成道)[80]는 이익의 끝'이라는 말처럼 무슨 일이든 기도의 효험은 있는 법이지요. 이 지방 제일의 비할 바 없는 신이시기에 저녁에는 참배하는 사람들이 문정성시를 이루며 모여들고 아침에는 어깨를 나란히 하여 줄지어 찾아옵니다. 그러니 낮 동안에는 참배가 힘듭니다. 호리노 도지 부인은 와카미야하치만궁 사정에 밝으시고 저도 이곳 사정을 잘 압니다. 내일 밤에 참배를 하셔서 이전부터 품고 계시던 숙원을 푸시고 가신 김에 가이나자시(腕差し),[81] 호라쿠(法楽)를 봉납하신다면 요리토모 님과 요시쓰네 님의 사이도 회복되고 생각하신대로 될 것입니다. 오슈에 계시는 요시쓰네 님도 이 일을 들으신다면 자신을 위해 진심을 다해 기도했다며 기뻐하실 거라 생각합니다. 이런 기회가 아니라면 어떻게 할 수 있겠습니까? 무리를 해서라도 참배하십시오. 오랜 시간 함께 하면서 애틋한 마음이 깊어져, 다른 일은 모르겠지만 이것만은 말씀드리는 것입니다. 참배를 하신다면 함께 하겠습니다."

이토록 권하자 시즈카는 지당하다고 생각했는지 젠지를 불러 어떻게 하면 좋을지 물었다. 젠지도 바라는 바였기에 선뜻 대답했다.

"이는 하치만 신의 신탁이란다. 이토록 깊이 우리를 생각해준다니 고마운 일이지. 어서 서둘러 참배를 하자."

속을 따름을 이르는 말. 또는 부처가 중생을 구제하기 위하여 그 본색을 숨기고 인간계에 나타남을 이르는 말이다.

80 사람을 제도하기 위해 부처의 일생을 8가지로 나누어 팔상이라고 하며, 성도(成道)가 가장 중요한 사건이므로 팔상성도(八相成道)라고도 한다.

81 음곡의 명칭인 것으로 보이나 알려지지 않았다.

"그럼 낮에는 힘들 테니 인시(寅時)[82]에 참배하여 진시(辰時)[83]에 정식으로 춤을 봉납하여 돌아오는 걸로 할게요."

구도 좌위문의 처는 남편에게 빨리 이 사실을 알리고 싶어서 서둘러 심부름꾼을 보냈는데 정작 남편은 벽을 사이에 두고 상황을 듣고 있었기에 심부름꾼이 도착하기도 전에 말에 올라타서 요리토모 저택에 달려가 무사 대기실로 들어갔다. 요리토모를 비롯한 무사들이 물었다.

"어떻게 되었느냐, 어떻게 되었느냐?"

"인시에 참배, 진시에 가이나자시 연행!"

소리 높여 답하니 위아래 할 것 없이 모두 그럴 줄 알았다며 기뻐했다.

요리토모가 말했다.

"어차피 할 거라면 낮에 참배해서 많은 사람 앞에서 보여주면 좋을 것인데. 어째서 밤늦게 참배하는지 이해할 수가 없구나."

"당연한 일입니다. 나이시도코로에 있었던 신분이니 요시쓰네 님도 그토록 소중히 여기셨겠지요. 녹봉도 많이 받는 분이셨을 테지요. 존귀한 여인이니 분명 요리토모 님이 참배하신다는 말을 듣는다면 절대로 춤을 추지 않을 겁니다. 요리토모 님은 오늘 밤에 참배해서 기다리시지요."

모두 그렇게 말하는데다 무사들도 한결같이 그것이 좋겠다며 웅성거렸다.

이윽고 요리토모는 참배하러 가서 동쪽 회랑 중간에 주렴을 치고 그 안에 앉았다. 북쪽을 따라서는 부인 마사코의 장막을 쳤다. 남쪽을 따라서는

---

82 새벽 3시에서 5시 사이를 말한다.

83 오전 7시에서 9시 사이를 말한다.

유모 산조도노(三条殿)의 장막을 쳤다. 그 밖에 대납언, 중납언, 소쓰노스케(帥の典侍), 레이제이도노(冷泉殿), 도바도노(鳥羽殿)가 계실 곳이라며 각각 열심히 장막을 둘러쳤다. 서쪽 회랑 중간에는 하타케야마가 장막을 쳤다. 그 북쪽에는 우치에쿠노야, 오야마, 우쓰노미야가 장막을 쳤다. 남쪽을 따라서는 와다노 고타로, 사와라노 주로가 장막을 쳤다. 남쪽 회랑은 이치조, 다케다 오가사와라, 헤미(逸見), 이타가키(板垣)가 장막을 쳤다. 그와 나란히 주군을 수호한다며 단(丹), 요코야마(横山), 요(与), 이노마타(猪股), 신, 무라야마(村山) 등이 장막을 쳤다. 특히 요리토모 장막 근처에는 가지와라 부자 일문이 장막을 둘러쳤다. 빨리 도착한 사람은 회랑의 돌다리, 배전의 낙숫물 받이 돌, 정원에 어깨를 나란히 부딪히며 격렬히 자리를 다투었다. 그보다 신분이 낮은 자는 회랑 밖이나 다리 안쪽으로 몰려들었고 노랫소리도 확실하게 들리지 않고 춤추는 모습도 보이지 않았지만 산 위에 이르기까지 새하얗게 빼곡히 들이찼다.[84] 계곡과 좁은 길에 이르기까지 모든 곳이 시즈카가 춤을 춘다며 와카미야로 모여드니 문전성시를 이루었다.

"기도전 회랑 앞에 사람들이 서로 밀쳐대며 소리를 지르고 있어 잘 들리지 않을 것 같습니다."

가지와라의 보고를 받은 요리토모는 거칠게 다루어 쫓아내라는 명령을 내렸다. 삼가 명을 받은 가지와라는 "명령이다!" 외쳤지만 듣는 사람이 없었다. 하인들은 거칠게 몽둥이를 내리쳤다. 사내들의 에보시와 법사들의 삿갓이 떨어져나갔다. 부상을 당한 사람도 여럿이었지만 "이토록 큰 볼거

84 장막을 치는 모습에 대한 부분은 저본에 없으나 문전성시를 이루는 장면에 대한 이해를 위해 다나카(田中)본을 참고로 보충하여 번역하였다.

리는 일생에 단 한 번 있을까 말까지. 상처를 입어봤자 곧 나을게야"라며 자신의 몸이 어떻게 되든 뒷일은 상관없이 숨어들어오자 소동은 더더욱 커졌다.

사와라노 주로((佐原十郎)[85]가 이 모습을 보고 중얼거렸다.

"아아, 미리 알았다면 회랑 한중간에 무대를 만들어놓고 춤을 추도록 할 것을…."

요리토모는 그 말을 듣고 물었다.

"옳지, 방금 누가 말한 것이냐?"

"사와라노 주로입니다."

"사와라는 예전 법식을 잘 아는 자다. 과연 그 말이 맞다. 어서 무대를 준비해서 춤추도록 하라."

사와라는 명령을 받고 급한 일이기에 와카미야 수리를 위해 쌓아둔 목재를 서둘러 운반케하고 3척 높이로 무대를 쌓았다. 사와라는 무대를 쌓고 노란 문양을 짜넣은 중국 능직으로 무대를 완전히 감쌌다. 이를 보고 요리토모는 흡족해 했다.

이렇게 시즈카를 기다리고 있었는데 사시(巳時)[86]가 될 때까지 참배하러 오지 않았다. 사람들은 "시즈카는 무슨 생각에 이토록 사람의 마음을 애태우는 걸까"라며 웅성댔다. 해가 완전히 높이 뜬 이후에 시즈카는 가마를 타고 도착했다. 구도 좌위문, 호리노 도지의 처도 함께 데리고 회랑에서 참

---

85 사와라노 요시쓰라(佐原義連, ?~?). 가마쿠라 초기 무장으로 사가미(相模) 출신이다. 요시아키라(義明)의 아들로 요리토모에게 높은 평가를 받았으며 중용되었다. 1184년 히요도리고에(鵯越)를 가장 먼저 내려간 이야기로 유명하다. 이즈미(和泉) 슈고(守護)로 임명되었다.

86 오전 9시에서 11시 사이를 말한다.

배하였다. 젠지, 사이바라, 소노코마는 그 날의 연행자였기에 시즈카와 함께 회랑 무대에 자리를 잡았고, 구도 좌위문의 처는 같은 차림을 한 여인 30여 명을 이끌고 관람석으로 갔다. 시즈카는 신전을 향해 앉아 기도를 올렸다.

우선 이소노 젠지가 내세울 것은 없지만 신을 위로하는 곡이라며 사이바라에게 장구를 치게 하고 '스키모노노쇼쇼'[87]라는 시라뵤시 곡을 부르며 봉납했다. 말로 표현할 수 없을 정도로 훌륭하니 사람들이 말했다.

"그다지 평판이 나지 않은 젠지의 춤조차 이토록 훌륭한데 하물며 시즈카가 춤을 추면 얼마나 멋질까."

시즈카는 사람들의 거동이나 장막을 치는 모양새를 보며 틀림없이 요리토모가 참배를 왔다고 생각하며 이런저런 궁리를 했다.

'좌위문 처에게 속아서 요리토모 앞에서 춤을 주게 된 것 같구나. 아아, 어떻게든 오늘은 춤을 추지 않고 돌아가고 싶은데…….'

시즈카는 구도 좌위문을 불러 말했다.

"요리토모 님이 참배하신 것 같군요. 서울에서 나이시도코로의 부름을 받았을 때는 내장두(内蔵頭)[88] 노부미쓰(信光)의 반주에 춤을 추었습니다. 또한 신센엔 연못 기우제 때는 시조(四条)의 기스와라[89]의 반주에 춤을 추었지요. 이번에는 심문을 받기 위해 내려오는 처지라 장구 치는 사람도 데리고 오지 못했습니다. 이미 제 어미가 정식으로 가이나자시를 봉납했으니 저

---

87 시라뵤시의 곡명으로 여겨지나 명확한 내용을 알려지지 않았다.

88 금은보화, 보석그릇을 관리하며 공양 때의 의복과 제사의 봉납을 관리하는 내장료 장관이다.

89 노부미쓰, 기스오 모두 소고(小鼓)의 명수로 계보는 알려져 있지 않다.

는 서울로 올라가서 장구 치는 이를 데리고 다시 내려와서 호라쿠(法楽)를 봉납하겠습니다."

이윽고 돌아가려는 모습을 보이자 다이묘(大名), 쇼묘(小名)[90]는 흥이 깨져버렸다. 요리토모도 이 상황을 듣고 말했다.

"가마쿠라에서 춤을 연행하려다 장구 치는 이가 없어 춤을 추지 못했다는 소문이 이 좁은 세상에 퍼지기라도 한다면 부끄러운 일이다. 가지와라, 무사들 가운데 장구를 칠 수 있는 자는 없느냐? 찾아내서 장구를 치게 하라!"

"구도 좌위문이야말로 시게모리 님 시절에 궁궐 연회에 부름을 받은 적이 있습니다. 궁궐에서 이름을 날린 장구의 명인이옵니다."

"그렇다면 구도 좌위문, 장구를 쳐서 춤을 추게 해라."

구도는 명령을 받고 말했다.

"너무 오랫동안 치지 않아서 장구의 음색조차 생각대로 되지 않을 수 있지만, 명령이니 해보겠습니다. 하지만 장구 하나만으로는 부족하니 동발(銅鈸) 치는 자를 불러주십시오."

"동발 치는 자는 누가 있느냐?"

"나가누마노 고로(長沼五郎)가 있습니다."

"찾아내서 치게 하라."

"눈병으로 몸이 아파서 이곳에 오지 못했습니다."

"그렇다면 저 가지와라가 해보겠습니다."

---

90 다이묘는 영지가 많은 무가(武家)를 말하며 다이묘보다 영지가 적은 무가는 쇼묘라 한다.

"가지와라는 도뵤시(銅拍子)[91]를 어느 정도로 할 수 있느냐?"

구도 좌위문에게 질문을 하니 대답했다.

"나가누마 다음으로는 가지와라가 잘 합니다."

"그렇다면 지장이 없겠구나."

가지와라가 도뵤시를 치게 되었는데, 사와라가 말했다.

"상황에 맞는 곡조가 중요하니 누군가가 시작하는 음을 관악으로 불어 주어야 합니다."

"피리를 불 수 있는 자는 없더냐?"

요리토모가 묻자 와다노 고타로(和田小太郎)가 답했다.

"하타케야마야말로 법황이 감탄하실 정도로 피리를 붑니다."

"하타케야마처럼 천하제일의 현명한 자가 어떻게 급조된 연행 무리에 들어오겠느냐. 이번 한 번 만이라 해도 결코 말하지 못하겠다."

"명령이라고 전해보겠습니다."

와다노 고타로는 하타케야마의 자리로 다가가 전했다.

"하타케야마, 이런 상황이라오."

"주군의 가신으로 권세를 자랑하는 구도 좌위문이 장구를 치고, 관동 8개국 무사의 차관인 가지와라가 도뵤시를 맞추고 제가 피리를 분다면 혈통이 좋은 음악 반주자 무리가 되겠군요."

웃으면서 명령에 따른다는 취지의 말을 했고, 각각의 반주자는 각기 다른 장소에서 제 나름의 생각에 따라 옷차림을 갖추고 나타났다. 구도 좌위문은 감색 갈포 윗옷과 짙은 녹색 사냥복에 에보시를 세워 쓰고, 자단 몸체

91 소형의 동발(銅鈸)로서 예능에 사용된다.

에 양피를 붙인 장구에 여섯 개의 음색을 고르는 끈을 조율하여 왼쪽 어깨에 끼고 하의 양옆을 봉긋하게 옆구리에 끼워 넣은 후, 하치만궁 뒷산 마쓰야마(松山)와 회랑 천정에 퍼져 울릴 만큼 아름다운 음율로 연주하며 다른 반주자를 기다렸다.

가지와라는 감색 갈포 윗옷과 황녹색 사냥복에 에보시를 세워 쓰고, 황금으로 국화 문형을 새긴 고급스러운 은제 도뵤시에 여러 색실로 꼰 끈을 달아 들고 좌위문 오른쪽에 정좌하여 장구 소리에 맞추어 방울벌레가 우는 듯 아름답게 음을 맞추며 하타케야마를 기다렸다.

하타케야마는 막이 갈라진 틈 사이로 무대 모습을 들여다본 뒤 특별히 화려하게 꾸미지 않은 흰 윗옷에 흰 예복, 보라색 가죽 끈을 달고 오리에보시를 접은 단마다 예리하게 각을 세우고 마쓰카제(松風)라 이름붙인 한죽(漢竹) 피리를 가볍게 숨을 불어 음률을 확인했는데 오시키(黃鐘)[92]의 낮은 음이었다. 잠시 음률을 맞춘 후 하의 양옆을 잡아 높이 올려 끼고 장막을 쓱 올리고 안으로 들어갔다. 덩치 큰 사내답게 묵중하게 발걸음을 옮겨 무대로 올라가 좌위문 왼쪽에 자리를 잡았다. 미남으로 평판이 높았기에 모두들 멋지다고 감탄했다. 그 나이는 23세였다. 요리토모는 이 모습을 보고 주렴 안에서 칭찬했다.

"아아, 훌륭한 반주자들이구나."

당시 분위기에 걸맞게 고상하게 보였다. 시즈카는 이 모습을 보고 생각했다.

'안 한다고 하길 잘 했구나. 어차피 춤을 추어야 한다면 이런 반주자와

---

92 음악 12율(律)의 하나로서 기본음보다 일곱음이 높다.

함께 춤을 춰야지. 가벼운 마음으로 춤을 추겠다고 했다면 얼마나 경박하게 보였을까? 구도 좌위문은 천하에 이름 높은 장구 명인이지. 가라카미, 기스오도 그를 이길 수는 없어. 참언을 하긴 했지만 가지와라는 도뵤시는 잘 다루네. 하타케야마는 평판이 높은 피리 음색인데 새삼 상상으로도 말로도 표현하지 못할 정도로 훌륭하구나.'[93]

시즈카는 젠지를 불러 춤을 출 준비를 했다. 때마침 소나무를 감싼 등나무 꽃이 연못 주변에 흐드러지게 피었고 살살 불어오는 바람은 봄 안개를 흩트렸다. 언제나 첫 울음소리를 기다리게 되는 두견새 소리도 마치 때를 아는 것처럼 들려왔다. 시즈카는 그날 의상으로 하얀 통소매 한 벌에 당나라 능직을 위에 겹쳐 입고 하얀 하의를 밟힐 정도로 길게 늘어뜨리고 와리비시(割菱)[94] 문양을 바느질한 예복을 입었다. 발에 닿을 만큼 긴 머리를 높게 묶어 늘어뜨리고 근래 겪은 슬픔으로 수척해진 모습에 옅은 화장을 하고 눈썹을 가느다랗게 그렸다. 시즈카는 새빨간 부채를 펴고 신전을 향해 섰지만 요리토모 앞에서 춤을 연행하는 것이 역시나 수치스러웠는지 괴로운 듯 주저하고 있었다. 그 모습을 보고 요리토모의 처 마사코가 말했다.

"작년 겨울에는 시코쿠의 파도 위에서 시달리고 눈 덮인 요시노 산을 헤매었고 올해는 동해도의 긴 여행으로 수척해 보이지만 시즈카를 보니 우리나라에도 이렇게 아름다운 여인이 있었다는 것을 새삼 알게 되었네요."

---

93 '구도 좌위문은~ '부분부터 없는 문장이나 상황에 대한 묘사를 위해 다나카(田中)본을 참고로 보충하여 번역하였다.

94 문양의 하나로 마름모꼴을 네등분한 모양이다.

시즈카는 많은 시라뵤시 곡을 알고 있었지만 '신무조'[95]라는 곡이 특별히 마음에 들었고 자신도 있었기에 상상도 할 수 없는 훌륭한 목소리로 소리를 높여 불렀다. 귀천을 막론하고 모두 앗하고 놀라 감탄할 정도로 그 목소리는 구름너머까지 울려 퍼졌다. 가까이서 보는 자는 실제로 듣고 탄복했다. 목소리가 들리지 않는 뒤쪽 사람들은 틀림없이 멋들어질 것이라며 감탄했다. 신무조 곡을 반 정도 노래했을 때, 좌위문은 곡이 지금의 상황과 맞지 않는다고 여겼는지 윗옷 소매를 걷고 마무리 반주를 넣었다. 시즈카가 "당신의 세상은"이라며 마무리하려 하니 사람들이 말했다.

"인정머리 없는 좌위문이네. 한 곡조 더 추게 해야지"

시즈카는 이 때 마음속으로 생각했다.

'결국 적 앞에서 춤은 추는 것이니까 생각하는 바를 노래로 불러야겠어.'

시즈야 시즈 거듭 이름 부르니[96]
그 옛날처럼 그 분 세상 다시 왔으면

요시노야마 산봉우리 흰 눈을 헤쳐 밟으며
산 속으로 들어간 그 분 흔적 그리워

---

95 시라뵤시 곡명이지만 명확한 내용은 알려지지 않았다.

96 '시즈야시즈'는 시즈카를 거듭 부른다는 의미 이외에 '시즈'는 꾸지나무나 마를 씨실로 삼아 청색, 홍색으로 물들여 짜낸 직물을 말한다. 이어 나오는 단어 '오다마키'는 시즈를 짤 때 사용하는 '실패'를 의미한다. 이 노래는 『이세모노가타리(伊勢物語)』 '古のしづのをだまきくりかへし昔を今になすよしもがな(머나먼 옛날 시즈 짜던 실패처럼 거듭해가며 예전을 지금으로 돌려놓고 싶구나)'를 기반으로 한다.

그 노래에 요리토모는 주렴을 스윽 내리며 말했다.

“시라뵤시는 흥이 깨지는 것이구나. 춤추는 방식, 노래하는 법이 마음에 들지 않는다. 내가 시골사람이라 이해할 수 없을 거라며 노래한 것이냐? ‘시즈의 이름을 거듭 부른다’는 건 요리토모의 시대가 끝나고 요시쓰네의 세상이 되라는 이야기더냐? ‘요시노야마 산봉우리 흰 눈을 헤쳐 밟으며 산 속으로 들어간’ 사람이란 요리토모가 요시쓰네를 공격했음에도 아직 건재하다는 의미겠지. 으음 괘씸하구나. 괘씸해.”

마사코는 그 말을 듣고 답했다.

“같은 기예의 길을 걷는 사람이라도 풍정이 있기에 춤을 춘 것입니다. 시즈카가 아닌 다른 사람이라면 어떻게 당신 앞에서 춤을 추었겠습니까? 설령 이상한 말을 했다 해도 여인은 약한 존재이오니 너그럽게 봐주시고 용서하십시오.”

요리토모는 주렴 끝을 약간 들어올렸다. 시즈카는 그의 기분을 상하게 했다는 생각에 다시 무대로 돌아왔다.

> 요시노야마 산봉우리 흰 눈을 헤쳐밟으며
> 산 속으로 들어간 그 분 흔적 없구나[97]

노래를 고쳐 부르니 요리토모는 주렴을 높이 올렸고 그 모습에 가볍게도 칭찬을 하였다. 마사코는 답례품으로 옷상자 뚜껑에 견직물을 건넸다.

---

97 저본의 경우 시즈카가 노래를 고쳐 부르는 대목이 없는데 이 상태로는 문맥이 틀어지므로 다나카본을 통해 보충하였다.

요리토모는 조개를 아로새긴 궤 세 개를 하사했다. 우쓰노미야 세 개, 오야마 좌위문 세 개, 반주자 세 명에게 아홉 개, 그 밖에 한 두 개 씩 무대 주위에 물건을 옮기는 짐 막대기가 빼곡히 늘어섰다. 궤를 선물할 재력이 없는 자는 통소매 옷을 가지고 와서 놓아두거나 무가 예복을 놓아두니 통소매 옷과 무가 예복으로 산이 쌓일 정도였다. 사와라노 주로가 명을 받고 기록을 담당했는데 궤는 64개라고 기재되었다.

시즈카는 이 모습을 보고 "저는 답례품을 받으려고 춤을 추지 않았습니다. 요시쓰네 님을 기원하기 위해 춤을 추었지요."라며 궤를 남김없이 와카미야 수리를 위해 봉납했다. 통소매 옷과 무가 예복도 전혀 손대지 않고 모두 요시쓰네의 공양을 위해 대어당(大御堂)에 봉납했다. 이윽고 호리노도지 집으로 돌아가 다음 날이 되자 요리토모에게 작별을 고했다. 배려심 있는 무사들은 저택으로 달려가 여러모로 시즈카를 위로했다. 요리토모는 많은 물건을 하사하였고 지카이에가 그 명을 받아 50여 기의 군세로 서울까지 배웅하였다.[98]

시즈카는 죽은 아들을 애석해하는 마음이 깊어 도중에 천승(千僧)공양을 하며 서울로 올라갔다. 기타시라카와의 집에 돌아가기는 했지만 망연자실하여 음식도 잘 먹지 않았고 괴로웠던 일이 잊히지 않으니 다른 이가 찾아오는 것도 성가셔 하며 그저 시름에 잠겨 있었다. 젠지도 위로하지 못하고 걱정만 할 뿐이었다.

시즈카는 아침저녁으로 지불당에 틀어박혀 경문을 읽고 부처님의 명

---

98 요리토모를 비롯한 여러 명의 하사품에 대한 내용부터 이 부분까지는 다나카본을 참고하여 보충하였다.

호를 외울 뿐이었다. 이토록 덧없는 세상에 살아남아도 아무런 의미도 없다고 생각했는지, 어머니 모르게 긴 머리를 자르고 삭발했다. 텐류지(天龍寺) 기슭에 허름한 오두막을 짓고 젠지와 함께 오로지 불도수행에 집중하였다. 그 모습과 마음씨는 타의 추종을 불허할 정도였는데 아까운 나이의 출가였다. 19세에 출가하여 다음 해 가을 저물녘에 자색 구름[99]이 하늘에 길게 퍼지고 음악이 울려 퍼지더니[100] 시즈카는 훌륭하게 왕생의 숙원을 이루었다. 그 이야기를 들은 사람들은 정숙한 여인의 뜻을 느낄 수 있다고 칭송하였다.

---

99 아미타여래가 중생을 구제하기 위해 오실 때의 상황을 의미한다. 신묘한 음악을 연주하는 25인의 보살과 함께 자색 구름을 타고 오신다는 믿음이 있다.

100 저본에는 '마음과 가슴에 한이 쌓였던지 염불을 외우며'라고 되어 있는데 문맥을 고려하여 왕생을 서술하는 다나카본 표현으로 바꾸어 번역했다.

제7권

요시쓰네, 북국(北国)으로 가다

분지(文治) 2년(1186) 정월 말 요시쓰네는 로쿠조호리카와에 숨어 있다가 사가(嵯峨)의 어느 두메산골에 숨기도 했다. 요시쓰네는 서울에서 자신 때문에 많은 사람들이 다치고 백성들에게 부담이 가니 어떻게든 미치노쿠(陸奥)에 내려가야겠다는 결심을 했다. 이곳저곳에 있던 무사를 불러 모으니 16명의 가신이 단 한 명도 변심하지 않고 모여들었다. 요시쓰네는 말했다.

"오슈로 내려가려는데 어느 길이 좋겠느냐?"

가신들은 고민 끝에 말했다.

"동해도(東海道)[1]는 명소가 많으니 기분전환이 되겠지요. 동산도(東山道)[2]는 난소(難所)가 많으니 만일 무슨 일이 일어난다면 피해 갈 방법이 없습니다. 북륙도(北陸道)[3]를 이용한다면 에치젠(越前) 국 쓰루가(敦賀) 포구에서 배를 얻어 타고 데와(出羽)로 넘어가면 됩니다."

결국 길은 북륙도로 정해졌다.

"그럼 옷차림은 어떻게 하고 가야하겠나?"

서로 이야기를 나누는 중에 와시노오노 주로(鷲尾十郎)[4]가 말했다.

---

1 예전 7도(七道)의 하나로 교토에서 해안선을 따라 도쿄 지역까지 이어지는 가도(街道)를 말한다.

2 예전 7도의 하나로 교토에서 지금의 시가현(滋賀県)을 거쳐 중부 지방의 산간부를 거쳐 오슈(奥羽) 지역에 이르는 길을 말한다.

3 예전 7도의 하나로 와카사(若狭)·에치젠(越前)·가가(加賀)·노토(能登)·엣추(越中)·에치고(越後)·사도(佐渡)의 7개 국 또는 그 지역을 잇는 길을 말한다. 북국(北国)이라고도 한다.

4 저본에는 마시오노 시치로(増尾七郎)라고 되어 있으나 와시오노 주로가 맞다. 와시오노 요시히사(鷲尾義久, ?~1189). 헤이안 시대의 무사로서 요시쓰네의 부하이며 흔히 사부로, 쓰네하루로 불렸다. 이치노타니 전투에서 큰 승리를 거둔 공으로 요시쓰네가 자신의 이름 한

“마음 편히 가시려면 출가를 하시고 내려가시지요.”

“결국에는 그렇게 해야겠지만 나라(奈良)의 간주보(勧修坊)가 계속해서 출가하라 권했어도 그 말을 듣지 않았는데, 도저히 어찌 할 수 없어 출가했다는 소문이 나는 것은 수치스러우니 이번만큼은 출가하지 않고 내려가고 싶구나.”

이윽고 가타오카(片岡)가 말했다.

“그렇다면 산에서 수행하는 수도자 모습으로 내려가시지요.”

“그것도 여의치 않다. 서울을 벗어나자마자 히에산노(日吉山王), 에치젠 국의 게히(気比) 신사, 헤이센지(平泉寺), 또 가가(加賀) 국의 시모시라야마(下白山), 엣추(越中) 국의 아시쿠라(蘆峅)와 이와쿠라(岩峅), 에치고(越後) 국에는 구가미(国上)산, 데와(出羽) 국 하구로(羽黒)산처럼 수없이 많은 산이 있으니, 혹시나 수도자를 만나 일승보리(一乗菩提)[5]의 봉우리, 석가산의 모습, 팔대 금강동자의 모습, 후지산의 봉우리, 수도자의 예의에 대해 묻는다면 누가 소상히 대답하며 지나갈 수 있겠느냐?”

벤케이가 답했다.

“그 정도는 쉽습니다. 주군께서는 구마라(鞍馬)에서 자라셨으니 수도자의 법식은 대충 알고 계시겠지요. 히타치보(常陸坊)는 온조지(園城寺)에 있었으니 말할 것도 없습니다. 저 벤케이도 서탑(西塔)에 있었기에 일승보리에 관해서는 대충 알고 있으니 어찌 대답을 못하겠습니까? 수도자의 근행에

자를 따서 붙여주었다고 한다. 요시쓰네와 함께 운명을 같이 하였다.

5 일승은 모든 중생이 부처와 함께 성불한다는 석가모니의 교법을 말하며, 보리는 불교 최고의 이상인 불타 정각의 지혜를 말한다. 여기서는 일승은 가쓰라기(葛城)산을, 보리는 긴부센(金峰山)을 의미한다.

필요한 참법(懺法)과 아미타경도 소상하게 읽었으니 전혀 괴로울 것이 없습니다. 그저 결심만 하시지요."

"어디 수도자냐고 묻는다면 어떻게 대답하는 것이 좋겠느냐?"

"에치고(越後)의 나오이(直江) 포구는 북륙도의 중간에 있으니 여기에서 거기까지는 하구로산 수도자가 구마노(熊野)에 참배하고 오는 것으로 답하시죠. 그곳에서 저쪽까지는 구마노산의 수도자가 하구로산으로 참배하는 것이라고 말씀하시죠."

"만일 하구로 사정에 밝은 자가 있어 하구로 어느 스님 밑의 누구냐고 물으면 어떻게 하면 좋겠느냐?"

"제가 서탑에 있었을 때 하구로 사람이 있었는데, 그 자가 다이코쿠도(大黒堂) 별당에 아라사누키(荒讃岐)라는 법사와 제가 꼭 닮았다는 말을 했으니 저를 아라사누키라고 하면 됩니다. 히타치보를 고센다치(小先達)[6] 지쿠젠보(筑前坊)라고 하시죠."

"자네들은 원래 법사이니 그 모습도 문제가 되지 않겠지. 하지만 나를 비롯해 가타오카, 이세노 사부로(伊勢三郎), 와시노오(鷲尾)는 속인의 신분으로 두건이나 가사를 걸친다 해도 수도자처럼 보이지는 않을 것 같은데 어떻게 하면 좋겠느냐?"

"그럼 모두 법호(法号)를 붙이지요."

제각각 법호를 붙이니, 가타오카는 교노키미(京の君), 이세노 사부로는 센지노키미(宣旨の君), 구마이노 다로는 지부노키미(治部の君)라고 했다. 그

6 수행을 하거나 산에 들어갈 때 동행자의 앞에 서서 안내, 지도하는 역할을 하며 대선배는 다이(大)센다치, 그보다 아래를 고센다치라 한다.

밖에는 고즈케보(上野坊), 가즈사보(上総坊), 시모쓰케보(下野坊)라는 이름을 지어 불렀다.

요시쓰네는 특히 아는 사람이 많기에 때 묻은 흰 상의, 갈포로 만든 하의에 새가 무리지어 날아가는 모양으로 염색한 감색 옷을 입고 낡은 두건을 눈썹 끝까지 쓴 뒤, 그 이름을 야마토보(大和坊)라 했다. 다른 이들도 각각의 생각대로 몸치장을 했다.

벤케이는 다이센다치(大先達)로서 소매가 짧은 흰옷에 짙은 감색 각반과 짚신을 신고 하의의 끈을 높이 묶은 후 멋들어지게 긴 두건을 썼다. 이와토시(岩透)라는 큰 칼을 차고 허리에 소라고둥을 달았다. 벤케이는 하인 기산다(喜三太)를 짐꾼으로 꾸미고 등에 짊어진 궤 다리에 멧돼지 눈 모양이 새겨진 여덟 자 되는 큰 도끼를 매달았다. 궤 위에는 네 자 다섯 치 되는 큰 칼을 가로로 놓았다. 그 기질도 복장도 훌륭한 안내자처럼 보였다. 사람 수는 16명, 궤는 10개였다. 궤 하나에는 방울, 독고(独鈷),[7] 꽃접시, 향로, 불전에 올리는 물병, 금강동자의 본존을 넣었다. 또 하나에는 아직 접지 않은 에보시(烏帽子) 열 개, 평상복, 상의 등을 넣었다. 남은 궤 여덟 개에는 모두 갑옷과 약식갑옷을 넣었다.

이렇게 떠날 채비가 끝나니 때는 정월 말, 길일은 2월 2일이었다. 요시쓰네는 오슈로 떠나야겠다는 결심에 부하들에게 말했다.

"이렇게 떠날 채비를 했지만 여전히 서울에 마음이 남는 바가 많구나. 그 중에서도 이치조(一条) 이마데가와(今出川)에 사는 이가 아직도 있는지 모

---

7 밀교(密教)에서 쓰는 불구(佛具)의 일종으로 쇠나 구리로 만든, 양끝이 뾰족한 짧은 막대의 명칭으로 번뇌를 부순다고 한다.

르겠다. 자신도 데리고 가달라고 했었는데 알리지도 않고 내려간다면 섭섭한 마음이 들 것 같구나. 데리고 갔으면 한다."

가타오카와 벤케이가 답했다.

"함께 갈 사람은 모두 이곳에 있습니다. 이마데가와에 누가 계시는 겁니까? 부인 되시는 분을 말씀하시는 겁니까?"

요시쓰네는 지금 처지로는 도저히 그렇다고 대답할 수 없기에 골똘히 생각에 잠겼다. 이윽고 벤케이가 말을 꺼냈다.

"그럴 상황이니 아닙니다. 수도자 차림으로 짐을 메었지만 여인을 행렬에 앞세운다면 근행하는 사람으로 보이지 않을 겁니다. 더구나 적에게 쫓길 때 여인을 정숙하게 앞서 걷게 한들 무슨 좋은 일이 있겠습니까?"

그렇지만 요시쓰네는 딱한 마음이 들었다. 그녀는 고가(久我) 대신의 따님으로 아홉 살에 부친과 사별하였다. 열세 살에 모친과 사별한 후에는 자신을 돌봐주는 주로 권두(十郎權頭) 외에는 의지할 사람도 없었다. 용모도 아름답고 사려도 깊었다. 열여섯 살까지는 초라한 곳에서 살았지만 아름답다는 소문이 났는지 요시쓰네와 인연을 맺게 된 후로는 다른 누구도 가까이하지 않았다. 연약한 등나무는 소나무를 떠나서는 살 수 없듯이 삼종(三従)의 여인은 남편을 떠나서는 살 수 없다. 요시쓰네가 오슈로 내려가 인정을 모르는 동국의 여인과 인연을 맺는 것도 안타까웠다. 주군의 심중을 헤아려보면 섣부른 마음으로 하는 말은 아닌 것 같았다. 그렇다면 데리고 가야겠다는 생각에 벤케이는 다시 말씀드렸다.

"사람의 진심에 신분의 위아래 구분이 없는 것은 변하지 않는 세상의 이치겠지요. 그렇다면 함께 가서 상황을 살펴보시지요. 진정 오슈로 내려가실 마음이 있다면 함께 모시고 가심이 좋겠습니다."

요시쓰네는 참으로 기뻐하며 “그래, 그러하다면”이라며 적갈색 옷 위에 얇은 장옷을 뒤집어쓰고 나갈 채비를 했다. 벤케이도 장삼에 장옷을 뒤집어쓰고 이치조 이마데가와 고가 대신의 옛 저택으로 찾아갔다.

황폐한 저택이 그렇듯 처마끝 고사리에 이슬이 맺혔고 담장 아래 매화에는 향기가 감돌았다. 그 옛날 히카루 겐지(光源氏)[8]가 황폐해진 저택을 방문하면서 이슬을 헤치며 들어간 옛이야기의 정취도 새삼 떠올랐다. 벤케이는 요시쓰네를 중문 복도에 숨겨놓고 덧문 근처로 다가가 말했다.

“누구 계시오?”

“어디서 오셨습니까?”

“호리카와 쪽에서 왔습니다.”

덧문을 열어보니 벤케이가 서 있었다. 평상시에는 사람을 보내 대화를 나누었는데 너무나 기쁜 나머지 부인은 주렴 근처까지 다가와 물었다.

“그 분은 어디 계시나요?”

“호리카와에 계시는데 내일 미치노쿠(陸奥)로 내려가신다고 말씀을 전하라 하셨습니다. 그리고 “평상시에 약속하기를 어떤 모습을 하더라도 함께 데리고 가겠다고 했지만, 가는 길이 모두 막혀버려 당신을 데리고 가면 험한 꼴을 당하게 될까 걱정스러운 생각에 내가 먼저 내려가니 혹시라도 계속 살아 있다면 봄쯤에는 반드시 다시 데리러 오겠소. 그때까지 강건하게 기다려주시오.”라고 하셨습니다.”

“이번에도 데리고 가지 않으시는데 어째서 일부러 맞이하러 오시겠습

8 『겐지모노가타리(源氏物語)』의 한 장면으로 주인공 히카루 겐지(光源氏)가 스에쓰무하나(末摘花)가 살던 황폐한 저택을 찾아가는 장면을 말한다.

니까? 아아, 사람의 목숨은 노소를 가리지 않으니 그쪽에 도착하시기도 전에 만일 제가 어떻게 된다면 어째서 데리고 오지 않았을까 후회하셔도 소용없습니다. 애정이 있었을 때는 시코쿠(四国), 서국(西国) 파도 위까지 데리고 가셨는데 언제 마음이 변하셨는지 원망스럽습니다. 다이모쓰(大物) 포구에서 서울로 돌아온 이후 잠시 편지도 끊겼지만 다시 돌아왔다며 이런저런 위로의 말을 들려주시니 마음이 약해져서 다시 마음을 드렸지요. 그런데 또다시 가혹한 말씀을 하시니 서글프기만 합니다. 이런 말씀을 드리는 것이 어떨지 모르겠지만, 제가 혹여 미련을 품은 채 어떻게 된다면 저 세상까지 죄업을 남기는 것이라 말씀드립니다. 지난여름부터 마음이 흐트러지고 괴로웠는데 회임을 한 것이냐는 사람들의 말을 듣고 시간이 지나면서 몸이 더욱 괴로워져서 감출 수가 없었습니다. 로쿠하라(六波羅)에 소문이 들어간다면 요리토모 님은 냉혹한 사람이라 잡아오라 명하시겠지요. 기타시라카와(北白河)의 시즈카는 노래를 하고 춤을 춰서 한 번은 처벌을 면할 수 있었다지만, 저는 그렇게 안 될 겁니다. 쓸데없는 말들이 퍼질까싶어 서글픕니다. 여하튼 그 분의 마음이 굳건하다니 어쩔 수가 없군요."

속마음을 털어놓으며 하염없이 눈물을 흘리자 벤케이도 눈물을 글썽였다. 부인이 평소 기거하는 장지문 안쪽 방에 등불이 비치는데 자필로 보이는 글이 있었다.

고통스러워 내 마음도 변하면 좋았을 것을
소원한 그 사람을 어찌 그리워하나

이 글을 본 벤케이는 아직 잊지 못하는 것이라며 가련한 마음에 서둘러 요시쓰네에게 보고했다. 요시쓰네는 "그렇다면"이라며 저택 안으로 스윽 들어가며 말했다.

"성급하게 원망하시는구려. 나도 그대를 데리러 왔다오."

부인은 꿈꾸는 심정에 묻고 싶은 말도 있었지만 서러움의 눈물이 차올라 아무 말도 할 수 없었다.

"지금의 내 모습을 본다면 평소 품었던 마음도 차갑게 식어버릴 것이오. 이전과는 다른 모습이기에."

"예전부터 알았던 모습이 바뀌셨습니까?"

"이걸 보시오."

위에 걸친 옷을 열어젖히니 적갈색 상하의에 두건을 쓰고 있었다. 부인은 익숙하지 않은 모습이라 친숙하지 않은 사이라면 내심 무섭게 느꼈을 것이다.

"그럼 저를 어떤 모습으로 꾸며서 데리고 가시렵니까?"

벤케이가 답했다.

"함께 갈 때는 동자처럼 변장해서 가시죠. 얼굴도 화장을 하면 괜찮을 겁니다. 나이도 얼추 비슷해 보이고요. 다만 동작은 신경을 쓰셔야 합니다. 북륙도는 수도자가 무척 많은 지역이니 꽃가지 같은 것을 꺾어서 동자님께 드리려고 할 때는 남성의 언어를 연습하셔서 의관을 정리하고 동자처럼 행동하십시오. 지금까지처럼 여성스럽고 수줍어하는 모양새로는 절대로 통하지 않습니다."

"요시쓰네 님을 위해 익숙지 않은 행동이라 해도 애써 내려가려 합니다. 밤도 깊어지니 어서 서두르시죠."

벤케이는 옆에서 시중을 들었다. 이와토시라는 칼을 뽑아들고 맑은 물이 흐르듯 키를 넘어서 길게 늘어진 머리카락을 허리 부근에서 인정사정 없이 뚝 잘라내고 그 끝을 가늘게 쳐내어 위로 높이 묶어 올리고 옅은 화장에 눈썹을 가늘게 그렸다. 옷차림은 옅은 회색에 꽃모양을 겹쳐 겉은 황색, 안은 주홍색 옷 한 벌을 입히고 능직 윗옷에 옅은 녹색 얇은 하의를 입도록 했다. 그리고 흰 주름 잡힌 바지와 견직물에 문양을 짜넣은 예복을 덧입히고 능직을 댄 각반에 짚신을 신고 바지끈을 높게 맸다. 그 위에 갓 짜낸 삿갓을 씌우고 붉은 나무 지팡이로 만든 단도의 금속 부분을 은으로 장식한 것에 채색 그림 부채를 곁들인 후 불지는 않더라도 한죽 피리를 손에 들렸다. 감색 비단 주머니에 법화경 다섯 권을 넣어 목에 걸게 했다. 자신의 몸조차 힘든데 많은 물건을 들고 있으니 절도가 느껴지지 않았다. 마치 왕소군(王昭君)[9]이 오랑캐 만족에게 이끌려 그 나라로 내려갔던 심정을 이제야 알 것 같았다. 이렇듯 복장을 갖추자 네 칸짜리 방에 등불 심지를 여러 개 돋우고 요시쓰네는 부인의 손을 잡고 이쪽저쪽으로 걸으며 옆에 앉은 벤케이에게 말했다.

"나는 수도자 같은가? 이 사람은 동자처럼 보이는가?"

"요시쓰네 님은 구라마에 계셨으니 수도자로 보이는 것은 당연합니다. 마님은 해보신 적도 없는데 동자와 조금도 다를 바가 없습니다. 이 모든 것은 전생의 덕이라 생각되옵니다."

벤케이는 서글픔에 눈물이 거듭 흘러내렸지만 시치미를 떼며 칭찬했다.

이윽고 2월 2일 아직 밤 깊은 때에 이마데가와를 출발하려는데 서쪽 덧

---

9 양귀비, 서시, 초선과 더불어 중국 4대 미녀 중 한 명이다.

문에서 인기척이 났다. 어떤 자가 찾아왔는지 살펴보니 부인을 키워준 주로 권두(十郎權頭) 가네후사(兼房)[10]가 하얀 평상복에 갈색 하의를 입고 백발이 뒤섞인 상투를 풀어 두건을 눌러쓰고 나타나 말했다.

"비록 나이는 들었지만 제발 모실 수 있게 해주십시오."

부인이 물었다.

"허나 처자식을 누구에게 맡기고 가실 겁니까?"

"대대로 모셔온 주인님을 어찌 처자식과 바꿀 수 있겠습니까?"

눈물에 목이 메어 대답도 하지 못했다. 63세의 나이에 늙은 수도승처럼 꾸미며 말했다.

"요시쓰네 님은 세이와(清和) 천황의 후예이시며 부인은 고가 어르신의 따님이십니다. 그저 잠시 꽃구경이나 단풍놀이를 갈 때도 참배를 갈 때도 가마를 이용하셨는데 이번에는 저 먼 동국으로 가는 길을 걸어가야만 하다니 참으로 서글픕니다."

그가 흘리는 눈물에 다른 수도자들도 옷소매를 적시며 말했다.

"맞는 말이군. 진정 세상에는 신도 부처님도 계시지 않는단 말인가."

요시쓰네는 부인과 손을 잡고 걸었지만 익숙지 않은지라 마치 제자리를 맴도는 것 같았다. 어떻게든 흥미로운 이야기를 들려주며 위로했지만 밤이 깊어서야 이마데가와를 떠났는데 여기저기서 닭울음소리가 들리며 절마다 종소리가 울리니 벌써 새벽이 되었다. 간신히 아와타구치

10 주로 권두 가네후사(十郎權頭兼房). 가공의 인물로 알려져 있으며 요시쓰네의 정실부인인 구가(久我) 대신의 딸의 경호를 담당했던 63세의 나이든 무사로 요시쓰네 부부와 함께 히라이즈미로 퇴각하였다. 요시쓰네 최후 장면에서 부인과 아들, 딸의 자결을 도왔다. 요시쓰네가 죽자 저택에 불을 지르고 마지막까지 적과 싸우다 전사하였다.

(粟田口)[11]에 도착하자 벤케이는 가타오카에게 말했다.

“어찌 해야 하는가, 어떻게든 마님의 발걸음이 빨라질 수 있도록 해야 하는데. 가타오카, 말씀드려 보게나.”

가타오카는 요시쓰네 앞으로 나아가 말했다.

“이렇게 가다가는 언제 길을 다 갈지 모르겠습니다. 주인님은 느긋하게 내려오십시오. 저희는 먼저 가서 히데히라(秀衡)에게 머무실 곳을 만들어놓게 하고 마중 나오겠습니다.”

이윽고 앞서 나가니 요시쓰네는 명령했다.

“아무리 부인과의 이별이 아쉽다고 해도 이들에게 뒤쳐져서는 큰일이다. 가네후사는 더 이상 서울에서 멀어지기 전에 서둘러 부인을 모시고 돌아가거라.”

부인을 내버려두고 앞으로 나아가자, 그토록 참고 있던 부인이 소리높여 말했다.

“이제부터는 길이 멀어도 힘들어하지 않겠습니다. 누구에게 저를 맡기고 어디로 가라고 버리시려는 겁니까.”

소리 높여 구슬프게 말하니 벤케이도 다시 돌아와서 모시고 갔다. 아와타구치를 지나 마쓰자카(松坂) 근처에 이르자 때마침 봄날 새벽하늘에 안개에 떠도는 기러기 울음소리가 아련하게 들렸고 요시쓰네는 노래를 읊었다.

> 저 머나먼 길 겹겹이 쌓인 구름 헤치고 날아
> 고향 가는 기러기 부럽기만 하구나

---

11 교토에서 동국으로 가는 출구에 해당하는 지역이다.

부인도 그 뒤를 이어 노래를 읊었다.

> 봄 올 때마다 서울 버리고 가는 기러기건만
> 무엇이 그리 슬퍼 소리 높여 우는가

이렇듯 길을 가다보니 오사카(逢坂)의 세미마루(蝉丸)[12]가 살았다는 초가집에 다다랐다. 마루에서 살펴보니 담장에는 고사리에 섞여 원추리가 무성하고 마른 잎에 뒤섞인 이끼가 가득 피었으며 황폐해진 집이 그렇듯 널빤지 사이로 흘러 들어오는 달빛만이 예전과 변함없이 애상을 돋게 했다. 부인은 고사리를 꺾어 요시쓰네에게 주었다. 가련하게도 서울에 있을 때도 숨어서 만났는데 더해지는 애잔한 마음에 요시쓰네는 노래를 읊었다.

> 정겹게 살며 익숙하던 서울 숨어 떠나니
> 고사리 하얀 이슬 몰래 맺힌 눈물인가

이렇듯 오쓰(大津) 포구[13]도 가까워지고 그토록 긴 봄날 쉼 없이 걸었더니 세키데라(関寺)에서 치는 저녁 종소리가 오늘도 날이 저물었음을 알려주었다. 미천한 백성의 초가를 찾아 숙소를 구해야 할 때 즈음 오쓰 포구에 도착했다.

---

12 세미마루(蝉丸, ?~?)는 헤이안 시대의 가인(歌人)으로 비파의 명수라는 전승이 있다. 다이고(醍醐)천황의 넷째 황자, 고코(光孝)천황의 황자라는 여러 가지 설이 있으나 정확하지 않다.

13 시가(滋賀) 현 오쓰 시의 호수가로서 교통의 요지로서 알려졌으며 중세시대에는 관문이 설치되었다.

오쓰노 지로(大津次郎)를 만나다

이곳에서 이상한 일이 있어났다. 하늘은 입이 없지만 사람을 통해 그 뜻을 전한다는 말처럼 누군가 퍼트린 것도 아닌데 요시쓰네가 수도자의 행색으로 수하 십여 명과 함께 서울을 떠났다는 소문이 났다. 오쓰의 영주 야마시나(山科) 좌위문은 온조지(園城寺)의 법사를 불러 성곽을 쌓고 기다리고 있었다. 요시쓰네가 도착해보니 오쓰 해안 가까운 곳에 큰 집이 있었다. 이곳은 시오즈(塩津),[14] 가이즈(海津), 야마다(山田),[15] 야바세(矢橋), 아와즈(粟津), 마쓰모토(松本) 등지에서 유명한 거상 오쓰노 지로라는 자의 집이었다. 벤케이를 보내 집을 빌리도록 했다.

"하구로의 수도자가 연말연시 구마노 참배를 마치고 내려가는 중입니다. 묵을 곳을 내어주십시오."

머물 곳을 청하자 숙박지의 관례이므로 지체 없이 숙소를 빌려주었다. 밤이 깊어지자 법화참법(法華懺法)과 아미타경을 합창하며 독경하였다. 이로써 근행이 시작되었다. 그때 오쓰노 지로는 좌위문의 부름을 받아 성에 있었다. 지로의 부인은 발 너머로 근행하는 모습을 보며 생각했다.

'아아, 아름다운 동자 수도자시네. 먼 곳에서 오셨다고 하는데 의상도 훌륭하고 아무래도 보통 사람인 것 같지는 않아. 요시쓰네 님이 수도자로 변장하여 내려오신다는 소문에 가는 길마다 모두 불안에 떨고 있는데, 수도자 여럿을 묵게 한 사실이 성에 전해지기라도 하면 우리에게 큰 일이 생

14 오미(近江)국에 있던 비와(琵琶) 호숫가의 숙박지로서 가이즈(海津)와 함께 번성하였다.

15 오미(近江)국 야마다 마을을 말한다.

길지도 몰라. 남편을 불러 이 사실을 알리고 만약 요시쓰네 님이 맞다면 성에 보고하지 말고 우리가 무찌르거나 잡아서 요리토모 님께 바치면 은상을 받을 테니 그게 가장 좋겠어.'

성으로 심부름꾼을 보내 남편을 불러들이고 한 칸 방에 데리고 들어가 말했다.

"하필이면 오늘 밤 요시쓰네 님을 묵게 했는데 어떻게 할까요? 당신 친척과 제 형제들을 불러 모아 이들을 잡았으면 하는데요."

"조용히 하시오. 벽에도 귀가 있고 돌도 말한다고 하지 않소. 요시쓰네 님이라 할지라도 상관없소. 포박해서 바친다고 해도 은상은 없을 것이오. 더구나 만일 진짜 수도자라면 금강동자의 분노가 두렵고, 진짜 요시쓰네 님이라 해도 황송스럽게도 요리토모 님의 동생이시니 염려스럽구려. 우리가 무찌르려고 마음먹어도 쉽사리 안 될 것이오. 아아, 성가신 일이오."

"당신은 원래 부인과 자식한테만 기세등등한 남자였죠. 제 말이 윗사람 귀에 들어가지 말라는 법이 있어요? 성으로 가서 고할 겁니다!"

여인은 통소매 옷을 들고 뒤집어쓰더니 달려 나갔다. 남편은 이 모습을 보고 그대로 놔두면 상황이 나빠질 것이라 판단했는지 문 밖으로 쫓아가 붙잡아 누르며 최대한 설득하였다.

"당신이 이러는 것이 어제 오늘 일은 아니지만, 솔개는 바람을 따르고 여자는 남자를 따른다고 하였잖소."

여인은 지극히 뒤틀린 사람이었기에 큰 길로 달려가며 남편을 저주하며 외쳤다.

"오쓰노 지로는 이치에 맞지 않는 짓을 하는 놈이다! 요시쓰네 편을 들려 한다!"

이웃 사람들은 이 말을 듣고 제각기 말했다.

"언제나처럼 오쓰노 지로 부인이 또 술에 취해 소란을 피워서 남편에게 맞는군. 수많은 법사의 이름을 들어봤지만 그런 이름은 들어본 적이 없어.[16] 그냥 실컷 맞게 놔두자."

그 누구도 중재하려는 이가 없으니 흠씬 두들겨 맞고 반죽음이 되었다. 오쓰노 지로는 예복을 입고 요시쓰네를 찾아가 등불을 끄고 말했다.

"이토록 유감스러운 일은 없습니다. 제 부인되는 여인이 미쳐서 날뛰는 것이옵니다. 이 소리를 들어보십시오. 제가 무슨 말씀을 드릴 수 있겠습니까. 오늘밤 이곳에서 지내시면 내일 괴로운 일을 피하실 수 없을 것이옵니다. 게다가 이 지역에 야마시나 좌위문이라는 자가 성곽을 쌓고 요시쓰네 님이 지나가기를 기다리고 있으니 어서 서둘러 출발하셔야 합니다. 제게 작은 배 한 척이 있습니다. 배를 타시면 함께 계신 스님 중에 배를 다루실 수 있는 분이 노를 저으셔서 서둘러 떠나십시오."

벤케이가 대답했다.

"우리에게 잘못은 없지만 이처럼 상황이 어지러울 때 지체했다가는 일정이 한없이 늘어지게 마련이겠지. 그렇다면 떠나겠소."

"배는 가이즈(海津) 포구에 버리시고 아라치(愛発)산을 넘어서 에치젠 국으로 들어가십시오."

요시쓰네가 출발하자 오쓰노 지로는 선착장까지 따라와서 출항 준비를 한 후 배를 내주었다.

곧이어 오쓰노 지로는 야마시나 좌위문에게 달려가 말했다.

---

16 저본의 경우 의미내용이 불확실하여 가독성을 위해 다나카본을 참고하여 번역했다.

"가이즈 포구에 있는 동생이 갑자기 싸움에 휘말려 부상을 당했다는 전언을 들었기에 휴가를 청합니다. 별다른 일이 없다면 즉시 되돌아오겠습니다."

"그렇다면 큰일이구나. 어서 빨리 가보거라."

오쓰노 지로는 집으로 돌아와 큰 칼을 차고 전투용 화살을 짊어지고 활에 현을 걸고 배에 뛰어 올라타 함께 가겠다며 포구에서 배를 밀어냈다. 세타가와(瀨田川)의 바람이 심하니 배에 돛을 올렸다. 지로는 여러 가지 설명을 올렸다.

"저기 보이는 것은 예전에 아와즈(粟津) 대왕[17]이 세우신 석탑입니다. 이쪽에 보이는 것은 가라사키(唐崎)의 소나무,[18] 저기는 히에이잔(比叡山)입니다."

산왕(山王)의 보전(宝殿)[19]을 바라보고 그 앞에 있는 지쿠부(竹生)섬에 배례했다. 바람에 이끌려가다 밤 깊은 때에 서쪽 오미(近江)의 어딘지도 모를 포구를 지나쳐가는데 파도소리가 들리니 "여기는 어디더냐?"며 질문하셨고 "오미의 가타다(堅田) 포구"[20]라고 답했다. 대답을 들은 부인은 이렇게 노래를 읊었다.

---

17 문맥상 아육왕(阿育王)이 맞다. 아육왕은 기원전 3세기 경 인도의 왕으로 불교에 심취하여 8만 4천개의 석탑을 세웠다고 하며 그 중 하나가 일본에 있다고 전해진다.

18 일송(一つ松). 오우미(近江) 팔경 중 하나. 노송(老松)으로 히요시(日吉) 신사가 가까이에 있으며 제례 때에는 이곳에서 의식이 이루어졌다고 한다.

19 오쓰(大津)시 사카모토의 히요시 신사의 신전을 말한다.

20 현재의 시가(滋賀) 현에 있으며 비와(琵琶)호수 서안 항구로 시가현 팔경(八景) 중의 하나다.

도요새 쉬는 호수 물 얼어붙은 키 낮은 풀숲
파도치는 가타다 그 모습 아름다워

이윽고 시라히게(白髭)[21] 명신(明神)을 향해 바라보며 멀리서 참배를 올렸다. 미카와(三河)의 입도(入道) 자쿠쇼(寂照)[22]의 옛 노래의 정취가 새삼 떠올랐다.

메추라기 우는 마노(真野) 내해(內海)에서 부는 갯바람
참억새 흔들리는 가을 황혼이구나

이마즈(今津) 포구를 지나 가이즈 포구에 배를 댔다. 열댓 명을 상륙시키고 오쓰노 지로는 돌아가겠다며 인사를 했다. 이때 이상한 일이 일어났다. 남쪽에서 북쪽으로 불던 바람이 이제는 다시 북쪽에서 남쪽으로 불어온 것이다. 그 때 요시쓰네는 생각에 잠겼다.

'이 사람은 신분이 낮지만 정이 깊은 사람이다. 우리 정체를 알려줘야겠군.'

이윽고 벤케이를 불렀다.

---

21 시가(滋賀) 현 시가군에 있는 신사를 말한다.

22 자쿠쇼(寂照, 962~1034). 헤이안 중기 천태종의 승려로서 한자는 '寂昭'로도 표기한다. 참의(參議) 오에 나리미쓰(大江斉光)의 셋째 아들로 문장박사가 되어 미카와(三河) 수령으로 임명받았으나 처의 죽음으로 무상을 느끼고 출가하여 겐신(源信)에게 천태종을, 닌가이(仁海)에게 밀교를 배웠다. 천태산 순례를 위해 송나라에 들어갔고 이후 30년간 머무르며 원통(円通)대사의 칭호를 받았다. 시가에 뛰어나며 『고슈이와카집(後拾遺和歌集)』, 『신고킨와카집(新古今和歌集)』 등에 시가가 수록되어 있다.

"우리에 관한 사실을 알려주지 않고 보내면 나중에 원망할지 모른다. 알려주거라."

벤케이는 오쓰노 지로를 불러서 말했다.

"자네니까 알려주겠네. 저분은 요시쓰네 님이라네. 혹시나 길을 가는 동안 어떤 일이 생긴다면 자손 대대로 부적으로 삼게나."

궤에서 녹색 끈으로 엮은 갑옷을 꺼내고 금으로 장식한 큰 칼을 함께 곁들여 주었다. 지로는 하사품을 받아들고 말했다.

"어디까지나 함께 하고 싶지만 그렇게 하면 오히려 좋지 않을 것 같기에 제 마음과는 달리 돌아가겠다고 말씀드렸습니다. 그 어디라 하더라도 후일 요시쓰네 님이 계시는 곳에 찾아가 용안을 뵙겠습니다."

이윽고 돌아가니 미천한 신분이지만 인정이 있는 자라 생각했다. 지로가 집에 돌아가 보니 부인은 아직 화가 풀리지 않아서 토라져 누워있었다. 지로는 "여보, 여보" 하고 불렀지만 아무런 답도 하지 않았다.

"아아, 당신은 헛된 생각을 했구려. 수도자를 붙잡아 요시쓰네 님이라 했다면 큰일 날 뻔 했소. 가이즈 포구까지 배를 태워주고 운임을 요구했더니 터무니없는 말을 하길래 화가 치밀어 빼앗아온 물건을 보구려."

큰 칼과 갑옷을 털썩 내려놓으며 보여주었더니 부인은 누워서 흐트러진 머리카락 사이로 무섭게 눈을 깜빡거리며 바라보다가 이제는 화도 가라앉은 모양새로 말했다.

"그것도 제 덕분이지요."

이렇게 말하며 함박웃음을 짓는 얼굴이 너무나 꺼림칙하게 느껴졌다. 남자가 설령 그런 제안을 해도 부인된 입장에서 어떻게 그럴 수 있냐며 말려야할 것을, 자신이 먼저 이야기를 꺼내다니 소름끼치는 일이다.

아라치(愛発) 산

한편 요시쓰네는 가이즈 포구를 떠나 오미와 에치젠 국경에 있는 아라치 산에 다다랐다. 그저께 서울을 출발해 어제 오쓰 포구에 도착했고 뱃멀미로 고생했기에 걸어갈 기분도 들지 않았다. 아라치 산은 인적이 드물고 고목은 갈라져 말라있고 암석이 험준하게 솟아 산길도 나지 않은 곳이었기에 바위가 울퉁불퉁 솟구치고 나무뿌리는 줄지어 늘어서 있었다. 익숙지 않은 산길이었기에 양쪽 발에서 흐르는 피는 마치 선홍색 물을 부은 듯 아라치 산의 모든 바위와 모서리를 물들였다. 수도자들에게도 힘든 길이었다. 지켜보는 수도자들은 고통스러운 마음에 이따금 교대로 부인을 업어드렸다.

이렇게 깊은 산속으로 헤쳐 들어가는 동안 날도 저물어버렸다. 길에서 두 마장 정도 들어가 큰 나무 그늘에 모피를 깔고 궤를 세워서 부인을 쉬게 했다. 부인은 말했다.

"아, 정말 무서운 산이군요. 이름이 무엇인가요?"

요시쓰네는 대답했다.

"이곳을 예전에는 아라시 산이라고 했는데 요즘은 아라치(愛発)라 하오."

"흥미롭군요. 예전에는 아라시 산이라고 했는데 지금은 어째서 아라치라고 이름을 붙였을까요?"

"이 산은 너무나 암석이 많아 동국에서 서울로 올라가거나 서울에서 동국으로 내려가는 자가 발을 잘못 헛디뎌 피를 흘리기에 아라치(血) 산이라고 바꿔 부르게 되었다고 하오."

그 말을 듣고 벤케이가 말했다.

"아아, 근거 없는 말씀을 하시는군요. 사람들의 발에서 피가 흘렀다고 아라치 산이라고 한다면, 일본의 바위산은 어디든 모두 아라치가 되었겠지요. 저 벤케이는 그 유래를 잘 알고 있습니다."

"그토록 잘 안다면 내가 말하기 전에 왜 말하지 않았느냐?"

"제가 말씀드리려 했는데 막아서서 말씀하시니 어떻게 제가 말씀 올리겠습니까? 이 산을 아라치 산이라고 하는 것은 가가(加賀) 국 시모하쿠산(下白山)에 여인의 몸을 가진 류구노미야(竜宮の宮) 라는 신이 계셨는데 시가(志賀) 도읍지에서 가라사키(唐崎) 명신과 인연을 맺고 지내는 동안 회임을 하셨지요. 산달이 다가오니 기왕이면 고향에서 낳으시겠다는 마음에 가가국으로 내려가는 길이었답니다. 이 산 정상에서 갑자기 배에서 이상이 느껴지니 가라사키 명신께서 출산이 가까워졌다며 류규노미야의 허리를 안으셨고 곧 이어 순산하셨습니다. 출산하실 때 아라치[23]를 흘리니 아라치 산이라고 하였지요. 그래서 아라시 산은 아라치 산으로 바뀌게 되었습니다."

"나도 그 사실은 처음 알았구나."

요시쓰네는 웃으며 말했다.

---

23 출산할 때 흘리는 출혈을 '아라치'라 발음한다.

미쓰노쿠치(三の口)[24] 관문을 지나다

날도 훤히 밝으니 아라치 산을 지나 에치젠 국으로 들어갔다. 아라치 산 북쪽 산자락에 와카사(若狭)[25]로 통하는 길이 있었다. 노미(能美) 산으로 가는 길도 있었다. 그래서 이곳은 미쓰노쿠치(三の口)라 불렸다. 에치젠 국에 사는 쓰루가(敦賀) 병위, 가가 국에 사는 이노우에(井上) 좌위문는 명령을 받아 아라치에 관문을 설치하고 밤에 3백 명, 낮에 3백 명의 병사를 주둔시키고 관문 앞에는 말뚝을 이리저리 박아 지키고 있었다. 얼굴색이 하얗고 뻐드렁니가 나온 자는 길을 가지 못하게 막고 요시쓰네 님이라며 잡아서 고문을 한다고 난리법석이었다. 여행자들이 지나가던 요시쓰네를 보고 "저 수도자들도 관문에서 괴로움을 겪겠군"이라며 뒷말을 했다. 이런 이야기를 들으면서 불안한 마음에 길을 재촉하던 중 에치젠 쪽에서 연노란 예복을 입고 종이로 감싼 편지를 들고 올라가는 남자와 맞닥트렸다. 요시쓰네가 그를 지켜보며 말했다.

"아무리 봐도 저 편지를 들고 가는 심부름꾼은 어떤 사정이 있음에 틀림없다."

각자 삿갓을 기울이며 얼굴을 감추고 지나쳐가려는 참에 사내는 십여 명 사이를 헤치듯 다가와 요시쓰네 앞에 무릎을 꿇고 말했다.

"이러실 수는 없습니다. 주군께서는 도대체 어디로 내려가시는 것입니까?"

---

24 현재 이시카와(石川) 현 가나자와(金沢) 시 산노코(三口)를 말한다.

25 지금의 후쿠이(福井) 현 서쪽에 해당된다.

가타오카가 그에게 물었다.

"주군이라니 누군가? 우리 중에는 당신에게 그렇게 불릴 사람이 없다."

벤케이도 그 말을 듣고 물었다.

"주군이란 교노기미(京の君)더냐, 센지노기미(宣旨の君)더냐?"

"왜 그렇게 말씀하십니까? 저는 이미 알고 있으니 그렇게 말씀 올리는 것입니다. 저는 에치젠 국의 주인 우에다 좌위문이라는 분을 모시고 있었는데 헤이케 토벌 때도 함께 했기에 익히 뵙고 알고 있습니다. 단노우라 전투 때 에치젠(越前), 노토(能登), 가가(加賀) 3개국 주민들의 출전 병력을 기록하셨던 벤케이 님으로 보이는데 제 말이 틀립니까?"

그토록 달변가인 벤케이도 말문이 막혀 눈길을 떨구었다.

"이 길은 안됩니다. 이 길 끝에는 요시쓰네 님을 잡으려는 병력이 기다리고 있습니다. 여기서 되돌아가시죠. 이 산 고개에서 동쪽으로 향하여 노미(能美) 언덕을 넘어 히우치(燧) 성으로 나가 에치젠 관아를 거쳐 헤이센지(平泉寺)를 참배하고 구마사카(熊坂)로 나가 스고노미야(菅生宮)를 멀리서 바라보고 가나즈(金津)의 우와노(上野)로 나가십시오. 시노하라(篠原), 아다카(安宅)[26]를 건너 네아가리(根上)의 소나무[27]를 보면서 시라야마 권현을 멀리서 배례하며 가가 국 미야코시(宮越)로 나가 오노(大野) 나루터를 지나 아오가사키(阿尾ヶ崎)를 건너십시오. 다케노, 구리카라(倶梨伽羅) 산을 거쳐 구로사카구치(黒坂口) 기슭에서 오위(五位) 장원을 거쳐 로쿠도지(六動寺) 나루터를 건너 나고(奈呉) 숲을 바라보고, 이와세(岩瀬) 나루터, 48개의 여울을 건너고

---

26 가가국 미노군 아타카 마을을 말한다.

27 가가국 미노군에 있는 소나무 한그루로서 하쿠산을 멀리서 배례하는 곳이다.

미야자키(宮崎) 군으로 나아가 이치부리(市振)를 거쳐 간바라나카이시카(寒原なかいしか)라는 난소를 거쳐 노노야마(能の山)를 멀리서 참배하고 에치고국 관아에 도착하십시오. 그리고 나오에(直江) 포구에서 배를 타고 요나야마 바다에 정박하고 33리 떨어진 가리야 포구, 가쓰미(勝見), 시라사키를 저어나가 데라도마리(寺泊)에 배를 대고 구가미(国上), 야이시(弥彦)를 배례하고 99리 포구를 거쳐 노쓰타리(乗足), 간바라(蒲原), 80리 포구, 세나미(瀬波), 아라카와(荒川), 이와후네(岩舟)라는 곳에 도착하여 스토(須戸), 우토미치는 눈이 녹아 내려 강물이 불어나 적절하지 않으니, 이와이가사키를 거쳐 오치무시, 나카자카, 넨주(念珠) 관문, 오이즈미(大泉)장원, 다이본지(大梵字)를 지나 하구로(羽黒) 권현을 엎드려 배례하고 기요가와(清河)라는 곳에 도착하여 삼나무 배에 장대를 저어나가 아이카와(相川)포구에 도착하면 길은 두 개로 갈라집니다. 모가미(最上) 군을 거쳐 이나무(伊奈) 관문을 지나 미야기노(宮城野)들판, 쓰쓰지(榴)언덕,[28] 지가(千賀)의 시오가마(塩竈), 마쓰시마(松島)같은 명소를 보면서 가면 사흘 걸리는 우회로입니다. 그곳에서 지장당(地蔵堂), 가메와리야마(亀割山)를 넘어가면 예전에 데와(出羽) 군수 딸인 오노노 고마치[29] 라는 사람이 살았던 다마쓰쿠리노무로(玉造室) 마을입니다. 오노노 고마치가 세키데라(関寺)에 있었을 때 나리히라(業平) 중장[30]이 동국에 내려가게 되

28 미야기노(宮城野) 북쪽에 있던 진달래 명소를 말한다.

29 오노노 고마치(小野小町, ?~?). 헤이안 시대의 여류 가인(歌人)으로서 육가선(六歌仙)의 한 사람이다. 그 이력은 여러 가지 설이 있으나 불문명하며 일본의 와카(和歌)집인 『고킨슈(古今集)』 및 『고센슈(後撰集)』에 여러 편의 와카가 실려있다. 닌묘(仁明) 천황 재위 시(833~850)에 궁정에 있던 것으로 추측된다. 화려하고 기교가 높으며 신선한 발상을 하는 와카를 읊은 뛰어난 가인으로 평가받는다.

30 아리와라노 나리히라(在原業平, 825~880). 헤이안 전기 가인으로 아보(阿保) 친왕의 5남이다.

어 여동생 아네하(姉歯)에게 편지를 전해달라 부탁했지요. 중장이 내려와서 아네하는 어디 있느냐고 물었더니 돌아가신 뒤 상당한 시간이 흘렀다고 했습니다. 그래서 아네하 묘소의 표식은 없느냐고 물어보자 어느 사람이 묘소에 심겨진 소나무를 아네하 소나무라고 한다고 했더니 받았던 편지를 가지고 그 묘소로 가서 소나무 밑에 편지를 묻고 노래를 읊었지요.

구리하라(栗原)여 아네하의 소나무 사람이라면
선물 삼아 서울로 함께 가자 하겠네

그렇게 읊으신 명소를 보시고 마쓰야마 하나만 넘어가면 히데히라의 저택이 가깝습니다. 어떻게든 그 길로 가십시오."

요시쓰네는 그 말을 듣고 답했다.

"이 자는 예사 사람이 아니다. 하치만(八幡) 대보살의 사자(使者)라 여겨진다. 어서 이 길로 가자."

벤케이가 말했다.

"일부러 험한 꼴을 당하고 싶다면 그렇게 하십시오. 이 자는 요시쓰네 님을 알아보고 거짓으로 속이려는 자가 틀림없습니다. 이 자를 앞서 가게 해도 뒤에서 쫓아오게 해도 좋은 일은 없을 겁니다."

"좋을 대로 하거라."

명령을 받고 벤케이는 심부름꾼과 나란히 서서 짐짓 물어보는 척했다.

미모의 황손이며 자유분방한 성격의 소유자로 와카에 뛰어나 육가선(六歌仙) 중 한명으로 손꼽힌다. 반정치적 성격과 연애에 몰두하는 순애보적 이미지를 중심으로 전설화, 허구화되어 『이세 이야기(伊勢物語)』의 모델이 되었다.

"어느 산을 어느 계곡에서 넘어야하겠나?"

왼쪽 팔을 뻗어 상대의 목을 잡고 위로 향하게 꺾어 눕힌 후 가슴을 밟고 칼을 가슴팍에 갖다 대며 재촉했다.

"있는 그대로 다 털어놓아라."

심부름꾼은 부들부들 떨면서 말했다.

"소인은 우에다 좌위문 댁에서 일했는데 원한이 쌓인 바가 있어서 지금은 가가 국 이노우에 좌위문 밑에 있습니다. 요시쓰네 님을 알아볼 수 있다고 했더니 기다리다가 잘 구슬려서 데리고 오라는 엄명을 받고 한 일입니다. 어찌 요시쓰네 님을 함부로 생각하겠습니까?"

"그것이 너의 유언이다."

가슴 한복판에 칼을 두 번 찌르고 목을 잘라 떨어트린 후 눈밭에 파묻고 아무렇지 않은 척 그 길을 지나갔다. 그는 이노우에 좌위문의 하인으로 헤이사부로(平三郎)라는 자였다. 미천한 자가 너무 말을 잘 하면 자신을 해치게 된다는 사실은 이런 상황을 일컫는 말이다.

이윽고 십여 명은 어떻든 길 가는 대로 앞으로 나아가며 관문을 향해 나아갔다. 10정(町)[31] 정도 남은 상황에서 요시쓰네는 사람을 둘로 나누었다. 요시쓰네에게는 벤케이, 가타오카, 이세노 사부로, 히타치보를 비롯한 일곱 명, 그리고 다른 한 쪽에는 부인과 함께 주로 권두(十郎權頭), 와시노오, 구마이, 스루가, 기산다가 함께 했으며 이들은 5정 정도 거리를 두고 걸었다. 앞의 무리가 관문인 기도구치(木戸口)로 향해 가는데 관문지기들은 그 모습을 보고 놀라 소리를 지르며 백 명 정도가 달려와 7인의 수도자를 포

---

31 거리의 단위로 1정은 60간(間)을 의미하며 약 109미터에 달한다.

위하고 "이 분이야말로 요시쓰네 님이다!"라고 외쳤다.

"행방조차 모르던 우리들에게 험한 꼴을 당하게 하다니! 이 자야말로 틀림없는 요시쓰네야"

이전부터 포박되어 있던 자들이 소란을 피우자 몸의 털이 모두 곤두설 정도로 두려웠다. 요시쓰네가 앞으로 나서며 물었다.

"대저 우리들은 하구로 수도자들인데 무슨 일이 있어서 이토록 소동을 피우시는 거요?"

"어째서 하구로 수도자란 말이오. 요시쓰네 님이지 않습니까?"

"이 관문의 대장군은 어느 분이십니까?"

"이곳 주민 쓰루가(敦賀) 병위, 가가 국 이노우에 좌위문이라는 분이십니다. 병위 님은 오늘 아침에 내려가셨고 좌위문 님은 지금 가나즈(金津)에 계십니다."

"그렇다면 주인도 없는 와중에 하구로 수도자에게 손찌검을 해서 주인에게 화를 입히지 마십시오. 만일 함부로 대했다가는 궤 안에 계시는 하구로 권현과 관음보살이 이곳에 그 정체를 드러내실 것이니. 이 관문을 신전이라 정하고 금줄을 둘러친 후 비쭈기나무를 봉납하시오."

관문지기들은 다그치며 물었다.

"정말로 요시쓰네 님이 아니시라면 그런 말씀을 할만도 합니다만, 주인님께 화를 입히지 말라는 말씀은 왜 하시는 겁니까?"

그 말을 듣고 벤케이가 대답했다.

"형식에 맞추어 안내하는 인솔자가 있는 이상 어린 법사들이 하는 말을 다그쳐 봐야 소용없지요. 야마토보, 그곳에서 물러서시죠."

그 말을 들은 요시쓰네는 관문의 툇마루에 앉아 기다렸다. 관문지기가

"이 사람이야말로 요시쓰네 님이다"라고 하자 벤케이가 말했다.

"저는 하구로 산의 사누키보(讚岐坊)라는 수도자로 연말 기도 차 구마노에 갔다가 고향으로 돌아가는 길입니다. 요시쓰네 님이라는 분을 미노(美濃) 국인지, 오하리(尾張) 국인지에서 생포하여 서울로 호송했다는 소문을 들었는데 하구로의 수도자를 요시쓰네 님이라 하는 것은 말이 되질 않습니다."

아무리 설명을 해도 관문지기들은 활에 화살을 메고 큰 칼과 장도를 칼집에서 꺼내든 채로 있었다. 이윽고 뒤따라 온 일행도 다가왔다. 관문지기들은 자신들이 생각했던 대로라며 일행을 둘러싸고 "쏴 죽여라!"라며 소란을 피웠다. 부인은 두려움에 몸이 쪼그라들 정도였다. 이 때 어느 관문지기가 말했다.

"여러분, 잠시 진정하십시오. 만일 요시쓰네 님이 아닌 수도자를 죽이기라도 한다면 큰일입니다. 우선 관문 통행료를 요구해보죠. 예로부터 지금에 이르기까지 구마노, 하구로 수도자가 관문의 통행료를 냈던 일은 없습니다. 만일 요시쓰네 님이라면 그런 경위를 알지 못하고 통행료를 내고 지나가려고 서두를 것이 분명하오. 진정한 수도자라면 결코 통행료는 내지 않을 것이오. 그걸 보면 알 것이오."

이 말에 영리한 자가 앞으로 나서며 말했다.

"아무리 수도자라고 해도 다섯 명, 세 명도 아니고 열여섯, 일곱이나 되니 어찌 통행료를 받지 않고 지나갈 수 있겠소. 어서 통행료를 내고 지나가시오. 가마쿠라에서 내려온 공문서에 어떤 고관대작을 불문하고 모든 여행객에게 통행료를 받아 병사용 쌀로 바꾸라는 명령이니 통행료를 내시오."

벤케이가 앞으로 나서며 말했다.

"듣도 보도 못한 말을 하시는군. 언제부터 수도자가 통행료를 낸다는 법이 만들어졌는가? 전례도 없는 일을 할 수는 없네."

이 말을 들은 관문지기들은 요시쓰네 님이 아니다, 요시쓰네 님이지만 세상에 뛰어난 분이라 벤케이라는 부하가 이처럼 잘도 답변을 한 것이라며 의견이 분분했다.

또 다른 자가 나서서 말했다.

"그렇다면 가마쿠라에 급히 사람을 보내 물어보죠. 결정이 내려질 때까지는 이곳에 억류해둡시다."

이 말을 듣고 벤케이는 말했다.

"그야말로 금강동자님이 동정을 베푸신 것이지요. 심부름꾼이 관동에 다녀오는 동안 우리는 쉴 수 있는데다가 관문의 병사들이 먹는 쌀을 공양미로 받아먹으며 기다리는 것이야말로 마음 편하고 즐거운 일이니."

전혀 동요하지 않고 열 개의 궤를 관문의 방에 집어넣고 십여 명이 모두 안으로 들어가 각자 휴식을 취했다. 관문지기들은 여전히 의심을 했다. 벤케이는 아무 관문지기라도 들으라는 듯 말했다.

"이 동자는 데와 국 사카타노 지로(酒田次郎) 님이라는 분의 자제로 하구로 산에서 금왕전(金王殿)이라 하는 분이지. 구마노에서 연말 기도를 위한 참배를 한 뒤 서울에 계시다가 북륙도의 눈이 녹으면 산속 집들을 다니면서 보시를 받아가며 내려가실 생각이셨는데 동자님이 고향을 너무 그리워해서 눈이 아직 녹지 않았는데도 길을 나섰는데 어찌할까 걱정을 하던 참에 이렇게 잠시 쉬어갈 수 있다니 기쁜 일이군."

짚신을 벗고 발을 씻고 누웠다 일어났다 태연하게 행동했다. 이 모습을 본 관문지기들은 관문을 열어주었다.

"이 자는 요시쓰네 님이 아닌 것 같군. 그냥 통과시켜라!"

하지만 수도자들은 전혀 서두르지 않는 모습으로 한꺼번에 나가지 않고 한두 명씩 조용히 길을 나섰다. 히타치보는 다른 이보다 먼저 나왔는데 뒤를 돌아보니 요시쓰네와 벤케이가 여전히 관문 툇마루에 앉아 있었다. 벤케이는 말했다.

"요시쓰네 님이 아니라는 사실을 알아주시고 지나가게 해주어 기쁘기 그지없소. 근래 이삼일 간 동자에게 먹을 것을 주지 못해 마음이 너무 아프구려. 관문의 병량미를 약간만 받아 동자에게 먹이며 가고 싶소. 그것 역시 기도를 위한 것이며 인정을 위함이 될 것이오."

관문지기들은 당치않은 말을 한다며 수군거렸다.

"분위기 파악을 못하는 수도자군. 요시쓰네 님이냐고 물으면 강하게 언성을 높이고 이번에는 시주까지 달라고 하다니."

그러나 관문지기 가운데 현명한 자가 말했다.

"실로 기도를 위함이지 않나. 드리게나."

당궤 뚜껑에 흰 쌀을 가득 담아서 가지고 나왔다. 벤케이는 받아들고 말했다.

"야마토보, 이것을 들게"

요시쓰네는 옆에서 나와 쌀을 받아들었다. 벤케이는 출입구 문턱에 앉아 허리춤의 소라고둥을 꺼내 소란스럽게 불어젖히고 목에 건 각진 염주를 돌리며 엄숙하게 기원했다.

"비나이다, 일본 제일 대령(大霊) 권현,[32] 구마노는 삼소(三所) 권현, 대봉

---

32 큰 영험을 주시는 권현이라는 의미로 구마노 권현을 지칭한다.

(大峰) 팔대금강동자, 가쓰라기(葛城)는 십만 만산의 호법신, 나라(奈良)는 칠당의 대가람, 하세(初瀨)는 십일면관음, 이나리(稲荷), 기온(祇園), 스미요시(住吉), 가모(賀茂), 가스가(春日) 대명신, 히에이잔 산왕칠사(山王七社),[33] 바라옵건대 구로 요시쓰네 님이 이 길에 당도하여 아라치 관문 병사들의 손에 걸려 잡혀서 이름을 후대에 떨치고 공훈을 받게 하시어 하구로 산 사누키보의 기도의 효엄을 드러내 보여 주시옵소서."

관문지기들은 그 모습을 존엄하고도 믿음직스럽게 바라보았다. 하지만 벤케이는 마음속으로는 이렇게 빌었다.

'하치만대보살 님, 바라옵건대 보내주는 호법(保護)동자, 맞아주는 호법동자가 되어 오슈까지 문제없이 도착하게 해주십시오.'

그 마음이야말로 애련한 기도로 느껴졌다.

요시쓰네 일행은 꿈길을 걷는 마음으로 아라치 관문을 지났다. 그 날은 쓰루가 포구로 내려가 게히(気比)[34] 대보살 앞에서 밤샘 기원을 드리고 데와로 내려가는 배를 찾았지만 아직 2월 초였기에 바람이 심하여 지나다니는 배도 없었다. 어쩔 수 없이 그곳에서 밤을 지새우고 아직 밝기 전 새벽에 기노베(木芽) 산을 넘었다. 날이 거듭되자 에치젠 관아에 도착했다. 그곳에 사흘간 머물렀다.

33 히요시 신자의 본사(本社), 섭사(摂社), 말사(末社)를 합친 21사를 상중하의 7사로 나누는 명칭으로 특히 상7사를 말한다.

34 현재의 후쿠이 현(福井県) 쓰루가 시(敦賀市)에 있는 신사를 말한다.

헤이센지(平泉寺)[35] 참배

요시쓰네는 명령했다.

“옆길로 새는 것이기는 하지만 이곳에서 이름 높은 헤이센지에 참배해야겠다.”

사람들은 마음속으로는 이해가 되지 않았지만 명령이니 헤이센지를 향했다. 그 날은 비도 심하게 내리고 바람이 세차게 부니 분위기도 심란했고 꿈결에 길을 걷는 듯한 마음으로 헤이센지 관음당에 도착했다. 승려들은 이 소식을 듣고 주지스님께 알렸다. 근처의 승려를 모두 불러 모아 모든 절이 하나가 되어 논의하였다.

“요즘 관동에서 수도자를 금지시키라는 명이 내려온 데다 이들은 보통 사람으로 보이지 않습니다. 요시쓰네 님은 오쓰 사카모토 아라치 산을 지나셨다고 하지 않습니까. 가까이 가서 봐야겠습니다. 아무래도 틀림없이 그 분이라 여겨집니다.”

지당한 말이라며 승려들이 나섰다. 이곳 헤이센지는 히에이잔 엔랴쿠지의 말사(末寺)이지만 승려들의 규율도 히에이잔에 뒤지지 않았다. 승려 2백 명, 사무를 담당하는 사람도 백 명, 모두 갑옷을 입고 한밤중에 관음당으로 몰려들었다. 십여 명의 수도자는 동쪽 복도에 있었다. 요시쓰네와 부인은 서쪽 복도에 있었는데 벤케이가 앞으로 나와 말했다.

“이제 여기까지인 것 같습니다. 여기는 다른 곳과 비교가 되지 않습니다. 어떻게 하실 생각입니까. 그렇지만 잘 될지는 모르겠지만 어떻게든 제

---

35 하쿠산(白山) 기슭에 있는 사찰로서 히에이잔의 말사에 속하는 대사원이다.

가 변명을 해보겠습니다. 그래도 잘 안되면 큰 칼을 뽑아들고 못된 녀석들이라 외치며 뛰어 내리거든 주군께서는 서둘러 자결하십시오."

이윽고 밖으로 나온 벤케이는 승려들과 문답을 시작했다. 요시쓰네는 "못된 녀석들!"이라는 소리가 들려올까 싶어 귀를 쫑긋 세웠다. 마음은 불안해져만 갔다. 승려들이 다그쳐 물었다.

"대저 당신들은 어느 곳의 수도자이신지? 이곳은 여행하는 객승(客僧)들이 묵는 곳이 아닐세."

벤케이가 대답했다.

"우리는 데와 국 하구로 산 수도자라오."

"하구로 산에서는 뭐라 부르는 사람인가?"

"대흑당(大黑堂) 별당에 있는 사누키 아사리라 하오."

"그렇다면 어린 사람은 누구인가?"

"사카타노 지로라는 분의 자제로 금왕전(金王殿)이라 하며 하구로에서는 모르는 사람이 없소."

"이 자들은 요시쓰네 님이 아닌 듯하네. 요시쓰네 님이라면 하구로의 일을 이토록 잘 알 수는 없지. 금왕이라 하면 하구로에서는 평판이 자자한 동자이시지."

장로(長老)[36]가 그 이야기를 듣고서 자리에 고쳐 앉으며 벤케이를 불러서 말했다.

"자네에게 이야기하고 싶은 바가 있네."

벤케이도 장로와 무릎을 맞대고 앉았다. 그는 벤케이를 향해 말했다.

---

36 학식과 경험이 많고 깨달음이 깊으며 덕망 있는 스님을 말한다.

"동자의 이야기를 들으니 마음으로도 말로도 표현하지 못할 만큼 기쁘게 생각되오. 학문은 어느 정도로 하셨는지?"

"학문에 관해서는 하구로에 견줄 자가 없습니다. 조금 과장하자면 그 용모에 있어서는 엔랴쿠지나 온조지에 있으셔야 할 정도입니다. 학문뿐만 아니라 피리는 일본 제일이라고 할 수 있습니다."

장로의 제자 중에 이즈미 미마사카(和泉美作)라는 생각이 깊고 여간내기가 아닌 법사가 있었는데 장로에게 말씀을 올렸다.

"여인이라면 비파를 켜는 것은 늘 있는 일입니다. 틀림없이 여인일거라 의심하고 있는 차에 피리를 잘 분다고 하니 아무래도 수상쩍습니다. 어서 동자에게 피리를 불어보도록 말씀해보시지요."

장로는 그럴듯하다 느꼈다.

"아아, 그렇다면 훌륭하시다는 그 피리소리를 경청하면서 이 세상의 추억거리로 삼고 싶습니다."

"쉬운 일이옵니다."

대답은 했지만 벤케이는 양쪽 눈앞이 캄캄해지며 망연자실했다.

하지만 그냥 있어서는 안 될 일이기에 사정을 동자에게 알려야겠다며 서쪽 복도로 갔다.

"이런 상황입니다. 입에서 나오는 대로 거짓말을 했고 피리를 불어주시면 경청하겠다고 하는데 어찌 할까요?"

"이렇게 된 이상 피리를 불지 않더라도 그 앞에는 나가야겠구려."

요시쓰네의 말에 부인은 옷을 뒤집어쓴 채 자리에 드러누웠다.

"아아, 어쩌면 좋습니까."

승려들이 거듭 재촉했다.

"동자님, 어서어서 가시지요."

"이제 곧 갑니다."

벤케이의 대답에 이즈미 법사가 말했다.

"과연 일본에서는 구마노, 하구로라 하면 큰 사원입니다. 그런데 헤이센지에서 그토록 평판이 높은 동자를 불러서 갖은 조롱을 했다는 말이 퍼지기라도 하면 우리 절의 치욕이 될 것입니다. 그저 동자를 초대하셔서 접대하고 그 김에 피리를 불게 하심이 모양새가 나쁘지 않겠습니다만."

"지당한 말이다."

장로의 곁에는 넨이치(念一), 미다오(弥陀王)라는 이름 높은 동자가 있었다. 꽃처럼 아름답게 치장을 하고 젊은 승려의 어깨에 올라타고 나왔다. 정면 자리에는 장로, 동쪽에는 총무스님, 서쪽에는 수도자, 본존을 뒤로 하고 불단 옆으로 남쪽을 향해 동자의 자리를 마련하였다. 동자 두 명이 자리에 앉자 벤케이는 부인을 찾아가 "어서 가시지요"라고 하니 부인은 어둠 속을 헤매는 심정으로 길을 나섰다. 어제 내린 비로 젖어 있는 문양 비단 예복에 흰색 바지를 입으니 더욱 아름답게 보였다. 머리는 멋들어지게 묶어 올리고 붉은 나무 손잡이 칼에 채색 그림 부채를 곁들이고 피리를 들고 나섰다. 그 옆에 주로 권두, 가타오카, 이세노 사부로가 있었고 요시쓰네는 더 가까운 곳에 자리했다. 만일의 사태가 일어난다면 다른 사람의 손을 빌리지 않겠다는 마음이었다.

정면으로 부인이 나오니 그 때 등불이 더욱 높이 타올랐다. 그녀는 부채를 고쳐 잡고 옷깃을 정리하며 자리에 앉았다. 이때까지는 어색한 부분도 없었기에 벤케이도 마음을 놓았다. 여차하면 칼을 겨누겠다는 생각을 하며 장로와 무릎을 맞대고 앉았다. 벤케이가 장로에게 말했다.

"두말할 것도 없이 이 동자의 피리는 일본 제일이라 할 수 있습니다. 다만 한 가지 사정이 있습니다. 하구로에 계실 때 밤낮으로 피리에 마음을 쏟으며 학문은 소홀히 하셨는데, 작년 8월 하구로를 떠날 당시 스승님께서 이번 구도의 길을 왕복할 때 피리를 불지 않겠다고 서약하라고 하셔서 권현 앞에서 종을 울리며 맹세했기에 동자의 피리는 면해주시기를 바랍니다. 여기에 있는 야마토보라는 수도자 또한 피리가 뛰어납니다. 동자도 항상 이 사람에게 배웠지요. 동자를 대신해서 피리를 불게 해주십시오."

장로는 이 말을 듣고 감동하여 대답했다.

"아아, 부모가 자식을 생각하는 법도가 있고 스승이 제자를 생각하는 마음이 있다고 하는데 바로 이 경우를 가리키는 말인가 보오. 안타깝게 어찌 그리 중요한 맹세를 여기서 깨도록 하겠는가? 그럼 서둘러 대신해주도록 부탁하네."

벤케이는 기쁜 나머지 허리를 잡고 위를 올려보며 큰 숨을 쉰 후 말했다.

"야마토보, 어서 피리를 부시오. 동자의 대신이라오."

요시쓰네는 불단 그늘에서 모습을 나타내며 동자의 말석에 앉았다.

관현 도구를 가져오라는 말에 승려들은 장로가 있는 곳에서 칠현금 하나, 비단 주머니에 들어있는 비파 하나를 가져와 칠현금은 부인 앞에 두었다. 비파는 넨이치(念一) 앞에, 생황은 미다오 앞에 두고 피리는 요시쓰네 앞에 놓았다. 이렇게 관현악기가 모두 갖춰지니 아름답다는 표현도 어리석을 정도였다. 지금까지는 전쟁터에 있었는데 어느 신불이 기도를 들어주신 것인지 불가사의하게 여겨질 정도였다. 젊은 승려들은 연주를 들으며 서로 소곤댔다.

"아아, 훌륭한 동자에 훌륭한 피리 소리야. 넨이치 님과 미타오 님을 보기 드문 훌륭한 동자라 생각했었는데, 이 분과 비교하면 도저히 같은 수준이라 할 수가 없군."

관현 연주가 끝나고 원래 있던 곳으로 돌아간 장로는 밤 깊은 시각에 여러 술안주를 조리해서 목이 긴 병에 술과 함께 보내왔다. 모든 이들이 피로를 느꼈던 참이라 "그럼 술을 한잔 하시죠"라며 각자 흥에 취해 말하니 벤케이가 제지했다.

"모두 한심스러운 말을 하시는군요. 원하는 대로 모두 술을 드시려하지만, 술은 본성을 드러내는 것이니 처음에는 "동자에게 드리지요", "인솔하시는 스님, 교노키미 님"이라고 하다가 나중에는 덧없는 세상사가 그렇듯 무심결에 "부인 마님께 한 말씀 드리지요", "구마이, 가타오카 님 한잔 하시지요", "이세노 사부로가 가져 오게", "자, 벤케이 마시게" 하면서 마치 불탄 들판의 꿩이 머리는 숨겼지만 꽁지를 다 드러내놓은 꼴이 될 걸세."

술은 참배하는 동안에는 사양하겠다며 장로에게 다시 돌려보냈다. 보기 드문 수행자들이라며 서둘러 승려의 식사를 준비하여 법당으로 보내니 각자 식사를 하고 그날 밤도 새벽이 가까오니 법화참법을 독경하였다. 이윽고 이세노 사부로를 사자로 보내 장로에게 떠날 것이라 알렸다. 인정이 있는 승려들 여럿이 맨발로 쌓여있는 눈을 밟으며 두세 마장 정도 배웅을 했다. 그토록 험난할 것이라 여겼던 헤이센지를 악어 입에서 도망치는 심정으로 재빨리 떠났다.

이렇듯 일행은 스고노미야(菅生の宮)[37]를 배례하고 가나즈(金津)에 도착했다. 그곳에서 화려하게 장식한 말에 당궤 여러 개를 실은 멋진 차림의 다이묘(大名) 일행 50 여기를 만났다.

“어떤 분이신가?”

“가가(加賀) 국 이노우에 좌위문이라는 자인데 아라치 관문으로 가는 중이오.”

‘아아, 도망치려 해도 도망칠 수가 없겠구나. 그렇다면 이렇게 할 수밖에.’

요시쓰네는 칼집에 손을 대고 부인의 뒤에 서서 삿갓을 기울인 채 지나가려는데 때마침 바람이 심하게 불어 삿갓이 들렸다. 이노우에가 언뜻 그 모습에 요시쓰네를 알아보고 말에서 뛰어내리더니 그 자리에서 무릎을 꿇고 말했다.

“이런 일이 다 있다니요. 길 가시는 도중에 만나 뵙지 못하여 안타깝게 생각하고 있었습니다. 제가 사는 곳은 이노우에라 하는데 여기에서 멀리 떨어져 있기에 모실 수가 없습니다. 수도자분들에게 인사드리는 것이 황송합니다. 그럼 어서 가보겠습니다.”

말을 끌고 가면서 쉽사리 올라타지 않다가 일행의 끝이 보이지 않게 되었을 즈음 한꺼번에 말에 올라탔다. 요시쓰네는 의외의 일에 거듭 뒤돌아보며 “그의 일곱 대에 이르기까지 신불의 가호가 무운(武運) 위에 머무르기를”이라며 절실히 기원하니 멋진 일이었다.

이노우에는 호소로키(細呂木)라는 곳에 도착하여 가신과 젊은 무사들에

---

37 스고 천신사(菅生天神社)로 가가 시에 있는 신사를 말한다.

게 말하였다.

"오늘 만난 수도자들이 어떤 사람인지 아는가? 바로 요리토모 님의 동생, 요시쓰네 님이시다. 아아, 이런 때가 아니었다면 요시쓰네 님의 얼굴을 보려고 인산인해를 이루며 온 나라가 반겼을 것을, 그런 모습으로 지나가시다니 애처롭구나. 공격해서 잡았다면 은상은 당연한 일이지만 욕심에 사로잡혀 공격한다 해도 천년만년 영화를 누릴 것도 아니니 안타까운 마음에 그냥 지나가시도록 했다."

모두 좌위문의 속마음을 알게 되었고 인정도 자비도 깊은 사람이라며 믿음직스럽게 여겼다.

그 날 요시쓰네는 시노하라(篠原)에 머물렀다. 날이 밝아 사이토(斎藤) 별당(別当) 사네모리(実盛)[38]가 데즈카노 다로 미쓰모리(手塚太郎光盛)[39]와 맞붙어 싸워 쓰러진 아이노 연못을 보고, 아타카(安宅) 나루터를 지나고 네아가리(根上) 소나무에 도착했다. 이곳은 시라야마 권현께 경문을 읽어 회향하는 곳이었다. 시라야마를 배례하기 위해 이와모토(岩本) 십일면관음에게 철야기원을 드렸다. 날이 밝자 시라야마에 참배하고 뇨타이코(女体后) 궁을 배례한 후, 그 날은 쓰루기(剣) 권현 앞에서 철야기원을 드리며 밤새 가구라(神楽)를 봉납하고 날이 밝아 하야시노 로쿠로 미쓰아키라(林六郎光明)의 저택 뒤를 지나니 가가 국 도가시(富樫)라는 곳도 가까워졌다. 도가시노스케(富樫介)는 이 지역의 다이묘였다. 요리토모 님의 별다른 명령은 없었지만 남몰

---

38 사이토 사네모리(斎藤実盛, 1110~1183)는 미나모토(源) 가문의 가신으로 처음에는 요시토모를 섬겼으나 몰락 후에 다이라(平) 가문에 속해 에치젠 국 시노하라에서 기소 요시나카(木曾義仲)의 군대와 전투를 하다 사망하였다.

39 데쓰카 미쓰모리(手塚光盛, ?~1184). 헤이안 시대 말기의 무장으로서 데쓰카 별당의 아들이다.

래 준비하여 요시쓰네를 기다리고 있다는 소문이 들렸다. 벤케이가 말했다.

"요시쓰네 님은 미야노코시(宮腰)[40]로 건너가 계십시오. 저 벤케이가 도가시 저택으로 가서 상황을 보고 오겠습니다."

"모처럼 그냥 지나갈 수 있을 듯한데 굳이 들려서 뭐하겠느냐."

"오히려 들리는 편이 더 좋을 것입니다. 수도자들이 여러 명 지나간다는 말을 들으면 무리를 지어 쫓아올 텐데 그렇게 되면 상황이 더 안 좋을 것 같습니다. 저 혼자 가보겠습니다."

벤케이는 궤를 짊어지고 혼자서 출발했다. 도가시 저택의 상황을 보니 3월 3일이었기에 한쪽에서는 공놀이와 활놀이, 저쪽에서는 닭싸움, 술자리 유희도 열렸고 술에 취한 자들도 있었다. 벤케이가 주저 없이 안으로 들어가서 무사 대기실의 툇마루로 다가갔다. 안을 들여다보니 관현과 술자리가 벌어졌는데 큰 소리로 말을 걸었다.

"수도자입니다."

관현의 음색이 흐트러져 버리니 무사 한 명이 말했다.

"지금은 주인님 상황이 여의치 않습니다."

"이 댁의 주인이 기분 나쁘시다 해도 옆에서 모시는 분들이 어떻게 해서든 말씀드려주십시오."

더 가까이 다가가며 말했다. 부하와 하인 두세 명이 나와 "나가시오"라고 말했지만 들은 척도 하지 않았다.

"난폭한 자구나. 그렇다면 붙잡아서 쫓아내거라."

좌우 팔에 달라붙어 밀고 당겨보았지만 꿈쩍도 하지 않았다.

---

40 가나자와(金沢)시 가나이와(金石)의 옛 명칭이다.

"어서 쫓아내거라. 거칠게 다루어 내보내라."

여럿이 달려들었지만 벤케이가 주먹으로 무차별하게 내리치니 어떤 이는 에보시를 떨어트리고 상투를 움켜쥐고 도망치는 자도 있으니 큰 소동이 일어났다.

"여기 있는 법사가 행패를 부린다!"

도가시노스케도 통이 넓은 하의에 에보시를 쓰고 큰 칼을 들고 무사 집결소에 모습을 드러냈다. 벤케이는 그 모습을 보고 툇마루로 올라서며 말했다.

"이것을 보시오. 이 댁 부하들이 난폭한 짓을 하고 있소."

이 상황을 보고 도가시는 물었다.

"당신은 어디 수도자이신가?"

"저는 도다이지(東大寺) 권진(勧進)[41]을 하는 수도자입니다."

"어째서 홀로 계시는가?"

"동행하는 사람이 많지만 먼저 미야노코시로 갔습니다. 저는 이 댁에 권진을 위해 찾아왔습니다. 백부인 미마사카(美作) 아사리는 동산도(東山道)를 거쳐 시나노 국으로 내려갔습니다. 소승은 사누키 아사리라 하는데 북륙도를 거쳐 에치고로 내려왔습니다. 그런데 기진은 어떻게 하시겠습니까?"

"잘 내드려야죠."

이윽고 가가의 고급스러운 견직 50필, 부인은 죄업참회를 위함이라며

---

41 절의 건립이나 수립을 위해 사람들에게 기진할 것을 촉구하는 활동을 권진이라 하며, 도다이지는 1180년 12월에 불에 탔기에 그 부흥을 위한 대규모 권진 활동이 일어났다.

흰 하의와 상의, 팔각을 꽃 장식한 거울을 내왔다. 그 밖에 부하와 젊은 무사, 하녀에 이르기까지 각자 기진에 동참하니 명단에 적힌 사람은 모두 합해 150명이었다.

벤케이는 "권진해주신 물건은 지금 받아가야 하지만 다음 달 중순에 서울로 올라가니 그때 받아가겠습니다"라며 맡겨두고 가려는데 말에 태워 미야노코시까지 데려다주었다. 벤케이는 요시쓰네를 찾아보았지만 만나지 못하고 그곳에서 오노(大野) 포구로 가서 조우하니 요시쓰네가 말했다.

"어째서 이토록 시간이 걸렸느냐. 너무 늦었다."

"여러 대접을 받아 독경을 했고 결국 말까지 태워주었습니다."

사람들은 놀라움에 벤케이를 위 아래로 쳐다보며 감탄하였다.

그 날은 다케노하시(竹橋)에서 묵고 날이 밝자 구리카라(倶梨伽羅)언덕[42]을 넘어 하세고미(馳籠) 계곡을 바라보며 헤이케(平家)의 많은 이들이 운명을 달리한 곳이라 모두 아미타경을 독경하고 염불을 외우며 죽은 영혼을 추모하며 지나갔다. 이윽고 석양이 서쪽에 걸리고 황혼이 짙어가니 마쓰나가(松永)의 하치만 앞에서 밤을 지새우게 되었다.

벤케이, 뇨이(如意) 나루터에서 요시쓰네를 내리치다

밤이 깊어가니 배를 타고 뇨이 성을 지나려 하는데 헤이(平) 권수라는

42 엣추(越中)와 가가(加賀) 국경에 있는 언덕으로 기소 요시나카가 헤이케(平家) 대군을 패배시킨 곳으로 유명하다.

나루터지기가 거칠게 말했다.

"잠시 말씀 드릴 것이 있소. 이곳은 엣추(越中) 슈고(守護)에서 가까운 곳이라 수도자 네다섯 명은 괜찮으나 열 명이 넘으면 관리소에 자세히 신고하지 않고서는 통행하지 못하게 하라는 명령이 내려왔소. 더구나 열일곱 분이나 건너려하니 이상하게 생각되오. 이 상황을 알리지 않고는 지나가지 못하오."

그 말을 듣고 벤케이는 밉살스럽다는 생각이 들었다.

"이보시게, 헌데 이 북륙도(北陸道)에서 하구로의 사누키 아사리를 몰라보는 자가 있는가?"

그 말에 배에 탄 사내가 벤케이의 얼굴을 물끄러미 바라보더니 말했다.

"정말로 실로 뵌 적이 있는 느낌이 드오. 재작년에도 재재작년에도 하구로 산 참배길을 오고 가며 고헤이(御幣)[43]를 주셨던 스님 아니십니까?"

벤케이는 기뻐하며 말했다.

"그것 참 잘도 기억해주셨소."

나루터지기가 말했다.

"건방지게도 말을 하는구나. 그렇게 안면이 있다면 자네가 건네주게나."

그 말을 들은 벤케이는 물었다.

"도대체 이중에 요시쓰네 님이 있다고 생각한다면 정확하게 그게 누구인지 지목해보시게나."

"저 뱃머리에 물떼새 무늬가 새겨진 옷을 입은 사람이 수상하게 보이

---

43 흰색, 금은 종이를 가늘게 길게 잘라 장대에 끼운 것으로 액막이로 사용한다.

는데."

"저 자는 가가(加賀)의 시라야마에서 데려온 스님이네. 저 사람 때문에 여기저기서 수상쩍게 여기니 억울하군."

벤케이의 말에 요시쓰네는 대답도 없이 아래를 내려다보며 앉아 있자 벤케이는 화를 벌컥 내는 모습으로 달려가 뱃전을 밟고 요시쓰네의 팔을 움켜쥐고 어깨에 멘 뒤 해변으로 펄쩍 뛰어내어 모래밭 위에 쿵하고 던져버렸다. 이윽고 허리에 찬 부채를 뽑아내더니 인정사정없이 연신 내리치며 힘차게 두들겼다. 지켜보던 사람들도 차마 쳐다볼 수 없었다. 부인은 너무나 비참하여 소리 높여 울고 싶었지만 보는 사람이 많으니 태연한 척 하고 있었다. 이 모습을 본 나루터지기가 말했다.

"하구로 수도자만큼 몰인정한 자는 없군. 요시쓰네 님이 아니라면 그걸로 될 터인데 이렇게 가차 없이 가혹하게 때리다니. 마음이 안 좋군. 이리 되면 내가 때린 것과 마찬가지가 아닌가. 안됐군 그래. 이곳에 타게나."

배를 옆에 대며 태워주니 키잡이가 말했다.

"그럼 뱃삯을 내고 건너가시오."

"언제 적부터 수도자가 뱃삯을 내는 법이 있단 말이오?"

"평상시에는 받지 않지만 스님이 너무 고약해서 삯을 받아야 건네주겠소. 어서 삯을 내시오."

"그렇게 우리를 심하게 대하면 1, 2년 안에는 데와 국으로 못 올 것이오. 사카타(酒田) 나루터는 이 동자의 부친인 사카타노 지로 님의 영지이니 이제 곧 그 되갚음을 해줄 것이네."

벤케이가 협박했지만 나루터지기는 물러서지 않았다.

"무슨 말을 하든 뱃삯을 주지 않으면 건너가지 못하오."

"예전에는 낸 적이 없지만 황당한 상황이니 주는 게야."

"그렇다면 이걸 주시지요."

부인이 입고 있던 예사롭지 않은 홑옷을 받아 나루터지기에게 건네주도록 하였다. 옷을 받아든 나루터지기는 말했다.

"법에 따라 받아야 하겠지만 저 스님이 너무 안됐으니 드리겠소."

요시쓰네에게 그 옷을 주었다. 벤케이는 이 상황을 보고 가타오카의 소매를 잡으며 귓속말했다.

"어리석군. 이렇든 저렇든 같은 것을."

이렇게 로쿠도지(六動寺) 나루터를 건너고 나고(奈呉) 숲을 향해 걸어 나갔다. 벤케이는 그 일을 잊으려 해도 잊을 수가 없었다. 달려가 요시쓰네의 소맷자락을 붙잡으며 소리 높이 울며 말했다.

"언제까지나 주군을 지킨다면서 지금 주군을 때렸습니다. 하늘의 노여움도 두렵습니다. 하치만 대보살이여 용서해주십시오. 비열한 이 세상입니다."

그토록 용맹한 벤케이가 쓰러져 울음을 터뜨리니 무사들도 한 곳에 나란히 모여 꺼져 들어갈 듯 따라 울었다. 요시쓰네도 흐느끼며 말했다.

"이것 역시 나를 위해서가 아니더냐. 이렇게까지 업보가 많은 내게 이토록 깊은 마음을 보여주는 그대들의 앞날을 생각하니 눈물이 솟구쳐 오르는구나."

모두 주군의 말을 들으며 더욱 눈물로 소매를 적실뿐이었다. 날도 저물어 가니 울며 길을 재촉하는데 부인이 말했다.

"삼도천[44]을 건널 때 입었던 옷을 벗는다고 하는데 조금도 다를 바 없는 상황이었습니다."

이와세(岩瀬) 숲에 도착하여 그 날은 그곳에서 묵었다. 날이 밝자 구로베(黒部) 숙소에서 잠시 휴식을 한 후 구로베 48개 여울을 건너 이치후리(市振), 조도(浄土), 우타노와키(歌の脇), 간바라(寒原), 나카하시라는 곳을 지나 이와토노사키(岩戸の崎)라는 포구에 도착해서 어부의 초라한 집에서 묵으면서 밤새 이야기를 나누었다. 미역을 채취해서 돌아오는 사람들을 보고 부인이 노래를 읊었다.

사방의 바다 몰아치는 파도에 이끌려오니
오늘에야 비로소 서글픈 처지구나

벤케이는 불길한 마음에 노래를 고쳐 이어 불렀다.

포구 해변에 몰아치는 파도에 이끌려오니
오늘에야 비로소 행복한 처지구나

이렇게 이와토노사키를 출발하여 에치고 국 나오에(直江) 포구 하나조노(花園) 관음당[45]에 참배하였다. 이 관음당의 본존은 요시이에(義家)[46]가 아

---

44 불교의 속설에 의하면 죽은 자가 명도로 가는 도중에 14일째에 명왕의 재판을 받은 후 노인과 노파가 망자의 옷을 빼앗는다고 한다.

45 지금의 니가타(新潟) 현에 있는 사찰이다.

46 미나모노토 요시이에(源義家, 1039~1106). 헤이안 시대 후기의 무장이다. 미나모토노 요리요시의 장남으로 아베 가문과의 전투에서 활약하였다. 후에 미치노쿠니(陸奥)의 수령 겸 진

베노 사다토(安部貞任)[47]를 공격했을 때 본국의 기도를 위해 나오에 지로(直江次郎)라고 하는 부유한 사람에게 명령하여 삼십 벌의 갑옷을 기진하여 건립된 곳으로 겐지 가문에는 대대로 중요한 곳이었기에 그 날은 밤을 지새워 기도하였다.

나오에(直江) 포구에서 궤를 조사하다

에치고 관아 슈고는 가마쿠라에 올라가 부재중이었다. 포구의 대관(代官)[48]은 로우 권수라는 자였다. 수도자 일행이 도착하였다는 소식을 듣고 포구의 부하들을 불러 모으더니 노를 자르고 나무를 잘라 몽둥이로 만들고 어부들을 앞세워 천지분간하지 못하는 사내 2, 3백 명으로 하여금 관음당으로 몰려 들어가게 했다. 때마침 부하들은 여기저기 공양할 물품을 구하러 외출한 탓에 요시쓰네 혼자 있었는데 이들이 밀어닥친 것이었다. 나오에 포구 사람들이 법당에서 소동을 일으킨다는 소식을 듣고 벤케이는 귀가를 서둘렀다. 요시쓰네가 이들과 문답을 나누었는데, 어제까지는 하구로 수행자라고 말했지만 지금은 하구로가 지척이기에 말을 바꾸었다.

수부 장군이 되었으며 동국(東国)에 겐지의 기반을 구축하였다. 향년 68세로 별세하였으며 하치만타로(八幡太郎)라 불리었다.

47 아베노 사다토(安倍貞任, 1019~1062). 헤이안 중기 무장으로 기골이 장대하며 아베 가문과 교토 조정 사이의 전투에서 선전하였다. 이후 조토몬인(上東門院)의 쾌유를 기원하는 대사면으로 그 죄가 사면되었으나 고헤이(康平) 5년(1062) 9월 17일 구리야가와(厨川) 전투에서 전사하였다.

48 주군을 대신하여 행정일을 보는 사람을 말한다.

"구마노에서 하구로로 참배하러 가는 중인데 배편을 찾아 여기에 머무르고 있습니다. 안내하는 스님은 단가(檀家)[49]를 방문하고 계셔서 지금 출타중이십니다. 무슨 일이십니까?"

요시쓰네가 이야기를 나누는 사이에 벤케이가 쏜살같이 나타나 말을 이었다.

"저 궤 안에는 33체의 관음이 들어있고 교토에서 내려주신 것이오. 다음 달 4일 경에 하구로 신전으로 모셔야 하오. 모두 부정한 몸으로 아무 생각 없이 가까이 다가가서 권현의 본체를 더럽히지 마시오. 물어볼 말이 있다면 바깥에서 해주시오. 권현을 더럽히면 궤를 다시 정화하는 것 외에 방법이 없소."

벤케이가 위협했지만 그들은 전혀 말을 듣지 않고 시끄럽게 떠들어댔다. 권수가 말했다.

"요시쓰네 님이 언변으로 잘 구슬려서 여러 지역을 통과했다는 사실이 널리 알려졌소. 슈고 님께서 때마침 출타중이기는 하지만 형식적이라 해도 내가 대리로서 업무를 보고 있으니 윗분에게 말씀이 들어갈 것이기에 이렇게 말하는 것이오. 사정이 이러하니 마음 편히 궤를 하나 내어주면 검사해보겠소이다."

"이것은 본존이 계시는 궤요. 부정한 이들이 함부로 뒤지는 일은 불경한 일이지만 그대들이 의심해서 자청해서 당하는 화이니 벌 받는 것도 당신들이 자초한 일이라오. 자, 보시오."

벤케이는 손에 잡히는 궤 하나를 던져주었다. 아무 생각 없이 집어 들

---

49 일정한 절에 속하여 시주를 하며 절의 재정을 돕는 집이나 그 사람을 말한다.

었는데 요시쓰네의 궤였다. 벤케이는 이를 보고 아뿔싸 했지만 권수는 세른 세 개의 살이 있는 빗을 꺼내들고 이것은 무엇이냐 물었다. 벤케이는 멋쩍은 웃음을 지었다.

"아니, 그것도 모르시오. 아이의 머리를 빗는 물건이잖소."

권수는 납득을 하고 빗을 옆에 내려놓더니 이번에는 당나라 거울을 꺼내들고 이것은 무엇이냐 물었다.

"동자를 데리고 가는 여행길이니 화장도구를 지니지 말라는 법이 어디 있겠소."

"지당한 말이오."

팔 척의 가케오비(掛帯),[50] 오 척의 가발, 붉은 하카마, 겹쳐 입는 옷을 꺼내들었다.

"이것은 어찌된 일이오. 동자의 세간살이에 이런 것도 필요한가?"

"이 법사의 숙모가 하구로 권현의 무녀인데 가발과 하카마, 색이 고운 가케오비를 사달라고 했소이다. 이번에 내려가는 김에 가지고 가서 기쁘게 해주려는 생각이었소."

"그럴 수도 있겠군. 그렇다면 궤 하나 더 주시게나. 살펴볼 테니."

"몇 개라도 좋소. 마음껏 보시오."

또 궤 하나를 던져주었다. 가타오카의 궤였다.

이 궤에는 투구, 손 덮개, 정강이 싸개, 손잡이 없는 도끼가 들어 있었다. 궤를 열어보려했지만 끈으로 강하게 묶여있었다. 게다가 날도 어두웠

50 여성이 참배를 갈 때 금기의 표시로 가슴 앞에 걸어 등 뒤로 묶는 붉은 비단 허리띠를 말한다.

다. 끙끙대는 모습을 보고 벤케이는 손을 합장하고 나무 하치만 보살을 불렀다.

"그 궤 안에는 권현이 계신다오. 부디 부정한 손으로 열어서 벌 받지 마시게나."

"진정 본존이 계시다면 굳이 열지 않는다 해도 알 것이오."

궤에 걸린 띠를 잡고 흔들어 보았더니 덜그럭덜그럭 투구, 손 덮개, 정강이 싸개 소리가 들렸기에 권수의 간이 쪼그라들 정도였다.

"큰일이군. 참으로 권현이 계셨구려. 이건 다시 가져가시오."

"그렇기에 내가 그리도 말하지 않았소. 부정을 씻기 전에는 함부로 받아들지 마시오, 스님들."

상황이 이리되니 아무도 함부로 손을 대려하지 않았다.

"미리 말하지 않았소. 부정을 씻기 어렵거든 기도를 하시오. 부정을 씻기 위해서는 예물이 많이 필요하오."

권수는 사정을 봐달라며 궤를 받아달라고 간청했다.

"궤를 정결하게 하지 않으면 이 본존을 버려둔 채 우리는 하구로로 돌아가 승병들을 모아 맞이하러 다시 올 것이오."

벤케이의 협박에 몰려들었던 사람들이 하나 둘 도망쳤다.

권수만이 혼자 남아 큰일이라 걱정하며 물었다.

"궤를 정화하려면 비용이 얼마나 들겠소?"

"권현도 중생을 구하고자 하는 자비의 마음이 있으니 형식만 갖추면 되겠지요. 우선 신전예물용으로 참빗쌀나무로 만든 종이 백 첩, 백미 석 섬 세 말, 흑미 석 섬 세 말, 흰 천 백 필, 감색 천 백 필, 화살 장식용 독수리 깃털 백 개, 황금 오십 량, 털색이 고른 말 일곱 필, 거친 거적 백 장을 깔아 공양품을 쌓아 놓으면 형식에 맞게 정화를 해드리지요."

"아무리 궁리해도 너무나 가난해서 이 모든 것을 준비할 수는 없습니다."

권수는 쌀 석 섬, 흰 천 서른 필, 독수리 깃털 일곱 개, 황금 열 량, 털색이 고른 말 세 필을 가지고 와서 사정했다.

"가진 것이 이것 밖에 없습니다. 잘 부탁드립니다."

벤케이는 받아들고 말했다.

"그렇다면 권현의 분노를 달래보겠소."

투구, 손 덮개, 정강이 싸개가 들어있는 궤를 향해 무슨 말인가를 중얼중얼 읊으며 기도했다.

"무쓰 무쓰 간칸, 란란 소와카 소와카, 온코로 온코로[51] 반야심경(般若心経)."

벤케이는 궤를 흔들며 말했다.

"권현에게 뜻을 전달하였소. 선례에 따라 이렇게 기도를 올렸소. 이 물건들은 당신이 맡아서 하구로에 보내주었으면 하오."

권수에게 물건을 맡겼다.

이윽고 밤이 깊어지자 가타오카는 나오에 포구로 내려가 상황을 살폈다. 사도(佐渡)에서 건너온 배 한 척이 파도에 이리저리 흔들리고 있었다. 지붕은 얹지 않았으나 노가 갖추어 있었다.

'아아, 이런 좋은 일이. 이 배를 타고 가보자.'

배를 본 가타오카는 관음당으로 돌아와 벤케이에게 알렸다.

"그렇다면 그 배를 타고 아침 바람을 받으며 나가보자."

포구로 내려와 십여 명이 배를 타고 나갔다. 묘관음(妙観音) 산에서 불어

---

51 다라니(진언) 문구이다.

오는 바람에 돛을 펼치고 요네야마(米山)를 지나니 가쿠다(角田) 산이 보였다.

"아아, 저기를 보거라. 산바람이 좋구나. 바람이 약해지면 노를 저어서 속도를 올리자."

아오시마(青島) 북쪽을 보니 흰 구름이 산허리를 감싸 흐르며 공중으로 흩어지는 것을 보고 가타오카가 말했다.

"이곳 기후야 모르지만 이 구름이야말로 바람을 부르는 구름으로 보이는데, 어떻게 할까요?"

가타오카의 말이 채 끝나기도 전에 북풍이 불어와 땅에는 흙먼지를 불러일으키고 바다에는 파도를 불러일으켰다. 어부의 낚시 배가 가라앉았다 떠올랐다 하는 것을 보면서 우리 배도 저렇게 보이겠다는 생각에 불안해하며 먼 바다를 표류했다.

"어쩔 수 없다면 그저 바람에 맡기는 수밖에."

사도 섬을 향해 배를 몰며 돛을 내리고 가모(賀茂) 포구에 대려고 했지만 파도가 높아 댈 수 없기에 마쓰카게(松かげ) 포구를 향하여 나아갔다. 그곳도 시라야마(白山) 산에서 불어오는 바람이 심하여 사도 섬을 떠나 배는 노토(能登) 국 스즈(珠洲) 곶을 향하였다. 그 사이 날도 저물어 가니 상황은 더욱더 뜻하지 않은 쪽으로 흘러갔다. 고헤이(御幣)를 만들어 궤 다리에 꽂아 넣고 기원하였다.

"하늘에 제사를 지내는 것은 당연한 일입니다. 이 바람을 부드럽게 하시어 다시 한 번 육지에 닿게 하시고 그 연후에 어떻게든 조처하시옵소서."

요시쓰네는 궤 안에서 은으로 손잡이를 두른 칼을 꺼내 "팔대용왕님께 바칩니다"라며 바다에 던졌다. 요시쓰네의 부인도 붉은 하카마에 당나라 거울을 더하여 "용왕님께 바칩니다"라며 바다에 던졌다. 그래도 바람은 멈추지 않았다. 이제 날은 완전히 저물어 황혼이 되었다. 더욱더 마음이 불안해졌다. 때마침 노토 국 유스르기(石動)[52]산에서 서풍이 불어오니 배를 동쪽으로 향하게 했다. 순풍에 배를 맡기고 나아가다보니 밤중이 되어 바람도 가라앉고 파도도 가라앉았다. 사람들은 안도하며 바람에 의지하여 나아가는데 새벽녘에 배가 어딘지 모를 곳에 닿았다. 육지에 올라가서 오두막집에 들러 물었다.

"여기는 어딘가?"

"에치고(越後) 국 데라도마리(寺泊)라는 곳이오."

원하는 곳에 도착했다며 기뻐하며 그날 밤은 구가미(国上)라는 곳으로 올라가 미쿠라마치에 숙소를 얻었다. 날이 밝아 야히코(彌彦) 대명신을 참배하고 구십구리 해변에 도착하여 간바라(蒲原) 저택을 넘어 팔십팔리 해변을 지나 아라카이(荒川)의 마쓰바라(松原), 이와후네(岩船)를 지나고 세나미(瀨波)라는 곳에 있는 히다리야나구이(左胡籙), 미기우쓰보(右靫), 센가가케하시(せんが棧) 등의 명소를 차례차례 지나니 넨주(念殊) 관문이 가까워졌다. 이 관문은 경비가 삼엄하여 넘어가기 힘들 것 같아 요시쓰네가 물었다.

"어떻게 하면 좋겠느냐."

"주군께서는 수많은 난관을 넘어 여기까지 오셨습니다. 이제 무슨 일이야 생기겠습니까만 조심은 하십시오."

벤케이는 답하며 요시쓰네를 짐을 지는 수도자로 꾸며서 궤 두 개를 짊어지게 한 후 자신이 짚고 있던 커다란 지팡이로 가차 없이 내려치며 "이봐, 어서 걸어!"라고 재촉했다. 이를 지켜본 관문지기가 물었다.

---

52 노토 반도 밑에 있는 산을 말한다.

"무슨 일로 그토록 타박하며 들볶는 것이오?"

"소승은 구마노의 수도자이며 이 법사는 선조대대로 나를 섬기던 하인이라오. 이 자가 행방을 감추어 잃어버렸었는데 얼마 전 다시 찾아냈기에 어떤 벌이라도 주려고 마음먹었소. 누가 나에게 뭐라 하겠소."

벤케이는 이렇게 말하며 요시쓰네를 연속 때렸다. 관문지기들은 이 광경을 보고 별생각 없이 출입문을 열고 지나가게 해주었다.

이윽고 얼마 지나지 않아 데와 국에 들어갔다. 그날은 하라카이라는 곳에 도착하였다. 날이 밝자 가사토리(笠取) 산을 지나 다카와(田川) 군 산제(三世) 마을 약사당(薬師堂)에 도착하였다. 비가 내려 물이 불었기에 이삼일 머물렀다. 이곳에는 다가와(田川) 군 영주 다가와노 다로 사네후사(田川太郎實房)라는 자가 있었다. 젊어서부터 많은 자식들을 낳았는데 모두 떠나보내고 열세 살 아들 하나가 남아 있었는데 이 역시 학질에 걸려 거의 죽어가고 있었다. 하구로에 가까운 곳이기에 효험 높은 수행자들을 불러 기도를 올렸지만 소용이 없었다. 영주는 수도자들이 와있다는 소식을 듣고 가신들을 향해 말했다.

"하구로와 구마노 모두 위광(威光)이 뛰어나지만 구마노 권현은 한층 더 존엄하시다. 수도자들도 그러할 것이니 그분들을 이리로 청하여 모셔오고 싶구나."

부인도 아이를 안타까워하는 마음에 서둘러 사람을 보내라고 말했다. 사네후사의 대리로 오우치 사부로(大内三郎)라는 자를 산제 약사당에 보내 객승들에게 그 뜻을 전했다. 요시쓰네는 벤케이에게 말했다.

"초대를 받기는 했지만 우리가 부정한 몸인데 무슨 기도의 효험이 있겠느냐. 소용이 없을 텐데 가서 뭐하겠느냐?"

"주인님께서는 부정하실지 모르겠지만, 우리는 서울을 떠나온 날부터 정진결재(精進潔齋)[53]하였으니 설령 신령한 영험은 없더라도 기도하는 모습에 두려워 악령, 사령(死靈)이 어찌 그 모습을 나타내지 않겠습니까. 어쩌다 들어온 기도 초빙이니 그저 응하십시오."

부하들은 모여서 웃고 장난을 쳤다.

"이곳은 히데히라(秀衡)의 영지라 이 자들도 그를 섬기고 있을 게다. 우리의 정체를 밝힌들 무슨 지장이 있겠느냐?"

"아이고, 주인님. 부모의 마음도 자식이 모르는 법인데, 사람의 마음은 알기 어려운 법입니다. 일이 잘못되었다가는 후회해도 소용없습니다. 주인님이 오슈에 도착하신 뒤 영주 사네후사가 찾아올 것입니다. 그때 웃음거리가 되지 않기 위해서라도 알려서는 안됩니다."

벤케이는 말을 이었다.

"자, 기도하러 누가 갈까요? 호신(護身)[54]은 주인님이 하시고, 염주 돌리는 건 벤케이만한 이가 없습죠."

요시쓰네를 모시고 벤케이와 히타치보, 가타오카, 주로 권두 네 명이 영주의 저택으로 들어갔다. 지불당(持仏堂)으로 안내를 받은 뒤 영주가 들어왔고 아이는 유모가 돌보며 데리고 들어왔다. 수행자가 기도를 시작하는데 요리마시(憑坐)[55]로는 12, 3세 정도 되는 동자를 불렀다. 요시쓰네가 호신을 하자 벤케이는 염주를 굴렸다. 이들이 기도하는 모습이 무서웠는지 요

---

53 목욕재계하고 불도에 정진하는 것을 말한다.

54 밀교의 가지기도(加持祈禱)를 하고 다라니를 읊고 인을 쳐 영을 받는 사람을 보호하는 역할을 한다.

55 주술(呪術)에서 영혼을 불러오기 위해 기도사가 동반하는 동자를 말한다.

리마시에 붙은 영혼들이 마구 자신의 사정 이야기를 해댔다. 기도하는 동안 흔들렸던 고헤이도 잠잠해지고 악령, 사령도 떠나니 병자는 바로 치유되었다. 기도를 주관한 벤케이는 더욱더 존귀해 보였다. 그 날은 그곳에서 머물렀다. 매일 지속되던 학질이 멈추니 더욱 신심이 늘어나고 기쁨이 넘쳐났다. 그저 일순간일지라도 권현의 위광을 존엄하게 느꼈다. 영주는 기도에 대한 사례로 검은 안장을 얹은 사슴 빛 말에 사금 백 냥과 이 지방의 풍습이라며 독수리 깃털 백 개, 각각의 수도자에게 줄 통소매 옷 하나씩을 준비하여 산제의 약사당으로 보냈다.

"보시를 받는 것이 도리일테지만, 저희도 길을 떠나는 나그네로 하구로 산에 잠시 들렸다가 되돌아갈 것입니다. 그 동안은 보시를 맡겨두겠습니다."

이렇게 심부름꾼에게 전한 뒤 돌려보냈다.

요시쓰네 일행은 다카와를 떠나 오이즈미(大泉) 장원 다이본지(大梵字)를 지나 하구로 산을 멀리서 참배했다. 들려서 신전에서 철야기도를 하고 싶은 마음은 있었지만 이 달이 산달이었기에 모든 것을 조심하고 만사를 삼가며 벤케이만 대신 참배했다. 남은 사람들은 니쓰케노다카 포구를 지나 기요카와(清川)에 도착했다. 벤케이는 아게나미 산으로 가서 요카와에서 합류하였다. 그 날 밤은 고쇼오지(五所王子) 신사 신전에서 하룻밤을 철야했다. 기요카와라는 강은 하구로 권현을 만나기 전에 몸을 씻어 정결하게 하는 강으로 쓰키야마(月山) 정상에서 북쪽 기슭으로 흘러내렸다. 구마노에는 이와타가와(岩田河), 하구로에는 기요가와라는 아름답고 깨끗한 명천에서 몸을 정화하여 권현을 참배하는 것이다. 전생에 지은 죄마저 씻어주는 영장으로 곳곳의 신사를 지나칠 때마다 신전에 가구라(神楽)[56]를 올리고 제각각 어울려 춤을 연행해 올리니 날도 어렴풋이 밝아왔다. 마침내 배를 탔다. 권수라고 불리는 기요카와의 사공은 배 띄울 준비를 하였다. 눈이 녹아 강물이 탁했고 물은 불어 있었다. 강을 거슬러 올라가기 위해 배를 젓는데 여간 힘들어하는 것이 아니었다. 아무개 소장(少将)이 사라시마(皿島)에 유배되어 "달빛만이 다가오는 강의 상류, 벼를 실은 배가 힘들어 하는 모가미 강 빠른 여울, 어디선지 들려오는 비파 소리, 안개 사이로 스며든다"라며 읊은 심정이 이제는 이해가 되었다.[57] 이렇게 상류를 향해 배를 저어나가는데 산 꼭대기에서 떨어지는 폭포가 보였다. 요시쓰네 부인은 이 폭포의 이름이 무엇이냐 물었다. 시라이토(白絲) 폭포라 알려주었더니 시를 읊었다.

모가미 여울 이리저리 이는 파도 막아주시오
들리지 않고 지나는 시라이토 폭포

모가미 강가 넘실대는 파도 달빛이 밝아
밤풍경 운치 있는 시라이토 폭포

갑옷 명신, 투구 명신을 향해 절을 올리고 다카야리 여울이라는 난소를 힘들게 지나가는데 산 위쪽에서 원숭이 울음소리가 들려오니 요시쓰네 부인이 다시 노래를 읊었다.

---

56 신에게 제사지낼 때 연주하는 무악(舞樂)이다.

57 이 문장은 일본어 원문 자체가 불안정하고 불명확하며 일화의 출처를 알 수 없다. 의미를 취할 수 있는 원문을 중심으로 가능한 한 최대한 원문의 의미를 살려 해석했다.

이리저리로 들고 다니는 활이 아닐 터인데
누군가 화살로 원숭이 쏘았나 보네

이렇게 올라가는 중에 미루타카라, 키재기 삼나무 등을 보고 야무케(矢向) 대명신을 향해 절을 올리고 아이즈(会津) 포구에 도착하자 요시쓰네가 일행에게 물었다.

"둘러가는 길은 이틀이지만 항구에 도착하면 미야기노(宮城野) 들판, 철쭉 언덕, 지가(千賀)의 소금가마라고 하여 삼일을 둘러가야 한다. 가메와리(亀割) 산을 넘어 헤무라 마을, 아네하(姐歯) 소나무[58] 쪽으로 나가면 금방인데 어느 쪽을 보며 가겠느냐?"

"명소를 보고 싶지만 하루라도 짧아진다니 가메와리 산 쪽으로 가시죠."

일행은 가메와리 산으로 출발했다.

가메와리(亀割) 산에서 출산하다

가메와리 산을 넘어가고 있었는데 갑자기 요시쓰네 부인의 산통이 시작되었다. 출산이 임박하니 가네후사는 마음이 심란해졌다. 산이 깊어질수록 힘들어하니 부축하며 나아갔다. 산기슭 마을도 멀고 하룻밤을 보낼 숙

58 미야기 현 구리하라(栗原) 시 간나리아네하(金成姉歯)에 있었던 소나무. 우타마쿠라로 유명하다.

소조차 없었다. 산마루 길가에서 2정(町) 쯤 헤쳐 들어가 어느 큰 나무 밑에 가죽깔개를 펴고 그곳을 산실로 정했다. 고통이 극심해지자 부인은 부끄러움도 잊어버린 채 숨을 몰아쉬며 말했다.

"사람들이 가까이에 있어 출산을 할 수 없습니다. 멀리 물리쳐 주십시오."

부하들은 모두 여기저기로 흩어졌다. 부인 곁에는 권두 가네후사와 요시쓰네만 남았다.

"권두가 있는 것은 마음 편치 않지만 어쩔 수 없는 상황이네요."

부인은 말을 마치자마자 기절했다. 이제는 틀렸다고 여긴 요시쓰네는 눈물을 흘리며 말했다.

"이렇게 될 줄 진작부터 알고 있으면서 여기까지 데리고 왔지만 서울을 떠나 목적한 곳에 도착하지도 못한 채 길가에서 허망하게 만들다니 슬프기 그지없소. 누구를 의지하여 이곳까지 멀리멀리 산골마을을 돌아다니며 고생했겠소. 요시쓰네 한 사람을 그리워하며 고통스러운 여행길을 함께 헤매어주었는데 한시도 마음 편하게 해주지 못한 채 떠나보내는 것이야말로 슬프오. 그대와 헤어져 한시도 살 수 있을 것 같지 않소. 같이 가고 싶소."

"전쟁터에서는 이렇지 않았는데……."

용맹한 마음도 잃어버린 채 자신의 슬픈 마음을 토로하며 우는 요시쓰네를 보며 부하들도 모두 눈물을 흘렸다.

잠시 후 부인은 숨을 쉬며 물을 달라고 했다. 벤케이는 물병을 꺼내들고 물을 찾으러 나섰지만 비는 오고 날은 어두워 어디로 가야 할지 알 수 없었다. 발길 닿는 대로 계곡을 향해 내려갔다. 물 흐르는 소리가 들리는지 귀를 기울여 보았지만 근래 오랫동안 맑은 날씨가 계속되어 계곡의 시냇

가도 말라 물 흐르는 소리가 들리지 않았다. 벤케이는 한탄하듯 혼잣말을 하였다.

"아아, 아무리 전생의 운이 없다 해도 이 세상에서 흔하게 얻을 수 있는 물조차 찾을 수 없다니 서글프구나."

울면서 계곡 아래로 더 내려가는데 계곡물이 흐르는 소리가 들렸다. 기뻐하며 물을 떠서 원래 장소로 돌아가려 했지만 안개가 잔뜩 끼어 돌아갈 방법을 잃어 버렸다. 소라고둥을 불고 싶었지만 산기슭 마을이 가까워 무턱대고 불수는 없었다. 그러나 시각을 지체해서는 안된다는 생각에 결국 소라고둥을 불었다. 봉우리에서도 답하는 고둥소리가 들렸다. 벤케이는 겨우겨우 물을 가지고 돌아와 부인 쪽으로 다가가 드리려고 하니 요시쓰네가 눈물을 흘리며 말했다.

"구해온 보람이 없구나. 이미 숨이 끊겼다. 누구를 주려고 여기까지 고생하며 가져온 것이냐."

머리맡에 있던 가네후사도 엎드려 눈물을 흘렸다.

벤케이는 울음을 참으며 머리맡에 다가가 요시쓰네 부인의 머리를 움직여보며 말했다.

"서울에 남겨 두시라 말씀드렸는데 마음이 약해 데리고 오셔서 이런 험한 꼴을 당하신 것이 슬픕니다. 죽음이 아무리 정업(定業)이라 하더라도 저 벤케이가 그토록 마음을 다해 찾아온 물이오니 마시고 나신 후에 어떻게든 되십시오."

벤케이가 물을 입안으로 넣어주자 마시는 것 같았다. 요시쓰네의 손을 잡는가싶더니 또 기절했다. 요시쓰네도 함께 숨이 끊어질 것 같았다.

"마음이 심약해진 것이오, 산실이라며 남성 금기 운운할 때가 아니오.

저리 비키시오, 가네후사."

벤케이는 부인을 안아 일으키더니 허리를 감싸 안고 기도를 올렸다.

"나무 하치만 대보살이여, 바라옵건대 평안히 출산할 수 있도록 지켜 주십시오. 이렇게 저의 주인님을 버리시지는 않겠지요."

히타치보도 합장하고 기도를 올렸다. 가네후사는 소리 높여 슬퍼했다. 요시쓰네도 울면서 부인의 머리에 이마를 맞대고 엎드려 있었다. 부인은 정신이 들자 괴롭다며 요시쓰네를 붙들었다. 벤케이가 뒤에서 부인의 허리를 끌어안고 들어 올리니 쉽게 출산했다. 어린아이의 울음소리를 듣자 벤케이는 수도자의 마직 옷소매로 아이를 감싸 안았다. 어떻게 해야 할지 알지는 못하지만 탯줄을 끊고 물병에 있는 물로 몸을 씻기더니 말했다.

"바로 이름을 붙여야겠습니다. 이곳은 가메와리 산이라 거북이의 수명 만 년, 학의 수명 천 년을 따서 가메즈루(亀鶴) 도련님이라 하겠습니다."

이 모습을 보고 요시쓰네는 벤케이에게 말했다.

"참으로 어린 아기이구나. 언제 사람이 될지 알 수가 없구나. 내가 무사하면 이 아이의 장래도 평온하겠지. 그러나 미래를 알 수 없으니 세상물정 알기 전에 이 산에 서둘러 버리거라."

부인은 이 말을 듣고 출산의 고통도 잊은 채 탄식하며 말했다.

"원망스러운 말씀을 하시는군요. 어쩌다 인간계에 태어난 이 아이를 해와 달의 빛도 보지 못한 채 어이없이 죽게 한단 말입니까. 그토록 못마땅하시다면 주로 권두, 아이를 받아 주세요. 데리고 서울로 올라가는 한이 있더라도 이곳에 둘 수는 없습니다."

벤케이가 어린 아이를 안아들고 요시쓰네에게 말했다.

"요시쓰네 님 한 분을 의지하였기에 만일 주군께 무슨 일이라도 생기면 의지할 곳이 없었습니다. 그러나 이 어린 자제분을 주군으로 모실 생각을 하면 기대가 됩니다. 이렇게나 어여쁜 아드님을 어찌 죽이려 하십니까.”

“어린 자제분의 행운은 숙부인 요리토모 님을 닮기를 바랍니다. 힘은 만족스럽지 않으시겠지만 이 벤케이를 닮으셨으면 합니다. 수명은 천세만세(千歳万歳)를 지켜 가시길 바랍니다.”

벤케이는 축복의 말을 한 뒤 갓난아이에게 말했다.

“여기에서 히라이즈미(平泉)까지는 먼 길입니다. 지나가는 사람과 마주칠 터인데, 칭얼대서 이 벤케이를 곤란하게 하지는 마십시오.”

갓난아이를 수도자의 옷으로 감싼 뒤 궤 안에 넣었다. 삼일을 이동하여 도착하는 동안 단 한 번도 울지 않았기에 불가사의한 일이었다. 세히노우치라는 곳에 도착하여 하루 이틀 몸을 추슬렀다. 날이 밝자 말을 구해 타고 그 날은 구리하라(栗原) 절[59]에 도착했다. 그곳에서 가메이노 로쿠로, 이세노 사부로를 히라이즈미에 사자로 보냈다.

요시쓰네, 히라이즈미에 도착하다

히데히라는 요시쓰네의 사자가 왔다는 말을 듣고 서둘러 대면했다.

“최근에 북륙도(北陸道)로 내려오신다는 소문을 들었지만 자세한 일정을 알 수 없어 마중가지를 못했소. 에치고, 엣추는 그럴 수 있다고 해도 데

59 무쓰(陸奥) 국 구리하라 군으로 현재의 미야기(宮城) 현 구리하라 군에 있는 절을 말한다.

와 국은 이 히데히라의 영지인데, 어째서 명령을 내리셔서 이곳 사람들이 모시러 가도록 하지 않았소? 서둘러 사람을 보내 맞이하러 가겠소."

적자인 야스히라(泰衡) 관자를 불러 요시쓰네 마중을 가라고 명했다. 야스히라는 150기의 세력으로 찾아갔다. 부인을 맞이하기 위한 가마도 준비했다.

"이렇게나 많은 이들이 있었다니."

요시쓰네는 감탄하며 이와이(磐井) 군으로 들어갔다. 히데히라는 경솔하게 자신의 저택으로 모시지 않고 월견전(月見殿)이라는, 평소에 사람들이 다니지 않는 곳에 모시고 예를 다해 매일 대접하였다. 부인에게는 용모단정하고 우아한 시녀 12명과 그 밖에 밑에서 일하는 하녀에 이르기까지 모두 갖추어 섬기게 하였다. 요시쓰네에게는 이전부터 약속한 일이었기에 명마 백 필, 갑옷 오십 벌, 전투용 화살 오십 개, 활 오십 개, 영지로는 모노오(桃生) 군, 호시카(牡鹿) 군, 시다(志太) 군, 다마쓰쿠리(玉造), 도타(遠田) 군으로 그 지역에서 가장 좋은 곳 다섯 군을 진상했다. 한 군이 삼천 팔백 정(町)이나 되었다. 부하들에게는 훌륭한 장원 이사와(膽沢), 에자시(江刺), 하마시를 각기 나누어 주었다. 가끔은 밖으로 나가서 마음을 위로하라며 튼튼한 말 열 필씩, 그리고 우비용 가죽에 이르기까지 마음을 다했다.

"어차피 이제는 무엇을 감추겠습니까. 그저 마음 가는 대로 하십시오."

히데히라는 이즈미 관자에게 명하여 무쓰, 데와 양국의 영주 360명을 골라 매일 향응을 베풀어 올리도록 하였다. 또한 저택을 준비하라 명하니 히데히라 저택에서 서쪽에 해당하는 고로모가와(衣川)라는 곳에 요시쓰네 처소를 조영하여 바쳤다. 요시쓰네가 거주하는 성 앞으로는 고로모가와라는 강이 흘렀으며 동쪽으로는 히데히라의 저택으로 이어졌다. 서쪽은 닷

코쿠(達谷) 암굴로 꽤 높은 산으로 연결되었다. 이처럼 성곽을 갖추어 날아가는 새도 떨어트릴 정도의 위세를 떨쳤다. 어제까지 가짜 수도자였던 요시쓰네는 어느새 환속하여 어엿한 사내가 되어 영화로운 생활을 즐겼다. 이따금 북륙도에서 힘들었던 이야기, 부인이 활약했던 이야기를 꺼내며 웃음지었다. 이렇듯 그 해도 저물어가니 때는 분지(文治)[60] 3년(1187)이 되었다.

---

60 가마쿠라 시대 고토바(後鳥羽)천황의 연호로서 1185년에서 1190년 4월 11일까지를 말한다.

제8권

쓰기노부 형제 조문

한편 요시쓰네는 거처를 다카다치(高館)[1]로 옮긴 후 이따금 쓰기노부(繼信) 형제의 모친에게 심부름꾼을 보내 위로했다. 사람들은 그 정성이 뛰어나다 느꼈다. 어느날 요시쓰네는 벤케이를 불러 쓰기노부, 다다노부(忠信) 형제의 사후공양을 올리라 명하였다.

"이참에 시코쿠와 서국에서 전사한 부하들도 충성의 정도에 상관없이 명부에 이름을 넣어 공양을 올렸으면 하네."

요시쓰네의 말에 벤케이는 눈물을 흘렸다.

"참으로 황공하기 그지없는 말씀입니다. 윗사람으로서 이토록 배려하시다니 참으로 엔기(延喜), 덴랴쿠(天曆)[2]의 성군들조차 이렇게 하실 수는 없을 것입니다. 서둘러 하명하여 주십시오."

요시쓰네는 귀한 스님들을 불러 위령 법회를 열 것을 명했다. 벤케이가 이런 상황을 히데히라(秀衡)에게 알리니 그 뜻에 감화하면서 쓰기노부 형제를 한층 더 안타깝게 여기고 눈물을 흘렸다.

출가한 그 모친에게도 사람을 보내니 손자와 며느리를 데리고 참석하였다. 요시쓰네는 형제에 대한 마음이 너무나도 애틋하여 몸소 법화경을 사경하여 조문하였다. 사람들은 흔치 않은 예라 말했다.

"두 아들에 대한 공양은 제게는 참으로 분에 넘치는 마음을 표현해주

---

1 이와테 현(岩手県) 니시이와이 군(西磐井郡) 히라이즈미초(平泉町)에 있었을 것으로 추정되는 오슈겐지(奥州藤原) 가문의 저택으로 요시쓰네 군의 최후 전투가 벌어진 곳이다.

2 다이고(醍醐), 무라카미(村上) 천황의 연호. 태평성대를 상징하는 연호이다.

신 것이지요. 죽은 자에게 이보다 더 한 명예가 어디 있겠습니까. 아들이 살아있다면 요시쓰네 님의 이런 마음을 얼마나 황송하게 여겼을지, 생각하면 눈물이 그치지를 않습니다. 그러나 지금은 마음을 모두 정리했습니다. 어린 아이들이 대를 이어서 주인님을 모셨으면 하는데 성인식 전이라 아직 아명(兒名)입니다."

요시쓰네가 말했다.

"히데히라가 이름을 지어야 마땅하겠으나 형제들에 대한 정표로 내가 이름을 지어주고자 한다. 그래도 히데히라에게는 알리도록 하거라."

사람을 보내 그 뜻을 전했더니 히데히라가 말했다.

"은밀하게 그렇게 하시도록 말씀드리려 했는데 참으로 황송할 따름입니다."

"그렇다면 주관은 히데히라가 해주시오."

요시쓰네의 명에 알겠다고 답한 뒤 아이들의 상투를 틀어 올리고 에보시(烏帽子)를 씌워 요시쓰네 앞에 앉혔다. 요시쓰네는 아이들을 보고나서 쓰기노부의 아들은 사토 사부로 요시노부(吉信), 다다노부의 아들은 사토 시로 요시타다(義忠)라 이름지었다. 모친은 몹시도 기뻐하며 말했다.

"이즈미노 사부로(和泉三郎)야. 어서 전에 말했던 것을 주인님께 바치거라."

이윽고 사토 집안에 대대로 전해져오는 칼을 진상하였다. 요시쓰네 부인에게는 중국 능직 비단으로 만든 고소데(小袖), 비단을 곁들어 헌상하고 사무라이들에게도 각기 선물을 주었다.

"아아, 두 아들이 요시쓰네 님과 함께 살아 돌아와 자신의 아들들이 에보시를 쓰는 모습을 보았다면 얼마나 좋았을까요."

슬픔에 잠겨 눈물을 흘리니 두 며느리도 죽은 남편을 떠올리며 헤어질 때처럼 목 놓아 구슬피 울었다. 요시쓰네도 애통한 마음에 눈물을 흘렸다. 히데히라는 말할 것도 없고 함께 있던 모든 사람들이 소매에 얼굴을 묻고 눈물을 흘렸다. 요시쓰네는 술잔을 집어 들더니 요시노부에게 하사했다. 술잔을 받아드는 예법, 자리에 맞게 인사하는 모습이 참으로 어른스러워 보였다.

“참으로 쓰기노부를 많이 닮았구나. 너의 아버지는 야시마(八島) 전투에서 내 목숨을 구했는데 그 모습을 본 겐지와 헤이케의 모든 병사들이 이런 선례가 없다며 감탄하며 놀라워했지. 우리나라는 물론 중국, 인도에도 주군에 대한 충심이 깊은 자들이 많지만 이런 예는 없다며 세 나라의 으뜸가는 무사라 칭송했느니라. 오늘부터는 나를 아버지로 생각하거라.”

이윽고 요시노부를 가까이 불러 귀밑머리를 쓰다듬더니 눈물을 참지 못했다. 함께 있던 가메이(亀井), 가타오카(片岡), 이세(伊勢), 와시노오(鷲尾), 마시오노 주로(増尾十郎), 곤노카미(権守), 벤케이를 필두로 부하들도 소리 높여 울었다.

잠시 후 요시쓰네는 눈물을 멈추고 요시타다에게 술잔을 하사했다.

“너의 부친은 요시노(吉野) 산에서 승병들을 쫓아다니며 물리쳤느니라. 나를 살리고자 혼자 산봉우리에 남겠다고 자청하였는데, 홀로 남겨둘 수 없다며 한 곳에서 죽겠다고 수천 번을 말했지만 무사의 말은 어명과 같고 흐르는 땀과 같아 이미 자결하겠다고 천명하였기에 되돌릴 수 없다 하여 홀로 남겨두고 왔구나. 수백 명의 적을 예닐곱 기로 막아냈을 뿐만 아니라 귀신같은 승병이라 회자되는 요카와(横川)의 가쿠한(覚範)을 죽였다. 서울에 올라가 에마노 고시로(絵馬小四郎)를 만나 전투를 했으나 그 또한 무사히 빠져나왔지. 보통 사람이라면 서울을 떠나 이곳으로 내려왔을 텐데, 나를 그리워하며 옛 로쿠조호리카와(六条堀河) 저택을 찾아가 그곳에서 할복하였지. 그 마음을 어찌 잊을 수 있겠느냐. 전례 없는 훌륭한 마음, 무사의 본이라며 요리토모 님도 아까워하시며 사후공양을 드렸다고 들었다. 너도 아버지에게 뒤지지 않을 것 같구나."

요시쓰네는 눈물을 흘리며 이세노 사부로를 불러 흰색에 파란 문양의 갑옷과 위는 흰색, 아래는 남색 실로 엮은 갑옷을 두 사람에게 하사했다. 쓰기노부 모친은 눈물을 멈추고 말했다.

"아아, 참으로 고마우신 말씀이십니다. 무사만큼 용맹하고 또 용맹해야 하는 자가 어디 있겠습니까. 제 자식들이기는 하지만 용맹하지 않고서야 어찌 이런 칭찬의 말씀을 받을 수 있었을까요. 너희들도 자라서 아버지와 같이 주군에게 쓰임을 받아 후대에 이름을 남겨라. 불충을 한다면 아버지만 못한 자라 주위 사람들의 비웃음거리가 될 것이야. 손가락질 받는다면 가문의 수치라는 것을 요시쓰네 님 앞에서 확실하게 말할 테니 잘 들어 마음에 새겨라."

"형제가 용맹한 것도 당연하군. 어머님의 말씀이 이토록 훌륭하다니."

사람들은 모친의 말을 듣고 감탄했다.

히데히라, 사망하다

분지(文治) 4년(1188)[3] 12월 10일경 아프기 시작한 히데히라는 시간이 지

---

3 『아즈마카가미(吾妻鏡)』에는 히데히라의 죽음을 분지 3년(1187) 10월 29일이라 하고 있다.

남에 따라 약해져만 갔다. 기바(耆婆)[4] 편작(扁鵲)[5]의 약, 세이메이(晴明)[6]의 도술로도 감히 치료할 수 없을 정도였다. 히데히라는 부인을 비롯하여 자식과 부하들을 불러 울면서 유언을 남겼다.

"전생의 업으로 죽을병에 걸리면 누구나 목숨을 아까워한다고 들었지만 타인의 일이라 그런 사람을 한심스럽다고 생각했었는데, 막상 그 처지가 되고 보니 참으로 목숨이 아깝구나. 왜 그런가 하니 요시쓰네 님이 나를 의지하여 저 머나먼 곳에서 처자를 데리고 오셨는데 적어도 십년간은 안심하고 살 수 있게 해드릴 수 있다면 좋으련만. 오늘 내일 내가 세상을 떠나면 그야말로 어두운 밤에 등불이 꺼지는 것처럼 산과 들로 헤매는 처지가 되지 않을까 생각하니 슬프기 그지없구나. 이것만이 이승에 남은 미련이요, 저승길을 방해하는 장애물이다. 그러나 피할 수 없는 운명이니 요시쓰네 님을 찾아가 만나 뵙고 마지막 인사를 하고 싶지만 너무나 고통이 심하여 뜻대로 할 수 없구나. 이곳으로 오시라고 하는 것도 황송하니 내가 하는 말을 잘 전해드려라. 너희들이 내 유언을 들어주지 않을까 걱정도 되지만 들어줄 거라면 지금부터 내가 하는 말을 새겨듣기 바란다."

"어찌 받아들이지 않겠습니까."

"필시 내가 죽으면 가마쿠라(鎌倉)로부터 요시쓰네를 치라는 명령이 천황, 상황의 어명으로 내려올 것이며 은상으로는 데와(出羽), 무쓰(陸奥), 히타

---

4 부처를 치료한 고대 인도의 명의를 말한다.

5 춘추전국시대에 살았던 발해군 출신의 명의를 말한다.

6 아베노 세이메이(安倍晴明, ?~1005). 헤이안 중기 음양사. 음양도, 천문도에 능하여 길흉을 점치고 귀신을 제어하고 제사를 지내는 등 궁정에서 활약하였다. 일찍부터 설화적 요소가 가미되어 그의 신통력에 관한 이야기가 설화집에 다수 실려 있다.

치(常陸) 세 지역[7]을 주겠다고 할 것이다. 이 명령을 받아들여서는 안 된다. 내게도 데와, 오슈는 과분한 곳이다. 하물며 부모보다 나은 자식이 어디 있겠느냐. 모두 치켜세우는 말에 편승해서 이런 땅을 받아서는 아니 될 것이다. 가마쿠라에서 보낸 자라 하더라도 참수해라. 두세 번 계속해서 사자들의 목을 베면 그 뒤에는 결코 보내지 않을 것이다. 그래도 가마쿠라에서 또 사람을 보낸다면 그 때는 세상에 큰일이 났다고 생각하고 전투준비를 하거라. 넨주(念珠), 시라카와(白河) 양쪽 관문을 니시키도(西木戸)[8]에게 막도록 하거라. 요시쓰네 님을 소홀히 대해서는 안 될 것이다. 주제넘은 행동을 해서도 안 될 것이다. 이 유언을 저버리지만 않는다면 말세라 하더라도 너희들의 미래는 안온할 것이라 여겨라. 설령 우리가 이승과 저승으로 떨어져 있다고 하더라도……."

히데히라는 괴로운 목소리로 이 말을 끝으로 12월 21일 새벽에 마침내 죽음을 맞이했다. 처자식과 식솔들이 슬퍼했지만 소용없었다. 요시쓰네에게 이 사실을 알리자 요시쓰네는 곧장 말에 채찍을 가해 달려왔다. 히데히라의 주검을 마주하고 한없이 슬퍼하며 말했다.

"저 멀리 떨어진 곳에서 여기까지 온 것은 당신을 의지했기 때문입니다. 아버지와는 두 살 때 헤어졌고 어머니는 교토에 계시지만 헤이케와 함께 살고 있어 서로 친밀하게 지내지 못하고 있습니다. 형제가 있다고는 하

---

7 본문에는 히타치라고 되어 있지만 내용상 세 지역이라고 표기함으로써 가독성을 높이고 다른 판본을 참고하여 번역하였다.

8 텍스트 뒷부분에 니시키도노 다로 요리히라(西木戸太郎頼衡)라고 재차 소개되는데, 요리히라는 히데히라의 6남으로 장남이 아니다. 히데히라의 장남은 후지와라노 구니히라(藤原国衡, ?~1189)이며 서자 출신으로 집안내 발언권이 약했다. 오슈 전투에서 총대장으로 참전, 전사하였다.

지만 어려서부터 여기저기 흩어져 지내고 있어 행방을 모르고 게다가 요리토모 님과는 사이가 좋지 않습니다. 그 어떤 부모의 한탄, 자식의 슬픔이 제 슬픔보다 더 하겠습니까."

요시쓰네의 운도 다하였는지 그토록 용맹했던 이가 한없는 비탄에 잠겼다. 가메와리 산에서 태어난 요시쓰네의 아들도 하얀 옷을 입고 요시쓰네와 함께 마지막 장지까지 함께 했다. 이 모습을 보자니 더욱 더 슬픔이 밀려왔다. 같이 가자며 슬퍼했지만 허무한 들판에 홀로 남겨두고 돌아왔다. 슬프기 그지없는 일이었다.

히데히라 아들, 요시쓰네에게 반기를 들다

히데히라 사후 별다른 변화 없이 아들들이 번갈아 요시쓰네를 찾아오는 사이 그럭저럭 그 해가 가고 이듬해가 되었다. 2월이 되자 어느 부하가 야스히라(泰衡)를 찾아와 말했다.

"요시쓰네 님이 이즈미(泉) 관자 님[9]과 한 패가 되어 주인님의 저택을 공격하려고 준비하고 있다고 합니다. 모반이라는 것이 언제나 그렇듯 선수를 놓치면 어려워지는 법이지요. 서둘러서 대비를 하십시오."

야스히라는 상황이 좋지 않다고 생각했다.

"그렇다면 준비를 하거라."

2월 21일, 돌아가신 부친을 위한 사후공양 준비로 분주한데 야스히라

9 히데히라의 둘째 아들 다다히라(忠衡)를 말한다.

는 왕생을 비는 법회는 제쳐두고 죄도 없는 친동생 이즈미 관자를 야습했다. 어이없는 일이었다.

이를 본 형 니시키도, 사촌 히즈메 고로(樋爪五郎),[10] 모토요시(元吉) 관자[11]는 남의 일이 아니라는 생각에 제각기 다른 마음을 먹게 되었다. 가족이 불화하면 부처님의 가호가 없다는 말도 이를 두고 하는 말이다. 생각해보면 명백한 일이었다. 요시쓰네도 자신을 치려고 획책하고 있을 것이라는 생각에 벤케이를 불러 예외적으로 회문(回文)을 쓰게 하였다.

"규슈에 있는 기쿠치(菊池), 하라다(原田), 우스키(臼杵), 오가타(緒方)는 서둘러 달려오너라. 의논할 일이 있다."

하인인 스루가 지로(駿河次郎)에게 회문을 맡겼다. 지로는 밤낮을 가리지 않고 달려 교토에 도착했다. 서둘러 규슈로 내려가려 했으나 어떤 자가 밀고하였는지 로쿠하라(六波羅)로 정보가 들어가 24명 정도 되는 이들에게 붙잡혀 관동으로 끌려 내려갔다.

요리토모는 회문을 읽으며 분노했다.

"참으로 요시쓰네 이 녀석은 기괴한 자다. 동생이면서 운이 좋은 내게 몇 번이나 반기를 들다니 괘씸하다. 히데히라가 죽었다고 들었다. 오슈도 세력이 약화됐겠지. 공격하려면 어느 정도 있으면 되겠느냐."

앞에 있던 가지와라(梶原)가 답했다.

---

10 히즈메노 스에히라(樋爪季衡, ?~?). 후지와라노 기요히라(藤原清衡)의 아들로 히데히라의 숙부. 여동생은 사도 모토하루(佐藤基治)의 후처가 되어 요시쓰네의 가신인 사토 쓰기노부(佐藤継信), 다다노부(忠信) 형제를 낳았다. 오슈 전투 때 일가를 이끌고 요리토모에게 투항, 유배에 처해졌다.

11 히데히라의 넷째 아들 다카히라(高衡)를 말한다.

"명령이시기는 하지만 어리석은 생각이라 여겨집니다. 어명이라 하여 히데히라를 불렀을 때 "옛날 마사카도(将門)는 8만 여기, 지금의 히데히라는 10만 8천 여기입니다. 편도의 비용을 주신다면 가겠습니다"라고 답하니 "그렇다면 어쩔 수 없다"며 그대로 있으라 하여 결국 교토를 보지 못했다고 들었습니다. 히데히라가 죽었다고는 하지만 부하나 일족은 그대로일 것입니다. 넨주와 시라카와 관문을 철저히 지키면서 요시쓰네 님의 명령에 따라 전투를 벌인다면 일본에 있는 모든 병력으로 백년, 이백년 전쟁을 하더라도 온 백성의 근심이 되고 세상이 어지러워질지언정 쉽게 정복할 수 없을 것입니다. 그보다는 야스히라 님을 회유하여 요시쓰네 님을 칠 수 있도록 도모하고 이후에 오슈를 공격함이 마땅할 것입니다."

"과연 지당한 말이구나."

요리토모는 자신의 명령만으로는 부족하다는 생각에 고시라카와인의 어명을 구했다.

"야스히라는 요시쓰네를 처단하고 바쳐라. 상으로는 본령에 히다치를 더해 자자손손까지 내려줄 것이다."

어명과 함께 요리토모의 명령이 내려오니 야스히라는 아버지의 유언을 등졌다. 요리토모는 아다치노시로 기요타다(安達四郎清忠)를 불렀다.

"요시쓰네는 근래 이삼년간 수염을 길렀으며 얼굴이 까무잡잡하다. 죽이게 되거든 검시하고 오너라."

명령을 받고 기요타다는 오슈로 내려갔다.

그 사이 야스히라는 사냥을 시작했다. 요시쓰네도 집을 나와 사냥에 동참했다. 기요타다는 사람들 틈에 끼어 돌아다니며 정찰을 했는데 틀림없이 요시쓰네로 보이는 이가 있었다. 전투는 분지 5년(1189) 4월 29일 사시

(巳時)로 정해졌다. 이런 사실을 요시쓰네는 꿈에도 알지 못했다.

민부권소보(民部權少輔) 모토나리(基成)[12]라는 자가 있었다. 헤이지(平治) 전투 때 모반을 일으킨 가문이었기에 이곳으로 유배되었는데, 히데히라가 이를 불쌍히 여기고 그 딸을 부인으로 삼아 자식을 여럿 두었다. 모토나리는 적자인 야스히라, 차남인 이즈미 사부로 미치히라(泉三郎道衡), 삼남인 시로 도키히라(四郎時衡)의 외조부였다. 유배된 처지였지만 사람들은 모토나리를 존경하여 '소보어료(少輔御寮)'[13]라고 불렀다.

모토나리의 딸보다 먼저 인연을 맺은 부인에게서 적자인 니시키토노다로 요리히라(錦戶太郎賴衡)가 태어났는데 힘이 세고 건장한 자였다. 강한 활을 잘 다루는 명사수로 사려분별이 있으며 정치적으로도 수완이 좋았으니 그를 적자로 세웠으면 좋았을 텐데 남자가 열다섯 전에 낳은 자식은 적자로 세우지 않는다기에 현재 부인이 낳은 아들 야스히라를 적자로 세운 것이다. 생각해보면 히데히라의 생각이 짧았던 것 같다. 모토나리는 요시쓰네와 깊은 친교를 맺고 있었는데 그를 치려 한다는 이야기에 어이없어 할 말을 잃었다. 제지하려했지만 안타깝게도 손자들에게 장원을 물려준 적이 없었다. 게다가 유배되어 손자들에게 맡겨진 처지에 천황의 질책을 받고 내쳐진 몸이었다. 이미 고시라카와인의 명령은 떨어졌고 결심이 확고한 이상 손자들이 자신의 말을 결코 듣지 않을 것이라며 한탄하다 고민

---

12 후지와라노 모토나리(藤原基成, 1120~?). 헤이안 후기 귀족. 헤이지 난 때 오슈로 유배되었으며 딸이 히데히라와 결혼하여 오슈 후지와라 씨와 혼인관계를 맺게 된다. 히데히라 사후 외손자인 야스히라를 보좌했으나 분지 7년(1189) 요리토모의 공격에 패배한 손자가 효수되고 오슈 후지와라는 멸망하게 된다. 히라이즈미가 함락된 9월 18일 요리토모에게 투항하여 아들과 함께 연행되지만 그 뒤 소식은 알지 못한다.

13 귀인, 또는 귀인의 자녀를 높여 부르는 호칭이다.

끝에 결국 요시쓰네 앞으로 편지를 써서 보냈다.

"당신을 치라는 어명과 막부의 명령이 내려졌습니다. 이번에 벌어지는 사냥이 멋진 사냥놀이라 여겨지십니까? 목숨이 소중합니다. 우선 여기서 먼저 도망치는 것이 좋겠습니다. 당신의 부친이신 요시토모 님은 제 동생 노부요리(信頼)와 모의하여 모반을 일으켜 그 죄로 사형을 당하셨습니다. 더구나 저는 이곳에 유배된 처지가 되었죠. 당신이 이곳으로 내려와 만나게 된 것도 깊은 인연이라 생각하고 있었는데, 그대의 죽음을 보고 슬퍼해야 한다니 견딜 수 없습니다. 차라리 함께 죽음의 길을 떠나고 싶지만 나이가 들어 마음대로 몸을 움직일 수 없어 원치 않는 추선공양만 올리고 있습니다. 함께 하는 것도 여기에 남는 것도 당신에게 마음을 다한다는 면에서는 같습니다."

마지막 말을 맺지도 못한 채 울면서 편지를 보냈다.

요시쓰네는 편지를 받아보고 답장을 썼다.

"편지를 기쁘게 받아보았습니다. 말씀하신대로 어디든 도망쳐야 하겠지만 역적인 된 몸으로 하늘을 날고 땅속으로 들어간들 일본에서는 어디에도 숨을 수 없을 것입니다. 저는 이곳에서 자결을 준비하겠습니다. 화살 한 번 쏘아볼 생각도 없습니다. 이 은혜는 이 세상에서는 갚을 길이 없습니다. 내세에는 꼭 극락정토에서 만날 수 있기를 기원합니다. 이것은 제 일생을 기록한 일기입니다. 부디 늘 곁에 두시고 보십시오."

편지와 함께 당궤 하나를 보냈다. 그 후 모토나리로부터 편지가 왔지만 요시쓰네는 자결 준비로 바쁘다며 답신조차 하지 않았다.

요시쓰네는 출산한지 일주일이 지난 부인을 불렀다.

"나는 관동에서 명령이 내려와 처벌될 것이오. 예로부터 여자에게 죄를 묻지는 않소. 다른 곳으로 떠나시오. 나는 자결 준비를 마쳤소."

이야기를 다 듣기도 전에 부인은 소매에 얼굴을 묻고 울기 시작했다.

"한스럽습니다. 고향을 버리고 어려서부터 한시도 떨어져 지낸 적 없던 유모와도 헤어져 여기까지 따라온 것이 이렇게 이별하기 위해서랍니까. 언제나 그렇듯 여자의 홀로 사랑인 것이 슬픕니다. 당신과 헤어져 잠시라도 혼자 살아남은들 무슨 소용이 있겠습니까. 부디 어서 나를 먼저 죽여 주십시오. 다른 사람 손에 맡기지 마십시오."

부인은 떨어지지 않으려 했다.[14]

"나중에 죽고 먼저 죽고 하는 일은 없을 것이오. 함께 갑시다. 다만 여기는 좋지 않소."

요시쓰네는 울면서 지불당(持仏堂) 동쪽 정면에 있는 방안으로 부인을 들여보냈다.

스즈키 사부로 시게이에(鈴木三郎重家), 다카다치(高館)로 찾아오다

요시쓰네는 스즈키 사부로[15]를 불렀다.

"무릇 그대는 요리토모 님에게 은혜를 받았다고 들었는데 어찌하여 몰

14 이후 요시쓰네의 발화내용은 텍스트에는 없지만 가독성을 위해 다른 판본에 있는 내용을 추가하여 넣었다.

15 스즈키 사부로(鈴木重家, 1156~1189). 헤이안 말, 가마쿠라 초기 무장으로 요시쓰네를 따라 겐페이 전투에서 활약하였으며 고로모가와 전투에서 요시쓰네와 함께 죽음을 맞이했다.

락한 내게 오게 되었는가. 오자마자 금세 이렇게 되어버렸으니 슬프기 그지없다네."

"맞습니다. 요리토모 님에게서 가이(甲斐) 지방에 장원 하나를 받았지만, 자나 깨나 요시쓰네 님을 한 시도 잊어본 적이 없습니다. 모습이 눈에 어른거리고 너무나 오고 싶어서 오랜 세월 함께 한 처자식도 구마노(熊野) 처갓집으로 보냈습니다. 이제 더 이상 이 세상에 미련이 없습니다. 다만 한 가지 마음에 걸리는 것은 그저께 이곳에 도착했어야 했는데 말이 발을 다쳐 도중에 보살펴야 했기에 어제서야 간신히 도착했습니다. 현재 상황이 이러한 것 또한 예상했던 무사의 길입니다. 설령 이곳에서 뵙지 못했다고 하더라도 시간의 차이는 있겠지만 요시쓰네 님이 돌아가셨다는 소식을 듣고 무엇을 위해 잠깐이라도 살 수 있겠습니까. 여기저기서 각기 죽으면 저승길조차 멀어져 늦을 수 있는데 그보다는 지금 이렇게 곁에서 전사할 수 있으니 안심하고 저승길을 함께 하겠습니다."

스즈키 사부로가 마음 편하게 말하니 요시쓰네도 고개를 끄덕이며 눈물을 흘렸다. 스즈키는 말을 이었다.

"하인에게 약식 갑옷만 입히고 데리고 왔습니다. 죽는 마당에 갑옷의 좋고 나쁨이 무슨 소용이 있겠습니까만 훗날 소문이 날까 걱정됩니다."

갑옷은 많다며 요시쓰네는 사이사이 쇠를 넣어 빨간 실로 엮은 튼튼한 갑옷을 꺼내 말과 함께 내주었다. 동생인 가메이노 로쿠로(亀井六郎)에게는 약식 갑옷을 주었다.

고로모가와(衣川) 전투

이윽고 나가사키 대부개(長崎大夫介)를 선두로 2만여 기의 적군이 하나의 진을 이루며 정면으로 쳐들어왔다.

"오늘의 사수는 어떤 자인가?"

"히데히라의 부하 나가사키 다로 대부입니다."

"하다못해 야스히라, 니시키도라도 된다면 마지막 전투를 치루겠지만 동쪽 녀석들의 부하를 상대로 활을 당겨 화살을 쏘는 일은 있을 수 없다. 할복하겠다."

이때 요시쓰네 부인의 유모인 주로 권두(十郎權頭)와 기산다(喜三太)는 집 위로 올라가 덧창을 떼어 방패로 삼아 맹렬히 활을 쏘았다. 주력부대는 벤케이, 가타오카, 스즈키 형제, 와시노오, 마시오, 이세노 사부로, 비젠노 헤이시로 여덟 명이었다. 히타치보를 비롯한 남은 열한 명은 오늘 아침 근처 산사에 불공드리러 떠났다가 그 길로 돌아오지 않고 사라졌다. 말할 필요도 없는 일이었다.

벤케이는 검정 실로 엮은 갑옷을 입었는데 밑단에는 은장식이 반짝였으며 그 위에는 금색 나비가 세 마리씩 박혀 있었다. 그는 장도 한가운데를 잡고 단상 위에 올라섰다.

"여보시게들, 흥을 돋우어 보시게. 동쪽 녀석들에게 좋은 구경시켜주지. 이 벤케이는 어려서부터 히에이잔에서 풍류 방면에서는 시가관현(詩歌管絃)으로 정평이 났었소. 무용(武勇)에서는 악승으로 이름을 날렸지. 동쪽의 천한 녀석들에게 한 수 보여주겠소이다."

스즈키 형제들에게 박자를 맞추게 하고 춤을 추었다.

기쁘구나 폭포 물줄기여. 울려 퍼지는 폭포물 소리, 햇살은 모두 한없이 비치는데
동쪽 녀석들 갑옷과 투구 그 목과 함께 베어내 고로모가와에 연신 흘려보내는구나

적군은 이를 보고 말했다.

"요시쓰네 님의 부하들처럼 용감한 자는 없구나. 적군은 3만 기, 본인들은 저택에 겨우 10기밖에 없거늘 얼마나 싸울 요량으로 그토록 춤을 춘단 말이냐?"

"3만 기도 3만 기 나름이고 10기도 10기 나름이다. 너희들이 전투를 하려는 모습이 우스꽝스러워 웃는 것이다. 히에이잔이나 가스가 산기슭에서 5월 법회 때 승마경주를 하는데 그것과 하나도 다르지 않구나. 우습구나. 스즈키, 동국 녀석들에게 실력을 보여주자."

장도를 빼들고 스즈키 형제와 무사시보 세 기는 말고삐를 나란히 하고 투구를 앞으로 숙인 뒤, 투구 꼭대기에 칼을 대고 와 하고 함성을 지르며 달려 나갔다. 적군 병사들은 원래 있던 곳으로 후퇴하니 그 모습이 가을바람에 떨어지는 낙엽과 다르지 않았다.

"말뿐이로구나. 숫자가 많아 큰소리친 것이냐. 겁쟁이들이로구나, 돌아와라. 돌아와."

큰소리로 불렀지만 되돌아와 상대하려는 이가 없었다.

그러는 사이에 스즈키노 사부로는 데루이노 다로(照井太郎)[16]와 격투를

16 데루이노 다카하루(照井高治, ?~?). 히데히라의 부하로 통칭은 다로이다. 다마즈쿠리(玉造) 군에 거주하였으며 집터가 남아 있다.

벌였다.

"너는 누구냐?"

"야스히라 님의 사무라이, 데루이노 다로 다카하루(高治)다."

"그렇다면 너의 주인은 요리토모 님의 부하겠구나. 야스히라의 조부인 기요히라는 후삼년 전투에서 겐지의 부하였다고 알고 있다. 기요하라의 아들이 다케히라(武衡)이고 그 아들이 히데히라이며 그 아들이 야스히라[17]이니, 너희들은 우리 주군의 5대에 걸쳐 대대로 부하인 셈이다. 그에 반해 나는 요리토모 님 집안 선조대대로 주종의 연을 맺고 있는 사무라이다. 그렇다면 그대는 나에게 어울리지 않는 상대이다. 그러나 무사는 마주 대하는 자가 적이다. 재미있군."

이렇게 말하며 덤벼들었으나 상대는 몸을 돌려 도망쳤다. 스즈키는 쫓아가면서 말했다.[18]

"그대는 히데히라 수하 중에서 부끄러움을 아는 자라고 들었다. 부끄러움을 아는 무사가 적에게 뒤를 보이는 법이 있는가. 꼴 보기 사납다. 멈춰서라. 멈춰서."

데루이노 다로는 되돌아와 전투에 임했으나 오른쪽 어깨를 베여 뒤로 물러섰다. 스즈키는 순식간에 왼손으로 두 기, 오른손으로 세 기를 베어 넘어트리고 예닐곱 기에 부상을 입혔지만 자신도 치명상을 입었다.

"가메이노 로쿠로, 개죽음당하지 마라. 나는 이제 죽는다."

스즈키는 그 말과 동시에 배를 가르고 쓰러졌다.

---

17 이 계보는 역사적으로 맞지 않다. 『존비분맥(尊卑分脈)』에 의하면, 기요히라(清衡)-모토히라(基衡)-히데히라(秀衡)-야스히라(泰衡) 순이 맞다.

18 이 문장은 가독성을 위해 다른 판본에 있는 내용을 추가하였다.

"기이(紀伊) 국 스즈키를 떠날 때 이미 주군께 바친 목숨이오. 생각지도 못했는데 이제 한 곳에서 죽는다니 기쁘오. 저승길에서 기다리시오."

가메이노 로쿠로는 갑옷의 보호대를 베어냈다.

"내 명성은 이미 들었을 것이다. 오늘은 직접 보도록 해라. 스즈키노 사부로의 동생, 가메이노 로쿠로 시게히로, 방년 23세, 전투는 수없이 했다. 내 활솜씨는 모든 사람들에게 널리 알려진 바지만 동국 무사들은 모를 것이다. 처음으로 구경시켜주지."

한 무리의 사람들 속으로 비집고 들어가 왼쪽 편에 있는 적을 잡아당겨 오른손으로 공격하며 찌르니 마주대하고 싸우려는 자가 없었다. 적군 세 기를 죽이고 여섯 기에 부상을 입혔다. 갑옷에 꽂혀 있는 수많은 화살을 구부리는데 이미 중상을 입었다. 가메이노 로쿠로는 갑옷 끈을 풀어 배를 가르고 형이 누워 있는 곳에서 함께 쓰러져 죽음을 맞이했다.

한편 벤케이는 이쪽과 싸우고 저쪽과 대적하다 목이 찔려 한없이 피를 흘렸다. 세상 보통 사람들은 출혈이 심하면 어지럽기 마련이다. 그러나 벤케이는 출혈이 심해지자 더욱 흥분해서 사람을 사람이라 여기지 않았다. 앞쪽에 흐르던 피는 갑옷의 움직임에 따라 빨갛게 물들이며 흘러내렸다.

"저 법사는 궁지에 몰려 미쳤는지 포[19]를 앞쪽에도 걸쳤네. 저런 겁 없는 난폭한 자는 상대하지 마라."

벤케이의 모습을 본 적들은 말고삐를 붙잡으며 앞으로 나아가려하지 않았다. 벤케이는 거듭된 전투에 익숙하였기에 넘어질 듯 넘어질 듯 일어나 강가를 달렸다. 아무도 정면으로 상대하려 하지 않았다.

---

19 화살을 막기 위해 갑옷 뒤에 포대와 같은 천을 덮어 씌웠다.

한편 마시오노 주로는 전사했다. 비젠노 헤이시로도 적을 많이 죽이고 부상을 당해 자결하였다. 가타오카와 와시노오는 짝이 되어 함께 싸웠지만 와시노오는 적 다섯 기를 죽이고 전사했다. 가타오카는 이윽고 벤케이, 이세노 사부로와 함께 힘을 합쳐 전투를 치렀다. 이세노 사부로는 적 여섯 기를 죽이고 세 기에 중상을 입히고 마음껏 전투를 치루고 중상을 입자 저승에서 기다리겠다며 할복하였다.

벤케이는 적을 물리치고 아군의 진영으로 달려가 요시쓰네에게 아뢰었다.

"벤케이가 왔습니다."

요시쓰네는 법화경 8권을 독경하고 있었다.

"어찌 되었느냐."

"전투는 이제 한계에 다다랐습니다. 비젠, 와시노오, 마시오, 스즈키 형제, 이세노 사부로 모두 생각한대로 마음껏 전투를 치루고 전사했습니다. 이제 저와 가타오카만 남았습니다. 주인님을 한 번 더 뵙고자 찾아왔습니다. 주인님이 먼저 전사하시면 저승길에서 기다려주십시오. 벤케이가 먼저 전사하면 삼도천에서 기다리고 있겠습니다."

"지금 이 순간 더욱 아쉬움이 크구나. 함께 죽기로 맹세하였지만 내가 나가 함께 싸우기에는 격이 맞지 않는 적이다. 너를 안으로 불러들이고 싶지만 아군이 모두 전사했구나. 자결하는 곳에 잡스러운 것들을 들인다면 무사로서 치욕이 될 것이다. 지금은 도저히 어쩔 수 없으니 설령 내가 먼저 떠난다 해도 저승길에서 기다리고 있겠다. 만일 자네가 먼저 떠난다면 정녕 삼도천에서 기다리게나. 독경도 이제 얼마 남지 않았으니 다 읽을 때까지는 죽더라도 나를 지켜주게나."

"분부 받들겠습니다."

벤케이는 발을 걷어 올리고 주군을 물끄러미 바라보다가 북받쳐오는 회한에 눈물로 목이 메었다. 이윽고 다가오는 적들의 소리를 듣고 인사를 올리고 떠나더니 되돌아와 노래를 읊었다.

> 육도(六道)로 가는 저승길 중간에서 그대 만나기를
> 먼저 도착하거나 늦게 도착하더라도

이렇게 정신없는 와중에도 내세를 약속하니 요시쓰네도 답가를 읊었다.

> 다음 생에도 또 다음 생에도 우리 만나기를
> 보라색으로 물든 저 구름 위까지 날아

두 사람은 소리를 내어 울었다.

한편 벤케이는 가타오카와 등을 마주대고 칼을 뽑아 들고 마을을 반으로 나누어 달려가니 상대편 무사들은 무리를 이루어 도망쳤다. 가타오카는 일곱 기의 적들 안으로 들어가 싸우니 어깨도 팔도 견디지 못하고 심한 부상을 입었다. 끝났다는 생각에 배를 갈라 자결했다.

이제 벤케이는 혼자가 되었다. 장도의 한 척 정도를 밟아 꺾어 버리더니 말했다.

"아아, 오히려 잘됐군. 도움도 안 되는 아군이라 내 손발에 걸림돌이 될 뿐이었다."

대문 입구에 서서 적이 돌진해오면 다가가서 쓱 베고, 말의 복부와 앞다리를 쿡하고 찔러 적이 말에서 떨어지면 장도 끝으로 목을 베어냈다. 칼등으로 치고 칼날로 미친 듯이 베며 사방팔방으로 칼을 휘두르니 그 한 명을 대적할 자가 없었다. 갑옷에 꽂힌 화살이 몇 개인지 셀 수 없을 정도였다. 박힌 화살을 꺾어내고 꺾어내니 마치 도롱이를 거꾸로 입은 것 같았다. 검은 깃, 하얀 깃, 물들인 깃이 달린 화살이 색색이 바람에 나부끼는 모습이 마치 무사시노(武蔵野)의 참억새가 가을바람에 흔들리는 것처럼 보였다.

"아군도 적군도 모두 전사했는데 이 법사만은 아무리 난리를 쳐도 죽지 않으니 이상한 일일세. 소문으로 듣던 것보다 훨씬 강하니 우리의 손이 아니더라도 부디 이 지방을 수호하는 대명신이시여, 이 곳으로 와서 저 자를 발로 차 죽여주시옵소서."

기도를 올리니 그 모습이 참으로 딱하였다.

벤케이는 적들을 물리치고 장도를 거꾸로 지팡이처럼 짚고서는 적들이 있는 쪽을 노려보며 서 있었다. 마치 금강역사가 우뚝 서있는 것 같았다. 그는 살짝 미소를 띠고 있었다.

"저것 좀 봐. 저 법사가 우리를 치려고 이쪽을 보면서 기분 나쁘게 웃고 있는데 예삿일이 아니야. 가까이 다가가지마세."

쉽사리 다가가지 못하는데 어떤 이가 말했다.

"용맹한 무사는 선채로 죽을 수도 있다고 하더군. 이봐, 가서 한 번 만져보게."

"난 안 하겠네."

확인해보겠다며 다가가는 자가 하나도 없었는데 어느 젊은 무사가 말을 타고 벤케이가 서 있는 옆을 달려 지나갔다. 벤케이는 이미 목숨이 끊어졌기에 말에 부딪쳐 쓰러졌다. 장도를 쥔 채로 굳은 사체가 쓰러지자 마치

장도가 앞으로 움직이는 것처럼 보였다.

"저것 봐, 저거, 다시 날뛸 거야."

모두들 혼비백산하여 도망치면서 전투자세를 취했다. 그러나 쓰러진 채 미동도 없었기에 그제야 겨우 앞다투어 달려가는데 그 모습이 꼴불견이었다. 선채로 굳어버린 것은 주인이 자결할 때까지 적을 저택에 들어오지 못하게 지키려는 것이었다며 사람들은 깊이 감동했다.

요시쓰네, 자결하다

주로 권두 가네후사(兼房)와 기산다는 옥상에서 뛰어내렸는데 그때 기산다는 목뼈에 화살을 맞아 땅으로 떨어져 숨을 거두었다. 가네후사는 방패를 등에 대고 안채 서까래에 매달려 이동한 뒤 지불당(持仏堂)의 작은 방으로 뛰어내려 들어갔다.

돌아가신 히데히라 저택에서 일하던 하인으로 요시쓰네를 돌보던 샤소라는 자가 있었는데 히데히라가 승마를 허락할 수 없을 정도로 미천한 신분이었지만 비상시에는 도움이 될 거라며 요시쓰네에게 보내준 자였다. 다른 하인들은 싫어했지만 승마를 허락하였는데 이번 일을 당하고 사람들이 모두 도망치는 와중에 그만은 남아있었던 것이다. 샤소는 가네히라에게 말했다.

"알현을 허락해 주십시오. 저는 저택 안에서 방어용 화살을 쏠 것입니다. 돌아가신 히데히라 님이 남기신 말씀이 있기에 미천하지만 저승길을 함께하고자 합니다."

샤소가 마구 활을 쏘아대니 다가서는 적들이 없었다. 미천한 자이지만 샤소만이 히데히라의 명령을 지키고자 도망가지 않았으니 참으로 안타까운 일이었다.

"자결할 시각이 된 것 같구나. 자결은 어떻게 하는 것이 좋겠느냐."

요시쓰네의 질문에 가네후사가 답했다.

"교토에서 사토 병위가 했던 자결을 후일까지도 사람들이 입을 모아 칭찬하였습니다."

"그렇다면 어렵지 않구나. 상처가 큰 것이 좋다는 말이지."

칼날의 길이가 6촌 5부나 되는 칼을 꺼내었다. 이는 산조(三条) 명인 대장장이가 특별 주문을 받아 만든 칼로 구라마 절에 봉헌되었던 것이다. 구라마 별당은 불전에서 칼을 내리며 이마쓰루기(今劍)라는 이름을 붙이고 비장(秘蔵)하였다. 요시쓰네는 어려서 구라마를 나올 때부터 자신을 지키는 칼로 지니고 있었다. 어렸을 때부터 그 칼을 늘 몸에 지니며 소중히 간직했고 서국의 전투에서도 갑옷 안에 항상 패용했다. 요시쓰네는 그 칼을 왼쪽 가슴 아래에 세우더니 칼날이 등을 관통할 정도로 강하게 찔렀다. 그리고는 칼을 휘둘러 상처를 세 방향으로 찢어 창자를 베어 쏟아내었다. 옷소매로 칼을 닦아 무릎 아래에 깔고 옷으로 덮은 뒤 사방침에 기대었다.

이윽고 요시쓰네는 부인을 불러 말했다.

"이제 히데히라 님 후처의 집으로 가시오. 아니면 형님[20]에게라도 가시오. 모두 교토 분들이시니 박대하지는 않을 것이요. 고향에 돌아갈 수 있게 해주실 것이오. 고향을 떠난 뒤 하루도 떨어진 적이 없는데 오늘부터 홀로

---

20 후지와라노 모토나리(藤原基成)를 가리킨다.

얼마나 외롭겠소. 이것도 전생의 연이라 생각하시고 절대로 슬퍼하지 마시오."

부인은 매달리며 흐느끼며 말했다.

"서울을 떠나 당신을 따라온 이 순간까지 오래 살 수 있을 거라 생각한 적은 없습니다. 중도에 만일의 사태가 일어나면 제일 먼저 죽으려고 각오하였는데, 어찌하여 새삼스럽게 그런 말씀을 하십니까. 자, 어서 저를 죽여주십시오."

"할복하기 전에 말하려했지만, 너무나 마음이 아파 말하지 못했소. 이제 가네후사에게 명령하겠소. 가네후사는 가까이 오거라."

가네후사는 어디에 칼을 꽂을지 몰라 황망해하며 엎드려 눈물을 흘리자 부인은 그를 바라보며 말했다.

"부모의 눈만큼 정확한 것은 없다오. 내가 겁쟁이라는 것을 알아채셨기에 그대를 내게 붙여주셨겠지요. 이런 말을 할 필요도 없지 않소. 내가 말을 꺼내기 전에 어서 죽였어야 했어요. 살려두어 치욕을 당하게 하다니 원망스럽소. 칼을 주시오."

"이 일만큼은 어려운 것이 당연합니다. 아가씨가 태어나셔서 삼일 되었을 때 주인님께서 저를 부르셔서 "이 아이를 자네에게 맡기겠네"라고 말씀하셨습니다. 말씀에 따라 곧바로 산실을 찾아간 뒤로는 밤에는 제 아내 메이후쿠의 가슴에서, 낮에는 제 무릎 위에서 지내셨습니다. 공무를 위해 외출할 때에도 마음이 쓰이고 잠시 잠깐이라도 안보이면 천년의 세월이 흐른 것처럼 느낄 만큼 애지중지 키웠습니다. 성인이 되신 후에는 입궐하여 중궁이나 황후가 되기를 바랐는데,[21] 주인님과 안방마님께서 연달아 돌아가시니 희망을 가져봐야 의미 없다며 한탄했습니다. 신불에게 기도드린 것도 무색하게 지금 이런 모습을 보게 될 줄이야 정말로 생각지도 못했습니다."

가네후사는 갑옷 소매에 얼굴을 묻고 처연하게 소리 내어 울었다.

"그만두시오. 한탄한들 무슨 소용이 있겠어요. 적들이 다가오고 있는데."

부인의 말에 가네후사도 눈앞이 깜깜해지고 마음이 찢어질 것 같았지만 어쩔 수 없다며 허리에 차고 있던 칼을 뽑아 부인의 왼쪽 어깨를 붙잡고 오른쪽 옆구리 아래쪽에 칼을 세워 왼쪽 옆구리 방향으로 베어냈다. 부인은 힘겹게 숨을 쉬며 염불을 하고 마침내 숨을 거두었다. 그 위에 옷을 뒤집어씌우고 요시쓰네 곁에 나란히 눕혔다. 그때 유모의 무릎에 앉아 있던 다섯 살 난 아이가 들어왔다.

"가네후사. 어째서 아버지의 독경 소리가 들리지 않는 거야?"

아이는 아버지의 부상당한 모습을 보고 놀라는 한편 어머니를 덮고 있던 천을 벗기려 했으나 가네후사가 이를 제지했다. 시신을 덮고 있던 옷 밖으로 삐져나온 머리카락을 붙들고 어찌된 일이냐며 시신을 흔들어대는가 하면 자꾸만 옷을 들쳐 얼굴을 확인하려 했다. 가네후사는 아이를 안아 무릎 위에 앉혔다.[22]

---

21 양육에 관한 가네후사의 토로는 저본에는 없으나 가독성을 위해 다른 판본에 있는 내용을 추가하여 번역하였다.

22 요시쓰네의 아들이 들어와 가네후사에게 독경소리가 들리지 않는 이유를 묻는 장면부터 어머니의 죽음을 받아들이지 못해 시신을 흔들려고 하는 장면은 저본에는 없으나 가독성

"주인님도 안방마님도 모두 저승길을 넘어가셔서 황천의 머나먼 경계까지 들어가셨습니다. 도련님도 이제 곧 가시게 될 겁니다."

아이는 가네후사의 목에 매달리며 말했다.

"저승길로 어서 어서 가자, 가네후사. 서둘러 데리고 가줘."

보채는 아이의 말에 가네후사는 어쩔 도리 없이 아득하게 울음만 터져 나올 뿐이었다.

'아아, 전생의 죄업이야말로 원통하구나. 도련님이 주인님의 아들로 태어나신 것도 그럴 인연이 있기 때문이겠지. 가메와리 산에서 그냥 버리고 오라고 하셨던 그 말씀이 실로 지금도 생생하게 귀에 맴도는 것 같구나.'

한없이 목 놓아 우는데 적은 더 가까이 다가왔다. 이래서는 안된다는 생각에 두 번 칼로 관통시키니 '앗'하는 외마디를 지르고 숨이 멈추었다. 요시쓰네의 옷 아래에 눕히고나서 태어나서 칠일 밖에 되지 않은 여자 아기씨도 같은 방식으로 찔러 부인의 옷 아래에 눕혔다.

"나무아미타불, 나무아미타불."

자신의 몸을 껴안고 염불을 외울 뿐이었다. 요시쓰네는 아직 숨이 붙어 있었는지 눈을 뜨고 말했다.

"부인은 어찌 되었는가?"

"이미 자결하셨고 옆에 누워계십니다."

요시쓰네는 옆을 더듬었다.

"이것은 누구인가, 아들인가."

요시쓰네가 손을 뻗어 부인을 어루만지니 가네후사는 더더욱 슬픔이

을 위해 다른 판본에 있는 내용을 추가하여 번역하였다.

북받쳤다.

"어서 빨리 집에 불을 지르거라."

요시쓰네는 마지막 한 마디 말을 남긴 뒤 숨을 거두었다.

가네후사의 최후

가네후사는 "이제 더 이상 마음에 걸리는 일이 없군"이라며 혼잣말하더니 미리 생각해둔 대로 뛰어다니며 집에 불을 질렀다. 때마침 서풍이 강하게 불어 불길은 하늘 높이 치솟으며 세차게 번졌다. 장지문과 맹장지를 뜯어내어 요시쓰네 일가족 위에 덮어 흔적이 보이지 않도록 했다. 화염에 숨이 막혀 정신이 아득해졌고 어디가 어딘지 분간할 수 없게 되었다.

가네후사는 주군의 마지막을 지켰지만 적은 많이 죽이지 못했다는 생각이 들었는지, 갑옷을 벗어 던지고 약식 갑옷 끈을 단단히 여민 후 여닫이문을 벌컥 열고 밖으로 나갔다. 마침 상대편 대장군 나가사키 다로(長崎太郎) 형제가 정원에 말을 타고 들어와 멈추고 서서 적이 자결한 이상 별일이야 있겠냐며 안심하고 있었다. 이때 가네후사가 소리쳤다.

"중국, 인도는 모르겠지만 우리나라에서 주인님의 저택에 말을 타고 들어오다니 있을 수 없는 일이다. 이렇게 말하는 내가 누구인지 아느냐! 세이와(清和) 천황의 10대손, 하치만타로 요시이에(八幡太郎義家)의 4대손, 요리토모 님의 동생인 구로 대부 판관 요시쓰네 님의 친척으로 주로 권두 가네후사이다. 원래는 구가(久我) 대신 댁의 사무라이다. 지금은 겐지의 부하로 번쾌(樊噲)[23]가 놀랄 정도의 용맹한 자다. 자, 내 실력을 보여주마! 법도도 모르는 녀석들!"

가네후사가 나가사키 다로의 오른쪽 갑옷 허리보호대에서 시작하여 무릎, 등자를 매단 가죽, 말의 늑골 다섯 대까지 베어내니 말도 사람도 일어서지 못하고 넘어졌다. 쓰러지는 형을 도우려고 동생 지로가 가네후사에게 덤벼들었다. 가네후사는 지로에게 달려가 스치듯 잡아끌어 말에서 떨어트렸다.

"혼자 가려던 저승길 함께 가자."

가네후사는 지로를 왼쪽 옆구리에 끌어안고 불길 속으로 뛰어들었다. 가네후사는 생각해보면 무서운 사람이다. 마치 귀신같은 행동이었다. 가네후사 자신이야 전부터 생각했던 일이라 각오하고 뛰어들었을 것이다. 나가사키 지로는 공을 세우고 은상을 받고 은혜를 입으려다 어이없이 붙잡혀 불길 속으로 끌려 들어갔으니 딱한 일이었다.

히데히라 아들 토벌(討伐)

이윽고 야스히라가 요시쓰네의 목을 베어내 가마쿠라에 바치니 요리토모는 말했다.

"무릇 이들은 어처구니없는 자들이구나. 자신을 믿고 내려온 요시쓰네

23 번쾌(樊噲, ?~B.C.189). 한나라 고조 때의 공신. 유방의 거병 뒤 무장으로 용맹을 떨쳐 공을 세웠다. 유방이 즉위한 뒤 좌승상상국이 되고 그 뒤 여러 반란을 평정했다.

를 물리쳤을 뿐 아니라 이 요리토모의 형제라는 사실을 알면서도 상황의 명령이라며 주저 없이 처단하다니 기괴하구나."

야스히라가 보낸 사무라이 대장 두 명, 휘하 부하들과 하인에 이르기까지 한 명도 남김없이 모두 머리를 잘라 효수했다.

곧바로 군병을 파견하여 야스히라를 토벌해야한다는 회의가 있자 선봉에 서겠다는 이들이 나타났다. 지바노스케(千葉介),[24] 미우라노스케(三浦介),[25] 사마노스케(左馬介), 다이가쿠노카미(大学頭), 오오이노스케(大炊介), 가지와라(梶原)[26]를 비롯하여 너도나도 희망했다.

"잘 됐든 못 됐든 이 요리토모 한 사람의 생각으로 정할 수는 없다."

요리토모는 와카미야(若宮)에서 기도를 하며 머물렀다. 꿈에 계시를 받은 하타케야마 시게타다(畠山重忠)를 필두로 7만 여기를 오슈로 내려 보냈다. 옛날에는 12년에 걸쳐 전투를 치렀지만 이번에는 불과 90일 만에 함락되니 기이한 일이었다. 니시키도, 히즈메, 야스히라 등의 대장군을 비롯한 3백 명의 목을 하타케야마가 손에 들고 남은 목을 하인들이 들었지만 그

---

24 지바노스케 쓰네타네(千葉常胤, 1118~1201). 가마쿠라 막부 초창기 중신으로 1180년 요리토모의 소집에 응하여 삼백여기의 군사를 이끌고 참전하였다. 같은 해 10월 후지가와(富士川) 전투에서 승리한 요리토모가 헤이케를 쫓아 상경하려고 하였지만, 쓰네타네는 가마쿠라를 본거지로 하여 우선 관동을 평정하라고 진언하였다. 이후 가즈사 슈고가 되어 중신으로 중용되었다.

25 미우라노 요시즈미(三浦義澄, 1127~1200). 헤이안 말, 가마쿠라 초기 무사로 사가미(相模) 출신이다. 미우라 요시아키라(三浦義明)의 아들. 미나모토노 요시토모(源義朝)의 가신으로 헤이지 난에 참전했다. 요리토모 거병에 계획단계부터 참가했으며 가마쿠라 막부의 근거지 사가미(相模) 지역 슈고(守護)로서 막부내 지위가 상당히 높았다.

26 가지와라노 가게스에(梶原景季, 1162~1200). 헤이안 시대 말기에서 가마쿠라 초기의 무장으로 가게토키의 아들. 요리토모를 섬겼으며 많은 전투에서 활약하였으며 용맹함과 교양을 갖춘 것으로 알려졌다.

수를 헤아릴 수 없을 정도로 많았다. 히데히라의 유언처럼 니시키도와 히즈메 두 사람이 양쪽 관문을 지키고 야스히라, 이즈미 관자가 요시쓰네의 명령에 따라 전투를 했더라면 어찌 이렇게 되었겠는가. 부친의 유언을 저버리고 주군에게 불충하고 악역무도한 일을 저지르며 목숨을 헛되이 하고 자손이 끊기고 대대로 소유하던 영지마저 다른 이의 손에 들어가니 슬픈 일이다. 무사된 자는 충효를 우선시해야 한다. 참으로 안타까운 일이다.

계보도

1. 세이와 겐지(清和源氏) 계보

- 미나모토노 다메요시(源為義)
  - 다메토모(為朝)
  - 요시카타(義賢)
    - 요시나카(義仲)
  - 요시토모(義朝)
    - 요시쓰네(義経)
    - 엔조(円成)
    - 젠조(全成)
    - 요리노리(頼範)
    - 요리토모(頼朝)
      - 사네토모(実朝)
      - 요리이에(頼家)
    - 요시히라(義平)

2. 천황(天皇)가 계보

- 시라카와(白河)천황 72대
  - 호리카와(堀河)천황 73대
    - 도바(鳥羽)천황 74대
      - 고노에(近衛)천황 76대
      - 고시라카와(後白河)천황 77대
        - 다카쿠라(高倉)천황 80대
          - 고토바(後鳥羽)천황 82대
          - 안토쿠(安徳)천황 81대
        - 모치히토오(以仁王)
        - 니조(二条)천황 78대
          - 로쿠조(六条)천황 79대
      - 스토쿠(崇徳)천황 75대

3. 간무헤이시(桓武平氏) 계보

- 다이라노 다다모리(平忠盛)
  - 요리모리(頼盛)
  - 노리모리(教盛)
    - 노리쓰네(教経)
  - 쓰네모리(経盛)
  - 기요모리(清盛)
    - 겐레이몬인(建礼門院)
    - 시게히라(重衡)
    - 도모모리(知盛)
    - 무네모리(宗盛)
    - 모토모리(基盛)
    - 시게모리(重盛)

4. 오슈 후지와라(奥州藤原) 계보

- 후지와라노 기요히라(藤原清衡)
  - 모토히라(基衡)
    - 히데히라(秀衡)
      - 야스히라(泰衡)
      - 다다히라(忠衡)
      - 구니히라(国衡)

일본적 영웅 탄생의 서막
『요시쓰네 이야기(義経記)』

1. 미나모토노 요시쓰네(源義経, 1159~1189)의 생애

고대에서 중세로 넘어가는 전환기 일본은 연이은 전란으로 정국이 불안정했다. 천황가와 섭관가(摂関家)의 내분으로 발발한 호겐(保元) 난, 고시라카와(後白河) 상황 측근의 내부갈등이 원인이 된 헤이지(平治) 난, 그리고 겐지(源氏)와 헤이케(平家)라는 두 무가 집단의 충돌로 유명한 지쇼·주에이(治承·寿永) 난이 연달아 이어졌다. 이들 난은 각기 그 원인과 정치적 성격이 다르지만 한 가지 공통점을 지니고 있었는데 전란을 통해 무사 집단의 정치적 영향력이 가파른 속도로 커졌다는 사실이다. 무사들은 귀족들의 충성스러운 '지킴이(番犬)'에서 탈피하여 정치적 실권을 장악한 존재로 급부상하였으며 마침내 가마쿠라(鎌倉) 막부와 같은 무가 정권을 만들기에 이르렀다. 쇼군(将軍)을 중심으로 한 막부체제가 가마쿠라, 무로마치(室町), 에도(江戸)로 이어지며 근대화 이전까지 지속되었다는 점을 감안하면 고대 말기에 일어난 변화, 즉 정치적 실권을 지닌 무사의 등장은 일본사에 있어 중요한 의미를 지니는 사건이 아닐 수 없다.

난세가 영웅을 만들어낸다는 표현에 걸맞게 고대 말기에 벌어진 수많은 전투는 다양한 영웅과 그들에 관한 이야기를 만들어냈다. 무사들이 주인공이 되는 전투담은 때로는 승자의 무용담으로, 때로는 패자의 비화(悲話)로 인구에 회자되어 『호겐 이야기(保元物語)』, 『헤이지 이야기(平治物語)』, 『헤이케 이야기(平家物語)』를 필두로 하는 다양한 산문 작품을 만들어냈다. 또한 이들 작품은 노(能)나 가부키(歌舞伎)와 같은 무대 예능으로 승화되기도 하고 근세 산문의 소재로 새롭게 재해석되는가 하면 만화나 영화, NHK대하드라마에 이르기까지 장르를 넘나들며 다양한 형태로 2차, 3차 창작의 토대가 되고 있다. 고대 말기 전란과 전투에서 활약했던 영웅들은 그들이 실존했던 시대를 뛰어넘어 중세, 근세, 근대, 그리고 현대에 이르기까지 많은 문화 콘텐츠를 통해 여전한 인기를 구가하고 있다.

고대 말기 무사 중 일본인의 사랑을 가장 많이 받는 인물을 꼽으라면 단연 미나모토노 요시쓰네(源義経)를 꼽을 것이다. 본서의 주인공이자 '호간비이키(判官贔屓)'로 유명한 요시쓰네는 겐지의 무장으로 헤이케 정권을 무너뜨리고 왕권회복과 가마쿠라 막부 성립에 큰 공을 세운 인물이다. 요시쓰네의 아버지는 헤이지 난을 일으킨 미나모토노 요시토모(源義朝)이며 어머니는 당시 일본 제일의 미녀로 유명했던 시라뵤시(白拍子) 도키와(常盤)이다. 그리고 가마쿠라 막부를 세운 요리토모(頼朝)는 요시쓰네의 배다른 형이다. 요시쓰네가 태어나던 해 요시토모는 헤이지 난을 일으켜 이듬해 죽음을 맞이한다. 도키와는 다이라노 기요모리(平清盛)의 호의로 어린 아들들의 목숨을 구하지만 겐지의 자식으로 산다는 것은 녹록한 일이 아니었다. 헤이지 난 이후 세상은 "헤이케가 아니면 사람이 아니다(平家にあらずんば人にあらず)"는 말이 상징하듯 헤이케 세상으로 뒤바뀌었다. 헤이케의 수장 기

요모리는 태정대신(太政大臣)이 되고 그 딸은 다카쿠라(高倉) 천황의 비가 되어 손자 안토쿠(安德) 천황을 낳았다. 같은 무사 집안이지만 헤이케는 중앙 귀족의 일원으로 영화를 구가하는 반면 패전한 겐지의 자손들은 전국에 숨어서 몸을 낮추고 인고의 시간을 견뎌야 했다.

도키와의 세 아들은 목숨을 부지하기 위해 각기 무사의 길과는 거리가 먼 승려의 길을 택했다. 첫째 이마와카(今若)는 다이고지(醍醐寺)에서, 둘째 오토와카(乙若)는 온조지(園城寺)에서 각각 출가하여 스님이 되었다. 셋째 우시와카(牛若), 즉 요시쓰네 역시 구라마데라(鞍馬寺) 도코보(東光坊) 아사리(阿闍梨)에게 맡겨져 불경을 배웠다. 당시 전투에서 패한 무사의 아들들이 대부분 죽임을 당했던 것에 비하면 요시토모 아들들의 존명은 다소 이례적이라 할 수 있다. 구라마에서 불도를 닦던 요시쓰네는 동북지방으로 건너가 후지와라노 히데히라(藤原秀衡)에게 몸을 의탁하고 그곳에서 자신의 기반을 다지게 된다. 당시 동북지방은 오슈(奧州) 후지와라 씨가 지배하고 있었다. 기요히라(清衡), 모토히라(基衡), 히데히라, 야스히라(泰衡)로 이어지는 오슈 후지와라는 요리토모에 의해 멸망하기까지 4대, 약 100년간 동북지방의 실질적인 지배자로 독자적인 히라이즈미(平泉) 문화를 만들었다. 히데히라는 요시쓰네의 든든한 후원자가 되어주었으며 훗날 요리토모에 의해 쫓기는 신세가 되었을 때에도 요시쓰네를 환대하고 끝까지 비호해 주었다.

1180년 헤이케 정권 타도를 위한 형의 거병 소식을 들은 요시쓰네는 부하들을 이끌고 오슈에서 가마쿠라로 달려갔으며 이후 주요 전투의 총대장으로 혁혁한 공을 세웠다. 그는 당시 수도를 점령하고 있던 기소 요시나카(木曾義仲)를 몰아내어 교토의 치안을 바로잡았으며 이치노타니(一の谷) 전투, 야시마(八島) 전투, 단노우라(壇の浦) 전투의 연이은 승리를 통해 1185년

2월 마침내 헤이케를 궤멸시키는데 성공한다. 요시쓰네 관련 이야기는 훗날 다양한 방향으로 재생산되고 확산되는데, 그 중 신출귀몰하며 적의 허를 찌르는 기습공격, 악천후도 아랑곳하지 않고 난공불락의 요새마저 허물어뜨리는 전쟁 영웅의 이미지는 이와 같은 전투를 통해 형성되었다.

그러나 헤이케 타도 후 개선한 요시쓰네를 기다리고 있었던 것은 요리토모와의 불화였다. 불화의 원인을 『아즈마카가미(吾妻鏡)』는 요시쓰네가 요리토모의 허가 없이 조정으로부터 관위를 받은 것, 전투에 있어 요리토모의 대변인이라 할 수 있는 가지와라노 가게토키(梶原景時)의 의견을 무시하고 독단적으로 행동한 것, 단노우라 전투 후 규슈에서 행해진 월권행위 등을 들고 있다. 『아즈마카가미』가 가마쿠라 막부에 옹호적인 입장에서 쓰인 역사서라는 것을 감안해야겠지만 둘 사이에 생긴 균열과 반목에 조정에서 임명한 검비위사(検非違使)라는 직책, 즉 교토 치안을 담당하는 관직이 불씨로 작용하고 있음에는 이견의 여지가 없을 것이다. 요리토모는 동생 요시쓰네가 지나치게 조정과 가까워지는 것을 견제했던 것이다. 요리토모의 토벌 명령에 요시쓰네는 일단 교토를 떠나 규슈로 향하지만 난파하는 등 뜻대로 전투를 벌이지 못한 채 쫓기는 몸이 되어 다시 오슈를 향한다. 히데히라의 비호아래 비교적 평온한 3년의 시간을 보냈으나 히데히라 사후 그의 아들 야스히라는 아버지의 유언을 어기고 요시쓰네를 배신한다. 요시쓰네는 결국 1189년 처자와 함께 고로모가와(衣川) 저택에서 자살로 생을 마감한다.

2. 호간모노(判官物) - 요시쓰네 인물조형의 확장

방대한 요시쓰네 관련 문헌의 존재는 요시쓰네가 얼마나 많은 사람들의 이목을 집중시킨 인물인지를 방증한다. 비극적 영웅인 그의 삶과 죽음은 역사적 실존을 뛰어넘어 원령담, 덴구(天狗) 담,[1] 생존설,[2] 징기스칸설 등 다양한 방식으로 전설화되고 수용된다. 요시쓰네에 대한 관심과 사랑은 여러 문예로 승화되는데, 이와 같은 요시쓰네를 소재로 한 문학작품을 통칭하여 호간모노(判官物)라고 한다. 호간은 원래 율령제 관위 4등관 중 3등관에 해당하는 직책[3]이다. 고시라카와인(後白河院)이 요시쓰네에게 제수했던 관직 검비위사위(検非違使の尉)는 호간에 해당하며, 요시쓰네의 인기에 힘입어 호간은 요시쓰네를 상징하는 단어가 되었다. 호간모노는 헤이쿄쿠(平曲), 요쿄쿠(謡曲), 고와카마이(幸若舞), 오토기조시(御伽草子), 조루리(浄瑠璃), 가부키, 근세 산문 등 여러 장르에 걸쳐 존재하는데, <표1>에서 알 수 있듯이 특히 가무, 연극과 같은 무대 예술 작품에 많다.

---

1 요시쓰네가 구라마(鞍馬) 덴구의 제자가 되어 병법을 전수 받았다는 전설로 그가 발휘한 천재적인 전략과 전술을 덴구와 연결 짓는다.

2 무로마치 이후 요시쓰네가 자결하지 않고 북쪽으로 건너갔다는 요시쓰네 생존설이 등장하고(「御曹子島渡」) 이 흐름은 에도 시대에도 이어져 요시쓰네가 아이누의 수장, 금나라 장군, 청나라 원조가 되었다는 이야기로 확장된다. 요시쓰네의 비운의 죽음을 동정하는 마음에서 비롯된 생존설은 메이지 시대 학자들에 의해 부인되지만, 민간에서는 요시쓰네가 대륙으로 건너가 징기스칸이 되었다는 이야기가 확산되는 등 생존설은 여전히 힘을 발휘하고 있었다. 특히 징기스칸 설은 쇼와 시기 대륙침략을 위한 국가전략과 궤를 같이하여 만주 침략의 근거로 이용되기도 했다.

3 각 관청의 지휘 체계는 장관(長官), 차관(次官), 판관(判官), 주전(主典)의 순으로 구성되어 있다.

〈표1〉 호간모노 대표작품

종류	작품명
謡曲	『鞍馬天狗』『安宅』『八島』『熊坂』『橋弁慶』『烏帽子折』『舟弁慶』
幸若舞	『腰越』『高館』『含状』『烏帽子折』『未来記』『四国落』『富樫』『笈探し』
御伽草子	『御曹子島渡り』『さがみ川』『橋弁慶』『天狗内裏』『判官都ばなし』 『皆鶴』『自剃弁慶』『弁慶物語』『浄瑠璃御前物語』
古浄瑠璃	『十二段草子』
浄瑠璃	『鬼一法眼三略巻』
歌舞伎	『勧進帳』『義経千本桜』

실존인물을 소재로 하는 작품의 경우 해당인물의 어떤 측면을 부각하느냐에 따라 주인공의 인물 조형이 현격히 달라지게 된다. 호간모노 속 요시쓰네 인물 조형 역시 마찬가지다. 기습을 통해 전투를 승리로 이끈 명장으로서의 면모는 병법서 관련 전설, 덴구(天狗) 관련 전설로 확장되고, 형에게 쫓겨 맞이한 비운의 죽음은 원령과 연결되고 반대로 생존설을 낳기도 한다. 또한 시즈카고젠(静御前)과의 사랑이야기를 통해 남녀의 정을 매몰차게 끊어내지 못하는 마음 약한 아름다운 귀공자의 면모가 강조되기도 한다. 요시쓰네 인물조형의 스펙트럼은 동시대 대중들의 다양한 요구를 반영한 결과라 할 수 있다. 이하 요시쓰네 인물조형의 변화를 전설화가 본격화되는 남북조 이전과 이후로 나누어 간단히 언급하고자 한다.

가마쿠라 시대는 요시쓰네가 활약했던 시기에서 그다지 멀지 않은 시기로 비교적 역사적 사실에 기반한 이야기들이 주를 이룬다. 『구칸쇼(愚管

抄)』와 『좌기(左記)』, 『옥엽(玉葉)』과 같은 동시대 사론(史論), 일기를 보면 요시쓰네에 대한 귀족 사회의 평가는 이중적이다. 헤이케 토벌의 공, 전투에서 보여준 뛰어난 무용과 같은 용사적 측면에 대한 긍정적인 평가가 존재하는가 하면 전장에서 보인 독단적인 행동, 요리토모에 대한 반기를 둘러싼 비난과 같은 부정적인 평가가 동시에 존재한다. 1240년 전후 성립되었을 것으로 여겨지는 『헤이케 이야기』의 경우 비상한 전투 능력을 지닌 전투의 귀재 요시쓰네라는 측면에 초점이 맞추어져 있다. 요시쓰네는 『헤이케 이야기』 후반부에 겐지의 대장군으로 등장하여 이치노타니, 야시마, 단노우라로 이어지는 주요 전투를 승리로 이끌며 헤이케를 궤멸시키고 왕권을 회복한다. 여기서 강조되는 것은 상대방의 허를 찌르는 뛰어난 전략, 즉 전투에서 보인 요시쓰네의 활약상이다. 『헤이케 이야기』 속 요시쓰네의 활약상을 읽은 독자는 전장에서 빛을 발하는 명장군 요시쓰네를 선명하게 인식하게 된다. 서술에 있어 다소의 과장은 있지만 당시의 사료를 통해 알 수 있듯이 『헤이케 이야기』에 보이는 요시쓰네의 활약상은 기본적으로 역사적 사실에 기반하고 있다.

남북조 이후 전설화가 본격화되면서 요시쓰네를 원령, 덴구와 연결하는 새로운 인물조형이 보이기 시작한다. 요시쓰네가 원령, 덴구로 등장하게 된 배경에는 막부 성립에 공이 컸음에도 불구하고 희생되었다는 측면이 강하게 작용한다. 뛰어난 능력의 소유자임에도 불구하고 정치적으로 희생된 불우한 인물이라는 인식이 원령담, 덴구담의 바탕을 이루고 있는 것이다. 14세기 중반 성립된 역사서 『보력간기(保曆間記)』는 요리토모 중병 발병 이유를 헤이케 일가와 요시쓰네를 필두로 한 친족들의 원령 때문이라 서술하고 있다. 또한 『태평기(太平記)』의 세상을 어지럽히는 덴구의 이름에 요시쓰네의 이름이 보이기도 한다. 특히 요시쓰네가 구라마 덴구에게 병법을 배웠다는 이야기는 이후 호간모노의 중요한 소재가 된다.

무로마치 이후 요시쓰네 전설은 역사적 사실에 구애됨 없이 자유분방하게 확장을 거듭하게 되는데, 이와 같은 다양한 호간모노의 구심점이자 공통분모로서 존재하는 작품이 바로 본서 『요시쓰네 이야기』이다. 병법 습득 이야기, 사랑 이야기, 불우한 최후, 벤케이(弁慶)와 같은 요시쓰네 주변 인물들의 활약 등을 소재로 다양한 내용의 호간모노가 탄생한다. 무로마치 이후 호간모노의 경우, 이전 시대에 비해 요시쓰네의 주체성이 후퇴하는 반면 조력자들의 활약이 눈에 띄게 커진다. 도망과 잠행을 거듭하는 불우한 귀공자로 요시쓰네 인물조형이 단순화되는 반면, 요시쓰네를 도와주는 조연들은 개성 넘치는 에피소드와 행동을 통해 요시쓰네 이상의 인기를 구가하며 각종 예능에서 활약한다. 조연들의 개성적인 이야기 또한 호간모노를 양적으로 질적으로 확장시키는 중요한 역할을 하게 되는데, 야부모토 가쓰하루(藪本勝治)는 이와 같은 현상에 대해 하위 신분에 속한 사람들이 문화적 표층으로 부상하는 시대적 상황이 이들 작품에 반영된 결과라고 지적하고 있다.[4]

호겐모노의 확장성은 비단 주요 인물의 확장성에 그치지 않는다. 호겐모노의 무대는 오슈, 즉 동북 지방을 넘어서 바다 건너 홋카이도와 대륙으로 확장하는 확장성을 보여주기도 한다. 무로마치 시대 이미 요시쓰네가 병법서를 얻기 위해 에조(蝦夷) 즉 홋카이도로 건너갔다는 내용의 오토기조

---

4 藪本勝治, 「「続·「判官贔屓」と義経観」, 『国文学研究ノート』, 神戸大学「研究ノート」の会 47, 2011. 03, p.8.

시(お伽草子)가 창작된다(『御曹司島渡』). 18세기가 되면 무대는 홋카이도에서 중국으로 확장된다. 요시쓰네가 금나라로 넘어가 낳은 아들이 금나라 장수가 되는가 하면(『鎌倉実記』), 청나라로 건너가 청나라 선조가 되었다는 이야기(『国学忘貝』)도 만들어진다. 그리고 마침내 19세기 중엽이 되면 요시쓰네가 징키스칸이라는 전설이 만들어지기에 이른다(시볼트 『日本』). 특히 징기스칸 설은 메이지 시대 일본인의 대륙 진출을 독려하는 사회적 분위기와 맞물려 유행하게 되고, 대대적으로 선전되기에 이른다.

실존인물 요시쓰네에 관한 기록은 그다지 많지 않다. 전쟁에서 화려하게 빛을 발하던 3년여 시간을 제외한 나머지 인생에 대해서 밝혀진 바가 적다. 이에 대한 궁금증은 사람들의 상상력을 자극하여 다양한 호간모노가 탄생할 수 있는 장을 제공하였다. 남북조 이후 호간모노에 등장하는 요시쓰네는 실존인물이라기 보다는 시대의 흐름에 맞추어 변화하는 대중들의 기호에 맞게 창조된 허구 속 영웅이라 할 수 있다.

3. 호간비이키(判官贔屓)

일본어에 호간비이키라는 단어가 존재한다. 약한 입장에 처한 자에 대해 냉정하게 시시비비를 가리지 않고 동정하는 심리현상을 가리킨다. 호간비이키의 감정에는 약자에 대한 동정의 시선은 담겨 있지만 약자가 동정을 받기에 합당한 사람인지 아닌지에 대한 이성적 판단은 빠져 있다. 나아가 강자의 횡포를 막고 약자를 보호해야 한다는 취지의 의지를 내포한 심리현상도 아니다. 패자, 약자에 대한 무조건적인 동정을 의미하는 호간비이키는 외국인의 입장에서 받아들이기 어려운 일본인 특유의 심리기제라 할 수 있다. 여기서 호간은 앞서 살펴본 호간모노의 호간으로 요시쓰네를 의미한다. 즉 요시쓰네에 대한 무조건적인 동정의 마음이 호간비이키라는 독특한 심리의 토대가 되었다. 겐페이 전투를 승리로 이끈 영웅임에도 불구하고 형에게 쫓겨 비극적인 죽음을 맞이한 것에 대한 안타까움, 동정이 호간비이키의 중심을 이룬다. 호간비이키는 요시쓰네 뿐만이 아니라 구스노키 마사시케(楠木正成), 아코 낭인(赤穗浪士), 사이고 다카모리(西鄉隆盛)와 같은 패자에 대한 동정론으로 확산되기도 한다.

그런데 국민적 정서로 대표되는 호간비이키라는 관용적인 표현이 처음부터 이처럼 긍정적인 심성으로 평가되었던 것은 아니다. 근세 초『모취초(毛吹草)』라는 하이카이론서(俳諧論書)에 처음으로 등장한 이 단어는 주로 부정적인 의미로 사용되었다. 특히 지식인들이 규범적 가치 체제에서 벗어난 체제외적인 존재인 요시쓰네에 대한 서민들의 무조건적인 경도, 열광을 비난하는 뜻으로 이 단어를 사용했다. 비합리적인 서민 정서에 대한 비판, 야유의 뉘앙스가 사라지고 현재 사용되는 의미, 즉 약자에 대한 동정이라는 긍정적인 측면이 강조된 것은 근대 이후이다. 메이지 이후 요시쓰네는 무용과 무사도의 가치를 가르치는 교육적 소재로 활용되면서 국정국어교과서 최다 등장인물이 되었다. 요시쓰네는 교과서속 일화를 통해 용감한 귀공자, 비극적 영웅의 이미지로 단순화되었고, 정부 공인, 문부성 장려 영웅으로서 아동서, 그림책에서 큰 인기를 누렸다. 그리고 이와 더불어 호간비이키라는 비이성적인 감정 역시 국민감정으로서 긍정적으로 평가되게 되었다.

근대 이후 요시쓰네의 인기는 국가 정책과 연결된다는 점에서 기존의 인기와는 이질적이다. 메이지 18(1885)년 스에마쓰 겐초(末松謙澄)의 켐브리지 대학 박사논문은 『요시쓰네 부흥기(義経復興記)』로 번역, 출판되었는데, 이후 박사논문의 주요요지인 요시쓰네 징기스칸설이 급속도로 확산되었다. 만몽 영유화를 긍정하는 이데올로기 속에서 요시쓰네는 시대를 앞서 일찍이 대륙으로 건너간 영웅으로 대대적으로 언론을 통해 선전되었다. 대륙으로 진출하려는 일본의 모습과 오버랩되며 요시쓰네의 인기는 정점을 찌르게 된다. 이 시기 호간비이키는 본래의 근세 서민적 정서에서 벗어나 전장에서 장렬히 전사하는 비극성에 대한 동정으로 변용되어 인식되기도 하였다. 물론 전후 징기스칸설은 단순한 전설로 격하되고 요시쓰네와 대륙을 연결하는 언설도 폐기되었다. 아울러 교과서나 아동서에서 차지하는 요시쓰네의 비중 역시 태평양 전쟁 때에 비해 급감하였다. 그러나 그럼에도 불구하고 요시쓰네의 대중적 인기는 오늘날까지도 여전하며 약자나 패자에 대한 동정의 마음인 호간비이키 역시 국민적 정서로 여전히 유효하게 기능하고 있다.

4. 호간모노(判官物)의 원천

『요시쓰네 이야기』의 성립연대나 성립사정에 대해서는 밝혀진 바가 적으며 대략 무로마치 시대에 만들어진 것으로 추정된다. 내용은 요시쓰네의 파란만장한 일생이며 실존인물이 주인공이지만 허구가 상당부분 가미되어 영웅 소설적인 성격이 두드러진다. 주인공의 탄생에서 죽음에 이르기까지 전 생애를 주요 사건을 중심으로 그리고 있는데, 작품 속에 담겨진

다양한 일화는 이후 호간모노의 중심소재가 된다. 요시쓰네하면 의례 겐페이 전투를 떠올리고, 기습의 명수로서 겐지의 승리를 이끌어낸 장수로서의 이미지를 떠올리게 된다. 겐페이 전투는 요시쓰네 인생의 가장 화려한 이력이다. 앞서 언급했듯이 특히 『헤이케 이야기』는 요시쓰네의 전투 활약상을 통해 영웅적 측면을 상세히 그려내고 있지만 본서에서는 아래의 인용문 정도의 서술만 있을 뿐이다.

> 요시쓰네는 주에이(寿永) 3년(1184) 서울에 당도하여 헤이케를 쫓아내고 이치노타니(一ノ谷), 야시마(八島), 단노우라(壇ノ浦) 전투를 거치며 선봉에 서서 오로지 충성을 다하여 분골쇄신 공격하였고 마침내 헤이케를 멸망시켰다. 적군의 대장군인 전(前) 내대신 무네모리(宗盛) 부자를 생포하였고, 삼십 명의 포로를 붙잡아 천황과 상황을 알현했다. 같은 해에 검비위사 오위위(五位尉)가 되었다. (본서 p.138)

이와 같이 본서에서는 요시쓰네가 전투에서 보여준 활약상을 단 몇 줄로 압축하여 표현하고 있다. 요시쓰네 인생에 있어 최전성기이며 가장 영화로웠던 시간을 전투 이름 몇 글자로 정리하고 있는 것이다. 겐페이 전투에 대한 위와 같은 축약된 서술은 본서의 핵심이 겐페이 전투에 있지 않음을, 아울러 전장에서 보여준 요시쓰네의 무사로서의 활약상에 있지 않음을 의미한다. 본서는 겐페이 전투 이전의 요시쓰네, 혹은 승리 이후의 요시쓰네를 중점적으로 그리고 있다고 해도 과언이 아니다. 즉 전장에서의 활약 대신, 유년시절의 고난과 비범함, 병법서의 획득과정, 주요 조연과의 만

남, 도망과 잠행, 요시쓰네와 부하들의 비극적인 죽음에 이야기의 중심이 놓여 있다. 겐페이 전투의 영웅 요시쓰네를 소재로 하고 있지만 전투 자체가 아닌 요시쓰네라고 하는 인물의 일대기에 중점을 준다는 측면에서 군키모노가타리(軍記物語)와는 성격이 다르다고 할 수 있다.

본서는 총 7권으로 구성되어 있다. 1권에서 3권에 이르는 전반부는 요시쓰네의 출생과 유소년기의 고난, 오슈행을 다루고 있다. 전반부에서 요시쓰네는 겐지의 동량으로서 고귀한 혈통, 뛰어난 학문적 기량, 비전의 병법서를 손에 넣은 뛰어난 무예의 소유자로 미화된다. 더불어『헤이케 이야기』에 보이는 작은 키, 뻐드렁니로 상징되는 다소 떨어지는 외모도 귀공자에 알맞은 아름다운 용모로 미화되어 전체적으로 비극적 영웅에 걸맞은 인물로 조형된다. 전반부에는 요시쓰네 인생에서 중요한 인물들과의 만남이 소개된다. 특이한 출생과 괴력을 지닌 승려 벤케이, 이세 사부로(伊勢三郎) 등을 만나 심복으로 삼는가 하면 기치지(吉次)를 만나 오슈로 내려가 든든한 조력자 히데히라를 만나기도 한다. 도적 퇴치담, 병법서『육도(六韜)』의 습득 등을 통해 겐지 동량에 어울리는 무사로서의 성장과 비범함을 보여주고 있다.

4~7권의 후반부는 헤이케 토벌 후 요리토모와의 불화로 여기저기 도망치다 오슈에서 자결하기까지의 5년을 그리고 있다. 요리토모 거병 소식을 듣고 달려간 요시쓰네는 대관(代官)의 명을 받고 전쟁을 승리로 이끈다. 그러나 승전후 요시쓰네는 가지와라 가게토키(梶原景時)의 이간질로 요리토모와의 대면을 이루지 못한 채 쫓기는 신세가 된다. 고시고에(腰越)에서 쓴 탄원서, 도사보(土佐坊)의 습격, 다이모쓰(大物) 포구에서의 조난, 요시노(吉野)산에서의 잠행과 사토 다다노부(佐藤忠信)의 고군분투가 그려지고 가마쿠라

에 호송된 시즈카의 비극이 그려진다. 벤케이의 기지와 담력으로 무사히 오슈로 도피하게 된 요시쓰네는 비교적 평온한 시간을 보내지만 히데히라 사후 다시 쫓기는 신세가 되고 결국 고로모가와 전투에서 부인과 아이들과 함께 죽음을 맞이한다.

『요시쓰네 이야기』는 고귀한 혈통과 비범한 능력을 지닌 주인공 요시쓰네의 탄생과 성장, 고난과 위기, 영웅적 죽음을 그리고 있다. 전반부는 무사의 동량이 될 인재 요시쓰네의 성장과 비범함을 보여주는데 초점이 있다고 한다면 후반부는 용맹한 무사의 이미지가 아닌 부하들의 도움을 받아 고난을 넘기는 연약하고 귀족화된 모습이 부각되어 있다. 즉 초인적인 힘을 가진 영웅서사가 아니라 고뇌하는 인간적인 모습을 강조하며 사람들의 동정을 자아내는 인물로 조형되어 있다. 전장에서 활약하는 무장이 아니라 박해받는 요시쓰네, 부하들의 도움으로 고난을 넘기는 요시쓰네의 모습이 강조되는 현상은 충성스러운 부하들의 활약상을 자연스럽게 강조하는 결과를 낳았다. 후반부는 벤케이나 사토 다다노부, 이세 사부로와 같은 부하들의 전투와 활약이 보다 생동감 넘치는 표현으로 이야기 전면에 부각된다. 방랑을 할 수 밖에 없는 상황에 놓인 고귀한 신분의 귀공자를 하위 신분의 조력자가 보필하는 이야기의 구조는 필연적으로 조력자들의 과잉된 주체성을 낳게 되며, 개성 넘치는 조연들의 활약은 호간모노의 외연을 더욱 확대시키는 원동력으로 작용하였다.

5. 조연으로 확장되는 세계

본서 후반부의 요시쓰네는 우유부단하고 실수가 많고 결단력이 부족하고, 사람을 쉽게 믿는가 하면 패기가 없는 사람으로 등장한다. 반면 주연급 조연들은 개성 넘치는 행동으로 자신만의 고유한 인물조형을 만들어내는데 『요시쓰네 이야기』를 이끌고 나가는 주요 조연에 대해 간략히 소개하고자 한다.

1) 벤케이(弁慶)

가마쿠라 시대 전기 승려로 구마노(熊野) 별당의 아들로 태어났으며 아명은 오니와카마루(鬼若丸), 호는 무사시보(武蔵坊)이다. 히에 산 승려로 서탑(西塔) 무사시보에 거주하였는데 훗날 요시쓰네의 심복이 되어 많은 전공을 세웠다. 1189년 고로모가와 전투에 요시쓰네와 함께 죽음을 맞이했다고 전해진다. 『아즈마카가미』, 『헤이케 이야기』 등에 그 이름이 보이지만 구체적으로 알려진 바는 적고 『요시쓰네 이야기』, 『벤케이 이야기(弁慶物語)』 등, 여러 문학작품과 예능 작품을 통해 영웅화, 호걸화 되었다. 출생시 이미 이와 머리가 자라 있었고 괴력의 소유자로 난동을 부려 절에서 쫓겨나기도 하였다. 천 개의 칼을 빼앗는 와중에 요시쓰네와 만나 주종의 연을 맺게 된다. 헤이케 토벌에 함께 하여 진력을 다했으며 훗날 쫓기는 요시쓰네 일행에게 나타난 헤이케 원령을 호령으로 진압하기도 한다. 요시쓰네가 자결할 시간을 벌기 위해 적들과 대치하며 마치 살아 있는 것처럼 선 채로 죽음을 맞이하였다.

2) 사토(佐藤) 형제

사토 쓰기노부(佐藤継信), 사토 다다노부(佐藤忠信)는 요시쓰네 유모의 아들로 모두 요시쓰네 사천왕으로 불린다. 형인 쓰기노부는 야시마 전투에서 헤이케 장수 노리쓰네(教経)가 쏜 화살로부터 요시쓰네를 지키기 위해 대신 화살을 맞고 전사했다. 동생인 다다노부는 요시쓰네와 함께 겐페이 전투를 승리로 이끌었다. 요리토모가 보낸 자객 도사보(土佐坊)가 로쿠조호리카와(六条堀川) 숙소를 습격했을 때 요시쓰네와 함께 이를 물리쳤으며 요시노 산을 퇴각할 때에는 자신이 마치 요시쓰네인 척 적을 속이고 요시쓰네가 퇴각할 수 있는 시간을 벌어주었다. 격전 끝에 살아남은 다다노부는 교토로 올라가 요시쓰네의 행방을 수소문했지만 요리토모가 보낸 군사 때문에 궁지에 몰리고 결국 요시쓰네가 하사했던 칼을 입에 물고 자결했다. 『요시쓰네센본자쿠라(義経千本桜)』의 「여우 다다노부(狐忠信)」는 『요시쓰네 이야기』의 명장면을 모델로 만들어진 작품이다.

3) 시즈카고젠(静御前)

요시쓰네의 첩으로 당대 유명한 시라뵤시(白拍子)이다. 요시쓰네가 규슈로 도피할 때 함께했으나 사정이 악화되자 요시노에서 헤어져 교토로 향했다. 부하들에게 귀중품을 모두 빼앗기고 산속을 헤매다 스님들에게 붙잡혀 교토로 호송되고 다시 가마쿠라로 이송되었다. 쓰루오카하치만구(鶴岡八幡宮) 신전에서 시라뵤시 춤을 추라는 요리토모의 명령에 남편을 그리워하는 노래를 부르며 춤을 추어 요리토모를 대노하게 만들었다. 이후 요시쓰네의 아들을 낳았으나 아이는 바로 죽임을 당하고 시즈카고젠도 어디론가 사라졌다. 시즈카고젠의 춤에 대해서는 가뭄과 관련된 전설이 존재한다. 가뭄이 지속되자 고시라카와인(後白河院)은 신센엔(神泉苑) 연못에 물을 가득 채우고 100명의 스님에게 독경을 시켰지만 효험이 없었다. 다시 100명의 시라뵤시를 불러 춤을 추게 하며 기우제를 지내는데 99명까지 효험이 없었는데, 100번째 시즈카고젠이 춤을 추자 비가 3일 동안 내렸다고 한다.

참고문헌

〈단행본〉

上横手雅敬, 『平家物語の虚像と真実』, 塙新書, 1985年.

大三輪龍彦·福田豊彦·関幸彦, 『義経とその時代』, 山川出版社, 2005年.

角川源義, 『源義経』, 角川書店, 1966年.

川合康, 『源平合戦の虚像を剥ぐ』, 講談社, 1996年.

河内祥輔, 『頼朝の時代』, 平凡社, 1990年.

佐藤陸, 『義経記と後期軍記』, 双文社出版, 1999年.

高橋富雄, 『義経伝説』, 中央公論社、 1981年.

角田文衛, 『平家後抄』, 朝日新聞社, 1981年.

________, 『王朝の残映』, 東京堂出版, 1992年.

野口実, 『武家の棟梁源氏はなぜ滅んだのか』, 新人物往来社, 1987年.

安田元久, 『源義経』, 新人物往来社, 1993年.

山本幸司, 『頼朝の精神史』, 平凡社, 1998年.

〈논문〉

麻原美子, 「義経語りの成立試論」, 『説話』6, 1978年.

________, 「弁慶像の造型(一)—舞曲·舞の本と『義経記』をめぐって」, 『日本女子大学大学院文学研究科紀要』3, 1997年.

伊海孝充, 「義経の悲運を〈語る〉劇—判官物の能の手法」, 『説話文学研究』54, 2019年.

石黒吉次郎, 「英雄像の形成—「三徳」をめぐって」74, 『専修国文』, 2004年.

飯塚祐子, 「武蔵坊弁慶の人物像」, 『国文橘』28, 2002年.

飯塚恵理人, 「《船弁慶》の虚構—「平家の怨霊や強かりけん」」, 『古代中世文学論考』22, 2008年.

池田敬子,「中世人の義経像—文学にたどる」,『軍記と語り物』42, 2006年.

石川純一郎,「義経像の形成—判官物とその発生基盤」,『常葉女子短期大学紀要』9, 1977年.

荒木繁,「判官物の幸若舞曲と「義経記」」,『幸若舞曲研究』27, 1983年.

井沢元彦,「義経伝説の周辺」,『新編日本古典文学全集(月報)』 62, 1999年.

岩松研吉郎,「母と子の間—『義経記』ノート」,『三田国文』7, 1987年.

岩崎武夫,「義経記·説経·幸若—貴種流離譚としての視点から」,『日本文学講座』5, 1987年.

上山育代,「『義経記』にみる義経伝説の魅力」,『 熊本女子大学国文研究』32, 1986年.

加賀元子,「義経都落ちと中世尼崎·大物浦をめぐって」,『阪神間の文学』, 和泉書院, 1998年.

蟹江秀明,「弁慶の物語の形成」,『湘南文学』12, 1978年.

呉念聖,「『義経記』と義の思想—『義経記』への一視点,」,『軍記文学の系譜と展開』, 汲古書院, 1998年.

刑部久,「『義経記』に見る都市性の問題—始原としての"熊野"と異形·バサラの世界」,『中世文学』36, 1991年.

________,「『義経記』巻第五「判官吉野山に入り給ふ事」に見る義経·静の紐帯の構想—〈鏡〉とその贈与·継承の象徴性をめぐって」,『軍記と語り物』37, 2001年.

黒田俊雄「中世における武勇と安穏」『黒田俊雄著作集』3, 法蔵館, 1983年.

小林健二,「判官物研究の展望」,『説話文学研究』54, 2019年.

小林保治,「弁慶像の変遷—『平家物語』『義経記』から能へ」,『中世文学の回廊』, 勉誠出版, 2008年.

小林美和,「『義経記』の表現類型—人物表象をめぐって」,『青須我波良』36, 1988年.

________,「『義経記』覚書—物語作者の所在」,『帝塚山短期大学紀要(人文·社会)』26, 1989年.

________,「『義経記』における語りの様式—比喩とその意味」,『青須我波良』, 38, 1989年.

________,「物語の作者環境—『義経記』と『弁慶物語』」,『伝承文化の展望』, 三弥井書店, 2004年.

佐倉由泰,「『義経記』の世界—恣意と視線の機構」,『信州大学人文科学論集』31, 1997年.

桜井好朗,「"判官びいき"とその展開」,『曾我·義経記の世界』, 軍記文学研究叢書, 1997年.

佐藤陸,「義経記巻八の本文」,『武蔵野女子大学紀要』21, 1986.

________,「『義経記』の頼朝挙兵譚」,『武蔵野女子大学紀要』31~1, 1996年.

________, 「『義経記』巻八点検」, 『古典遺産』50, 2000年.

佐藤和道, 「能における義経伝承試論」, 『古典遺産』57, 2007年.

________, 「義経に従う人々―《吉野軍》伝承の成立と能〈忠信〉〈静〉」, 『演劇映像学2008第3集』, 2009年.

下山忍, 「義経の妻妾と静伝説」, 『義経とその時代』, 山川出版社, 2005年.

白方勝, 「牛若奥州下り伝承」, 『愛媛大学教育学部紀要(人文·社会)』27~1, 1994年.

鈴木彰, 「判官物と『義経記』の位相」, 『説話文学研究』54, 2019年.

高木信, 「見えない亡霊 / 顕れる怨霊―記憶 / 亡霊 / 不可能性」, 『物語研究』6, 2006年.

竹本幹夫, 「中世演劇における義経像」, 『義経から一豊へ』, 勉誠社, 2006年.

田沢亜矢子, 「『義経記』における義経像の一貫性―巻第六のもつ意味」, 『金城学院大学大学院文学研究科論集』6, 2000年.

田中由起子, 「『義経記』ところどころ―表現の基盤を探る初手として」, 『国文鶴見』38, 2004年.

角田文衛, 「義経と平泉」, 『平安の春』, 講談社, 1999年.

利根川清, 「『義経記』の笑いの方法―「賺し」について」, 『軍記と語り物』31, 1995年.

________, 「義経記―「『義経記』の文芸方法」―方法としての「義経」の役回り」, 『国文学』, 45~7, 2000年.

徳江元正, 「弁慶像の形成―『弁慶物語』との関連から」, 『曾我·義経記の世界』, 汲古書院, 軍記文学研究叢書, 1997年.

徳田和夫, 「山伏姿の弁慶」, 『銕仙』504, 2002年.

徳竹由明, 「『義経記』における畠山重忠」, 『三田国文』33, 2001年.

________, 「義経·奥州藤原氏滅亡の経緯と頼朝―『義経記』なりの理屈」, 『論集太平記の時代』, 新典社, 2004年.

________, 「『義経記』に於ける頼朝義経兄弟不和の発端」, 『中京大学文学部紀要』39~3·4, 2005年.

________, 「『義経記』に於ける頼朝義経兄弟対面」, 『国語国文』75~6, 2006年.

中瀬喜陽, 「弁慶伝承の成長―「出生地」からの視点」『古典の変容と新生』, 1984年.

中村祐子, 「義経記論―北国落について」, 『国文目白』36, 1997年.

西村知子,「『義経記』における女性像の変容」,『中世軍記の展望台』, 和泉書院, 2006年.

野中直恵,「義経湛海戦譚の二層性―『義経記』の構造と方法をめぐって」,『古典遺産』44, 1994年.

________,「義経伝承の系譜と展開―鬼一法眼伝承をめぐって」,『軍記文学の系譜と展開』, 汲古書院, 1998年.

長谷川端,「『義経記』―「いたずら者」小考」,『解釈と鑑賞』53~13, 1988年.

樋口大祐,「為朝·義経―日本的「英雄」の条件」,『京都女子大学宗教·文化研究所研究紀要』21, 2008年.

久松宏二,「『義経記』における〈六条堀川〉考」,『伝承文学研究』40, 1991年.

藤原成一.「武蔵坊弁慶―日本人の心性史の試み」,『日本大学芸術学部紀要』34, 2000年.

________,「武蔵坊弁慶―日本人の心性史の試み⑵」,『日本大学芸術学部紀要』34, 2001年.

細川涼一,「静小論」,『京都橘女子大学研究紀要』16, 1989年.

保立道久,「義経と頼朝」,『源義経のすべて』, 新人物往来社, 2004年.

堀竹忠晃,「『義経記』論序説―義経をめぐる手郎等から」,『日本文学と人間の発見』, 1992年.

増田欣,「知から情へ―弁慶の佯打説話の展開」,『広島女子大学文学部紀要』27, 1992年.

美濃部重克,,「伝承と創作―「橋弁慶」をめぐって」,『お伽草子 百花繚乱』, 笠間書院, 2008年.

源健一郎,「義経の〈涙〉―『平家物語』から『義経記』へ」,『涙の文化学』, 青簡舎, 2009年.

宮城恵美,「軍記物語における義経の英雄像」,『日本文学ノート』34, 1999年.

村上学,「義経記作者の意識に関する三つの断章」,『国語国文学論集』12, 1986年.

________,「『義経記』への視点―『水滸伝』を通して」,『軍記と漢文学』32, 1993年.

八木直子,「鬼一法眼譚の構造―『義経記』を中心に」,『甲南女子大学大学院論集(文学·文化)』2, 2003年.

________,「弁慶説話―出会いの場面について」,『甲南女子大学大学院論集(文学·文化)』2, 2004年.

________,「常盤の物語について」,『甲南女子大学大学院論集(文学·文化)』3, 2005年.

安井良子,「『義経記』研究―物語構成上の特徴についての一考察」,『広島女学院大学国語国文学誌』16, 1986年.

柳田洋一郎,「『義経記』の名のり―崇りなす供犠」,『同志社国文学』26, 1986年.

藪本勝治,「頼朝義経対面場面における『義経記』独自記事―『義経記」の枠組みに関する試論として」,『国文学研究ノート』43, 2008年.

________,「『義経記』の金売り吉次と陵兵衛」,『国語国文』79~11, 2010年.

________,「『義経記』の伊勢三郎譚―「世になきもの」の助力と伝承的背景」46,『軍記と語り物』, 2010年.

________,「『義経記』における〈江田源三の物語〉の発生に関する一試論」,『国文学研究ノート』46, 2010年.

________,「『義経記』の義経主従」,『国文論叢』44, 2011年.

________,「海を渡る源義経―貴公子の悲劇とその語り手の系譜,『アジア·ディアスポラと植民地近代』, 勉誠出版, 2013年.

山下宏明,「『義経記』の『平家物語』受容」,『国語と国文学』73~3, 1996年.

吉野幸子,「『義経記』と『平家物語』との比較研究―義経を中心に」『たまゆら』10, 1978年.

吉野亨,「義経と聖域「吉野」―その虚実と転成のトポス」,『京都文化短期大学紀要』26, 1997年.

역주자 **박연정**

고려대학교 일어일문학과를 졸업하고 동대학원에서 비교문학 박사학위를 받았으며 현재 고려사이버대학교 실용어학부 교수이다. 주요 역서로는『구칸쇼』,『청춘표류』,『쇼와 16년 여름의 패전』,『슌킨 이야기』,『1Q84 어떻게 읽을 것인가』등이 있다.

역주자 **박은희**

고려대학교 일어일문학과를 졸업하고 쓰쿠바(筑波) 대학 문예언어연구과에서 박사학위를 받았으며 현재 가천대학교 아시아연구소 연구교수이다. 일본 중세문학전공으로 주요 역서로는『구칸쇼』,『호겐모노가타리』등이 있다.